Nelles Verlag

Schweden

Autoren:
Gerhard Lemmer,
Birgit Krämer, Otto Steiger

KARTENVERZEICHNIS

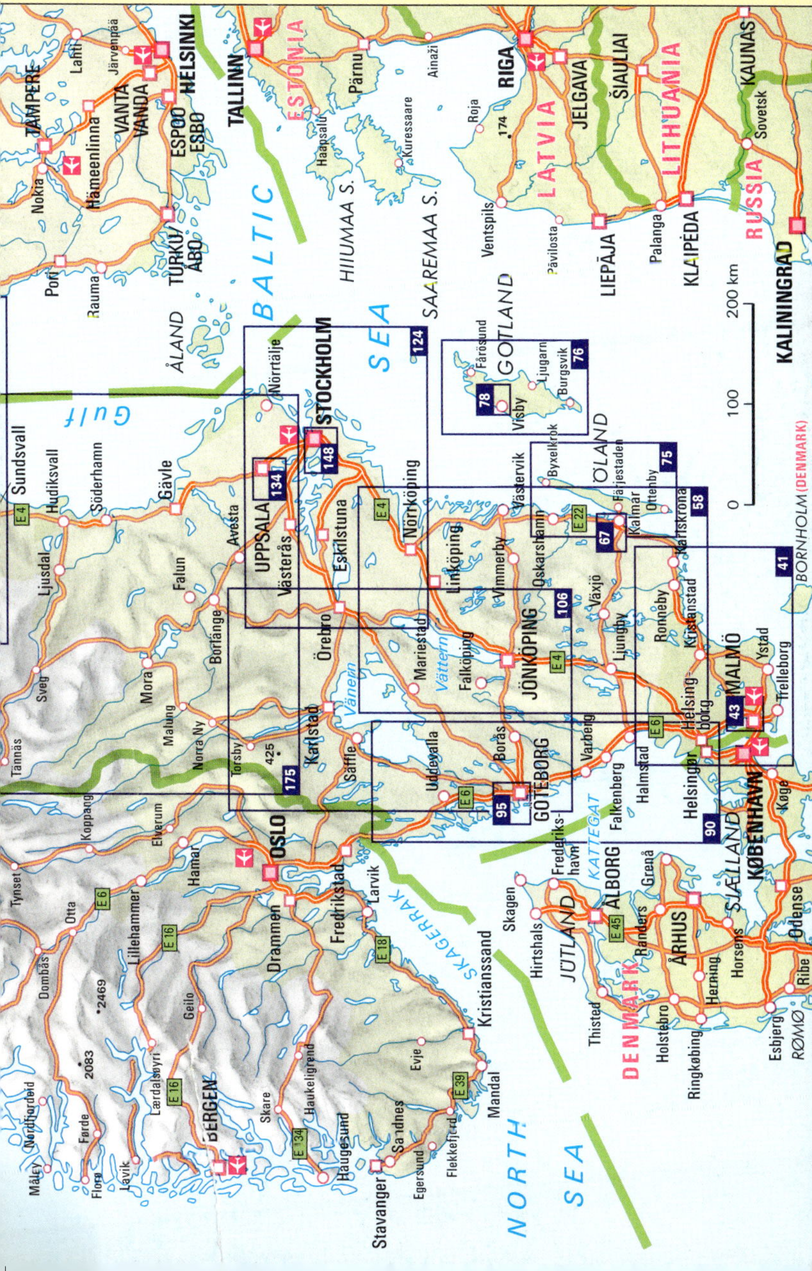
BALTIC SEA
NORTH SEA
SKAGERRAK
KATTEGAT
Gulf
STOCKHOLM
UPPSALA
Västerås
Eskilstuna
Örebro
Norrköping
Linköping
Nörrtälje
Gävle
Sundsvall
Hudiksvall
Söderhamn
Ljusdal
Falun
Avesta
Borlänge
Mora
Malung
Sveg
Tännäs
Torsby
Norra Ny
Karlstad
Säffle
Vänern
Vättern
Mariestad
Falköping
JÖNKÖPING
Vimmerby
Västervik
Oskarshamn
Växjö
Ljungby
Kalmar
Karlskrona
Ronneby
Kristianstad
MALMÖ
Ystad
Trelleborg
Helsingborg
Halmstad
Falkenberg
Varberg
GÖTEBORG
Borås
Uddevalla
ÖLAND
Byxelkrok
Färjestaden
Ottenby
GOTLAND
Visby
Fårösund
Ljugarn
Burgsvik
BORNHOLM (DENMARK)
KØBENHAVN
Helsingør
SJÆLLAND
Køge
Odense
Ribe
Esbjerg
RØMØ
Horsens
Herning
Ringkøbing
Holstebro
Thisted
Randers
ÅRHUS
Grenå
ÅLBORG
JÜTLAND
DENMARK
Hirtshals
Skagen
Frederikshavn
OSLO
Drammen
Fredrikstad
Larvik
Kristianssand
Mandal
Flekkefjord
Egersund
Stavanger
Sandnes
Haugesund
Evje
Haukeligrend
Skare
BERGEN
Lærdalsøyri
Geilo
Lillehammer
Hamar
Elverum
Koppang
Otta
Dombås
Tynset
Førde
Florø
Lavik
Måløy
Nordfjordeid
2469
2083
425
HELSINKI
ESPOO ESBO
VANTA VANDA
Hämeenlinna
Tampere
Nokia
Lahti
Järvenpää
Pori
Rauma
TURKU/ ÅBO
ÅLAND
TALLINN
ESTONIA
Haapsalu
Pärnu
HIIUMAA S.
SAAREMAA S.
Kuressaare
Ainaži
Roja
RIGA
LATVIA
Jelgava
Šiauliai
Ventspils
Pāvilosta
LIEPĀJA
Palanga
KLAIPĖDA
LITHUANIA
KAUNAS
Sovetsk
RUSSIA
KALININGRAD
174
0
100
200 km
E 4
E 6
E 16
E 18
E 22
E 39
E 45
E 134
124
134
148
175
106
95
90
78
76
75
67
58
43
41

Liebe Leserin, lieber Leser,

AKTUALITÄT wird in der Nelles-Reihe groß geschrieben. Unsere Korrespondenten dokumentieren laufend die Veränderungen der weltweiten Reiseszene, und unsere Kartografen berichtigen ständig die auf den Text abgestimmten Karten. Da aber die Welt des Tourismus schnelllebig ist, können wir für den Inhalt unserer Bücher keine Haftung übernehmen (alle Angaben ohne Gewähr). Wir freuen uns über jeden Korrekturhinweis! Unsere Adresse: Nelles Verlag, Schleißheimer Str. 371 b, D-80935 München, Tel. (089) 3571940, Fax (089) 35719430, E-Mail: Info@Nelles-Verlag.de, Internet: www.Nelles-Verlag.de

LEGENDE

	Top-Attraktion
★★	(in Karte)
★★	(in Text)
	sehr sehenswert
★	(in Karte)
★	(in Text)
❽	Orientierungsnummer in Text und Karte
⑧	Orientierungsnummer in Text und Stadtplan
	Öffentliches bzw. bedeutendes Gebäude
	Hotel, Restaurant
	Einkaufszentrum
	Kirche, Friedhof
✡	Synagoge
	Post, Hospital
Örebro (Ort) Gripsholm slott (Sehenswürdigkeit)	in Karte gelb Unterlegtes wird im Text erwähnt
	internationaler Flughafen / nationaler Flughafen
Kebnekaise 2111	Berggipfel (Höhe in Meter)
	Strand
	Nationalpark
	Aussichtspunkt
	Antike Stätte, Höhle
	Schloß/Burg, Ruine
	Touristeninformation
P	Parkplatz
	Bushaltestelle
	Staatsgrenze
	Provinzgrenze
	Autobahn
	Fernverkehrsstraße
	Hauptstraße
	Landstraße
	Eisenbahn
	Fähre
	Fußgängerzone
Hötorget	Metro mit Station
13	Entfernung in Kilometer
E 20 3	Straßennummern

SCHWEDEN

Ausgabe 2006
ISBN 3-88618-820-5
ISBN 978-3-88618-820-8
Printed in Germany

Herausgeber:	Günter Nelles	**Bildredaktion:**	K. Bärmann-Thümmel
Chefredakteur:	Berthold Schwarz	**Lithos:**	Priegnitz
Project Editor:	Gerhard Lemmer	**Kartografie:**	Nelles Verlag GmbH
Redaktion:	Elke Frey	**Druck:**	Farbdrucke Bayerlein

- N04 -

12 FEATURES

13 REISE-INFORMATIONEN

GESCHICHTE UND KULTUR

Vorgeschichte

Die Schweden pauschal als Nachfahren der Wikinger zu bezeichnen, ist sicher nicht falsch, jedoch unterschlägt man damit wichtige Teile der langen Geschichte des Landes, in der die legendäre Wikingerzeit nur eine relativ kurze Epoche darstellt.

Die Anfänge der Besiedlung Schwedens reichen gut 10 000 Jahre zurück. Unmittelbar nach der letzten Eiszeit sind erste Jäger und Sammler eingewandert und haben sich im Lauf der folgenden Jahrtausende bis ins heutige Mittelschweden ausgebreitet. Feste Gehöfte sind für das 3. vorchristliche Jahrtausend verbürgt, gleichzeitig entstanden auch die ältesten Grabhügel und Ganggräber. In der Mitte des 2. Jahrtausends v. Chr. erreichte die Bronze den Südteil Schwedens; aus jener Zeit stammen zahlreiche Felszeichnungen, wie man sie z. B. bei Tanum findet. Die ersten eisernen Waffen und Gerätschaften wurden von den Kelten eingetauscht, den damals unbestrittenen Spezialisten in der Verarbeitung dieses Metalls. Ab 500 v. Chr. spricht man daher von der Keltischen Eisenzeit.

Mit dem Triumph der Römer über ihre Machtkonkurrenten schwand der keltische Einfluss in Nordeuropa, zur Zeitenwende wurde die Keltische Eisenzeit von der Römischen abgelöst. Diese dauerte bis zum Ende des Römischen Reichs im 5. Jh. n. Chr. Allerdings brachten die Hochkulturen des Mittelmeerraums dem nördlichen Rand der damaligen Welt nur geringes Interesse entgegen. Plinius d. Ä. wusste von einer „Insel Scatinavia“ nur vom Hörensagen und hat vermutlich einen nordischen Namen latinisiert.

Die große Völkerwanderung (400-550 n. Chr.) ging auch an Schweden nicht spurlos vorbei. Die in Südschweden lebenden Goten zogen an die Weichselmündung, um dem Einwanderungsdruck von Süden zu entgehen, und die ersten Germanen kamen nach Schweden. Dass ihr Eindringen keineswegs friedlich vonstatten gegangen sein kann, bezeugen die zahlreichen Befestigungsanlagen und Fliehburgen jener Zeit.

Die folgende Periode (ca. 500-800 n. Chr.), nach einem Fundort bei Uppsala „Vendel-Zeit“ genannt, ist eine der bemerkenswerten Phasen der schwedischen Geschichte. Erste Versuche staatlicher Organisation entstanden in Form loser Zusammenschlüsse von Kleinkönigtümern, auch erlebten Kunst und Handel eine bis dahin nicht gekannte Blüte. Wegen der vielen Funde vergoldeter Grabbeigaben wird die Vendel-Zeit auch Schwedens „Goldenes Zeitalter“ genannt. Die Vendel-Leute – möglicherweise nach Norden ausgewichene Kelten – nannten sich selbst *Svear.* Sie hatten die führende Rolle im südlichen Landesteil übernommen; ihr Reich, das *Svea rike*, gab dem heutigen Schweden seinen Namen: *Sverige*. Nach und nach wurden die Svear von den nachrückenden Germanen verdrängt, welche man später nach ihren Siedlungen in geschützten Buchten *(vik) Wikinger* nannte. Dass die Wikinger die Svear überrannten, steht fest, ob sie sie völlig auslöschten, liegt noch immer im Dunkeln. Im Kunsthandwerk haben die Wikinger immerhin viele Elemente ihrer Vorgänger aufgegriffen.

Die Wikingerzeit

Das erste gesicherte Datum der Wikingerherrschaft in Skandinavien ist das Jahr 793 n. Chr., in dem das Kloster Lindisfarne an der Nordostküste Eng-

Vorherige Seiten: Löwenzahnwiese in Västergötland. Endlich Sommer, endlich Ferien! Links: Bildsteinfragment aus der Wikingerzeit, Fundort Gotland (Statens Historiska Museum, Stockholm).

lands von den Wikingern überfallen, geplündert und völlig zerstört wurde. Dies war der Auftakt zu einer beispiellosen Orgie der Gewalt. In schneller Folge tauchten die Wikinger an den Mündungen von Seine und Themse sowie auf dem Rhein auf und verschonten später auch nicht die europäische Atlantikküste und das Mittelmeer vor ihren Raubzügen. Sogar Karl der Große zahlte ihnen Schutzgelder, um vor Überfällen gefeit zu sein. Dem Ansturm der „Nordmänner" war niemand in Europa gewachsen, und so wurden sie im mittelalterlichen Bewusstsein schon bald als apokalyptische Heimsuchung begriffen. Die mit den Raubzügen verbundenen Grausamkeiten – ausnahmslos in Berichten von Opfern überliefert – ließen sie als heidnische Teufel erscheinen. Wie tief die Angst

Oben: Vogelmaske aus der späten Bronzezeit, Fundort Glasbacke, Halland, Südschweden (Statens Historiska Museum). Rechts: Waräger überqueren als Kaufleute die Ostsee (Gemälde von N. K. Roerich, 1901).

saß, zeigt die Tatsache, dass noch bis ins 18. Jh. in Frankreich die Bitte, vor den Wikingern verschont zu werden, zu jedem Gottesdienst gehörte.

Was die Wikinger jedoch zu ihren Raubzügen trieb, war sicher nicht die reine Zerstörungswut. Die Ernährungslage im schwach besiedelten Skandinavien war teilweise katastrophal und zwang geradezu zu räuberischer Nahrungsbeschaffung. Salz konnte man im Norden nicht gewinnen, benötigte es aber, um z. B. Fischvorräte zu konservieren, man brauchte also Tauschgüter. Waren keine vorhanden, so blieb nur der Raub. Dabei kam den Wikingern sicher ihre überlegene seemännische Technik zu Hilfe. Die hatten sie zwangsläufig auf ihren langen Seereisen entwickelt: Gab es doch im fast weglosen Skandinavien kaum andere Transportwege als Wasserstraßen.

Ob Zufall oder Verzweiflung sie an die Küste Englands führte, wird wohl nie geklärt werden können. Die reiche Beute, die ihnen in die Hände fiel, ließ sie an der Möglichkeit, sich mühelos wertvolle Tauschgüter zu verschaffen, weiterhin festhalten. Ihre Religion, die in den kriegerischen Gottheiten Odin, Thor und Frey ihre Häupter hatte und auf ewigem Kampf und Heldentod basierte, wird sie bei ihrem Tun eher beflügelt als gebremst haben.

So selbstverständlich man jedoch von „den Wikingern" spricht, so problematisch ist dies auch. Schon früh lassen sich zwei große Gruppen benennen. Die Westwikinger, in Dänemark und an der norwegischen Westküste angesiedelt, nutzten fast ausschließlich die Nordsee und den Atlantik – später auch das Mittelmeer – als ihr Revier. Die Ostwikinger, „Waräger" genannt, konzentrierten sich auf die Ostsee und die angrenzenden osteuropäischen Gebiete. Über Raubzüge wird wenig berichtet, eher trieben sie ausgedehnten Handel, der sie bis nach Byzanz und Bagdad – und damit ans westliche Ende der legendären Seidenstraße – führte. Als

Verkehrswege nutzten sie die großen osteuropäischen Ströme, an denen sie auch Stationen errichteten. An Wasserscheiden und Stromschnellen konnten die leichten Boote und Waren über Land gezogen werden.

Wenn auch die einzelnen Warägergruppen auf ihren langen Handelsfahrten weitgehend selbstständig operierten, gab es doch eine Art Hauptstadt ihres Reiches: Birka auf der Insel Björkö im Mälarsee, 30 km westlich des heutigen Stockholm. Wie Bischof Ansgar von Bremen, ein erfolgloser Missionar des 9. Jh., berichtete, war es eine reiche, befestigte Stadt mit Hafen, Fliehburg und ca. 1000 Einwohnern. Birkas große Zeit war rund 150 Jahre später erloschen. Wenn Archäologen dort als Grabbeigaben neben einheimischem Kunsthandwerk auch chinesische Seidentücher, arabische Münzen und fränkisches Glas fanden, so sind dies Belege für die frühen ausgedehnten Handelsbeziehungen der Waräger. Diese wurden noch erweitert, als die Ostwikinger im 9. Jh. Haithabu (Schleswig-Holstein) eroberten und nun auch den Handel zwischen Nord- und Ostsee kontrollieren konnten.

Damit begann eine erste Grenzziehung zwischen dänischen Westwikingern und schwedischen Ostwikingern, in deren Folge eine Differenzierung in der Entwicklung der vormals einheitlichen Sprache einsetzte. Auch die Glaubenswelt war davon betroffen: Während die Westwikinger schon im 10. Jh. fast vollständig christianisiert waren, hingen die Waräger zu diesem Zeitpunkt noch überwiegend ihrem Götterglauben an. Im 11. Jh. berichtete Adam von Bremen von einem großen Wikingerheiligtum bei Uppsala mit eigentümlichen Opferritualen. Alle neun Jahre sollen dort neun männliche Exemplare jeder Spezies, darunter auch Menschen, den Göttern geopfert worden sein, um mit dem Blut den Götterzorn zu dämpfen. Anschließend habe man die halbierten Kadaver in einem nahen Heiligen Hain aufgehängt.

Erst nachdem sich der Wikingerhäuptling Olof Eriksson 1008 hatte taufen lassen, begann allmählich der Siegeszug des Christentums. Damit endeten auch die Kaperfahrten der Wikinger, und erst seit diesem Zeitpunkt darf man vom schwedischen Mittelalter sprechen.

Das Mittelalter

Während die Wikingerzeit durch Sippen- und Häuptlingsherrschaft gekennzeichnet war, entbrannte nach der Christianisierung ein erbitterter Machtkampf um die Vorherrschaft im Land. Sicher spielte dabei die Vorstellung, dass eine monotheistische Religion einen einzigen Regenten verlangt, eine Rolle.

Nach langen, blutigen Auseinandersetzungen einigte man sich auf ein Wahlkönigtum, die Wahlen fanden in der Nähe von Uppsala statt. Dem König wurde ein Reichsverweser *(Jarl)* zur Seite gestellt, der als vermittelnde Instanz zwischen König und Adel gedacht war, in Wirklichkeit aber oft genug selbst die Macht ausübte.

Mitte des 12. Jh. war das Eriksgeschlecht die mächtigste Sippe des Landes geworden und stellte über ein Jahrhundert die schwedischen Könige. Der bekannteste, Erik IX. (1156-60), der nach einem Eroberungskreuzzug durch Finnland den Beinamen „der Heilige" trug, gilt noch immer als der Nationalheilige Schwedens. In seine Regierungszeit fiel die Gründung der ersten schwedischen Bistümer, in die seines Nachfolgers die Bestimmung von Uppsala als Erzbistum (1164). Letzter Vertreter des Eriksgeschlechts auf dem Thron war Erik Eriksson, der sein Reich vom *Jarl* Birger (1248-66) verwalten ließ und kinderlos starb, was den Reichsverweser bewog, seinen eigenen minderjährigen Sohn krönen zu lassen und selbst die Vormundschaft auszuüben.

Rechts: Das Schloss von Kalmar, der Stadt, die der „Kalmarer Union" der skandinavischen Staaten im Mittelalter ihren Namen gab.

Unter Birger Jarl erlebte Schweden eine neue Blüte: Die Gesetzgebung wurde vereinheitlicht, die Stellung der Kirche gestärkt und ab 1252 das strategisch wichtige Stockholm zu einer mächtigen Hafenstadt ausgebaut. In der Folgezeit präzisierte man auch die Privilegien von Adel und Klerus, die nun vorsahen, dass zuverlässige Pflichterfüllung mit Abgabenbefreiung belohnt wurde. Die Bauern waren zwar steuerpflichtig, jedoch keinem Grundherrn unterworfen.

Auch verband sich Schweden im 13. Jh. eng mit der deutschen Hanse, die nicht nur Kapital und Fachleute für den beginnenden Bergbau stellte, sondern auch Verwaltungsspezialisten und Kaufleute nach Norden entsandte. Im Gegenzug mussten die Schweden akzeptieren, dass gegen Ende des 13. Jh. bereits die Hälfte aller Stadtbewohner und Ratsherren in ihrem Lande Deutsche waren.

Im 14. Jh. erreichte Schweden die größte Ausdehnung unter dem norwegischen König Magnus Eriksson (1319-64), der den schwedischen Thron geerbt hatte. Sein Reich umfasste das Gebiet zwischen der Newa-Mündung und den norwegischen Fjorden, im Süden bis zum Skagerrak. Es zerbrach mit der Eroberung Gotlands durch die Dänen (1361). Magnus' Nachfolger Albrecht von Mecklenburg überwarf sich mit dem schwedischen Adel, der sich daraufhin mit der dänischen Königin Margarete verbündete und König Albrecht vom Thron fegte.

Die Kalmarer Union

Die folgende großskandinavische Vereinigung zur Lösung des Konflikts wurde nach ihrem Gründungsort „Kalmarer Union" genannt und verband 1397 die Kronen Dänemarks, Schwedens und Norwegens. Die Initiatorin, Margarete von Dänemark, verstand es bis zu ihrem Tod 1412, die divergierenden Interessen der skandinavischen

Staaten geschickt auszugleichen, eine Fähigkeit, die ihr Nachfolger und Großneffe Erich von Pommern (1412-39) kaum besaß. Entgegen den vertraglichen Vereinbarungen setzte dieser dänische Vögte in Schweden ein und versuchte, die handelspolitische Vorherrschaft der Hanse zu untergraben. Ein Aufstand 1434 unter Führung des schwedischen Guts- und Bergwerksbesitzers Engelbrekt Engelbrektsson war erster Ausdruck einer Verbitterung, die alle Stände erfüllte, auch den Bauernstand, der beim so genannten 1. Reichstag 1435 in Arboga erstmals organisiert auftrat. Mit der Aufstellung von Karl Knutsson als Gegenkönig zum Dänen Christian I. eskalierte ein Streit, in dessen Folge alle Ausländer Teile ihrer Privilegien und sämtliche Ratssitze verloren.

Während die Kalmarer Union formal weiter bestand, machte sich in Schweden eine tiefe Kluft bemerkbar, die quer durch den Adel ging. Ein Teil stand zum schwedischen Reichsverweser Sten Sture, der wiederum mit der Hanse verbündet war, der andere Teil hielt dem dänischen König Christian II., der seit 1513 Norwegen und Dänemark regierte, die Treue. Gustav Trolle, Erzbischof in Uppsala, war mächtiger Fürsprecher dieser Partei. Nach Sten Stures Tod 1520 gelang es dem dänischen König und dem Erzbischof, den Sture-Anhängern die Zustimmung zur Krönung Christians zum schwedischen König abzuringen, indem sie ihnen weitgehende Rechte und eine Generalamnestie versprachen.

Nichts davon wurde eingehalten. Schlimmer noch: Kurz nach der Krönung erklärte Trolle alle Anhänger Stures zu Ketzern, ließ sie flugs verurteilen und 82 der einflussreichsten vor dem Stockholmer Rathaus hinrichten. Dieses „Stockholmer Blutbad“ kündigte das Ende der Kalmarer Union an. Die folgenden Aufstände spülten Gustav Vasa, einen angeheirateten Verwandten Sten Stures, an die Macht. Er wurde 1521 Reichsverweser und 1523 zum König gewählt. Als eine seiner ersten Amtshandlungen erklärte er den Austritt Schwedens aus der Kalmarer Union. Und als Anhänger der lutheri-

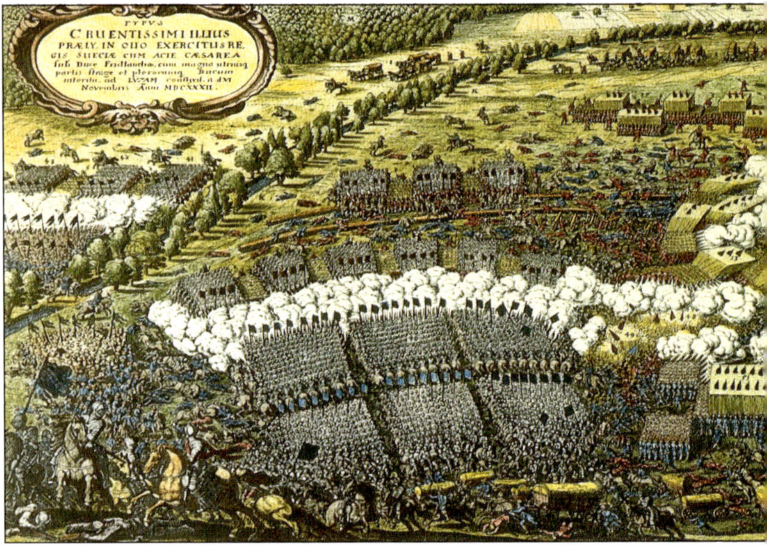

schen Kirchenreform verfügte er 1527 die Säkularisierung des Kirchenbesitzes, eine ökonomische Vorwegnahme der Reformation, deren unblutige Durchführung dann aber noch bis 1593 dauerte. Von nun an durften nur noch Protestanten öffentliche Ämter ausüben.

Die Vasa-Zeit

Zu Recht gilt Gustav I. Vasa als der König, der Schweden aus den Wirren des Mittelalters in einen modernen Zentralstaat geführt hat. Dabei handelte er noch ganz in der Tradition seiner Vorgänger, die nicht nur das Wohl des Gemeinwesens, sondern vor allem das der eigenen Sippschaft im Auge hatten: Beim Tod des Königs (1560) befanden sich etwa 60 % des Landes in den Händen seiner Familie. Die Nachfolger Gustav Vasas – 1544 hatte er die Erbmonarchie durchgesetzt – führten nicht nur zahlreiche Kriege um die Vorherrschaft im Ostseeraum, sie rangelten auch untereinander um den Thron. Erst mit Karl IX., dem jüngsten Sohn Gustav Vasas, kehrte 1604 wieder eine gewisse Stabilität in Schweden ein. Weitsichtig ließ er die Hafenstadt Göteborg anlegen, als er merkte, dass die Rolle des Ostseeraums mit der Entwicklung des atlantischen Handels und der Entdeckung der Eismeerpassage nach Russland zu schwinden begann. Die Politik Karls war darauf ausgerichtet, Schweden zur vorherrschenden Macht in Skandinavien und im Ostseeraum zu machen. Als ihn 1611 ein Schlaganfall ereilte, waren seine Pläne bei weitem noch nicht realisiert, doch mit seinem 16-jährigen Sohn Gustav Adolf stand ein Nachfolger bereit, der ihm in Tatendrang und Durchsetzungsvermögen nicht nachstand.

Oben: In der Schlacht bei Lützen 1632 fand Gustav II. Adolf den Tod (Kupferstich von M. Merian d. Ä., 1637).

Der Aufstieg zur Großmacht

Bereits kurz nach seiner Krönung als Gustav II. Adolf (1611) beendete dieser

den eben ausgebrochenen Krieg mit den Dänen durch einen Waffenstillstand. Dem Plan Polens, den jungen König mit einem Angriff unter Druck zu setzen, kam er mit einem eigenen Angriff zuvor. Dabei profitierte Gustav Adolf bereits von Axel Oxenstierna (1583-1654), der ihm während seiner gesamten Regierungszeit als Kanzler, Feldherr, Ratgeber und Freund zur Seite stand.

Nach dem erfolgreichen Feldzug gegen Polen herrschte Schweden über die gesamte polnische Ostseeküste zwischen Pommern und dem Baltikum. In Schweden selbst hatten der König und sein Kanzler eine Heeresreform durchgeführt, deren Ergebnis ein stehendes Heer von gut 20 000 Mann war. Es versorgte sich selbst und wurde mit den Produkten der schwedischen Waffenschmieden ausgerüstet.

Als 1617 der katholische polnische König Thronansprüche anmeldete, wurde das Aufenthaltsrecht von Nichtprotestanten in Schweden aufgehoben. Ab 1618 versuchten die Habsburger im Zuge der Gegenreformation, die protestantischen Provinzen Deutschlands für den Katholizismus zurückzugewinnen, was auch für die schwedischen Besitzungen in Deutschland galt. Der Konflikt mit den Habsburgern war damit vorprogrammiert, der Dreißigjährige Krieg hatte begonnen.

Schweden konnte bei der großen machtpolitischen Neuverteilung in Europa, die nun anstand, nicht neutral bleiben. Die protestantischen Fürsten Deutschlands nutzten die schwedische Unterstützung, um nicht von den Habsburgern überrannt zu werden. Die Schweden fürchteten eine Achse Madrid-Wien-Warschau, die ihre Vormachtstellung im Ostseeraum gefährdet hätte, und die Hansestädte paktierten mit den Schweden, weil sie um ihre Privilegien fürchteten. Auch verbündete sich der Protestant Gustav Adolf mit dem Kardinal Richelieu; es lag in beider Interesse, einen deutschen Nationalstaat zu verhindern. Der französische Kardinal verhieß jedem Unterstützung, der dazu beitrug, die Stellung der Habsburger in den Spanischen Erbfolgekriegen zu schwächen. Kurzum, die

religiösen Differenzen, die man in den Trienter Konzilien noch friedlich beizulegen versucht hatte, waren nur willkommener Vorwand für eine rein machtpolitische Auseinandersetzung. In der politischen Propaganda jedoch stand die Glaubensfrage im Vordergrund, ließ sie sich doch trefflich zur Verteufelung des jeweiligen Gegners nutzen. Dabei wurden auch die längst verschütteten Wikingerängste gegenüber den Schweden reaktiviert. Man dichtete ihnen die Urheberschaft an so perfiden Grausamkeiten wie dem „Totlachen" und dem „Schwedentrunk" an, beides Foltermethoden, die zum Tode führen.

Anschaulich illustriert ein noch heute bekanntes Kinderlied die Furcht vor den Schweden:

Bet' Kinderlein bet',
Morgen kommt der Schwed',
Morgen kommt der Ochsenstern,
Der wird euch Kinder 's Beten lehr'n.

Oben: Mit diesen Urkunden wurde am 24.10.1648 das Ende des Dreißigjährigen Krieges durch den Westfälischen Frieden besiegelt.

Nach dem schwedischen Kriegseintritt entwickelten sich die Ereignisse schnell zugunsten des protestantischen Lagers. Der Habsburger General Tilly wurde 1631 bei Breitenfeld vernichtend geschlagen. Gustav II. Adolf eroberte Pommern und Magdeburg, hielt im folgenden Winter in Frankfurt Hof und rückte im Frühjahr in Nürnberg und München ein. Damit gebot er über ein Reich, das von Lappland bis zum Alpenvorland reichte.

Eine verzweifelte Offensive der kaiserlichen Habsburger unter Wallenstein konnte im November 1632 bei Lützen zurückgeschlagen werden. Gustav II. Adolf fand in dieser Schlacht nach einem Sturz vom Pferd den Tod.

Nachfolgerin auf dem Königsthron wurde seine sechsjährige Tochter Christina, für die ein Reichsrat unter Oxenstierna bis 1644 die Geschäfte führte. 1643 war der schwedisch-dänische Krieg wieder aufgeflammt und 1658 endgültig für Schweden entschieden worden: Der Frieden von Roskilde bescherte dem Land die Provinzen Skåne, Blekinge, Halland, Bohuslän sowie Teile von Härjedalen und Jämtland. Der alte schwedische Traum, den Öresund zu kontrollieren und einen Zugang zur Nordsee zu erhalten, war in Erfüllung gegangen.

Im Westfälischen Frieden, der 1648 den Dreißigjährigen Krieg beendete, bekam Schweden Pommern, Stettin und Rügen sowie die Fürstentümer Bremen und Verden zugesprochen. Diese Neuordnung Europas bestätigte den Großmachtstatus Schwedens. Zu einem Unsicherheitsfaktor wurde allerdings die Königin. Hatte sie schon bei ihrer Thronbesteigung erklärt, niemals heiraten zu wollen, trat sie 1654 gar zum Katholizismus über, erklärte ihren Thronverzicht und musste somit Schweden verlassen, wie ihr Vater dies 1617 angeordnet hatte. Als Nachfolger bestimmte sie ihren Vetter Karl Gustav von Pfalz-Zweibrücken, der ihr als Karl X. Gustav auf dem Thron folgte.

Das Ende der Großmachtzeit

Die immensen Kriegskosten hatten dazu geführt, dass die Krone gezwungen war, das unter Gustav Vasa säkularisierte Kirchenland und dazu etliche Steuerprivilegien an den Adel zu verpachten oder zu verkaufen. Dadurch verfügte der Adel zur Regierungszeit Karl X. Gustavs über gut 70 % des Landes und beabsichtigte, eine Grundherrschaft mitteleuropäischer Prägung einzuführen, während die Steuerbauern ihrerseits auf Rückgabe und Neuverteilung des Landes drängten. Der König, schon aus militärischen Gründen auf die Unterstützung der Bauern angewiesen, zeigte sich konfliktscheu. Er überschrieb zwar der Krone die Einkünfte der Ländereien, tastete aber die Eigentumsverhältnisse formal nicht an. Dies gelang erst seinem Nachfolger Karl XI., der das Adelsland so reduzierte, dass schließlich Staat, Adel und Bauern je ein Drittel Ackerfläche des Landes besaßen. Mit dieser „Adelsreduktion" ging auch eine Militärreform einher, das sogenannte *Indelningsverk*. Genau bemessene Bezirke hatten jetzt eine bestimmte Anzahl von Soldaten und Offizieren zu stellen und zu unterhalten. Schweden verfügte so über ein jederzeit einsetzbares Bauernheer, das sich selbst unterhielt.

Diese Reform sanierte einerseits die Staatsfinanzen und brachte andererseits einen unabhängigen Bauernstand hervor, der sich erfolgreich allen Versuchen einer Lehnsherrschaft oder Leibeigenschaft widersetzen konnte. Die Friedensjahre bis zum Tod des Königs brachten dem Land einen enormen wirtschaftlichen Aufschwung, durch den die Bevölkerung auf 1,5 Millionen Einwohner anwachsen konnte.

Sein Sohn, Karl XII., stand ganz in der Tradition der absolutistischen Monarchen Mitteleuropas und war kriegerischen Abenteuern überaus zugetan. Im Großen Nordischen Krieg (1700-1721) gelang es dem Schwedenkönig, die Allianz aus Russland, Sachsen/Polen und Dänemark bei Narwa vernichtend zu schlagen, doch sein Russlandfeldzug gegen Peter den Großen wurde ein Fiasko. Die folgenden Friedensverträge reduzierten das Staatsgebiet auf das Mutterland, große Teile Finnlands und einige kleinere Besitzungen in Pommern.

Die Freiheitszeit

Im Jahrhundert der Aufklärung wurde Schweden mehr vom Reichstag als vom König selbst regiert, seit die Verfassungsreform von 1734 die Rechte des Monarchen in erheblichem Maße beschnitten hatte. Der Reichsrat war aus 16 Ständevertretern zusammengesetzt, zu denen auch die Bauern gehörten. Er war gespalten in Merkantilisten („Hüte"), die außenpolitisch ein Bündnis mit Frankreich suchten, und Liberale („Mützen"), die eine Allianz mit

England bevorzugten, und agierte oft widersprüchlich und überaus glücklos. Trotzdem wurden in dieser Zeit die Fundamente schwedischer Demokratie gelegt, die sich noch in der heutigen Verfassung wiederfinden lassen. Darum wird diese Periode auch „Freiheitszeit" genannt.

Im 17. und 18. Jh. begann sich ein eigenständiges schwedisches Kulturschaffen zu entwickeln. Waren bis dahin deutsche Wissenschaftler und Künstler tonangebend gewesen, wuchs nun der französische Einfluss. Schon Königin Christina hatte den Philosophen Descartes nach Schweden geholt, ebenso den Staatstheoretiker Grotius und den Theologen Comenius. Von ihnen inspiriert wurde der schwedische Philosoph Olof Rudbeck, der die Wiege der indogermanischen Völker nach Skandinavien verlegte und damit einer ganzen Weltanschauungsrichtung seinen Namen gab. In die Freiheitszeit fiel die Gründung der Universitäten von Åbo (Turku) und Lund sowie die der Akademie der Wissenschaften, in der so große Geister wie Carl von Linné und Anders Celsius wirkten.

Oben: Gustav III. wird 1792 bei einem Maskenball in der Oper von Stockholm ermordet (Holzstich, 19. Jh.).

Gustav III.

Außerhalb Schwedens basiert der Bekanntheitsgrad Gustavs III. fast ausschließlich auf der Tatsache, dass er während eines Maskenballs in der Stockholmer Oper ermordet wurde; eine Bluttat, die durch Verdi in die Musikgeschichte einging. Doch nicht nur sein Tod war bemerkenswert: Der absolutistische, aufgeklärte Monarch war straffer Regentschaft ebenso gewogen wie Kunst und Wissenschaft. Die Staatsführung riss er an sich, indem er die Rechte des Reichstags beschnitt, den schönen Künsten huldigte er durch die Gründung einer Akademie gleichen Namens. Seiner Initiative ist ebenso die Schwedische Akademie für Sprache und Wissenschaft zu verdanken, die sich Alfred Nobel testamentarisch als Jury für die Vergabe seines Preises erwählte. Die Unterschrift Gustavs findet sich ebenfalls in den Gründungsprotokollen der Musikakademie und des Dramatischen Theaters, auch als Bauherr der Oper von Stockholm tat er sich hervor. Tragisch, dass er dort nicht nur Erfüllung als Schauspieler und Theaterdichter, sondern auch den Tod fand.

Letztlich war der Mord an Gustav III. Folge seiner oft widersprüchlichen Politik, die zwischen Liberalität und Despotismus schwankte. Daneben war seine aufwendige Hofhaltung nicht nur dem Volk ein Dorn im Auge. Folglich wurde auch das Adelskomplott, das zu seiner Ermordung geführt hatte, nie gesühnt.

Gustav IV. Adolf, der 1796 offiziell den Thron bestieg, war in seiner Politik das krasse Gegenteil seines Vaters. Pedantisch und mit äußerster Sparsamkeit versuchte er, die Staatsfinanzen zu sanieren. Die sogenannte *Enskifte* (Verkoppelung), die Neuverteilung der Äcker in den Dörfern, geht auf ihn zurück. Bis dahin hatte ein jeder Bauer an jedem Acker, der zum Dorf gehörte, einen bestimmten Anteil, was zu einer stetigen Teilung der Äcker geführt hatte und genossenschaftliche Bewirtschaftung erzwang, die dem Ertrag nicht unbedingt förderlich war. Jetzt wurde das gesamte Land so verteilt, dass ökonomisch selbstständige Gehöfte entstehen konnten, was die landwirtschaftliche Produktion rasant ansteigen ließ. Eine andere Folge war allerdings, dass die ärmsten Bauern ihre Unabhängigkeit verloren. Darüber hinaus resultierte aus dieser Maßnahme die Auflösung von Dörfern zugunsten weit verstreuter Einzelgehöfte. Noch heute zeigen viele allein stehende Kirchen den alten Standort aufgegebener Dörfer an.

Außenpolitisch war Gustav IV. Adolf weit weniger erfolgreich. Seine grundsätzliche Ablehnung der Errungenschaften der Französischen Revolution und die handelspolitischen Verbindungen zu England brachten ihn dazu, Napoleons Kontinentalsperre gegen England zu unterlaufen und Göteborg sowie andere Häfen für den Englandhandel offen zu halten. Dies rächte sich 1807 im Frieden von Tilsit, in dem Napoleon den Russen in Finnland freie Hand gab, woraufhin diese sich Schwedisch-Finnland einverleibten und sogar kurzfristig das nordschwedische Umeå eroberten. Für den König hatte dieser verlorene Krieg fatale Folgen: Er wurde abgesetzt, des Landes verwiesen und seine Nachkommenschaft für immer von der Thronfolge ausgeschlossen.

König wurde sein Onkel, der als Karl XIII. 1809 den Thron bestieg, die Macht aber mit dem Reichstag teilen musste. Ein Konstitutionsausschuss wurde als Korrektiv zur Königsmacht eingeführt. Die Ideen Montesquieus und gewachsener englischer Parlamentarismus beeinflussten die neue Verfassung, die der Reichstag vorlegte. Sie brachte eine so urdemokratische Institution wie den *Ombudsman* – den Vertreter der Bürger gegen die Willkür der Bürokratie – hervor und ist modifiziert bis heute gültig.

Marschall Bernadotte

Da Karl XIII. kinderlos war, wurde die Wahl seines Nachfolgers zu einem bedeutenden politischen Signal für die Zukunft des Landes. Um eine engere Bindung an Frankreich herbeizuführen und gleichzeitig einen hervorragenden militärischen Fachmann zu gewinnen, einigte man sich bei der Wahl des Thronfolgers schließlich auf Jean Baptiste Bernadotte, einen französischen Marschall. Dieser nahm vor dem Betreten schwedischen Bodens den lutherischen Glauben an und wurde nach einem entsprechenden Beschluss des Reichstags in Örebro vom König als Kronprinz Karl Johan adoptiert. Diese Wahl hatte die Unterstützung Napoleons, der sich eine Schwächung Englands erhoffte und Schweden in einen Krieg mit England zwang, der aber nur auf dem Papier stattfand.

Als sich Napoleons Niederlage in den Befreiungskriegen abzeichnete, wandte sich Schweden wieder mehr England zu. Die Kontinentalsperre wurde unterlaufen und der englisch-schwedische Krieg unmittelbar nach dem französischen Einmarsch in Schwedisch-Pommern offiziell beendet. Eine Annäherung an Russland bestätigte dessen Annexion Finnlands und brachte im Gegenzug die russische Unterstützung für die monarchische Personalunion von Norwegen und Schweden, die im Kieler Frieden von 1814 beschlossen worden war. Auf dem Wiener Kongress wurde diese Regelung bestätigt, Schweden musste aber seine pommerschen Besitzungen abtreten.

Die Befreiungskriege waren die letzten aktiven Kampfhandlungen, an denen Schweden bis heute teilgenommen hat. Der französische Marschall Bernadotte, 1818 als Karl XIV. Johan gekrönt, wurde so zum ersten schwedischen König, der in seiner Regierungszeit keinen Krieg zu führen brauchte.

Der Aufbruch in die Moderne

Die außenpolitische Ruhe des 19. Jh. gab Schweden die Chance, ökonomisch gegenüber den anderen europäischen Staaten aufzuholen. Die Infrastruktur wurde verbessert, die erste Eisenbahnlinie gebaut und der Götakanal zwischen Göteborg und der Ostsee eröffnet. Die Erfindung der Dampfsäge ermöglichte erste industrielle Komplexe, in denen die schwedischen Wälder „zersägt" wurden: Ging der verfügbare Wald zur Neige, kauften die Sägewerksbesitzer die nächstgelegenen Höfe auf, deren Wert in ihrem Waldbesitz bestand. Die nun erwerbslosen Bauern wurden als Sägewerksarbeiter eingestellt und bildeten ein frühes Industrieproletariat, das sich allmählich organisierte. Eine zweite Säule der Industrialisierung Schwedens war die Eisengewinnung und -verarbeitung, die nach dem Bau der Erzbahn von Kiruna nach Narvik 1903 einen unerhörten Aufschwung nahm. Die frühen Industriebetriebe waren patriarchalisch organisiert, boten aber den Arbeitern trotz der geringen Löhne die Sicherheit einer Beschäftigungsgarantie, die das übrige Europa nicht kannte. Die Bevölkerung wuchs so stark an, dass ihre Ernährung bald nicht mehr gewährleistet war. So suchte in den Auswanderungswellen des 19. Jh. fast ein Viertel der 5 Millionen Schweden sein Heil in Amerika.

Rechts: Sägewerksarbeiter und Flößer bei ihrer gefährlichen Arbeit (gegen Ende des 19. Jahrhunderts).

Politisch entwickelte Schweden unter Karl Johans Sohn Oscar I. (1844-59) und seinem Enkel Karl XV. (1859-72) eine Frühform parlamentarisch-demokratischer Verhältnisse. Die Vorrechte des Adels wurden abgeschafft, der Zunftzwang aufgehoben, umfassende Religionsfreiheit gewährt und der Einfluss der Kirche auf das Bildungssystem beschnitten. Die Kommunalreform brachte ein Klassenwahlrecht hervor, das nur denjenigen Stimmrecht gewährte, die einen bestimmten Steuerbetrag aufbrachten; es schloss Frauen ein. Diese erhielten außerdem uneingeschränkte Handwerksfreiheit und Zugang zu den Universitäten des Landes. Der Vier-Stände-Reichstag wurde durch ein System von zwei Kammern ersetzt, dessen Vorbild die englische Parlamentsorganisation war. Man gewährte Gewerbefreiheit, und die Schutzzölle wurden abgeschafft, was zur Folge hatte, dass Billigimporte Handel und Landwirtschaft ruinierten und die Zölle 1888 wieder eingeführt wurden. Zu diesem Zeitpunkt regierte bereits König Oscar II. (1872-1907), der sich mehr als Künstler denn als Politiker verstand und das Tagesgeschäft 1876 einem Staatsminister übertrug; ein Amt, das es bis heute gibt und etwa dem eines Kanzlers entspricht. In Oscars Regierungszeit fiel der Verlust der norwegischen Krone. Die seit 1814 be-

stehende Personalunion mit Norwegen war nach 10-jährigem Streit über die konsularische Vertretung der Norweger aufgekündigt und durch einen Volksentscheid 1905 beendet worden.

Gegen Ende des 19. Jh. konstituierte sich die Sozialdemokratische Arbeiterpartei Schwedens, die im 20. Jh. zur prägenden politischen Kraft des Landes werden sollte. Arbeitsschutzgesetze traten in Kraft, und kurz vor Ausbruch des Ersten Weltkriegs wurde erstmals eine Volkspension gewährt. Das allgemeine Wahlrecht wurde in zwei Schritten 1908 und 1919 eingeführt. Während der Regierungszeit von Gustav V. (1907-50), der längsten aller schwedischen Könige, wurde Schweden endgültig zu einer parlamentarischen Demokratie. Dem Rest Europas war Gustav V. eher als jener Tennisspieler bekannt, der unter dem Pseudonym Mr. G. an großen Turnieren teilnahm.

Die Zeit der Weltkriege

Außenpolitisch war Schweden vor allem bestrebt, seine Neutralität zu sichern. Der Ostseevertrag von 1908, in dem sich Russland, Dänemark, Deutschland und Schweden gegenseitig die Unantastbarkeit der jeweiligen Territorien garantierten, war ein wichtiger Schritt zu diesem Ziel. So blieb Schweden, im Einklang mit Norwegen, im Ersten Weltkrieg neutral, obwohl Deutschland die Ålandinseln für ein Kriegsbündnis geboten hatte. Die Auseinandersetzungen zwischen den bürgerlichen Parteien und den Sozialdemokraten wurden für die Dauer des Krieges auf Eis gelegt und flammten erst nach seinem Ende wieder auf. Die Wahlen 1917 hatten die Linke bereits so gestärkt, dass sie in die Regierung eintreten musste, vier Jahre später stellten die Sozialdemokraten zum ersten Mal den Staatsminister. Bis 1932 wechselte die Macht häufig zwischen bürgerlichen Parteien und den Sozialdemokraten und die Regierungen waren meist kurzlebig und instabil.

Der Börsenkrach von 1928 und die darauf folgende Weltwirtschaftskrise traf Schweden völlig unvorbereitet. Die Arbeitslosigkeit wuchs dramatisch, als das Imperium des „Streichholzkönigs" Ivar Kreuger zusammenbrach und viele andere Betriebe in den Ruin mitriss. Da Kreuger im Geheimen große Summen an die bürgerlichen Parteien gespendet hatte, gingen aus den Wahlen 1932 die Sozialdemokraten als Sieger hervor; bis 1976 blieben sie ununterbrochen an der Macht.

Außenpolitisch hielt Schweden zwischen den Weltkriegen an seiner Neutralitätspolitik fest. In der Hoffnung auf eine neue friedliche Weltordnung rüstete man sogar ab und ermöglichte erstmals Kriegsdienstgegnern einen Zivildienst.

Mit der Machtergreifung des aggressiven deutschen Nationalsozialismus änderte sich die pazifistische Grundhaltung jedoch, besonders als die ersten Judenpogrome bekannt wurden. Als zu Beginn des Zweiten Weltkriegs die sowjetrussischen Truppen gemäß Stalins Abkommen mit Hitler Finnland besetzten, unterstützten die Schweden zwar den finnischen Widerstand mit Transitgenehmigungen für Waffenlieferungen, verweigerten aber jede Art von direkter Parteinahme. Auch gegenüber Deutschland blieb das Land neutral, erlaubte aber nach dem deutschen Überfall auf die Sowjetunion den Durchmarsch deutscher Truppen von Norwegen nach Finnland. Der Handel mit Nazi-Deutschland wuchs in gigantische Dimensionen, war doch die deutsche Kriegsmaschinerie auf das schwedische Erz angewiesen, auch produzierten schwedische Waffenfabriken für Deutschland. Erst nach massiven Drohungen der Alliierten stellte Schweden 1944 diese Handelsbeziehungen ein. Allerdings hatte Schweden schon früh den Verfolgten des Naziregimes Asyl gewährt und den Deutschen, wenn auch vergeblich, die Aufnahme aller dänischen und norwegischen Juden in Schweden angeboten.

Rechts: Olof Palme (Mitte), Schwedens Erster Staatsminister in den 1970er und 80er Jahren, machte Schweden durch sein Engagement gegen die Apartheid weltweit bekannt.

Innenpolitisch entwickelten sich in den Jahren 1932-46 unter König Gustav V. und seinem Staatsminister Per Albin Hansson das „Volksheim" *(folkhem)*, jenes spezifisch schwedische Gesellschaftsmodell, das die Bürger nicht als Interessenkonkurrenten, sondern als Mitglieder ein und derselben Familie begreift, die einander unterstützen und sich in die Familie fügen müssen (Näheres zum „schwedischen Modell" S. 236ff.).

Nachkriegszeit

Nach dem Tod von Per Albin Hansson (1946) setzte Tage Erlander die Politik des „Volksheims", die mittlerweile Konsens aller Parteien war, fort. Auch die Übergabe der Krone von Gustav V. an Gustav VI. Adolf verlief reibungslos. Die Neutralitätspolitik blieb unverändert, wurde aber durch erhebliche Verteidigungsanstrengungen abgesichert, die auch den Schutz der Zivilbevölkerung beinhalteten. Schweden trat keinem Militärbündnis bei, engagierte sich dafür aber in vielen internationalen Organisationen, wie zum Beispiel der UNO, zu deren Gründungsmitgliedern es gehört. Wirtschaftspolitisch konnte Schweden dagegen nur mäßig unabhängig bleiben. 1951/52 bildete man mit Dänemark, Norwegen und Finnland den „Nordischen Rat", der sieben Jahre später zu einer Zoll- und Passunion führte. 1960 wurde Schweden Gründungsmitglied der EFTA, der Kleinen Freihandelszone der Nicht-EWG-Mitglieder.

Als in den 1970er-Jahren Schwierigkeiten wie die Ölkrise die Weltwirtschaft erschütterten, mussten Schwedens Sozialdemokraten unter Olof Palme erstmals einer bürgerlichen Koalition weichen, die jedoch das „Volksheim" nicht antastete. Nach Palmes Rückkehr an die Macht 1982 machte er

Schweden mehr und mehr zu einem Sprachrohr der Unabhängigkeitsbewegungen dieser Welt und tat sich besonders im Kampf gegen die Apartheid hervor. In diesem Engagement vermutet man den Grund für die Ermordung Olof Palmes im Jahr 1986. In seine Regierungszeit fiel die letzte Verfassungsreform Schwedens, die das Zweikammer-System zugunsten eines Einkammer-Systems außer Kraft setzte und dem König ausschließlich repräsentative Rechte und Pflichten beließ. Zudem wurde die weibliche Thronfolge wieder eingeführt.

Die Krone trägt seit 1973 Carl XVI. Gustaf, der Nachfolger seines Großvaters wurde. Seine Ehe mit der Bürgerlichen Sylvia Sommerlath hat seiner Popularität nicht geschadet, die schwedische Königsfamilie aber in die Schlagzeilen der Klatschpresse gebracht, obwohl sie keine „windsormäßigen" Skandale produziert.

Erster Staatsminister war ab 1986 Ingvar Carlsson, der 1991-94 die Macht an die Bürgerlichen abtreten musste und dann wieder gewählt wurde. Er führte Schweden nicht nur in die EU (1995), sondern veranlasste auch eine gewisse Abkehr vom „Schwedischen Modell". So wurden Karenztage und Selbstbeteiligung in der Krankenversicherung eingeführt, Schulspeisung und Kinderbetreuung sind nicht mehr kostenlos, und die Volksrente wurde auf die soziale Grundsicherung zurückgeführt. Mit weiteren Kürzungen im sozialen Bereich ist es Schweden gelungen, einen Beschäftigungsstand zu halten, der in den Flächenländern Europas seinesgleichen sucht. Seit 1996 setzt Göran Persson die Politik Carlssons als Staatsminister fort. Im übrigen hat der hohe gewerkschaftliche Organisationsgrad der schwedischen Arbeitnehmer dazu geführt, dass Billigjobs amerikanischer Prägung gar nicht erst entstehen konnten. Insofern hat Schweden die Probleme der Globalisierung früher erkannt und besser gelöst als so genannte klassische Industrieländer wie Frankreich oder Deutschland. Dennoch wird der Ausgang der Parlamentswahlen 2006 auch vom wachsenden Unterschied zwischen Arm und Reich geprägt sein.

Geografie

Schweden ist mit ca. 450 000 km^2 nach Russland, Frankreich und Spanien das viertgrößte Land Europas. Fast 9 % der Fläche Schwedens sind von Flüssen oder Seen bedeckt, von denen es rund 100 000 gibt. Die Nord-Süd-Ausdehnung des Landes erstreckt sich vom 56. bis zum 69. Breitengrad über fast 1600 km, die West-Ost-Ausdehnung erreicht dagegen nur 500 km. Schweden hat zwei Landesgrenzen, wobei die zu Norwegen mit 1700 km fast dreimal so lang ist wie die zu Finnland. Die Angaben zur Küstenlänge sind unterschiedlich und schwanken zwischen 2500 km und 7500 km, je nachdem, ob man die Küste begradigt misst oder die Buchten mitrechnet. Dazu kommen die Schäreninseln vor Stockholm, Kalmar und Göteborg, deren Gesamtzahl 40 000 wohl übersteigt.

Hohe Berge hat Schweden nur im Norden. In den Skanden *(Kölen)*, an der Grenze zu Nordnorwegen, liegt der Kebnekaise, mit 2111 m der höchste Berg Schwedens. Neben diesem gibt es im nördlichen schwedischen Lappland noch vier weitere Zweitausender. Das Bergland ist weiter südlich nur noch 1200 m hoch, mit Gipfeln über 1700 m. Der nördliche Teil Schwedens bildet eine leicht gewellte Platte, die von Nordwesten nach Südosten abfällt. Daher fließen die meisten Flüsse vom *Kölen* zum Bottnischen Meerbusen und sind zwischen 200 km und 400 km lang. Südlich des Siljansees in der Provinz Dalarna beginnt die mittelschwedische Senke, die bis ins Seengebiet von Vänern und Vättern reicht. Das südlich angrenzende Småland ist eine wellige Ebene, deren höchste Erhebungen gerade noch 370 m erreichen. Südschweden bis hinab nach Skåne ist eine Moränenlandschaft mit sanft hügeligem Charakter, ein Resultat der letzten Eiszeit, die vergleichbare Landschaftsformen auch in Dänemark und der Norddeutschen Tiefebene hervorgebracht hat.

Die geografische Lage bestimmt das Klima Schwedens. Durch den West-wind-Einfluss ist es einerseits maritim gemäßigt und feucht, andererseits unterliegt es dem eurasischen Kontinentaleinfluss, der trockenes Wetter mit extremen Temperaturen beschert. Insgesamt ist es weit milder als in geografisch vergleichbaren Weltgegenden wie Sibirien oder Alaska. Die große Längenausdehnung des Landes lässt erhebliche Temperaturgegensätze zwischen Norden und Süden vermuten, aber die Jahresdurchschnittstemperaturen liegen im Sommer nur 5 °C auseinander, während die Wintertemperaturen zwischen Malmö und Kiruna um 17 °C differieren. Grund hierfür ist u. a. die Lage Kirunas nördlich des Polarkreises. Die Sonne geht dort von Ende Mai bis Mitte Juli nicht unter und von Ende November bis Mitte Januar nicht auf. Der Polarkreis, 150 km südlich auf 66° 33' n. Br., ist die Linie, von der aus man in der Mittsommernacht die Sonne nicht mehr untergehen sieht.

Die Sommer sind dank des Kontinentaleinflusses meist warm, sonnig und trocken, die mittlere Sonnenscheindauer liegt im Juni und Juli mit ca. 300 Std. um gut 100 Std. höher als in Mitteleuropa. Dafür sind die Winter in Schweden zumeist schneereich und kalt, wobei es hier ein Ost-West-Gefälle gibt: In Stockholm rechnet man mit etwa 120 Wintertagen, an denen die Temperatur nicht über -2 °C steigt, in Göteborg hingegen nur mit 70.

Die Niederschläge fallen sehr unterschiedlich: Im Süden und Westen sind sie mit bis zu 800 mm deutlich höher als im Norden und Osten (400 mm).

Das Land ist verwaltungsmäßig in 24 Provinzen (*län*) gegliedert, die in etwa den historisch, kulturell und sprachlich gewachsenen Landschaften entsprechen. Die Verwaltungsaufgaben der *län* sind denen deutscher Regierungsbezir-

Rechts: Geomorphologisches Kunstwerk der Natur.

ke vergleichbar, darüber hinaus betreuen sie das Gesundheits- und Verkehrswesen.

Geologie

2,8 Milliarden Jahre alt sind Schwedens älteste Gesteine; man findet sie auf der präkambrischen Landmasse des Baltischen Schildes, der außerdem aus einem stark abgetragenen 1,7 bis 2 Milliarden alten Faltengebirge aus Gneisen und Graniten besteht. Bis in die südschwedische Landschaft Schonen hinein lagerten sich daran jüngere präkambrische Gesteine: Sandstein in Dalarna, Porphyre in Mittelschweden oder den nordschwedischen Bergwerksgebieten. Gegen Ende des Präkambriums und im anschließenden Kambrium und Silur (vor ca. 600-440 Millionen Jahren) falteten sich die Skanden auf und schoben sich west-ostwärts wie eine Decke teilweise über den Baltischen Schild. Sie liegen als langer Rücken (*Kölen* = „Kiel“) im Grenzgebiet von Norwegen und Schweden und bestehen aus Glimmerschiefer, Kalkstein, Gneis sowie magmatischen Gesteinen. Im südöstlichen Anschluss an die Skanden und den Baltischen Schild lagerten sich vom Kambrium bis ins ältere Tertiär schichtweise Gesteine ab: Sandstein, Schiefer, Kalkstein. Vielerorts sind diese durch Abtragung wieder verschwunden, haben sich aber besonders gut auf den Inseln Öland und Gotland und in Teilen Schonens erhalten.

Die runden, welligen Landschaftsformen, die in Schweden vorherrschen, rühren von mehreren Eiszeiten im Verlauf von weniger als 2 Millionen Jahren her. Eispanzer von bis zu 3000 m Dicke begruben Skandinavien mehrmals. Einerseits hobelten die Gletscher das Land ab, andererseits transportierten sie dieses Material und luden es als Moränen wieder ab, sobald das Eis schmolz.

Von der Eislast befreit, begann sich vor 10 000 Jahren Skandinavien langsam zu heben, ein Prozess, der noch nicht abgeschlossen ist. Das Nordende des Bottnischen Meerbusens steigt z. Z. um ca. 1 cm pro Jahr. Das Wechselspiel von Landhebung und Anstieg des Meeresspiegels durch abschmelzendes Eis bewirkte, dass im Verlauf der vergangenen 10 000 Jahre die Ostsee mehrfach den Wandel zwischen Binnensee und offenem Meer durchmachte.

Bevölkerung

Schweden hat derzeit knapp 9 Millionen Einwohner. Statistisch könnten sich je 19 Einwohner einen Quadratkilometer Land teilen, doch die Besiedlungsdichte schwankt erheblich. Sie ist im Norden sehr viel dünner als im Süden, hier üben wiederum die Städte die größte Anziehungskraft auf die Bevölkerung aus. Südlich der Linie Gävle-Mora leben heute über 85 % aller Schweden, dabei entfallen 3 Millionen auf die urbanen Zentren wie Stockholm, Göteborg und Malmö. Allein im Großraum Stockholm wohnen 17 % der schwedischen Bevölkerung. Dagegen beträgt die Besiedlungsdichte in den nördlichen Provinzen Lappland und Norrbotten nur drei Einwohner pro Quadratkilometer. Dies ist auch der Siedlungsraum der rund 15 000 Samen und der finnischen Minderheit, die eine Viertelmillion Menschen umfasst. Neben diesen beiden Gruppen gibt es im Süden noch eine dänische Minorität, die ähnlich den Finnen langsam mit der schwedischen Bevölkerung verschmilzt. Statistisch relevant sind auch die vielen politischen Flüchtlinge, die Schweden seit dem Zweiten Weltkrieg aufgenommen hat: Sie stellen gut die Hälfte von 1 Million Ausländer, die in Schweden leben.

Seit 1954 ein gemeinsamer skandinavischer Arbeitsmarkt geschaffen wurde, zog es viele Dänen, Norweger, Finnen und Isländer zur Arbeit in den damaligen Wohlfahrtsstaat Schweden, wo die höchsten Löhne gezahlt wurden. Diese Rolle hat Schweden inzwischen an das ölreiche Norwegen abgetreten, das mittlerweile viele schwedische Arbeiter aufgenommen hat. Schwedens EU-Beitritt 1995 erlaubt allen EU-Ausländern, sich im Land niederzulassen. So leben heute z. B. gut 20 000 Deutsche in Schweden. Das Bevölkerungswachstum Schwedens kommt ausschließlich durch Zuwanderung zustande, nicht durch Geburtenüberschuss. Schweden hat den höchsten Ausländeranteil aller europäischen Länder.

Dies hat Folgen für die Religionszugehörigkeit. Zwar gehören 90 % der Bevölkerung der Lutherischen Staatskirche an, deren Mitglied jeder Schwede mit der Geburt automatisch wird, wenn es nicht ausdrücklich anders bestimmt wird, doch hat der Anteil von Katholiken, Moslems und Hindus seit dem Zweiten Weltkrieg deutlich zugenommen. Die Aufnahme vieler Flüchtlinge brachte es mit sich, dass der Islam die zweitgrößte Religionsgemeinschaft Schwedens wurde.

Die Flora

Die meisten Mitteleuropäer denken bei schwedischer Flora und Fauna zunächst an Moltebeeren *(hjortron)* und Elche. Vegetation und Tierwelt variieren jedoch wegen der großen Längenausdehnung des Landes stark. Generell lässt sich feststellen, dass die Baumgrenze nach Norden hin kontinuierlich absinkt: Auf dem 62. Breitengrad, etwa in der Höhe von Gävle, liegt sie bei 900 m, in Kiruna, nördlich des Polarkreises, jedoch unter 400 m. Die Wälder sind zum größten Teil Nadelwälder und reichen bis in den hohen Norden; darin – aber auch oberhalb der Baumgrenze – findet sich eine erstaunliche Vielfalt an Flechten und Moosen. In Südschweden ist die Vegetation der Mitteleuropas ähnlich. Etwa auf der Linie Kalmar-Borås verläuft die Nordgrenze der Buche, während Eiche, Ahorn und Linde noch 400 km weiter nördlich gedeihen. Bis zu dieser Grenze gibt es an geschützten

Rechts: Wenn die Moltebeeren gelb, also reif sind, werden sie zu Marmelade („hjortronsylt") verarbeitet – ein beliebtes, aber teures Souvenir.

Stellen auch noch Obstkulturen, wie Äpfel, Birnen, Pflaumen und Kirschen. An klimatisch weniger günstigen Stellen haben Zwergbirken und Grauerlen, die eher weiter nördlich vorkommen, Vegetationsinseln gebildet. Die Vegetationsperiode verkürzt sich nach Norden hin: Beträgt sie in Südschweden noch 250 Tage, sinkt sie im Norden auf 120 Tage ab. Daher brauchen die Wälder des Nordens zwar doppelt so lange, bis sie geschlagen werden können, dafür ist das Holz wertvoller, weil härter als das des Südens.

Eine Sonderstellung nehmen die reichlich wachsenden Birken ein. In den Wäldern gelten sie als „Unkraut“: Jedermann darf mit ihnen seine Brennholzvorräte ergänzen.

Botanisch interessant sind auch die Ostseeinseln Öland und Gotland. Wegen ihrer kalkhaltigen Böden gedeihen auf den niederschlagsarmen Eilanden z. B. Kastanien- und Walnussbäume oder seltene Orchideenarten.

Die berühmte Moltebeere wächst am besten nördlich des 62. Breitenkreises. Die brombeerähnliche Frucht ist in unreifem Zustand rot und wechselt dann ins Gelbe. In kalten Sommern kann sich der Reifeprozess über zwei Jahre erstrecken. Die Beeren werden meist zu Marmelade verarbeitet und als *hjortronsylt* in vielen Geschäften angeboten. Sie ist beliebtes Souvenir und nicht billig. Im Allgemeinen wird die Marmelade auf Waffeln oder Pfannkuchen *(plättar)* gegessen.

Neben der Moltebeere wachsen in den schwedischen Wäldern und den zahlreichen Mooren reichlich andere Beeren; auch Pilze werden gern gesammelt.

Die Fauna

Die schwedische Fauna ähnelt in weiten Teilen der Mitteleuropas. Hirsche, Rehe, Hasen und Füchse gibt es in Süd- und Mittelschweden fast überall. Bären, Wölfe, Biber, Polarfüchse und Vielfraße, eine meterlange Marderart, hat der Mensch fast ausgerottet, sie haben aber in einigen der 28 Nationalparks (zwischen 28 ha und 50 000 ha groß) Refugien gefunden, in denen ihre

Anzahl sogar wächst. Der Elch, die größte Hirschart, ist zum schwedischen „Wappentier" geworden. Früher in ganz Europa verbreitet, kommen Elche außerhalb Skandinaviens heute nur noch im ehemaligen Ostpreußen vor. Der Bestand dieser Tiere in Schweden wird auf 350 000 geschätzt, die meist im nahrungsreicheren Süd- und in Mittelschweden leben. Im Sommer dringen sie aber auch über den Polarkreis nach Norden vor. Trotz der hohen Zahl von 100 000 Abschussgenehmigungen pro Jahr ist der Bestand stabil, und auch die Viruserkrankung „Elchpest" hat den Bestand nicht nachhaltig reduziert.

Elche sind sehr scheue Tiere, die einen hervorragenden Geruchs- und Gehörsinn besitzen, was es nicht leicht macht, sie zu sichten. Günstige Plätze für Elchbeobachtungen sind Lichtungen mit jungen Birken und die Ränder von Seen, an denen die Elche, bis zum Bauch im Wasser stehend, Pflanzen abweiden. Die beste Beobachtungszeit ist die Dämmerung. Tagsüber ist die Chance, einen Elch in freier Wildbahn zu sehen, nach Regenfällen am größten. Wie alles Schalenwild, mögen Elche keinen Regen und ziehen sich bei Niederschlägen in die Wälder zurück.

Nach dem Regen jedoch meiden sie das tropfende Blätterdach und treten aus dem Wald hervor. Trotz allem ist die Begegnung mit frei lebenden Elchen ein seltenes Erlebnis, das viel Geduld erfordert.

Elche stellen besonders für Waldbesitzer und Autofahrer ein nicht zu unterschätzendes Risiko dar. Die Schäden durch Verbiss an jungen Bäumen sind gewaltig, und die großen Fernstraßen Schwedens sind in der Regel durch hohe Zäune gegen Elchwechsel geschützt. Karambolagen mit diesen Tieren, die bis zu 20 Zentner wiegen können, sind glücklicherweise nicht sehr häufig, aber immer folgenschwer für alle Betroffenen. Selbst Lastwagen werden mit massiven Elchfängern ausgerüstet, denn Motorengeräusch schreckt die Tiere nicht mehr ab.

Oben: Schneeeulen – Nyctea scandiaca – stehen unter Naturschutz. Rechts: Lachs – der König nordischer Gewässer.

In harten Wintern kann es passieren, dass sich die Tiere bis in die Städte vorwagen, wo sie bisweilen auf der Suche nach Futter Mülltonnen plündern. Es ist sogar schon vorgekommen, dass sich ein Elch in die Stockholmer Tunnelbana verirrte – das verschreckte Tier musste erschossen werden.

Im hohen Norden, dessen Einsamkeit alte Tiere auch zum Sterben aufsuchen, sind die Elche Nahrungskonkurrenten der Rentiere. Bei der spärlichen Vegetation nördlich des Polarkreises sind sie gezwungen große Flächen radikal abzuweiden, um ihren Nahrungsbedarf zu decken. Rentiere hingegen haben die Fähigkeit, das Nahrungsangebot nur so weit auszunutzen, dass die Vegetation nicht geschädigt wird. So bleibt auch für den Rückweg der Herden von ihren langen Wanderungen ausreichend Fressbares stehen.

Die Zahl der Rentiere in Schweden beträgt gut 1 Million; etwa 2500 Samen leben noch immer ausschließlich von ihren Herden. Wilde Rentiere gibt es in Schweden nicht mehr. Die Herden leben halbwild, d. h. sie wechseln zwischen festem Winterlager und sommerlichen Wanderungen. Alle Tiere sind mit Brandzeichen markiert, die sie ihren Besitzern zuordnen. Es gibt mittlerweile auch eine Tendenz zur Zucht von Rentieren in geschlossenen Farmen, in denen sie regelrecht gemästet werden, also keine Energie mehr auf ihren Wanderungen verschwenden können.

Die schwedischen Flüsse und Seen sind sehr fischreich und bieten vom Lachs über die Forelle bis hin zu Hecht und Zander alles, was das Anglerherz höher schlagen lässt. Außer an Nordsee, Ostsee und den großen Binnenseen wird zum Angeln ein Angelschein benötigt.

Vielfältig ist auch die Vogelpopulation: Mehr als 350 Arten lassen sich im Sommer in Schweden zählen, davon brüten 250 im Land – darunter so seltene Arten wie Schneehühner, -ammern und -eulen, die unter Naturschutz stehen. Die alljährliche ein- bis zweiwöchige Rast von 10 000 Kranichen und ihr Balztanz Ende März/Anfang April macht den Hornborgasjö in Västergötland zum bekannten Ornithologentreff.

Ödmjukast jag Er ber
Fast rösten är nog matt,
Kom lägg en penning ner
Men lyften uppå min hatt
Säll är den, som låter sig
wårda om den fattige
Kon. Dav. 41:2.

SCHONEN – SÜDSCHWEDISCHE KÜSTE

HELSINGBORG
SCHONENS SÜDWESTEN
MALMÖ
LUND
SCHONENS OSTSEEKÜSTE
BLEKINGE

SCHONEN

Schonen, wie man außerhalb Schwedens die beiden südlichen Landschaften **Skåne** und **Blekinge** gemeinhin nennt, ist neben dem Großraum Stockholm der dichtest besiedelte Teil des Landes. Die fruchtbare Region, zu Recht der „Garten Schwedens“ genannt, war über Jahrhunderte ein Zankapfel zwischen Dänemark und Schweden, bis sie im 17. Jh. zu Schweden kam.

Gegen Ende des 20 Jh. verlangte die wirtschaftsstarke Öresundregion eine zügigere Verkehrsverbindung, die am 1. Juli 2000 mit der 16 km langen Querung des Sunds durch eine Kombination aus einem Tunnel, der künstlichen Insel *Peberholm* und der Brücke *Øresundsbron* zwischen Kopenhagen und Malmö verwirklicht wurde. Stadtbahnen im 20-Minuten-Takt und eine vierspurige Autobahn verknüpfen nun den internationalen Verkehr und die vielfältigen Aktivitäten der ökonomisch und kulturell enger zusammenwachsenden Ballungsgebiete von Kopenhagen und Skåne. Das Verkehrsaufkommen dieser Region hat sich seither gesteigert, und der Fährbetrieb zwischen Helsingør und Helsingborg verminderte sich kaum.

Vorherige Seiten: In der Krypta von Lund stützt der Riese Finn seit 1000 Jahren die Gewölbe. Beschauliche Küste bei Kristianopel. Links: Der – hölzerne – alte „Rosenbom“ sammelt Spenden in Karlskrona.

*HELSINGBORG
Das Tor nach Schweden

Begrenzt wird Schonen im Norden von den Landschaften Halland und Småland, im Süden und Osten von der Ostsee und im Westen vom Öresund. Dieser ist an seiner schmalsten Stelle zwischen Helsingør in Dänemark und ***Helsingborg** ❶ in Schweden nur 4 km breit.

Jahrhundertelang lag an dieser Stelle das Haupttor ins schwedische Königsreich. Hier setzte vor 200 Jahren Jean Baptiste Bernadotte nach Schweden über; und immer noch kommen und gehen viele Besucher und Güter über die *Vogelfluglinie*, die Route Deutschland-Dänemark-Schweden mit nur zwei kurzen Fährstrecken.

Sehenswürdigkeiten in Helsingborg

Nur noch zwei Bauwerke aus der vorschwedischen Zeit sind erhalten: der ***Kärnan** (Festungsturm) und die Sankta Maria kyrka. Der Kärnan war der Wehr- und Wohnturm einer Burg des 14. Jh., die 1680 geschleift wurde. Der 35 m hohe Turm mit seinen bis zu 4,5 m dicken Mauern überragt noch heute die Stadt. Ursprünglich war er nur

über einen separaten Treppenturm mit Hilfe von Leitern begehbar. Heute führt eine breite Treppe zur Terrasse. Ein kleines Museum zeigt Modelle der ehemaligen Festungsanlage, die heute öffentlicher Park geworden ist. Vom Dach aus hat man einen herrlichen Blick über den Hafen, den Öresund und die zu Füßen liegende Altstadt. In diese gelangt man, wenn man vom Fährterminal kommend den Hamntorget landeinwärts geht.

Vorbei an Carl Milles' **Seefahrtsmonument** und am neogotischen **Rådhuset** mit seinem 65 m hohen Turm folgt man dem Stortorget, der zum Kärnan führt. 150 m hinter dem Rathaus zweigen vom Stortorget die Norra und Södra Storgatan ab. Hier sind viele Straßen Fußgängerzone, auch die älteste autofreie Zone Schwedens, die **Kullagatan**, findet sich hier. In der Norra Storgatan steht das sorgfältig restaurierte **Jacob Hansens hus**, ein Fachwerk-Backstein-Bau aus dem 17. Jh., der älteste Profanbau der Stadt. Das **Brunnendenkmal** davor stammt von 1927 und erinnert an den dänischen Astronomen Tycho Brahe (1546–1601), der in Schonen geboren wurde.

Oben: Der Turm des neugotischen Rathauses beherrscht das Stadtbild von Helsingborg.

An der Södra Storgatan befindet sich die **Sancta Maria kyrka**. Die ursprünglich romanische Sandsteinkirche aus dem 12. Jh. wurde im 14. und 15. Jh. zu einer dreischiffigen Backsteinbasilika nach norddeutschem Vorbild umgebaut.

Den Nordhafen überblickt seit 2002 ein spektakulärer Kulturhauskomplex (Architekt Kim Utzon): **Henry Dunkers kulturhus**, u. a. mit Stadtmuseum, Kunsthalle, Musikschule und Konzerthalle.

Sehenswert ist auch ***Fredriksdalen**, ein 36 ha großes Freilichtmuseum, 2 km nordöstlich des Kärnans gelegen, mit einem schonischen Dorf und einer Reihe interessanter Gärten (Kräuter-, Obstgärten und Rosarium). Von dort führt die Straße 111 als *Strandvägen* auf die Halbinsel ***Kullen** ❷. Zwischen den vielen kleinen Seebädern, die

 Info S. 52-53

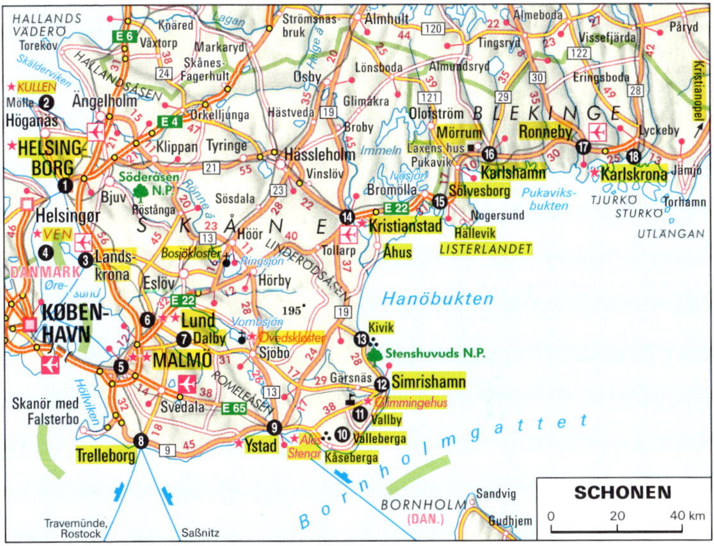

Ruhe und Gastlichkeit verheißen, liegen auch einige Schlösser. Das bekannteste, ***Sofiero** (Sophienruh), hat Oscar II. 1864 für seine Frau errichten lassen. Heute ist es im Besitz der Stadt Helsingborg und beliebtes Ausflugsziel. Stark frequentiert ist sein Rhododendronpark während der Blüte im Juni. Die Kullen-Halbinsel endet in einem 15 km langen, bis zu 180 m hohen Gneishorst, modelliert während der letzten Eiszeit. Hier, mitten im Naturschutzgebiet, befindet sich Schwedens höchstgelegener Leuchtturm.

Ca. 20 km östlich von Helsingborg liegt der Höhenzug **Söderåsen**, ein 2001 eröffneter **Nationalpark**. Nordeuropas größter geschlossener Laubwald besitzt großartigen Buchenbestand sowie seltene Tiere und Pflanzen.

SCHONENS SÜDWESTEN

Nirgendwo in Schweden ist das Radwegnetz dichter als in Skåne. Der **Skånespåret**, ein über 800 km langes System von Radwegen, erschließt z. B. die gesamte Küste Schonens.

Wendet man sich von Helsingborg auf der E 4 nach Süden, passiert man nach 4 km die Vorortgemeinde **Ramlösa**, einen Kurort, der seine Existenz einer Mineralquelle verdankt. Schöne Villen und Hotels zieren den Ort, dessen Name in Schweden das Synonym für Mineralwasser schlechthin geworden ist.

Landskrona ❸, 20 km weiter südlich, ist eine Gründung aus der Zeit der Kalmarer Union (15. Jh.). Spuren aus der Gründungsepoche lassen sich in der Stadt allerdings nicht mehr finden. Das mächtige, **Citadellet** genannte **Landskrona slott**, im 16. Jh. unter Christian III. von Dänemark errichtet, ist eine von Wassergräben und Wallanlagen umgebene Wehrburg aus rotem Backstein; sie diente bis 1940 auch als Gefängnis.

Im Stadtzentrum, am Rådhustorget, wird im alten **Landskrona museet** die wechselvolle Geschichte der Stadt dokumentiert. Aus dem 18. Jh. stammt die **Sofia Albertina kyrka** mit ihren sehenswerten Glasmalereien. Im **Haijska huset**, direkt hinter der Kirche, war Selma Lagerlöfs Wohnung, als sie Ende

Info S. 52-53

des 19. Jh. an einem Mädchenpensionat unterrichtete und ihren *Gösta Berling* schrieb.

Lohnend ist ein Ausflug zur Insel ***Ven** ❹, die 5 km vor der Küste liegt. Sie ist der Rest einer ehemaligen Landverbindung zwischen Skåne und dem dänischen Seeland. Der dänische König Frederik II. hatte die Insel dem Astronomen Tycho Brahe als Lehen gegeben. Dieser lebte und forschte dort in dem inzwischen verfallenen Schloss **Uranienborg**. Brahes **Observatorium Stjärneborg** wurde restauriert, auch den Schlossgarten hat man wieder angelegt. Ein kleines Museum erinnert an den Wissenschaftler, der als einer der ersten in Europa die Astronomie ohne Ausflüge ins Astrologische betrieb. Als er 1598 bei König Christian IV. in Ungnade fiel, ging Brahe nach Prag ins Exil, wo er drei Jahre später starb.

Nicht nur Geschichte und Wissenschaft, sondern auch Sport und Freizeit prägen die Insel: Man kann **Golf** spielen, **Fahrrad** oder **Kutsche** fahren oder Abenteuersportarten ausprobieren.

**MALMÖ

Die bedeutendste Stadt Südschwedens ist ****Malmö** ❺, mit über 250 000 Einwohnern zugleich die drittgrößte Stadt Schwedens – aber nicht nur der Dialekt ist hier dänisch angehaucht.

Der Handel mit den dänischen Inseln und mit der Hanse machte Malmö im 14. Jh. so reich, dass eine Kirche wie Sankt Petri gebaut werden konnte. Erich von Pommern, der Unionskönig des 15. Jh., nutzte die Stadt als Stellung gegen die Hanse und ließ Malmöhus als Befestigungsanlage anlegen. Im 16. Jh. erhielt Malmö das Münzrecht für ganz Dänemark und wurde so Kopenhagen ökonomisch ebenbürtig. Der Anschluss Skånes an Schweden stoppte im 17. Jh. den Aufschwung, und es dauerte gut 100 Jahre, bis sich die Stadt aus der einseitigen Orientierung nach Süden und Westen gelöst hatte. Die Eisenbahnverbindung nach Stockholm und der Hafenausbau bedeuteten Standortvorteile. Die **Öresundbrücke** brachte der Stadt eine schnelle Straßenverbindung mit Kopenhagen und weiteres Wachstum, auch in der Kunst- und Theaterszene. Ein Symbol dieses Aufschwungs ist Santiago Calatravas 190 m hoher **Turning Torso** ①, der elegante Hochhausturm im modernen Vorzeige-Stadtteil **Västra Hamnen**.

Stortorget, das Herz der Stadt

Noch heute ist die Altstadt Malmös von einem Kanalgürtel umgeben, der zu Beginn des 19. Jahrhunderts entstand, als man die Befestigungsanlagen schleifte und die Wallgräben volllaufen

 Karte S. 41, Stadtplan S. 42-43, Info S. 52-53

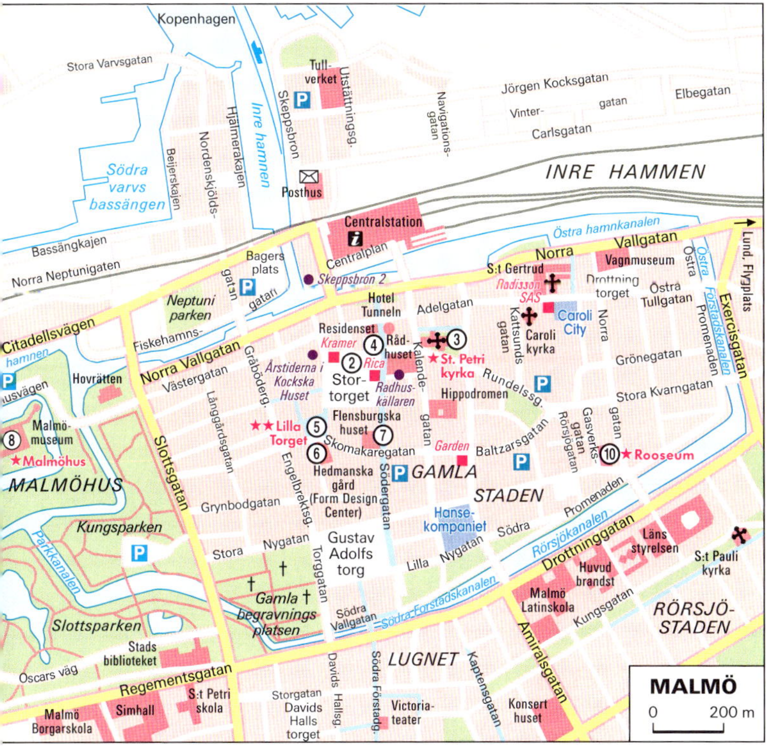

ließ. Zentrum der Altstadt ist der **Stortorget** ②, der große Marktplatz, an dem man den Rundgang durch die Stadt beginnen sollte. Schon im 16. Jh. galt der Stortorget als der größte Marktplatz Skandinaviens. Seit dem Ende des 19. Jh. wird er beherrscht durch das **Reiterstandbild von Karl X. Gustav**, jenem Monarchen, der die Grundlagen für die endgültige Übergabe Malmös an Schweden erfocht. Der **Brunnen** an der nordöstlichen Ecke des Platzes stammt aus den 1960er Jahren. Stig Blomberg hat ihn an die Stelle eines mittelalterlichen Vorgängers gesetzt und dessen ursprüngliche Form mit weißen Steinen markiert. Das beherrschende Bauwerk am Stortorget ist das **Rådhuset**, das sein jetziges Erscheinungsbild als Treppengiebel-Haus im holländischen Renaissancestil erst im 19. Jh. erhielt. Ursprünglich hatte Jörgen Kock, ein fortschrittlicher Bürgermeister des 16. Jh., einen schlichten Feldsteinbau errichten lassen, von dem aber nur noch das Kellergewölbe vorhanden ist. Dieser Keller dient heute als Restaurant *Rådhuskällaren*. Der **Knutsal** der einflussreichsten Gilde der Stadt und der **Landstingsal**, Sitzungssaal des Provinziallandtags, beide im ersten Stock gelegen, werden zu besonderen Anlässen genutzt.

*Sankt Petri kyrka

Das älteste und kunsthistorisch wertvollste Bauwerk Malmös ist die ***Sankt Petri kyrka** ③, die schräg hinter dem

Info S. 52-53

Oben: Die sorgfältig restaurierten Häuser am Lilla Torget in Malmö laden zum Einkaufsbummel ein.

Rathaus steht. Im Stil der norddeutschen Backsteingotik gehalten, hat sie eine lange und wechselvolle Baugeschichte. Um 1300 wurde der Bau über einer zerstörten romanischen Kapelle begonnen, gegen Ende des 14. Jh. war die Kirche als dreischiffige Basilika mit Chorumgang und Querhaus weitgehend fertig gestellt. Der Turm des Gotteshauses wurde jedoch erst 1450 vollendet. Die gotischen Wandmalereien wurden 1529 von protestantischen Bilderstürmern, die das Kircheninventar gänzlich zerstörten, stark beschädigt, 1555 übertünchte man sie weiß. Kurz darauf entstanden schon die ersten Pläne für die Wiederherstellung des Kirchenausstattung. Die **Kanzel** wurde um 1600 fertig gestellt, ebenso die **Renaissanceepitaphe**. Der **Hochaltar**, einer der größten Nordeuropas, wurde 1611 vollendet. Schon im 15. Jh. hatte die Kirche drei Anbauten erhalten: im Süden die **Anna-Kapelle**; im Norden eine **Marienkapelle** und ein **Waffenhaus** – beide werden heute als Sakristei genutzt. An der Westfassade hatte man den deutschen Kaufleuten erlaubt, eine eigene Kapelle, **Krämerkapelle** genannt, zu errichten. Da sie im 19. Jahrhundert, von der Petrikirche abgetrennt, als Feuerwehrhaus genutzt wurde, blieben ihre Kalkmalereien und Skulpturen vor der radikalen Kirchenrestaurierung im Jahr 1850 verschont und vermitteln ein anschauliches Bild des Originalzustands. Heute ist die Krämerkapelle wieder mit der Kirche verbunden und dient als Taufkapelle. Der **Taufstein** mit Baldachin stammt aus dem 17. Jh., während das **Taufbecken** die Replik einer alten Silberarbeit ist.

Stadtresidenzen und Festung

Schräg gegenüber dem Rathaus, in der nordöstlichen Ecke des Stortorget, befindet sich **Residenset** ④, das Haus des Landhauptmanns. Im 18. Jh. wurden zwei ältere Gebäude zu dieser Residenz zusammengefügt. An der Nordwestecke des Platzes liegt der **Jörgen**

Stadtplan S. 42-43, Info S. 52-53

Kocks gård aus dem frühen 16. Jh., heute Gourmet-Restaurant *Årstiderna*. Das ursprünglich größere Anwesen war der Stellung seines Besitzers als Königlicher Münzmeister, später auch Bürgermeister, angemessen.

Südlich des Stortorget befindet sich der „kleine Marktplatz", ****Lilla Torget** ⑤. Mit der Neugestaltung des großen Platzes Stortorget im 16. Jh. musste der Kleinhandel dort weichen, und man schuf mit dem kleinen Markt den Händlern ihr eigenes Refugium mit direktem Zugang zum Hauptmarkt. Die niedrigen **Fachwerkhäuser** um den Lilla Torget aus dem 18. und 19. Jh. sind sorgfältig restauriert worden. Die vielen **Cafés**, Kneipen und Bars, oft mit Livemusik, geben dem Platz im Sommer fast südländisches Gepräge, und ansonsten wird die Saison mit Wärmestrahlern verlängert.

Im **Hedmanska gård** ⑥ (Hinterhof Lilla Torget 9) findet man heute das **Form Design Center** mit einer interessanten Ausstellung skandinavischen Wohndesigns.

Wenn man der Skomakaregatan zur **Fußgängerzone Södergatan** ⑦ folgt, erreicht man **Flensburgska huset**, ein Herrenhaus im Stil der holländischen Renaissance. Zwei weitere Anwesen sind erwähnenswert: das **Hotel Tunneln**, ein überbautes Ensemble über fünf Kellern des 14. Jh. (Ecke Södergatan/Adelsgatan), und die Reste des **Dringenbergska gård** in der Norra Vallgatan 65, einst Besitz eines weiteren königlichen Münzmeisters.

Folgt man der Norra Vallgatan nach Westen, erreicht man den **Slottsparken**, ein weitläufiges, von gefluteten **Wallgräben** durchzogenes Parkgelände. In der Mitte steht die Festung ***Malmöhus** ⑧. Die vierflüglige Befestigungsanlage geht auf die Stadtbefestigung Eriks von Pommern zurück, wurde aber im 16. Jh. verändert und im 17. Jh. nach einem Brand erneuert. Seit 1932 dient Malmöhus als **Museum**. Das Erdgeschoss zeigt die **Fauna** Südskandinaviens, das Untergeschoss beherbergt ein **Aquarium** und ein **Nachttierhaus**, im Obergeschoss ist die **Kunstgewerbesammlung** untergebracht.

Von der Festung führt der Malmöhusvägen vorbei am ehemaligen **Kommendanthuset** (Militär- und Spielzeugmuseum) zum **Tekniska och Sjöfartsmuseet** ⑨, wo Luft-, Schienen-, Straßen- und Seefahrzeuge gezeigt werden.

Das ***Rooseum** ⑩ zeigt moderne skandinavische Kunst.

Die Nacht- und Diskoszene Malmös lebt auf und lockt außer der schwedischen Bevölkerung auch die Dänen an: Bahn- und Autoverkehr über die Öresundbrücke machen's möglich.

**LUND
Die alte Bischofsstadt

Bevor Malmö zur bedeutendsten Stadt Südschwedens aufstieg, hatte ****Lund** ❻ diese Stellung inne. 20 km nördlich von Malmö gelegen, ist Lund über die Verbindung E 22 (Richtung Kalmar) und die Reichsstraße 23 (Richtung Hässleholm) schnell erreichbar.

Das 1000-jährige Lund, 990 vom Dänenkönig Sven Gabelbart gegründet, wurde reich und mächtig, als der dänische König Knut der Große (1118-35) es 1020 mit dem Münzrecht ausstattete. Bereits 40 Jahre danach wurde die Stadt dänischer Bischofssitz und nochmals 43 Jahre später gar Sitz des dänischen Erzbischofs. Damit war Lund die geistliche Metropole Nordeuropas. Mit der Reformation 1536 ging die Bedeutung allerdings zurück, aber die damalige Zugehörigkeit zu Dänemark verschonte Lund vor der Kirchenreduktion Gustav Vasas. Die Kirchengüter wurden erst nach dem Frieden von Roskilde (1658) säkularisiert und ein großer Teil des Erlöses für die Gründung der Universität (1666) verwendet. Heute hat Lund etwa 90 000 Einwohner und ca. 38 000 Studenten.

Der *Dom von Lund

Die herausragende Sehenswürdigkeit der Stadt ist die romanische ***Domkyrka** von 1145, die älteste und bedeutendste ihrer Art in Schweden. Die erste Kirche, die Knut der Heilige (1080-86) von Dänemark hier gegründet hatte, musste bereits im 12. Jh. durch einen größeren Bau ersetzt werden. Ältester Teil des Kirche ist die 1123 geweihte **Krypta**. Ihre Gewölbe ruhen auf verzierten Säulen, und sie birgt einen **Brunnen**, der lange Zeit der einzige der Stadt war, ein Hinweis auf den Festungscharakter des Vorgängerbaus. Die lebensgroßen Darstellungen eines Mannes und einer Frau an der nördlichen und westlichen Säule sollen den starken Riesen Finn und dessen Frau darstellen, die einer Legende zufolge maßgeblichen Anteil an der Errichtung des Doms hatten.

Oben: Nach dem Brand von 1234 bekam der romanische Dom von Lund ein gotisches Rippengewölbe.

Der eigentliche Kirchenbau wuchs von der Apsis über den Chor und das dreischiffige Langhaus zu den Türmen und war bis zum großen Brand 1234 mit einer Holzbalkendecke ausgestattet, die dann durch ein gotisches Rippengewölbe ersetzt wurde. Anfang des 16. Jahrhundert wurde eine erste große Restaurierung notwendig, die der Rheinländer Adam von Düren leitete. Dieser war nicht nur Baumeister, sondern auch ein begnadeter Steinmetz. Er ergänzte die **Brunneneinfassung der Krypta** und das **Marienrelief** im südlichen Querhaus. Um 1860 restaurierte man die Kirche zum zweiten Mal intensiv, so dass sie heute nur noch teilweise dem Originalzustand des 13. Jahrhunderts entspricht.

Erwähnenswert sind die **romanischen Kapitelle** des Langhauses, der figurenreiche **Altaraufsatz** aus dem 14. Jh. (eines der ältesten Retabel Schwedens), die **Astronomische Uhr** mit **Glockenspiel** aus dem 15. Jh., die am westlichen Ende des nördlichen Seitenschiffs steht, und die **Marmor-Alabaster-Kanzel** von 1599.

Im bürgerlichen Zentrum Lunds

Der Dom liegt am Rand eines kleinen Parks, des *⋆Lundagård*. Hier stand einst die Burg des Erzbischofs. Der kleine, „Laurentiuskapelle“ genannte Bau hinter dem Dom diente als Bibliothek (**Libreriet**). Das **Kungshuset** am östlichen Ende des Parks war die Residenz des dänischen Königs Frederik II. (16. Jh.) und wurde später der Universität übereignet. Die klassizistischen Gebäude der 1666 gegründeten **⋆Universität** stammen meist aus dem 19. Jh. und schließen nördlich an den Lundagård an. Der **Tegnérsplatsen** östlich des Parks wurde nach einem Bischof des 19. Jh. benannt, der sich auch als Dichter und Wissenschaftler einen Namen gemacht hatte. Hier steht **⋆Kulturen**, das Kunsthistorische Museum, zu dem ein großes **Freilichtmuseum** mit 30 Gebäuden gehört. Es informiert über die Wohnkultur verschiedener Epochen und unterschiedlicher gesellschaftlicher Schichten.

An der Finngatan 2 steht das **Skissernas Museum** (Archiv für dekorative Kunst), das auf engstem Raum mehr als 20 000 Entwürfe zu Kunstwerken – Skizzen und Modelle – präsentiert. Ebenfalls an der Finngatan liegt das **Drottens arkeologiska museet** – unterirdisch um das Fundament einer frühchristlichen Kirche (11. Jh.) angelegt.

Auf dem **Mårtens Torg**, 200 m südlich des Doms, findet vormittags der **Blumen- und Gemüsemarkt** statt.

Neben aller Kultur lohnt aber auch ein Spaziergang durch die reizvollen kopfsteingepflasterten Straßen der Altstadt östlich des Torgs mit ihren vielen kleinen Läden und Cafés (z. B. Magle Lilla Kyrkogatan). Treffpunkt der studentischen Jugend ist bei schönem Wetter meist der Lundagård, bei schlechtem Wetter und im Winter sind es die Cafés der Altstadt.

Die grüne Lunge von Lund ist der bereits im 19. Jh. angelegte **Botanische Garten** mit **Gewächshaus**.

Ausflüge von Lund

Nördlich von Straße 16 (Lund-Simrishamn) liegt 2 km vor Dalby der kleine Nationalpark **Dalby Söderskog**. Die Blütenteppiche auf seinen allmählich auswildernden Waldweiden im Söder- und Norreskog laden besonders im Frühjahr zu Spaziergängen oder gar zu einer Tageswanderung ein.

Der Ort **Dalby** ❼ (13 km von Lund) besitzt eine sehenswerte Kirche, in die die Überreste der ältesten Steinkirche Schwedens (11. Jh.) integriert sind. Besonders interessant ist die Taufkapelle im Untergeschoss der Vorhalle; sie ist die einzige erhaltene Souterrainkirche des Landes.

Am **Vombsjön** (30 km östlich von Lund) liegt **⋆Övedskloster**, das schönste Rokokoschloss Schwedens mit herrlichem Park und Café.

Gut 30 km nordöstlich von Lund, mitten im See **Ringsjön**, liegt auf einer Halbinsel das **Bosjökloster**. Vor der Reformation war es ein Benediktinerinnen-Kloster, wurde im 18. Jh. privatisiert und wieder in Stand gesetzt. Hier lohnen nicht nur der Rosen- und Kräutergarten einen Besuch, sondern auch das Restaurant mit traditioneller schwedischer Küche.

SCHONENS OSTSEEKÜSTE

Wohlhabend war **Trelleborg** ❽ bereits im Mittelalter, bis die Heringsschwärme, die den Reichtum der Stadt begründeten, plötzlich ausblieben. Ein Brand im 17. Jh. zerstörte die Stadt nicht nur gänzlich, sondern ließ sie auch noch ihre Stadtrechte verlieren. Erst der **Fährverkehr** im 20. Jh. brachte einen erneuten Aufschwung. Die Stadt hat sich zu einem der wichtigsten Eingangstore zum Süden Schwedens entwickelt. Schon seit 1929 verkehren Eisenbahnfähren nach Saßnitz auf der Insel Rügen und seit Ende des Zweiten Weltkriegs auch nach Travemünde. Seit dem Zerfall des Ostblocks gewinnen

Karte S. 41, Info S. 52-53

Verbindungen nach Rostock, Polen und ins Baltikum an Bedeutung.

Die wachsenden **Hafenanlagen** dominieren das Stadtbild. Das einstige Pilgerziel **Fru Alstad kyrka** (13./19. Jh.), ein Blick auf die schönen alten Häuser am **Gamla Torget** (Alter Markt) und ein Besuch der rekonstruierten Wikingerburg **Trelleborgen** sind zu empfehlen.

20 km westlich von Trelleborg zieht es Naturfreunde auf die Halbinsel **Falsterbo** zur Beobachtung der alljährlichen Vogelzüge. Nördlich, an der Bucht Höllviken, versetzt das **Fotevikens Museum** seine Besucher mitten in die Wikingerzeit: In einer rekonstruierten Strandsiedlung des 10. Jh. arbeiten Kulturforscher wie vor 1000 Jahren.

Zwischen Trelleborg und ***Ystad** ❾ führt die Straße 9 durch sandige Moränenlandschaften mit schönem Blick auf Kiefernwälder und Meer. Das 25 000-Seelen-Städtchen hat fast musealen Charakter: Nahezu alle seiner rund 300 erhaltenen **Fachwerkhäuser** aus dem 18. Jh. sind liebevoll restauriert. Von der seit dem 13. Jh. vielfach veränderten **Sankta Maria kyrka** bläst der Trompeter nachts zu jeder Viertelstunde vom Turm. Seit dem 17. Jh. bedeutet dies Entwarnung: kein Brand zu entdecken! Ganz in der Nähe liegen die **Latinskola**, das älteste Schulgebäude Schwedens, und das **Pilgrändshuset**, das älteste Fachwerkhaus (1480) weit und breit. **Gråbrödraklostret**, ein Kloster der Franziskaner, war nach der Reformation zunächst Krankenhaus, dann Schnapsdestille, bevor ihm eine neue Aufgabe, die Beherbergung des Heimatmuseums, zukam. Das heutige Ystad kann man mit einem Spezialplan der Touristeninformation „auf den Spuren von Kurt Wallander" erkunden, dem Krimi-Kommisar des schwedischen Bestseller-Autors Henning Mankell. Vom **Fährhafen** verkehren Schiffe zur dänischen Insel Bornholm und zum polnischen Hafen Swinoujscie.

Oben: Malerische Fischerhäuschen zieren die Straßen von Simrishamn. Rechts: Badevergnügen an den Stränden des Nationalparks Stenshuvud.

An der Küste zwischen Ystad und Simrishamn gibt es zahlreiche **Badestrände**, auch einige Kleinodien liegen am Wege. So steht bei **Valleberga** ❿ die einzige **Rundkirche** Skånes, vergleichbar mit den Kirchenbauten Bornholms. An der Südküste, bei **Kåseberga**, findet sich auf einer Anhöhe über dem Meer ***Ales Stenar**, Schwedens größte schiffsförmige Steinsetzung aus der Bronze- oder der Eisenzeit aus 59 aufrecht stehenden Blöcken. Die Steine an Bug und Heck des „Schiffes" markieren die Punkte des Sonnenunter- und -aufgangs zur Winter- und zur Sommersonnenwende.

Ab **Vallby** ⓫ ist der Weg nach ***Glimmingehus** ausgeschildert, der besterhaltenen Burg Skånes aus dem späten Mittelalter. Ihr lagerhausähnliches Aussehen verdankt sie Königin Margarete, die während der Kalmarer Union den Bau von Burgen ausdrücklich verboten hatte. So baute Adam von

Karte S. 41, Info S. 52-53

Düren sie 1499-1505 zwar mit dicker Mauer, aber in der Form eines Vorratshauses, um das Gesetz zu umgehen.

Simrishamn ⓬, 5 km nördlich gelegen, ist ein ehemaliges Heringsfischerstädtchen und heute ein Ferienort an der schwedischen Ostseeküste. Hübsche, rosenumrankte **Häuschen** zieren das Städtchen von 20 000 Einwohnern (Fähre nach Allinge, Bornholm).

15 km weiter nördlich gelangt man an die Grenze des 390 ha großen **Stenshuvud-Nationalpark**, der bis an die **Steilküste** reicht. Über die reiche Flora und Fauna informiert das **Naturum**. **Wanderwege** erschließen das wald- und buschreiche Gelände, Baden am **Strand** ist erlaubt, Tische und Bänke laden zum Picknick ein.

Einige Kilometer nördlich liegt das Städtchen **Kivik** ⓭, Zentrum der schwedischen Apfelsaftherstellung. Inmitten ausgedehnter Apfelplantagen befindet sich das größte schwedische **Ganggrab** der Bronzezeit. Das Königsgrab, im 18. Jh. entdeckt, wurde lange als Steinbruch genutzt, bis man es 1930 wiederherstellte. Im Inneren der gewaltigen Grabkammer weisen Steinplatten mit Symbolen den Weg ins Totenreich.

Åhus und Vä, an den Straßen 118 und 10 Richtung Kristianstad, waren dänische Marktstädte an der Grenze zu Schweden. Ihr Wohlstand ermöglichte den Bau reich geschmückter Kirchen, zog aber auch viele Angriffe der Schweden nach sich. Die Stadtmauer von **Åhus** wurde gänzlich zerstört; an der Stadtkirche sind mittelalterliche Reste erkennbar. Die **Sankta Maria kyrka** von **Vä** blieb hingegen verschont. Sie birgt den imposantesten romanischen ***Wandbildzyklus** nördlich der Alpen.

Die Bewohner beider Städte mussten 1614 auf Befehl Christians IV. umziehen: ins neu gegründete befestigte ***Kristianstad** ⓮. Aus der Gründungszeit sind erhalten die **Trefaldighetskyrkan**, größte Renaissancekirche des Nordens, und ein **Zeughaus**; hier wartet das **Regionmuseet** mit Exponaten zu Stadtgeschichte und regionaler Handwerkskunst auf. Im **Südbahnhof** ist das sehenswerte Eisenbahnmuseum **Järnvägsmuseet** untergebracht. Die

70 000-Einwohner-Stadt prägen heute Militär, Holz- und Möbelindustrie. Naturerlebnisse werden im nahen, 35 km langen Feuchtbiotop **Kristianstads Vattenrike (Ekomuseum)** sowie 20 km nördlich in den waldüberwachsenen **Diabas-Steinbrüchen** um den See **Immeln** geboten.

BLEKINGE

Mit rund 3000 km² ist **Blekinge** die zweitkleinste der schwedischen Landschaften. Als drei Treppenstufen hat Selma Lagerlöf in der *Wunderbaren Reise des Nils Holgersson mit den Wildgänsen* die Landschaft beschrieben: Im Süden liegt der Schärengürtel, nördlich davon die Ackerlandschaft und daran anschließend das Waldland.

Nach dem Anschluss an Schweden 1658 versank Blekinge, trotz der Stadtgründungen Karls XI., in einen ökonomischen Dämmerschlaf, aus dem es erst seit seiner Anbindung an den Schienenverkehr langsam erwacht.

Oben: Lachsfischen bei Mörrum. Rechts: Die Abendsonne taucht die Schären in ein unwirklich anmutendes Licht.

Von Skåne kommend, passiert die E 22 die Grenze zu Blekinge bei **Sölvesborg** ⓯. Der ehemals reiche dänische Marktflecken büßte nach der Gründung von Karlshamn sogar seine Einwohner ein, die dorthin übersiedeln mussten. Einzig die **Ruinen der Dänenburg** und die der **Sankt Nicolai kyrka** erinnern an die große Vergangenheit der ältesten Stadt in Blekinge. Von Sölvesborg bietet sich ein Ausflug auf die Halbinsel **Listerlandet** (Straße 123) mit ihren schönen Badestränden und dem pittoresken Fischerdorf **Hällevik** an.

Auf dem Weg nach Karlshamn (E 22) lohnt ein Besuch der Lachszuchtstation von **Mörrum** am gleichnamigen Fluss. Im **Laxens hus** kann man Lachse im Aquarium und durch ein Fenster direkt im Fluss beobachten.

Karlshamn ⓰ ist eine Retortenstadt aus dem 17. Jh., die Erik Dahlberg entworfen hat. Die strategisch günstige Lage für einen Kriegshafen gegen Dänemark hatte Karl XI. gewählt, das Hafenbecken bei Karlshamn ist des tiefste

Karte S. 41, Info S. 52-53

der Ostsee. Hier begann für viele Auswanderer ihre Reise in die Neue Welt.

Ronneby ⑰, 30 km östlich, ist ein ehemaliger Kurort. Als die eisenhaltigen Quellen versiegten, stellte man 1939 den Kurbetrieb ein, die Kuranlagen mit dem schönen Park blieben aber erhalten.

***Karlskrona** ⑱, ebenfalls eine Gründung Karls XI. von 1680, ist noch immer der wichtigste schwedische Marinestützpunkt an der Ostsee. Sein Hafen wurde 1998 in die UNESCO-Liste der erhaltenswerten Kulturdenkmäler aufgenommen. Jahrelang versuchte das Militär, in den Schären sowjetische U-Boote aufzuspüren. Die Suche blieb stets ergebnislos – ein atomar bewaffnetes U-Boot wurde schließlich von einem Fischerboot gefangen. Für Sportschiffer gibt es Beschränkungen im Küstengebiet zwischen Karlshamn und Karlskrona.

Das neue ****Marinmuseum** an der Pier von Stumholmen lässt die Geschichte der schwedischen Marine, der Werft in Karlskrona und des Lebens an Bord lebendig werden. Highlight ist das Unterwasserwrack der ***Göta Lejon**.

Auch Karlskrona, das sich über mehrere Inseln erstreckt, wurde von Erik Dahlberg entworfen. Das Zentrum liegt auf **Trossö**, wo am **Stortorget** außer **Rådhuset** und **Fredrikskyrkan** die **Trefaldighetskyrkan** steht, gebaut für die vielen deutschsprachigen Marineangehörigen aus Pommern, das bis in das 18. Jh. zu Schweden gehörte. In der **Drottninggatan** finden sich noch einige schöne alte Holzhäuser.

Ältestes Gebäude der Stadt ist die ***Ulrica Pia kyrka** (Admiralitätskirche), die größte Holzkirche Schwedens, die den verheerenden Brand von 1790 wie durch ein Wunder überstanden hat. Unter dem Hut der Figur ihres hölzernen Opferstocks, des **Gubben Rosenbom** (Alter Rosenbom), versteckte sich – im Traum – *Nils Holgersson* vor dem zornigen schwedischen König. Zum Verweilen lädt die **Dreimastbark Jarramas** im Hafen ein, wo man bei einer Tasse Kaffee den Blick auf die alte **Bastion Aurora** genießen kann.

Kristianopel, im 16. Jh. vom Dänenkönig Christian IV. gegründet, ist ein Dorado für Segler und Surfer.

INTERNET: www.blekinge.se; www.skane.com; www.skaneturist.nu.

HELSINGBORG (☎ 042)

Rådhuset, 25189 Helsingborg, Tel. 104350, www.helsingborg.se.

Mollbergs matsal, Storgatan 18, Tel. 373750, gutes, reichhaltiges Essen, nette Atmosphäre.

Kärnan, Juni-Aug. tägl. 10-19, April-Mai tägl. 9-16, Okt.-März tägl. 11-15 Uhr. **S:ta Maria kyrka**, Führ. auch in deutsch, Mo-Fr 13-14 Uhr. **Dunkers kulturhus**, Kungsg. 11, tägl. 11-18, Di, Do 11-22 Uhr.

KULLENHALBINSEL (☎ 042)

Stadshuset, 26382 Höganäs, Tel. 337774, www.turism.hoganas.se.

Flickorna Lundgren, Skäret, an Straße n. Lundgren, Tel. 346044, regionale Küche, großer Garten. **Tunneberga Gästgivaregård**, Jonstorpvägen 16, Jonstorp, Tel. 367481, gutes Fischgerichte-Smörgåsbord.

Sofiero slott, 01.04.-01.10. tägl. 10-18 Uhr, www.sofiero.helsingborg.se.

LANDSKRONA (☎ 0418)

Storgatan 36, 26131 Landskrona, Tel. 473000, www.landskrona.se.

Landskrona museum, ganzjährig, und **Landskrona slott**, Juni-August tägl. 12-17 Uhr, sonst n. Bedarf, Tel. 57400. **Sofia Albertina kyrka**, Mo-Fr 10-17 Uhr. **Haijska Huset** von außen zu besichtigen.

SCHIFF: **Insel Ven**, mit Ventrafiken, Tel. 473473, www.ventrafiken.se.

INSEL VEN (☎ 0418)

Landsvägen 2, 26013 Sankt Ibb, Tel. 72420, www.landskrona.se.

Brahes Observatorium, Mai-Sept. tägl. 10-13 Uhr und 14-17 Uhr, ww.tychobrahe.com.

MALMÖ (☎ 040)

Centralstationen, 21120 Malmö, Tel. 341200, E-Mail: malmo.turism@malmo.se, www.malmo.se. Hier zu kaufen: **Malmökortet** f. freies Parken, freien Eintritt zu einigen Museen, Rabatte in div. Geschäften u. Restaurants. Sie gehört auch zum **Malmöpaket**, das in verschiedenen Preisklassen bis zu drei Übernachtungen m. Frühstück umfasst.

Årstiderna i Kockska Huset, Stortorget, Tel. 230910, bestes Restaurant Malmös, besonders Fisch. **Radhuskällaren**, Bier- und Weinlokal im Rathauskeller, kleine Gerichte, im Sommer auch im Freien, Kyrkogatan 6, Tel. 79020. **Sturehof**, Adelgatan 13, Tel. 121253, bes. Fisch. **Skeppsbron 2**, Tel. 306002, gute Küche, Blick auf Wallgraben. **Restaurang Johan P.**, Markthalle Lilla Torget, Tel. 971818, Spezialität Fischgerichte. **Markthalle** (Saluhallen), Lilla Torget, viele weitere Restaurants bis hin zu Fast-Food.
CAFÉS: **Mäster Hans**, Stortorget 6, Tel. 979917, bestes selbst gemachtes Gebäck. **Moosehead** am Lilla Torg, Tel. 120423, oft Livemusik. **Surfersparadise**, Internet-Café, www.surfersparadise.com.

Bishops Arms (im Elite Hotel Savoy), Norra Vallgatan 62, Tel. 6644888, very British. **Centiliter & Gram**, Stortorget 17, Tel. 121812. **Times**, i. Scandic Hotel, Södergatan 20, Tel. 69346. **Victor's**, Lilla Torg 1, Tel. 127660, die buntesten Cocktails der Stadt.

Rathaussäle, nur Gruppen n.V. **Sankt Petri kyrka**, tägl. 10-18 Uhr, während der Gottesdienste keine Besichtigung. **Residenset**, **Jörgen Kocks Gård**, **Hedmanska Gården** und **Flensburgska Huset**, privat, nur von außen zu besichtigen. **Form Design Center**, Di/Mi und Fr 11-17 Uhr, Do 11-18 Uhr, Sa 10-16 Uhr (nicht Juli), So 12-16 Uhr. **Museen des Malmöhus** (Naturkundliches Museum, Aquarium, Kunstgewerbesammlung) und **Museen des Kommendanthus** (Militär- und Spielzeugmuseum), Di-So 10-16, Juni-August auch Mo 10-16 Uhr.

August: **Malmö Festival**, Krebsfest in der ganzen Stadt mit Kräftskiva (Krebsessen) auf dem Stortorget, Theater und Drachenbootrennen, www.malmofestivalen.nu.

Stadtrundfahrten: Buslinie 20, alle 10 Minuten ab Hauptbahnhof (Ringlinie). Mit dem Fahrrad zu den Stränden von **Skanör** und **Falsterbo**.
Kanalfahrten: 16.06.-15.08. tägl. 11-16 Uhr, z. vollen Stunde ab Anleger Hauptbahnhof.

FLUG: 30 km östl., Regionalflugh. **Sturup**, www.sturup.com. **Intern. Flugh. Kopenhagen-Kastrup**, www.cph.dk: Zug über Öresundbrücke ab Malmö C. alle 20 Min.
ZUG: *Kustpilen* nach **Kopenhagen**, **Helsingborg**, **Karlskrona**, Tel. 0771-777777, www.kustpilen.se; **Trelleborg**, **Stockholm** und **Lund**, Tel. 0771-757575, www.sj.se.
BUS: nach **Kopenhagen** und **Lund**: Linje 999, www.linje999.se. Sonstige Busse und Züge in Skåne: www.samtrafiken.

LUND (☎ 046)

Kyrkogatan 11, 22122 Lund, Tel. 355040, www.lund.se.

Grand Hotel u. **Star Hotel** (Glimmerv. 5): gute Restaurants m. klassisch schwedischer Küche. **Petri Pumpa**, Kyrkogatan 7, Tel. 135515. **Café Mejeriet**, Södergatan 64, Tel. 114700, am Wochenende Livemusik, Sa Jazzbrunch.

Domkyrkan, tägl. 10-18 Uhr, die astronom. Uhr bewegt sich: Mo-Sa 12 und 15, So 13 und 15 Uhr. **Historiska Museum**, **Skissernas Museum**, Mo-Mi und Fr, Sa 12-16, Do und So 13-17 Uhr. **Kulturen**, Mai-Sept. Fr-Mi 11-17, Do 11-21 Uhr.

Dalby Heligkorskyrka, 01.05.-31.08. 9-16 Uhr. **Övedskloster**, Sjöbo, Park 15.05.-15.09. tägl. 11-16 Uhr, Tel. 63002, www.ovedskloster.com. **Bosjökloster**, Höör, Mai u. Sept. 11-17, Juni-Aug. 11-18 Uhr.

TRELLEBORG (☎ 0410)

Hamngatan 9, 23142 Trelleborg, Tel. 53320, www.trelleborg.se. Fähren: www.TTline.com; www.scandlines.de.

YSTAD (☎ 0411)

S:t Knuts Torg, 27142 Ystad, Tel. 577681, www.ystad.se/turism.

Pilgrändens Värdshus, Pilgränd 6, Tel. 14731, schöne Terrasse im Innenhof. **Store Thor**, im Keller des Gamla Rådhus, Tel. 18510. **Restaurang Continental**, Hamngatan 13, Tel. 13700, Restaurant im ältesten Hotel Schwedens.

Sankta Maria kyrka, Juni-Aug. 9-18 Uhr, Sept.-Mai 10-16 Uhr. **Gråbrödraklostret** und alle weiteren Museen Mo-Fr 12-17 Uhr, Sa, So 12-16 Uhr.

Auf den Spuren von Krimi-Detektiv **Kurt Wallander**: Touristeninformation.

Kirche von **Valleberga**, Mai-Aug. Mo-Fr 8-16 Uhr. **Glimmingehus**, April, Mitte Aug.-Ende Okt. 11-16, Mai-Mitte Aug. 10-18 Uhr. Nationalpark **Stenshuvud**, Info: Tel. 0414-70882. **Ales Stenar**, immer offen.

KRISTIANSTAD (☎ 044)

Stora Torg, 29180 Kristianstad, Tel. 135335, www.kristianstad.se.

Trefaldighetskyrkan Mo-Sa 10-16 Uhr, **Region Museum**, Juni-August tägl. 11-17, sonst Di-So 12-17 Uhr.

Sankta Maria kyrka von **Vä**, Mo-Sa 10-16 Uhr. **Ganggrab von Kivik**, Mai-Sept. tägl. 10-18 Uhr.

MÖRRUM (☎ 0454)

Laxens hus, **Laxakvariet**, Tel. 50123, April-Sept. tägl. 9-17 Uhr, im Oktober bis 16 Uhr.

KARLSKRONA (☎ 0455)

Stortorget 2, 37134 Karlskrona, Tel. 303490; www.karlskrona.se/turism.

Tyska kyrkan, **Ulrica Pia kyrka**, Mitte Juni-Aug. Mo-Fr 11-16, Sa 9.30 14 Uhr. **Bastion Aurora**, immer zugänglich. **Marinmuseum**, Mitte Juni-August tägl. 10-18, sonst Di-So 11-17 Uhr.

SMÅLAND UND ÖSTERGÖTLAND

SMÅLAND
JÖNKÖPING
VÄTTERSEE
VADSTENA
GÖTAKANAL
LINKÖPING
NORRKÖPING
VÄXJÖ / KALMAR

SMÅLAND

Der Name **Småland** ist in der Geschichte dieser schwedischen Landschaft begründet, die aus kleinen (*små*), ehemals selbstständigen Ländereien (*land*) zusammengewachsen ist. Einschließlich der nördlich gelegenen Provinz **Östergötland** umfasst dieses Gebiet ca. 40 000 km^2. Im Süden wird die Gesamtregion von der Linie Ljungby-Kalmar, im Westen von der E 4 und den östlichen Seenpartien des Vättern begrenzt; nördlichste Stadt ist Norrköping, im Osten bildet die Ostsee die Grenze.

Die Landschaft wurde in der letzten Eiszeit geformt, als Eismassen blankpolierte Felsbuckel und Schmelzwasser zahllose Seen schufen. Millionen von zurückgelassenen Findlingen, bisweilen hausgroß, vermitteln den Eindruck einer Urlandschaft. Nahezu ein Drittel der Region ist von Nadelwäldern bedeckt, in denen eine große Elchpopulation lebt. Seen und Moore machen ein weiteres Drittel aus; die landwirtschaftlich nutzbare Fläche ist daher sehr beschränkt. Gerade weil der Mensch verhältnismäßig wenig in die Landschaft eingegriffen hat, sind fantastische Naturlandschaften erhalten geblieben, die den Reiz des Gebiets ausmachen und allmählich als sein wahrer Reichtum begriffen werden.

Vorherige Seiten: Für viele der Inbegriff eines Schweden-Urlaubs – geruhsame Tage an einem einsamen See (bei Växjo). Links: Kinder aus aller Welt freuen sich auf Pippi Langstrumpf in „Astrid Lindgrens Värld“.

Der Mangel an Ackerland bei steigenden Bevölkerungszahlen begründete die großen Auswanderungswellen des 19. Jh. Erst mit der Entwicklung der Eisen-, Holz-, Leder- und Glasindustrie fand die Bevölkerung ein Auskommen, und die Einwohnerzahlen stabilisierten sich.

Bis zum Frieden von Roskilde 1658 war Småland der südlichste Teil des damaligen schwedischen Reichs. Ständige Kriege und innere Wirren ließen eine kontinuierliche Entwicklung nicht zu, so dass bis zur Neuzeit lediglich die Städte Växjö und Kalmar eine überregionale Bedeutung erlangen konnten.

Auch die Infrastruktur blieb lange Zeit unterentwickelt. Die Hauptverkehrsverbindung im Westen von Straße (E 4) und Schiene folgt der alten Handelsstraße zwischen Helsingborg und Stockholm. Eisenbahn-Stichstrecken führen nach Kalmar, Oskarshamn und Västervik. Die neue E 22 entlang der Ostseeküste ist eine schnelle Verbindung zwischen Kalmar und Norrköping, im inneren Teil der Region gibt es dagegen nur ein System von Reichsstraßen.

SMÅLAND
0 20 40 km
VÄRMLANDS-NÄS
Gullspång
Ekenäs
DJURÖ BROMMÖ
Djurö
Sjötorp
TORSÖ
Mariestad
LÄCKÖ
Hova
Göta K.
Tiveden
Töreboda
Hällekis
Kinnekulle
306
Götene
Stöpen
Skara
Skövde
Tidan
Tibro
Mölltorp
Skultorp
VÄSTER-
GÖTLAND
Falköping
Hjo
Tidaholm
Floby
Ålleberg
335
Kinnarp
Blidsberg
Mullsjö
Ulricehamn
JÖNKÖPING
Huskvarna
Brahekyrka
VISINGSÖ
Gyllene Uttern
Gränna
Gripenberg
Haurida
Taberg
343
Riddersberg
Malmbäck
Nässjö
Limmared
Vaggeryd
Skillingaryd
Tranemo
Gislaved
Store Mosse
Reftele
Hillerstorp
Vrigstad
Värnamo
Smålands-stenar
Bredaryd
Bolmsö
BOLMSÖ
Bolmen
Lidhult
Piksborg
Ryda-holm
Lagan
FINNVEDEN
Ljungby
Kånna
Vislanda
Alvesta
Moheda
Kronoberg
Helgasjön
Växjö
Dädesjö
Lenhovda
Vrå
Skeen
Möckeln
Liatorp
Älmhult
Strömsnäs-bruk
Knäred
Lagan
Helge å
Osby
Lönsboda
Almundsryd
Tingsryd
Skånes-Fagerhult
Hästveda
SKÅNE
Glimåkra
Broby
Immeln
Olofström
Pukavik
Karlshamn
Ivösjön
Kristianstad
Nogersund
HANÖ
Pukaviksbukten
Ronneby
Karlskrona
BLEKINGE
ASPÖ
TJURKÖ
STURKÖ
UTLÄNGAN
Torhamn
Jämjö
Lyckeby
Brömsebro
Bergkvara
Eringsboda
Vissefjärda
Almeboda
Emmaboda
Eriksmåla
Åsnen
Hovmantorp
Kosta
Orrefors
GLASRIKET
Boda
Nybro
Orsjö
Kalmar
Läckeby
Alsterbro
Ålem
Älghult
Norrhult-Klavreström
Åseda
Hultanäs
Högsby
Grönskåra
Påskallavik
RUNNÖ
Oskarshamn
Blå Jungfrun
Bockara
140
Figeholm
Kristdal
Virserum
Korsberga
Sävsjö
Björköby
Tomta-backen
378
Vetlanda
Järnforsen
Målilla
Hultsfred
Vena
Lönneberga
Ingatorp
Mariannelund
Sevedstorp
Vimmerby
Eksjö
Skuruhatt
337
Norra Kvill
Österbymo
Västra Lägern
Östra Lägern
Hycklinge
Almvik
Västervik
EKNÖ
Yxern
Tranås
Sommen
Kisa
Åsunden
Gamleby
Överum
Edsbruk
Broddebo
Rimforsa
Loftahammar
HASSELÖ
STORA ASKÖ
Östra Ed
Gryt
FÅNGÖ
FINNÖ
Valdemarsvik
Åtvidaberg
Ringarum
Börrum
YXNÖ
Arkösund
Söderköping
Norrköping
Bråviken
Kolmården Djurpark
Nyköping
Stockholm
Långhalsen
Yngaren
Bettna
SÖDERMANLAND
Katrineholm
Tisnaren
Regna
Finspång
Sottern
Hjortkvarn
NÄRKE
Laxå
Askersund
Skagern
Unden
Sänna
Tjällmö
Medevi
Hällestad
Undenäs
ÖSTER-
GÖTLAND
Borensberg
Norsholm
Roxen
Göta kanal
Motala
Boren
Vadstena
Tåkern
Rökstenen
Alvastra
Omberg
264
Ödeshög
Vättern
Skänninge
Mjölby
Linköping
Boxholm
Viken
Kinn
Falköping
Torsås
Påryd
Vassmolösa
Färjestaden
Gårdby
Mörbylånga
ÖLAND
S. Möckleby
Ottenby
Ölands södra udde
Borgholm
Egby
Sandvik
Kalmarsund
Visby/Gotland
Helsingborg
Emån
Nissan
Sommen
E 4
E 20
E 22

In Smålands Wäldern

Reisende aus dem Süden, die ins mittlere oder nördliche Schweden unterwegs sind, benutzen zumeist die E 4. Die 560 km lange Strecke zwischen Helsingborg und Stockholm ist mit der Bahn oder mit dem Auto heute in weniger als 6-8 Std. zu bewältigen. Dies verführt aber dazu, auf kleinere Abstecher zu den zahlreichen Sehenswürdigkeiten zu verzichten.

Kurz vor **Ljungby** ❶, dem ersten Städtchen hinter der småländischen Provinzgrenze, führt eine gut ausgeschilderte Straße zum Gräberfeld von **Kånna**, mit vielen Erdhügeln, Steinsetzungen und anderen Relikten aus Bronze- und Wikingerzeit. Ljungby selbst lädt zu einer Kaffeepause auf dem malerischen Marktplatz ein. Wer Ruhe sucht, macht einen Ausflug zum nahen See **Bolmen** und zur Insel **Bolmsö** ❷.

Auf dem Weg nach Norden entlang der E 4 lernt man die weiten Wälder des småländischen Hochlands kennen, das hier nur 100 m über dem Meeresspiegel liegt. Wer Elche nicht verpassen will, findet sie mit Sicherheit im Tierpark **Laganland Älgland** (bei Lagan).

Von **Värnamo** ❸ aus führt ein Abstecher gen Westen (Straßen 27 und 153) in das 40 km entfernte **Smålandsstenar** ❹: Fünf riesige eisenzeitliche Steinkreise gaben der Stadt ihren Namen. Auf den Straßen 151 oder 152 kommt man zum **Nationalpark Store Mosse** (Großes Moor) mit einzigartiger Vogelwelt, die man von Aussichtstürmen beobachten kann. Über Wanderwege, die artenreiche Vegetation und Fauna sowie Führungen erfährt man im Informationszentrum.

Kurz vor Jönköping lohnen zwei weitere Abstecher: zum **Taberg** ❺ (Richtung Norrahammar) und zum Gut **Riddersberg** (Richtung Nässjö). Der Taberg (343 m) ist ein Steinklotz, der Eisen-, Titan- und Vanadiumerze enthält; Bergbau gab es dort vom 15. Jh. bis in den Zweiten Weltkrieg. 1986 kaufte der Staat den Berg, um ein Skizentrum zu verhindern, das den letzten Rest der einzigartigen Tier- und Pflanzenwelt zerstört hätte. Vom Gipfel genießt man den Blick über die småländischen Wälder und den 100 m tiefer gelegenen See Vättern.

Gut Riddersberg zeigt eine Ausstellung zeitgenössischer **Holzskulpturen** in naiver Manier von Calle Örnemark, die wegen ihrer gigantischen Maße auch außerhalb Schwedens bekannt sind.

**JÖNKÖPING

Jönköping ❻ ist mit rd. 120 000 Einwohnern die größte Stadt Smålands. **Huskvarna, die ehemalige Nachbarstadt, ist mittlerweile in ihr aufgegangen. Die Doppelstadt liegt am südlichen Ende des Vättern. Mit 1800 km² Fläche, 130 km Länge und bis zu 30 km Breite ist er der zweitgrößte See Schwedens.

Ökonomisch hat Jönköping eine wechselvolle Geschichte hinter sich. Im 13. Jh. wurden dem bedeutenden Handelszentrum an der Kreuzung der wichtigen Ost-West- und Nord-Süd-Handelsstraßen Stadtrechte verliehen. Während der Großmachtzeit stieg es zur Waffenschmiede Schwedens, im 19. Jh. zum größten Schnupftabakproduzenten des Reiches auf. In Jönköping wurden die Streichhölzer erfunden und in Huskvarna die erste Nähmaschine gebaut. Beide Städte hielten ihre Monopole für diese Produkte bis in das 20. Jahrhundert.

Von der alten Bausubstanz ist heute nichts mehr erhalten, die hölzerne Stadt ist in fataler Regelmäßigkeit abgebrannt. Sehenswert ist vor allem der **Stadsparken**. Neben **Tiergehegen** gibt es hier auch ein **Vogelmuseum** mit über 500 ausgestopften Exemplaren der in Schweden brütenden gefiederten Freunde.

Im Zentrum erinnern Rathaus und Hofgericht an das 17. Jh. Nahe dem Vättern-Ufer ist das ***Tändsticksmu-**

seet (Streichholzmuseum) in der Fabrik von 1848 untergebracht, in der die alten Maschinen zur Herstellung der „Schwedenhölzer" zu bewundern sind.

Im **Länsmuseet** (östlich des Munksjön, der die beiden Innenstadtteile voneinander trennt) hat man Abteilungen für Eisenverarbeitung, småländische Kunst und auch Mission aufgebaut: Jönköping ist Sitz vieler **Freikirchen**, die fleißig missionieren, wenn nötig, auch untereinander. Das hat der Stadt den Beinamen „Jerusalem Smålands" eingebracht, die moralische Strenge der Freikirchen ist dort bis heute spürbar.

**VÄTTERSEE (VÄTTERN)

Verlässt man Jönköping über die E 4 in Richtung Norden, sieht man auf der rechten Seite eine Monumentalskulptur des Riesen **Jätten Vist**, die wiederum Calle Örnemark (s. S. 59) aus Abfallholz geschaffen hat.

Oben: Der Riese Vist, eine Skulptur aus Abfallholz. Rechts: Gränna lebt von seinen Zuckerstangen.

Die E 4 folgt dem Ostufer des Vättersees über eine Strecke von gut 60 km und bietet eine Fülle schöner Aussichtspunkte. Besonders reizvoll ist es, die Autobahn an der Ausfahrt zum Hotel **Gyllene Uttern** (Goldener Otter) zu verlassen, um von dem malerischen grasgedeckten Hotel aus den Blick über den See und die Insel Visingsö zu genießen.

Auf der alten Straße, die direkt am See entlang führt, erreicht man das idyllische Städtchen ***Gränna** ❼. Der 3000-Seelen-Ort ist eine Gründung des Grafen Per Brahe aus dem 17. Jh. Die schönen, meist gelben Holzhäuser haben glücklicherweise nie eine Feuersbrunst erlebt. Hier kann man bei der Produktion von *Polkagrisar* (Zuckerstangen) zusehen, die das Hauptprodukt der Stadt bilden. Kunstgewerbeläden und Cafés runden das Angebot ab. Das **Museum** des Städtchens ist dem Polarforscher Salomon August Andrée gewidmet, einem Sohn der Stadt, der bei dem Versuch, den Nordpol mit einem Ballon zu erreichen, sein Leben verlor.

Höchst lohnend ist eine Überfahrt zur Insel ***Visingsö** ❽. Die Boote dorthin verkehren im Sommer im halbstündigen Pendelverkehr. Auf der Insel kann man Rundfahrten mit dem Fahrrad und mit **Pferdekutschen** unternehmen, Autoverkehr gibt es dort kaum. Die prächtige **Brahekyrka** birgt die Grablege der Grafen Brahe und eine Statue der heiligen Birgitta in Ekstase. Ansonsten lädt Visingsö zu entspannenden Strandspaziergängen ein, das Wasser des Vättersees ist mit höchstens 15 °C zum Baden leider zu kalt.

Verlässt man Gränna nordwärts auf der alten Straße, gelangt man an der modernen Raststätte Brahehus wieder auf die E 4. Dort liegt das im 18. Jh. abgebrannte Schloss **Brahehus**. Per Brahe hatte es als Witwensitz für seine junge Frau gedacht, nach ihrem frühen Tod aber als Jagdschloss genutzt. Die Ruine ist vom Parkplatz der Raststätte durch einen Tunnel zu erreichen.

ÖSTERGÖTLAND

Bei **Ödeshög** ❾ wird die Grenze zwischen Småland und Östergötland überschritten. Es ist empfehlenswert, hier die E 4 zu verlassen und auf die Straße 50 zu wechseln. Auf den knapp 50 km bis nach Motala liegen einige Kleinodien dicht beieinander, eingebettet in die herrliche Uferlandschaft des Vättersees.

Die 50 führt auf den **Omberg** zu, einen Felshorst aus Urgestein, der 175 m über den See aufragt. Den 10 km langen und 3 km breiten Felsrücken bedeckt üppige Vegetation, er ist Naturschutzgebiet. Zahlreiche **Wanderwege** sind ausgeschildert; auf dem höchsten Punkt steht ein **Aussichtsturm**.

Am Südrand des Ombergs liegt ***Alvastra** ❿, das älteste Kloster Schwedens. 1143 von französischen Zisterziensern gegründet, entsprach es den Klosterregeln des Bernhard von Clairvaux: Es wurde auf einem Gelände angelegt, das die Mönche selbst gerodet hatten, die Bauten wurden in der üblichen Schlichtheit des Ordens ausgeführt. Alvastra war das mächtigste Kloster des Landes, während seiner Blütezeit im 14. Jh. gebot es über 900 Höfe. Nach der Reformation stand es ab 1527 leer, verfiel, wurde als Steinbruch für das Schloss von Vadstena genutzt und ist heute eine **Klosterruine**. Seine Ländereien und Wälder dienten Gustav Vasa als Jagdrevier.

Zwischen Alvastra und dem See **Tåkern** steht Schwedens berühmtester Runenstein: ***Rökstenen**, der Stein von Rök. Der über 3 m hohe Stein befindet sich vor der Kirche und trägt mehr als 800 Zeichen in verschiedenen Runenschriften. Der Text aus dem 9. Jh. ist nicht eindeutig entziffert. Sogar Theoderich der Große kommt darin vor, die Schautafel neben den Stein gibt eine Übersetzung der Inschrift.

*VADSTENA

Im Reich der heiligen Birgitta

12 km nördlich von Alvastra erreicht man ***Vadstena** ⓫, das Kloster der heiligen Birgitta, der Nationalheiligen Schwedens. Birgitta Birgersdotter, so

ihr bürgerlicher Name, war eine Nichte Birger Jarls und lebte mit ihrem Mann am Hof König Magnus Erikssons. Als die achtfache Mutter mit 41 Jahren Witwe wurde, zog sie sich 1344 ins Kloster Alvastra zurück. Dort hatte sie ihre ersten Visionen, in denen ihr aufgetragen wurde, in Vadstena ein Kloster völlig neuer Art zu gründen. Es sollte ein Kloster für Mönche und Nonnen sein, mit einer gemeinsamen Klosterkirche als Zentrum und einer Äbtissin an der Spitze der Klosterhierarchie. König Magnus, ihr ohnehin gewogen, stellte ein verwaistes Herrenhaus als Nonnensitz und ein weiteres Gebäude als Mönchsheim zu Verfügung. Mit dem Bau der Klosterkirche begann man unverzüglich. Es fehlte aber noch die Genehmigung des Papstes für die neuartigen Ordensregeln. 1349 machte sich Birgitta auf den Weg zum Heiligen Vater. In den Wirren jener Zeit – die Päpste residierten damals in Avignon – dauerte es bis 1370, bis ihr endlich die Genehmigung erteilt wurde. Krank und schwach nach einer Pilgerfahrt ins Heilige Land, kehrte die Ordensgründerin nicht mehr nach Schweden zurück und starb in Rom 1373. Ihre Gebeine wurden nach Vadstena gebracht und provisorisch beigesetzt. Birgitta hatte sich auch aus der Ferne um den Aufbau ihres Klosters gekümmert. Daneben hatte sie ihre Visionen penibel zu Papier gebracht und zahlreiche theologische Werke ins Schwedische übersetzt oder übersetzen lassen. Dies war der Grundstock für die Klosterbibliothek von Vadstena. Mit ihrer Heiligsprechung 1391 setzte ein beispielloser Birgitta-Kult ein, der europaweit zur Gründung weiterer 80 Birgittenklöster führte.

Auch nach der Reformation blieb die Verehrung der Heiligen im Volk verwurzelt und schützte ihr Kloster vor Zerstörung, wenn auch die Klostergebäude profan genutzt wurden. 1935 erhielt das Nonnenkloster die päpstliche Erlaubnis, seine Pforten aufs Neue zu öffnen, seit dieser Zeit bereichern – für Schweden eher ungewöhnlich – wieder Nonnen das Stadtbild von Vadstena.

Rechts: Der Götakanal, ehrgeiziges Verkehrsprojekt des 19. Jh., ist heute nur noch eine Touristenattraktion.

Den Rundgang durch die Stadt sollte man vorzugsweise am Hafen beginnen, wo das **Schloss** Gustav Vasas steht. Es ist eine für das 16. Jh. typische Mischung aus Verteidigungsanlage und Wohngebäude. Schon 1716 gab man das Schloss auf. Seit seiner Restaurierung 1957 kann es besichtigt werden. Auch die Tradition der regelmäßigen Opernaufführungen im Schlosshof, die 1654 begann, hat man wieder aufgenommen.

Vorbei am **Damenstift**, in dem die Nonnen ein nettes **Gasthaus** führen, gelangt man zur **Klosterkirche**. Die schlichte dreischiffige Hallenkirche weist außen kaum Schmuck auf und wird nach dem blaugrauen Baustein auch *Blåkyrkan* genannt. Der Innenraum erhielt mit der Entwicklung des Birgitta-Kults und der Wallfahrten eine immer prächtigere Ausgestaltung. Der Westchor birgt den Schrein der Heiligen, dessen silberne Hülle Karl IX. einschmelzen ließ, weil er wieder einmal Geld brauchte. Im Mittelschiff sind zwei Skulpturen zu finden, die die Heilige darstellen. Beide sind Arbeiten aus dem 15. Jh., auch der restliche Schmuck der Kirche stammt aus dieser Zeit. Im **Mönchskloster** auf der anderen Seite der Kirche befindet sich inzwischen ein Hotel mit einem bemerkenswert guten Restaurant.

**GÖTAKANAL

Folgt man der Straße 50 über 16 km nach Norden, kreuzt sie bei **Motala** ⓬ den ****Götakanal** (s. S. 230), der hier den Vättersee verlässt. Von dieser Stelle aus kann man Bootsfahrten in den fünf Schleusen entfernten See **Boren** unternehmen. Zwischen der ersten und zweiten liegt das **Kanalmuseum**, das die

Geschichte und die Streckenführung des fast 400 km langen Götakanals dokumentiert. Direkt daneben hat der Erbauer des Kanals, Baltzar von Platen, 1829 seine letzte Ruhe gefunden. Heute ist die Wasserstraße eine Hauptattraktion für Touristen, die sich darauf in 4 Tagen von Göteborg via Vänern und Vättern nach Mem und auf der Ostsee weiter bis Stockholm schippern lassen.

Sportliche steigen für die prachtvolle **Aussicht** auf den 120 m hohen **Funkturm**. Knapp 20 000 Radfahrer erlebt die Stadt jährlich zur *Vätternrundan* im Juni. Von Motala führt die Straße 36 in Kanalnähe nach Linköping und damit zur E 4 zurück.

⋆LINKÖPING
Die alte Domstadt

Gegen Ende des 11. Jh. wurde **⋆Linköping ⓭** zur Bischofsstadt erhoben; 1152 entschied hier ein Konzil der Bischöfe, Schweden direkt der römischen Kurie zu unterstellen. In dieser Zeit begann man mit dem Bau der **Domkyrkan**. Fertig gestellt wurde der Dom jedoch erst gut 300 Jahre später im Stil der „Flamboyantgotik“. Die unterschiedliche Gestaltung der Pfeiler im dreischiffigen Langhaus und die Steinmetzzeichen von 60 Baumeistern bezeugen die lange Bauzeit. Dennoch wirkt der Dom einheitlich.

Der große Brand von 1700 legte ganz Linköping in Schutt und Asche. Von den danach erbauten Häusern steht nur noch ein kleiner Teil, sie bilden heute das Freilichtmuseum **⋆Gamla Linköping**, die Hauptattraktion der Stadt. Der Bezirk der 60 Holzhäuser ist durchgehend zugänglich; die vielen kleinen Museen, Werkstätten und Tante-Emma-Läden haben feste Öffnungszeiten. Das Zentrum der modernen Stadt bildet der **Stortorget** mit dem **Folkunga-Brunnen** von Carl Milles. Die Motivwahl für diesen Brunnen geht auf eine altschwedische Königssage zurück.

Wirtschaftlicher Motor Linköpings sind die SAAB-Flugzeugwerke; in einem Fliegerhorst im Stadtteil Malmslätt zeigt das **Flygvapenmuseum** (Luftwaffenmuseum) eine **Militärflugzeugsammlung**.

*NORRKÖPING

43 km nordöstlich liegt die Industriestadt ***Norrköping** ⓮. Bereits in der Bronzezeit war die Gegend besiedelt, wie die 1600 **Felszeichnungen** *(Hällristningar)* in der Nähe der Badeanstalt an der südlichen Stadtausfahrt beweisen. Norrköping steht für die industrielle Frühzeit. Die vielen Textilfabriken und Spinnereien konnten die Stromschnellen des Motala Ström als Energiequelle nutzen und brachten der Stadt im 19. Jh. enormen Aufschwung. Doch in den 1970er Jahren kam für die Textilindustrie Norrköpings das Ende. Man hat einige Fabrikgebäude erhalten und nutzt sie als **Industriemuseen**. Auf der Insel Laxholm mitten im Motala Ström wurde das alte Bügelhaus einer Weberei durch einen Neubau ergänzt und zu einem **Arbetets museum** umgestaltet, das die Arbeitsbedingungen der frühen Industriegesellschaft zeigt. Vom Restaurant im sechsten Stock hat man einen guten Blick über das alte Industrieviertel. Das ökonomische Herz Norrköpings schlägt heute in den Gummi-, Papier- und Kunststofffabriken.

20 km östlich von Norrköping liegt der **Kolmården Djurpark**, der größte Tier- und **Safaripark** Europas, der von einer 3 km langen **Seilbahn** aus besichtigt werden kann. Neben heimischen Tieren sind auch exotische vertreten, ein **Delfinarium** und ein Abenteuerspielplatz ergänzen das Angebot.

Oben: Museum der Arbeit in Norrköping. Rechts: In einer Glashütte in Kosta.

SMÅLAND

*VÄXJÖ
Das Herz von Småland

Zurück zur E 4 in Ljungby: In Richtung Osten erreicht man nach 55 km auf der Reichsstraße 25 das Herz Smålands: ***Växjö** ⓯ am **Helgasjön** (Helgasee). Zwei alte Handelsstraßen kreuzten sich hier, ihre modernen Nachfolger sind die Straßen 23 und 30. Heute hat Växjö 70 000 Einwohner und ist Schul- und Verwaltungszentrum für einen weiten Umkreis.

Wegen Bränden, v. a. im 19. Jh., erinnert nur noch das rechtwinklige Straßensystem an die einstige Barockstadt; auch die **Domkyrkan** am Stortorget blieb nicht verschont. Der aus dem 12. Jh. stammende Dom wurde 1956-60 in Anlehnung an das Original wieder aufgebaut. Neben dem Dom steht das alte **Gymnasium** *(Gamla gymnasiet)* von Växjö, in dem auch der Botaniker Carl von Linné lernte. An der Südseite des Bahnhofs findet man **Smålands Museum** mit einer großen Abteilung für Gläser und Glasprodukte; dieses **Glasmuseum** sammelt nicht nur Glaswaren aus dem *Glasriket* (Glasreich) östlich der Stadt, sondern auch ausländische Produkte. Das **Utvandrarnas hus** (Auswanderermuseum) neben dem Smålands Museum erinnert an die 200 000 Småländer, die die Not im 19. Jh. aus dem Land trieb. Auch das Arbeitszimmer von Vilhelm Moberg, der

Karte S. 58, Info S. 68-69

einen fünfbändigen Roman über diesen Exodus schrieb, ist hier zu besichtigen.

Zwei kurze Ausflüge von Växjö bieten sich an: 5 km nördlich liegt auf einer Halbinsel im Helgasjön die **Ruine** der Burg **Kronoberg**, die im 14. Jh. als Grenzfestung gegen Dänemark errichtet wurde. Die Vasakönige bauten sie 200 Jahre später um. Nach dem Frieden von Roskilde 1658 wurde die Anlage nicht mehr gebraucht und verfiel.

25 km nordöstlich von Växjö findet man abseits der Straße 23 ein architektonisches Juwel: die **Kirche** von **Dädesjö**. Sie war im 18. Jh. aufgegeben und fortan als Getreidespeicher genutzt worden, bis man 1905 die **bemalte Holzdecke** wiederentdeckte. In Schweden gibt es keine vergleichbare spätromanische Malerei aus dem 13. Jh. In 30 Medaillons sind u. a. Szenen des Weihnachtsevangeliums dargestellt.

Die weitere Umgebung Växjös erfüllt jeden Traum vom einfachen Urlaub: Seen, Inseln, Holzhütten mit Boot und Anlegesteg, Angelmöglichkeiten und Ruhe warten auf gestresste Großstadtmenschen.

*GLASRIKET

Im Osten Smålands, zwischen Växjö und **Nybro** ⑯, liegt das schwedische ***Glasriket**. Gustav Vasa hatte im 16. Jahrhundert einen venezianischen Glasbläser mit nach Schweden gebracht, der seine Kunst schnell verbreitete. Der große Vorrat an Brennholz in den Wäldern und die für die damalige Zeit günstigen Transportwege für das empfindliche Produkt ließen Småland als Produktionsstätte ideal erscheinen.

Kosta, **Boda** und **Orrefors** sind die ältesten **Glashütten**, ***Afors** in Eriksmåla die künstlerisch anspruchsvollste Glasbläserei. Die renommierten Glashütten haben meist kleine Museen, in denen sie ihre Produkte oder Glasbläserwerkzeuge vergangener Zeiten ausstellen. Auch ein Blick in den Glasofen ist oft möglich. Manche Fabriken laden zu Folklore und *Hyttsill* („Glashüttenhering“) ein: Früher brachten sich die Glasbläser ihr Essen in Form von rohen Heringen mit, die sie abends im Glasofen brieten, eine schmackhafte, preiswerte Vesper.

**KALMAR
Die Stadt der Kalmarer Union

Ein einziges Ereignis genügte, um **Kalmar** ⓱ (heute ca. 60 000 Einwohner) ins Licht der Weltöffentlichkeit zu rücken: die Gründung der Union zwischen Dänemark, Norwegen und Schweden 1397, die fortan den Namen ihres Gründungsortes trug und offiziell bis 1523 dauerte. Die Nähe zur damaligen dänischen Grenze hatte für die Stadt allerdings verhängnisvolle Folgen, da sie praktisch bei jeder dänisch-schwedischen Auseinandersetzung zerstört wurde. Erst 1658, nach dem Frieden von Roskilde, fand sie Ruhe.

Im 13. Jh. lag die Stadt auf dem Festland, nur wenige Meter getrennt von ihrer Wasserburg. In der Altstadt ***Gamla Stan** stehen die ältesten Häuser (17. Jh.), die den großen Brand – er führte 1647 zur Verlegung der Stadt – überstanden haben. Entspannen kann man dort, im historischen Ambiente des 19. Jahrhunderts, im ***Krusenstiernska Gården** ①, mit gepflegtem Park, stilvollem Café und musealem großbürgerlichem Wohnhaus.

Die neue Stadt baute man zur besseren Verteidigung auf der Insel ***Kvarnholmen** (Mühleninsel) nordöstlich des Schlosses. Erst 1997 wurde der historische Zugang zum Västerport, dem Westtor, wiederhergestellt: die ***Ravelinsbrücke** ②. Alle Häuser dieser Insel stammen aus dem 18. und 19. Jh., ihr ansprechendes Gesamtbild ist nur mit der Altstadt von Stockholm oder Visby vergleichbar.

Die Neuanlage folgte den städtebaulichen Regeln der Barockzeit: rechtwinklige Straßenzüge mit dem großen Marktplatz **Stortorget** ③ als Mitte.

Dort steht die 1682 geweihte **Domkyrkan**. Nicodemus Tessin d. Ä. hat sie als barocke Kreuzkirche entworfen. Sie erhebt sich auf einem Granitfundament, ist aus Kalkstein gemauert und weiß verputzt. Nur die dekorativen Elemente wie Pilaster, Nischen und Voluten hat man unverputzt gelassen. Im schlichten Innern der protestantischen Kirche sind die **Kanzel** (Spätrenaissance), der barocke **Altar** des N. Tessin und die zahlreichen **Boden-Grabplatten** erwähnenswert. Das seit dem 17. Jahrhundert. stark veränderte **Rathaus** steht auf der gegenüberliegenden Seite des Stortorget.

Nahe dem **Yachthafen** hat man das neue **Länsmuseum** ④ errichtet. Dessen zentrales Thema ist das Kriegsschiff **Kronan**, das 1676 vor der öländischen Ostküste explodierte, noch bevor es gegen den dänisch-holländischen Flottenverband eingesetzt werden konnte. Mit 2200 BRT war es fast doppelt so groß wie die berühmte Vasa und trug mit 220 t auch die dreifache Kanonenlast. Man hat die Kronan noch nicht gehoben, aber viele der geborgenen Ausrüstungsgegenstände – darunter ein ***Goldmünzenschatz** – werden im Museum gezeigt. Im Rahmen der weiter andauernden Bergungsarbeiten präsentiert das Museum auch eine Ausstellung über Unterwasserarchäologie.

An den Ufern von Kvarnholmen finden sich noch Reste der ehemaligen Befestigungsanlagen, so z. B. beim **Sjöfartsmuseum** ⑤, einer kleinen, originellen Ausstellung zur Kalmarer Werft- und Seefahrtsgeschichte.

Das ****Schloss** ⑥ existiert bereits seit dem 12. Jahrhundert und wurde als Wehrschloss genutzt, seine heutige Form erhielt es unter den Vasakönigen, denen u. a. die Rundtürme an den Ecken zu danken sind. Nachdem es im 17. Jahrhundert als Gefängnis und Schnapsbrennerei gedient hatte, wurde es restauriert. Im Sommer gibt es Führungen durch den Renaissancepalast – inklusive Frauen- und Folterkerker.

PIPPI LANGSTRUMPFS HEIMAT

An der 130 km langen Strecke zwischen Kalmar und Västervik sind Sehenswürdigkeiten rar.

Karte S. 58, Info S. 68-69

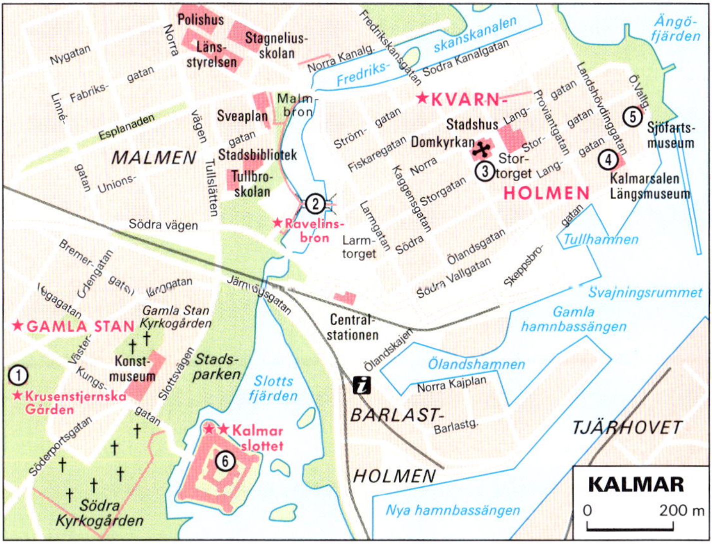

Oskarshamn ⓲ ist vom Hafen und von der Industrie geprägt. **Västervik** ⓳ besitzt ein schönes Ensemble alter **Holzhäuser**, die sich um den **Hafen** gruppieren. Dort gibt es noch so genannte Bootsmännerhütten, die heute als Ferienwohnungen dienen. Für Segler ist die Küste nördlich des Kalmarsunds ein Paradies: Der eigentliche Reichtum von Västervik sind die 5000 **Schäreninseln**, die an warmen Sommertagen fast alle ihren Robinson finden.

Ein „Muss" für Familien ist das 40 km entfernte **Vimmerby** ⓴. Hier begeistern **Astrid Lindgrens Värld** Alt und Jung mit sämtlichen nachempfundenen Schauplätzen der Lindgren'schen Geschichten, und **Astrid Lindgrens Gården**, ein Museum über die Autorin (siehe S. 232).

Auch **Lönneberga** und den **Kattulthof** (30 km von Vimmerby) gibt es hier wirklich, nur nach dem Ortsschild von Bullerby hält man vergebens Ausschau, denn dahinter verbirgt sich **Sevedstorp**, der Heimatort des Vaters von Astrid Lindgren.

Urwüchsigen Nadelbaumbestand bewahrt der kleine **Nationalpark Norra Kvill** (18 km nordwestlich von Vimmerby); ein Rundweg erschließt den Mini-Urwald. Hier steht auch Schwedens älteste Eiche mit einem Stammumfang von 14 m.

Eksjö ㉑, ein Städtchen mit anheimelnden Holzhäusern, zwischen Vimmerby und Jönköping, ist idealer Startpunkt fürs Umherstreifen in Smålands Wald- und Seenwildnis. Die aufregendste Tagestour zu Fuß macht man in die 50 m tiefe und 550 m lange Schlucht **Skurugata**, die schönste Aussicht hat man vom 337 m hohen **Skuruhatt.** Auf spannenden Kanu- und Wanderrouten (z. B. der 350 km lange *Höglands-* oder der *Kalmarsundsleden*) lässt sich das dünn besiedelte Waldland mit seinen unzähligen Seen und Flüssen leicht erschließen.

Fährt man auf der E 22 von Västervik nordwärts nach Norrköping, lohnt ein Aufenthalt in **Valdemarsvik** ㉒. Am alten **Hafen**, durch Landhebungen im 17. Jh. vom Meer abgetrennt, stehen einige hübsche **Holzhäuser**.

***INTERNET**:* www.visit-smaland.com; www.vattern.se; www.kalmar.regionforbund.se/turism; www.ostgotaporten.com.

LJUNGBY (☎ 0372)

Stora Torget 6, 34183 Ljungby, Tel. 789220; www.ljungby.se.

Laganland Älgland, Juni-Sept. tägl. 9-18, Mai, Okt. 10-17, sonst Mo-Fr 10-16 Uhr, z. T. Sa, So; Elchpark: Fütterung 10 Uhr; mit großem Souvenirshop; Touristeninfo.

Nationalpark Store Mosse, Informationszentrum: 330 33 Hillerstorp, E-Mail: storemosse@f.lst.se, tel: 0370-23792.

JÖNKÖPING (☎ 036)

Västra Storgatan 16, 55189 Jönköping, Tel. 105050, www.jonkoping.se.

Restaurant im **Stora Hotellet**, Fischspezialitäten aus dem Vättern. **Krogen Svarta Börsen**, Kyrkogatan 4, Tel. 712222, sehr guter, preiswerter Mittagstisch.

Fågelmuseet (Vogelmus.), Stadtpark, Mai-Aug. tägl. 11-17 Uhr. **Tändsticksmuseet (Streichholzmuseum)**, Tändsticksgränd 27, Juni-August Mo-Fr 10-17, Sa, So 10-15 Uhr, Sept.-Mai Di-Sa 11-15 Uhr. **Länsmuseum**, Dag Hammarskjölds pl., Juni-Aug. tgl. 10-18, Di-Fr 10-16, Sa, So 11-16 Uhr.

Gut Riddersberg, Juni-Sept. tägl. 10-16 Uhr.

GRÄNNA (☎ 0390

Grenna Kulturgård, Brahegt. 38, 56322 Gränna, Tel. 41010.

Andrée-Expedition Polarcenter, Mitte Mai-Aug. tägl. 10-17, Juni bis 19, sonst 12-16 Uhr, Okt.-Mai nur So-Fr.

11. Juli (wetterabhängig): **Ballonflugtag**.

VISINGSÖ (☎ 0390)

Hamnen, 56034 Visingsö, Tel. 41025 und 036-105149.

Ganzjähriger Fährverkehr zwischen Gränna und Visingsö, im Sommer über 20 x tägl.; Tel. 036-105149.

Restaurang Solbacken, Hamnen.

Brahehus und **-kyrka**, im Sommer tägl. 11-16 Uhr.

VADSTENA (☎ 0143)

Vasaslottet, 59280 Vadstena, Tel. 31570; www.birgitta.vadstena.se.

Munkeklosteret im Klosterhotel, Tel. 13000, hervorragend. **Gasthaus im Damenstift**, Tel. 11488.

Blå kyrkan (Blaue Kirche), Mai, Sept. tägl. 10-17, Juni, August tägl. 10-18, Juli tägl. 10-19 Uhr. **Schloss** Mai tägl. 12-16, Juni, August tägl. 12-17, Juli tägl. 11-17 Uhr.

Juli/August: **Opernaufführungen im Schloss**, Information: Sept.-Mai Tel. 08/6526180, sonst Tel. 12229, Kartenverkauf: Wetterheds Bokhandel, Tel. 10094. Fahrten auf **Vättersee** und **Götakanal**, Information: Touristenbüro Vadstena oder Motala, www.gotacanal.se.

MOTALA (☎ 0141)

Folkets Hus, 59129 Motala, Tel. 225254, www.motala.se.

Kanalmuseum, Mai-Mitte Juni u. Ende August, Sept. tägl. 9-12 u. 13-16 Uhr, Juni, Juli, Aug. Mo-Fr 9-20, Sa, So 9-14 und 15-19 Uhr, Tel. 53510; www.gotakanal.se.

***FAHRRADTOUREN**:* entlang dem Götakanal; Fahrradfähren über Roxen und Viken: s. www.gotakanal.se.
***FAHRRAD-, BOOTSVERLEIH**:* Touristenbüro. Mitte Juni: **Radrennen** um den Vättern.

LINKÖPING (☎ 013)

Im Quality Ekoxen Hotel, Klostergatan 68, 58223 Linköping, Tel. 206835, www. linkoping.se.

Le Bistro, Nya Tanneforsvägen 43 A, Tel. 123837, französische Küche. **Restaurang Krouthén**, Klostergatan 26, Tel. 146070, **Restaurang Stora Hotell**, Stora Torget 9, Tel. 129630, mit Nachtclub und Pianobar.

Domkyrkan, Mo-Sa 9-18 Uhr. **Gamla Linköping**, Geschäfte und Werkstätten Mo-Fr 10-17.30, Sa, So 11-16 Uhr, Mo keine Handwerkervorführungen. **Flygvapenmuseum**, tägl. 11-16 Uhr.

NORRKÖPING (☎ 011)

Dalsgatan 16, 60181 Norrköping, Tel. 151500.

Palace, Bråddgatan 15, Tel. 189600, verschiedene Restaurants, Tanzlokale, Café, Nachtclub und als Spitzenrestaurant **Palace Gourmet**. **Guskelov**, Dalsgatan 13, Tel. 134400, schwedische Hausmannskost. **Värdshuset Löfstad slott**, Tel. 335165, rustikales Ambiente, reichhaltige schwedische Hausmannskost.

Industrimuseet Färgaregården (Färberei), St. Petersgatan 3, tägl. 12-16 Uhr, **Stadsmuseet (alte Webstühle)**, Västgötagatan 19-21, Mo-Fr 11-17 Uhr, Sa, So 12-16 Uhr. **Arbetets Museet (Museum der Arbeit)**, tägl. 11-17 Uhr, Restaurant in der 6. Etage.

Tierpark Kolmården, 20 km nördlich, Mai-Sept. tägl. 10-19 Uhr, Tel. 249000. **Delfinshow** Anf. April-Anf. Nov. tägl.

VÄXJÖ (☎ 0470)

Biblioteket, Västra Esplanaden 7, 35112 Växjö, Tel. 41410, www.vaxjo.se.

Restaurant im **Stadshotellet**, Tel. 13400, gute Küche. **Evedals Värdshus**, direkt am Helgasjön, Tel. 63003, Landgasthof mit Hausmannskost.

Smålands Museum (Glasmuseum), Södra Järnvägsgatan 2, Juni-August Mo-Fr 10-17, Sa, So 11-17 Uhr, sonst Mo geschl. **Utvandrarnas Hus (Auswanderermuseum)**, Vilhelm Mobergs gatan 4, Mo-Fr 9-16 Uhr (Juni, Aug. bis 18 Uhr), Sa, So 11-16 Uhr, www.swemi.se.

Kirche von Dädesjö Juni-August tägl. 10-17 Uhr.

FAHRRAD-, KANUVERLEIH: Touristenbüro, organisiert auch geführte Wandertouren.

GLASRIKET (☎ 0481)

Glasriket, 38280 Nybro, Tel. 45215, www.glasriket.se; Infos zu 13 Glashütten der Region.

GLASHÜTTEN: **Kosta**, Tel. 0478/34532. **Boda**, Tel. 42410. **Orrefors**, Tel. 34195, alle Mo-Fr. 9-18 Uhr, Sa 10-16 Uhr, So 12-16 Uhr. *Glasblasen:* Mo-Fr 9-15 Uhr.

Hyttsill Heringsmahl, Juni-August tägl. ab 19 Uhr in wechselnden Glashütten. Menü: Hyttsill, gebackene Kartoffeln, Preiselbeeren, Käsekuchen. Reservierungen und Vergünstigungen mit dem **Glasriket Pass** über Glasriket-Information.

KALMAR (☎ 0480)

Ölandskajen 9, 39120 Kalmar, Tel. 417700, www.kalmar.se/turism.

Calmar Hamnkrog, Skeppsbrogatan 30, Tel. 411020, gute Küche, Hafenblick. **Ernesto**, Larmtorget 4, Tel. 20050, Steaks, Pizza, Spaghetti, Cocktailbar.

Länsmuseum, Skeppsbrogatan 51, Mitte Juni-Mitte August Mo-Sa 10-18, So 12-16 Uhr, sonst Mo, Di, Do, Fr 10-16 , Mi 10-20 Uhr, Sa, So 12-16 Uhr. **Schloss**, Mitte Juni-Mitte August Mo-Sa 10-18 Uhr, So 12-18 Uhr.

VIMMERBY (☎ 0492)

Astrid Lindgrens Värld, Tel. 79800, www.alv.se, Vorsaison Mai-Anf. Juni, Nachsais. Mitte-Ende August tägl. 10-17 Uhr (Eintritt billiger), Hauptsaison tägl. 10-18 Uhr.

ICA

DIE GROSSEN INSELN DER OSTSEE

ÖLAND

GOTLAND

**ÖLAND

****Öland** bietet als Urlaubsinsel vieles, was man eigentlich in südlicheren Gefilden vermuten würde. Kilometerlange Sandstrände, Laubwälder und Windmühlen sind nicht eben typisch für Schweden. Die geringen Niederschläge im Sommer können sogar zu Wasserknappheit führen. Die Insel ist ein großer, halbversunkener Bergrücken, 137 km lang und maximal 16 km breit. Er fällt im Westen steil ab und läuft im Osten sanft ins Meer aus; eiszeitliche Ablagerungen bedecken ihn nur dünn. Die gegenüber dem Festland so andersartige Vegetation verdankt die Insel ihrem Untergrund aus Kalksandstein.

Öland war bereits in der Steinzeit besiedelt, die Wikinger und ihre Nachfolger bauten hier Fliehburgen. Auf seine reichen Getreideerträge verweisen die – einstmals 1300 – Windmühlen.

Karger Süden: **Stora Alvaret

Man erreicht Öland seit 1972 über eine 6 km lange Brücke, die den Sund zwischen Kalmar und der Insel überspannt. Den Boden der Insel betritt man in **Färjestaden** ❶, der ehemaligen Fährstation. Hier ist die Touristeninformation untergebracht; sie hilft u. a., wenn man in der Hochsaison spontan ein freies Zimmer oder einen Campingplatz sucht.

Wendet man sich von Färjestaden gen Süden (Straße 136), ist man bereits im UNESCO-Welterbe Süd-Öland, das Inselnatur und -kultur umfasst. Man sollte in **Skogsby** auf die 946 überwechseln, die parallel zur Hauptstraße näher der Küste verläuft. Nach 5 km erreicht man **Karlevistenen**, einen Runenstein, der als der schönste auf Öland gilt. Vor 1000 Jahren für einen dänischen König errichtet, steht der Stein noch immer an seinem ursprünglichen Standort. Insgesamt sind auf der Insel heute noch mehr als ein Dutzend solcher Steinblöcke zu finden, eine Menge solcher Steine dürfte in den Kirchen als Baumaterial vermauert worden sein.

Bei **Vickleby** ❷, das eine Wehrkirche aus dem 12. Jh. besitzt, beginnt die ****Stora Alvaret**, die große Kalkheide, die weitgehend den südlichen Teil der Insel bedeckt. Ihre auf den ersten Blick dürftige Steppenlandschaft ist sehr artenreich. In dem milden, trockenen Klima gedeihen 35 Orchideenarten, seltene Gräser und Kräuter.

Von den sanften Hügeln des Gräberfelds von **Mysinge** südlich von Resmo hat man einen guten Blick über die kar-

Vorherige Seiten: Anfang August lebt in Visby eine Woche lang das Mittelalter wieder auf (Medeltidsveckan). Links: Ölands 350 Windmühlen stehen unter Denkmalschutz.

ge Landschaft. Auch Ornithologen nutzen die Hügel, z. B. zur Beobachtung der Kranichschwärme, die hier auf ihrem Zug nach Süden rasten. Auf der Höhe der eisenzeitlichen Fluchtburg **Bårby borg** beginnt ein Sträßchen, das quer durch die Stora Alvaret zur Ostküste führt.

Setzt man die Fahrt nach Süden fort, durchquert man das Gräberfeld von **Gettlinge** ❸ aus der Eisenzeit und erreicht nach Grönhögen die **Mauer Karls X**. Der jagdbegeisterte König hatte die 5 km lange Mauer 1653 quer über die Insel bauen lassen, um seine Hirsche auf der Südspitze daran zu hindern, ihr Revier zu verlassen und die Felder der Bauern abzuweiden.

Die Südspitze Ölands nimmt das **Naturreservat Ottenby** ein; im Naturum erfährt man vieles über die 368 Vogelarten, die hier schon gesichtet wurden. Am Südkap steht der aus dem 18. Jh. stammende Leuchtturm **Långe Jan** ❹. Mit 42 m ist er der höchste Schwedens und kann im Sommer bestiegen werden.

Oben: Schiffsförmige Steinsetzungen aus der Eisenzeit wie hier im Gräberfeld von Gettlinge findet man an vielen Orten Schwedens.

Die Ostküste

Vom langen Jan sollte man nordwärts die Straße an der Ostküste benutzen. Nach 13 km trifft man landeinwärts auf die Fliehburg ***Eketorp** ❺, die in drei Perioden zwischen 300 und 1300 n. Chr. gebaut und benutzt wurde. Nach sorgfältigen Ausgrabungen hat man Eketorp teilweise als Freilichtmuseum rekonstruiert; so entsteht ein lebendiger Eindruck von den 200 Bewohnern und ihrem Vieh, die damals innerhalb der Burgmauern hausten.

Eine weitere von 19 solcher Anlagen steht 30 km weiter nördlich im Inselinneren, zwischen **Möckleby** und Färjestaden: Die **Gråborg** ❻ ist die größte Fluchtburg Ölands, der Umfang ihrer einst 6 m hohen Ringmauer beträgt 640 m. Vermutlich wurde sie von der Zeit der Völkerwanderung bis ins Mittelalter benutzt. Vor der Burg liegen die

Info S. 85

Reste der Knutskapell, einer Wallfahrtskapelle aus dem 13. Jh. Auf den Wiesen ringsum unternimmt man den Versuch, die ursprüngliche Vegetation der Insel wiederherzustellen.

Der stürmische Norden

Bei **Lerkaka** ❼ stehen fünf alte Windmühlen – wie alle übrigen 350 auf der Insel – unter Denkmalschutz. In **Himmelsberga** hat man zwei alte öländische Bauernhöfe zu einem Freilichtmuseum zusammengefasst, das vor allem die schönen Bauernmöbel der Insel zeigt. Die am besten erhaltene Kirche Ölands aus dem 12. Jh. findet man in Gårdslösa. **Kapelludden** ❽ ist der Ort, an dem die Gebeine der heiligen Birgitta bei der Überführung von Rom nach Vadstena zum ersten Mal schwedischen Boden berührten (1374).

Der nördlichste Teil Ölands ist der **Böda kronopark**, ein ausgedehnter Wald, dessen Kiefern im Ostteil vom Wind bizarr verformt sind, **Trollskogen** (Wichtelwald) heißt er daher. Den schönen Sandstrand von **Böda** ❾ säumt ein Hain aus Lebensbäumen. Im Hafen **Grankullavik** können Ostsee-Segler eine Pause einlegen. Auch auf der nördlichen Spitze der Insel steht ein Leuchtturm: **Långe Erik** ❿, der ebenfalls bestiegen werden kann.

Auf dem Rückweg nach Süden lohnt ein Stopp bei **Neptuni åkrar**, „Neptuns Äckern", wie Carl von Linné die Gegend genannt hat: Zwischen Steinwällen aus Geröll wogen im Juni und Juli massenhaft die meerblauen Blüten des Natternkopfs (*Echium vulgare*, schwed. *blåeld*). Auch die ausgezeichnete Badebucht **Byerums Sandvik** ist einen Abstecher wert; ihre *raukar*, bizarr geschliffene Kalksandsteinformationen, sind einzigartig auf Öland.

Blå Jungfrun, Insel der Hexen

Im Kalmarsund liegt die Insel **Blå Jungfrun**, zu der im Sommer bei gu-

tem Wetter von **Byxelkrok** aus Boote verkehren. Die Insel ist seit 1925 **Nationalpark**. Im Volksmund ist Blå Jungfrun jener sagenhafte *blåkulla*, auf dem in der Nacht zu Gründonnerstag die Hexen tanzen. Die 86 m hohe und 66 ha große Insel besteht im Gegensatz zu Öland aus Granit, ähnlich dem Festland. Lange diente sie als Steinbruch, leider wurden dadurch zahlreiche Grotten zerstört.

Die Königsresidenzen der Westküste

Borgholm ⓫ ist die Hauptstadt der Insel Öland, hat 3000 Einwohner und liegt zu Füßen eines 40 m hohen Kliffs. Überragt wird das Städtchen von der mächtigen Ruine des ***Borgholm slott**. Festungsbauten gab es dort seit dem 12. Jh., jahrhundertelang umkämpft von Schweden, Dänen und der Hanse. Vor der stimmungsvollen Kulisse der Schlossruine finden im Sommer Open-Air-Veranstaltungen statt; volksfestmäßig feiert Kronprinzessin Victoria auf dem Sportplatz am 14. Juli ihren Geburtstag.

Ganz in der Nähe von Borgholm liegt **Solliden**, Sommerresidenz des schwedischen Königshauses. Der herrliche ***Schlosspark**, der seine 1905 in italienischem Stil gebaute Villa umgibt, ist Mitte Mai bis Mitte September für einige Stunden täglich der Öffentlichkeit zugänglich. Dies ist die einmalige Gelegenheit für monarchistisch angehauchte Touristen, eventuell einen Blick auf die gekrönten Häupter zu erhaschen.

Empfehlenswert ist ein Stopp in **Halltorps Hage**, einem Hain aus tausendjährigen Eichen, Hainbuchen und anderen Laubbäumen. Der urgemütliche schwedische Landgasthof **Halltorps Kro**, das einzige Gasthaus im Dorf, lädt zu einer Pause ein.

***Ismantorps borg**, die romantische eisen- bis wikingerzeitliche Fliehburg, ist ein lohnender Besichtigungspunkt vor der Rückfahrt über die Ölandbrücke.

Rechts: Zur Mittelalterwoche herrscht Gedränge in den von Speicherhäusern aus der Hansezeit geprägten Straßen Visbys.

**GOTLAND

Moderne Großfähren sorgen für die Verbindung zwischen ****Gotland** und dem schwedischen Festland. In der Hochsaison, von Juni bis Mitte August, fahren sie mit Scharen von „Sommergotländern" sogar zweimal täglich in beiden Richtungen auf den Strecken Nynäshamn-Visby (Anschluss für Mittel- und Nordschweden; Dauer 5-6 Std.) und Oskarshamn-Visby (für Südschweden; Dauer 4-6 Std.). Jährlich besuchen etwa 350 000 Gäste die beliebteste schwedische Ferieninsel.

Schon während der Überfahrt zur größten Ostseeinsel (Fläche 3142 km^2, Länge 125 km, maximale Breite 50 km, 57 000 Einwohner) fallen die Steilufer der Westküste auf; nur ein wenig Wald ist sichtbar, die Landschaft dahinter macht einen eher flachen Eindruck. Hier regnet es sommers wenig, Kalk- und Sandsteinuntergrund bescheren der Insel exotisch weiße Strände und eine besondere Vegetation, die allenfalls mit der Ölands vergleichbar ist. Anders aber als Öland, schaut Gotland auf eine glanzvolle Vergangenheit zurück: Reiche Ernteerträge und herausragende Handelsbeziehungen im Ostseeraum bestimmten die Geschicke Gotlands schon seit der Bronzezeit.

Es waren deutsche Siedler und hansische Kaufleute, zumeist aus Lübeck, die im 12. Jh. begannen, Visby als lukrativen Handelsplatz zu nutzen. Sie prägten entscheidend Kultur und Politik der aufblühenden Stadt. Mit ihren guten Kontakten zu Mitteleuropa booteten sie nach und nach die Gotländer des Insel-Hinterlands aus. Diese hatten seit Jahrhunderten nicht nur von Ackerbau, Schafzucht und Fischfang gelebt, sondern waren ebenfalls erfahrene See- und Handelsleute. Ihre Konkurrenten, die Städter aus Visby, spürten den Neid im Hinterland aufkeimen und schützen ab 1270 ihre wertvolle Habe durch die heute noch sichtbare Stadtmauer. Bei einem Aufstand der Bauern gegen die

Info S. 85

Städter 1288 musste der Wall seine erste Kraftprobe bestehen. 1361 schaffte es der Dänenkönig Valdemar IV. Atterdag angeblich nur mit Hilfe einer Verräterin, Visby einzunehmen. Kriegerische Überfälle von Schweden, Dänen, Lübecker Hansekaufleuten und Piraten sowie wechselnde Landesherren schwächten danach Stadt und Land. Außerdem verlagerten sich die europäischen Handelsströme aus dem Ostseeraum heraus nach Westen. Gotland verlor seine einstige Bedeutung, bis romantische Schwärmer um 1800 die „Perle der Ostsee" für sich entdeckten.

**Visby – Rosen und Ruinen in einer ummauerten Hansestadt

Der auch von Kreuzfahrtschiffen angelaufene Fährhafen von **Visby** ⓬ liegt nahe der 3,6 km langen und über 700 Jahre alten **Stadtmauer**. Mit ihrer sehr gut erhaltenen hellen Kalkstein-Ringmauer und 38 **Türmen** ist die ehemalige Hansestadt weithin zu sehen; sie zählt zum UNESCO-Welterbe. Bis in das 17. Jh. bildete die südliche Stadtmauer zugleich die Außenmauer der Festung **Visborg**, die, 1414 begonnen, 1679 von den Dänen gesprengt wurde – heute kommen die Dänen als Touristen; sie schätzen die hohe Kneipendichte und das bunte Nachtleben im Sommer. Und statt nüchterner, geschäftiger Handelsherren des Mittelalters sieht man in den kopfsteingepflasterten Straßen heutzutage für Nostalgie empfängliche Besucher, die die liebevoll restaurierten Häuser mit ihrem blühenden Rosenschmuck bewundern. Alljährlich Anfang August / 32. Kw.) lebt die Geschichte wieder auf: Während der **Mittelalterwoche** (*Medeltidsveckan*) verwandelt sich Visby in eine einzige riesige Theaterbühne, und auf ganz Gotland werden historische **Märkte** und **Ritterturniere** abgehalten.

Die historischen Hafenanlagen befanden sich einige hundert Meter nördlich der heutigen. **Almedalen** ①, eine beliebte Grünanlage, breitet sich zwischen dem seewärtigen mächtigen **Kruttornet** ② (Pulverturm) von 1150 und einem Abschnitt der ins Binnenland einschwenkenden Stadtmauer aus. Mehrere Toröffnungen gerade hier verraten: Almedalen ist die verlandete alte Hafenbucht. Tritt man hier durch eines der Tore in die Stadt ein, steht man auf dem Platz **Packhusplan** – eine Bezeichnung, die deutlich macht, wohin das Handelsgut aus den Schiffen getragen wurde: in die etwa 200 mehrgeschossigen **Lagerhäuser** entlang der Straßen und Plätze im Schutz der Stadtmauer. Zwischen Packhusplan und Donners plats erstreckt sich die **Strandgata** ③ mit zahlreichen mittelalterlichen Treppengiebelhäusern wie **Gamla apoteket** und **Liljehornska huset**, Teilen des Gebäudekomplexes von ***Gotlands fornsal** (**Museum** für Altertümer – ein Muss für Interessierte an Gotlands Geschichte), oder der Häuserblock, in dem sich das **Visby Hotell** ausgebreitet hat. Zwei aufwändige Bauten am **Donners plats** stammen von

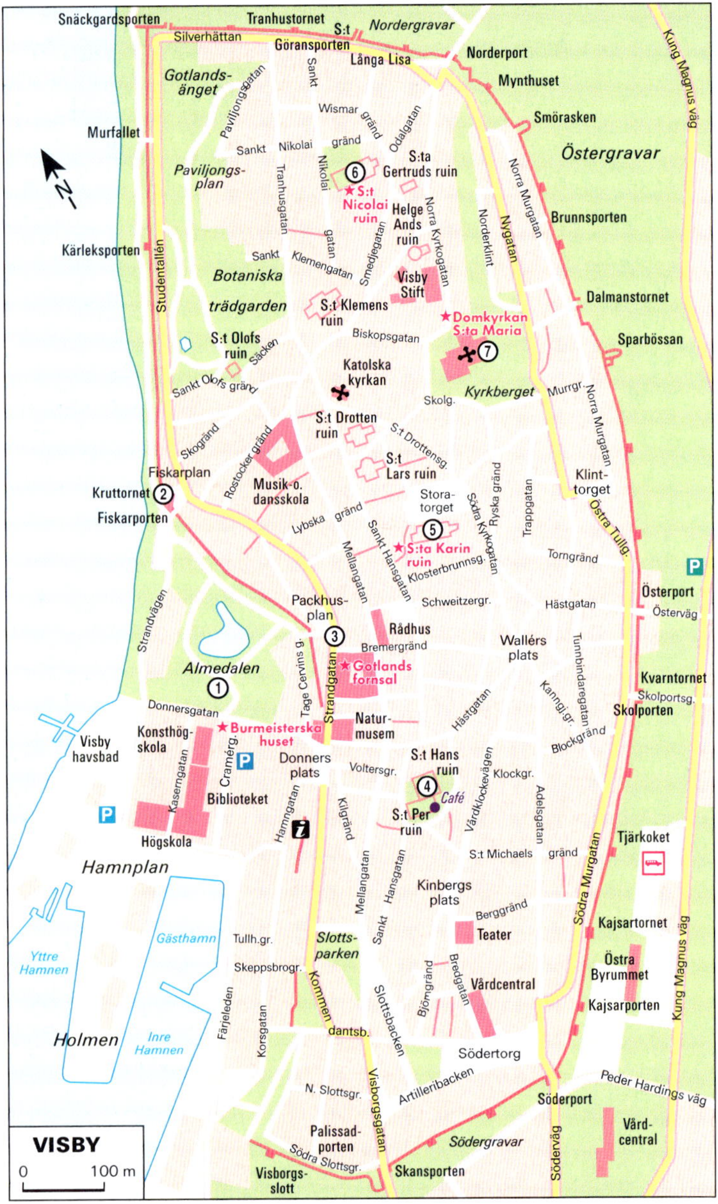

Snäckgardsporten
Tranhustornet
S:t Göransporten
Nordergravar
Silverhättan
Långa Lisa
Norderport
Mynthuset
Smörasken
Östergravar
Kung Magnus väg
Gotlands-
änget
Paviljongsgatan
Sankt
Wismar gränd
Odalgatan
Murfallet
Sankt Nikolai gränd
Nikolai
S:ta
Gertruds ruin
Paviljongs-
plan
Tranhusgatan
S:t
Nicolai
ruin
Helge
Ands
ruin
Norra Kyrkogatan
Norderklint
Norra Murgatan
Nygatan
Brunnsporten
gatan
Smedjegatan
Kärleksporten
Sankt Klemengatan
Studentallén
Botaniska
trädgarden
Visby
Stift
Dalmanstornet
S:t Klemens
ruin
Domkyrkan
S:ta Maria
Sparbössan
Biskopsgatan
S:t Olofs
ruin
Säcken
Katolska
kyrkan
Sankt Olofs gränd
Skolg.
Kyrkberget
Murrgr.
Norra Murgatan
S:t Drotten
ruin
S:t Drottensg.
Skogränd
Rostocker gränd
S:t
Lars ruin
Klint-
torget
Fiskarplan
Musik-o.
dansskola
Ryska gränd
Trappgatan
Kruttornet
Stora-
torget
Södra Kyrkogatan
Östra Tullg.
Fiskarporten
Lybska gränd
Sankt Hansgatan
Mellangatan
S:ta Karin
ruin
Torngränd
Klosterbrunnsg.
P
Österport
Österväg
Strandvägen
Packhus-
plan
Schweitzergr.
Hästgatan
Rådhus
Bremergränd
Wallérs
plats
Tage Cervins g.
Gotlands
fornsal
Tunnbindaregatan
Almedalen
Strandgatan
Kanngj.gr.
Kvarntornet
Skolportsg.
Skolporten
Donnersgatan
Hästgatan
Visby
havsbad
Konsthög-
skola
Burmeisterska
huset
Natur-
musem
Blockgränd
Crameg.
P
Donners
plats
S:t Hans
ruin
Vårdklockevägen
Kaserngatan
Voltersgr.
Klockgr.
Biblioteket
Café
Adelsgatan
Hamngatan
Kilgränd
S:t Per
ruin
P
Högskola
S:t Michaels gränd
Tjärkoket
Hamnplan
Mellangatan
Hansgatan
Kinbergs
plats
Södra Murgatan
Gästhamn
Sankt
Berggränd
Kajsartornet
Kung Magnus väg
Yttre
Hamnen
Tullh.gr.
Slotts-
parken
Teater
Skeppsbrogr.
Östra
Byrummet
Björngränd
Bredgatan
Vårdcentral
Kajsarporten
Färjeleden
Korsgatan
Kommendantsb.
Slottsbacken
Holmen
Inre
Hamnen
Södertorg
N. Slottsgr.
Artilleribacken
Peder Hardings väg
Visborgsgatan
Söderport
Palissad-
porten
Södergravar
Söderväg
Vård-
central
VISBY
0
100 m
Södra Slottsgr.
Visborgs-
slott
Skansporten

deutschen Kaufleuten: das Fachwerk- und Holzhaus ***Burmeisterska huset** (1650) und schräg gegenüber **Donnerska huset**, dessen Räume von der Universität genutzt werden.

In den hangaufwärts gelegenen Straßen **Mellangata** und **Sankt Hans gata** stößt man auf weitere mittelalterliche Häuser und begegnet den eindrucksvollsten Zeugen der einstigen Größe Visbys, elf baum- und buschumstandenen mittelalterliche **Kirchenruinen** – Kletterpflanzen ranken daran empor, Rosen schmücken die stillen Plätze: **Sankt Hans** ④, baulich verschmolzen mit **Sankt Per**, beherbergt ein gemütliches **Café**; die Franziskaner-Klosterkirche ***Sankta Karin** ⑤ (1233) zeigt eine **Ausstellung** zur Architektur alter Kirchen, und im riesigen Mauerskelett von ***Sankt Nicolai** ⑥ werden alljährlich **Konzerte** und ein Singspiel über den ersten Prior des dazugehörigen Dominikanerklosters aufgeführt.

Nur eine Kirche aus Visbys Glanzzeit ist komplett erhalten: ***Sankta Maria Domkyrkan** ⑦, die seit 1225 das Gotteshaus der zugereisten Hanse-Deutschen war und 1572 Dom- und Stadtkirche wurde. Sie ragt in mehrfacher Weise heraus. Ihr Standort auf einem Kalkplateau im Nordosten der Stadt macht ihr helles gotisches Gemäuer weithin sichtbar, auffällig sind ihre drei mit dunklen barocken Hauben verzierten Türme. Das hohe Mittelschiff lässt eine Basilika vermuten, doch ein **Hebebalken** oben an der Ostwand verrät, dass hier einst Waren auf den geräumigen Dachboden gehievt wurden.

Gotlands Norden

Die Straße 149 verläuft von Visbys **Norderport** (Nordtor) etwa parallel zum markanten Westküstenkliff Richtung Norden. Während östlich der Straße offene Ebenen vorherrschen, wie z.

Rechts: Mittelalterlicher Markt in Visby.

B. das Gelände des **Flughafens**, Äcker oder Wiesen, ist die Sicht aufs Meer nach Westen oft durch dichten Wald versperrt. So liegen auch die gern besuchten **Tropfsteinhöhlen** *(grottorna)* von **Lummelunda** – mit 2,6 km Länge gehören sie zu Schwedens längsten Höhlensystemen – in dichtem Wald nahe der Steilküste 5 km südlich des Dorfs. Kilometerlange Geröllstrände sind vor dem hohen Kliffrand entstanden. Sandstrände, wie die kleine Badebucht gleich neben dem Hafen von **Lickershamn** ⓭, sind eher die Ausnahme im Nordwesten Gotlands. Dramatisch sind hier dagegen die von Wind und Wasser zerzausten Reste des Kalksteinkliffs, die einzeln herauspräparierten *raukar*. Der *rauk* **Jungfrun** ist mit 27 m der höchste dieser skurrilen Felstürme und in einem Spaziergang von 600 m vom Hafen zu erreichen. Wanderungen entlang der Steilküste (*klint*) führen zu prächtigen Ausblicken oder weiteren *raukar* nahe **Hallshuk**, der Nordspitze der Insel.

Die Dörfer im geschützten Binnenland stehen in der langen Tradition der stolzen gotländischen Bauerngesellschaft, sichtbar noch anhand ihrer Kirchen. Die Gotteshäuser von Lummelunda und **Stenkyrka** ⓮ (Steinkirche) sind nur zwei Beispiele von rund 90 bis heute genutzten Kirchen aus Gotlands Blütezeit vor dem 15. Jh. Stenkyrka hat als früherer Thingort (Rats-/Gerichtsort) vermutlich die erste Holzkirche der Insel (11. Jh.) besessen. Einen Neubau leisteten sich die Dorfbewohner im 12. Jh., diesmal aus Stein. Sie gab dem Ort den neuen Namen.

Trotz ihrer unterschiedlichen Erscheinungsbilder haben die gotländischen Landkirchen eine recht ähnliche Geschichte. Nach der Christianisierung – die Legende behauptet, der heilige Olav habe bei einem Besuch der Insel im Jahr 1029 die Gotländer vom neuen Glauben überzeugt – wurden zunächst Holzkirchen in den Thingorten (Norden: Stenkyrka; Mittelgotland: Atlingbo; Süden: Fardhem) errichtet. Doch die weit gereisten und wohlhabenden Bauern-Fahrensleute ersetzten die Holzbauten rasch durch romanische Steinkirchen mit aufwändiger Ausstattung, die immer wieder dem jeweiligen Zeitgeschmack angepasst wurde. Nach dem Niedergang der Bauernkultur im 14. Jh. fehlten die Mittel für Umbauten und Ergänzungen. So sind diese Gotteshäuser im romanischen und gotischen Stil fast unverändert überkommen.

Wandmalereien haben sich in den meisten Kirchen erhalten, in manchen sogar wertvolle Glasfenster aus der romanischen Zeit. Die Namen der Baumeister sind meist unbekannt, bestimmte Stileigentümlichkeiten der Künstler haben Kunstgeschichtler bewogen, ihnen Namen zuzuschreiben: Ein „Byzantios“ z. B. griff in seinem Formenschatz auf byzantinische Vorbilder zurück oder ein „Calcarius“ verwendete Kalkstein für Taufbecken statt des bis dahin üblichen Sandsteins.

Rechts: Dieser Rauk auf Fårö beeindruckt im abendlichen Gegenlicht.

In einigen Fällen verschwand die Siedlung, während die stabile Steinkirche die Jahrhunderte zumindest als Ruine überdauerte. 5 km östlich von Stenkyrka restaurierte man um 1924 die Seitenwände von **Elinghems ödekyrka**, so dass die Kirche aus dem Jahr 1250 nun gelegentlich für Freilichtaufführungen genutzt werden kann – Gewölbe und Dach fehlen. Ebenfalls als Ruine erhalten ist **Ganns ödekyrka**, 4 km nördlich von **Lärbro** ⓯.

In Lärbro laufen die Straßen 147, 148 und 149 zusammen. Beim Bau der Kirche im 13. Jh. scheuten die Lärbroer keine Kosten und Mühen: Die Innenausstattung ist vom Feinsten und der Kirchturm hat einen recht ungewöhnlichen achteckigen Grundriss. Neben ihm erinnert ein *kastal*, Wehrturm, an die unsicheren Zeiten des ausgehenden Mittelalters.

Auf Gotland wird, heute vorwiegend für die Zementproduktion, Kalk abgebaut. Wichtigster Industrieort ist Slite, 9 km südlich von Lärbro. Der Nordosten der Insel weist viele längst ausgebeutete Steinbrüche auf. In **Bläse** ⓰, gut 15 km nördlich von Lärbro, wandelte man das bis ins 20. Jh. hinein genutzte Kalkwerk in das sehr informative ***Bläse kalkbruksmuseum** um.

Im ***Kulturhistoriska museet** in **Bunge** unternimmt man Streifzüge durch Volkskunde und Archäologie der jahrtausendealten Bauernkultur. Neben Häusern, Mühlen und Gebrauchsgegenständen vergangener Zeiten wird auch eine bedeutende Sammlung gotländischer **Bildsteine** *(bildstenar)* präsentiert: einzigartige Gedächtnissteine, die zwischen dem 5. und 12. Jh. üblich waren. Bunges **Kirche** diente zeitweilig als Festung – das zeigen der mächtige Turm und die Schießscharten in der Friedhofsmauer.

Nur 3 km weiter östlich endet die Straße 148 in **Fårösund** ⓱. Bis die Brücke zur Nachbarinsel **Fårö** fertig gestellt ist, gelangt man in sechs Minuten per Fähre hinüber. Hier fühlt sich

Karte S. 77, Info S. 85

wohl, wer einsame Strände und karge Schafweiden liebt.

Ein großartiges Naturschauspiel sind die *raukar* der Halbinsel von **Langhammar** ganz im Norden sowie westlich davon das größte *rauk*-Gebiet Schwedens, der 6 km lange Küstenstreifen von ***Digerhuvud** ⓲.

Noch abgelegener ist **Gotska Sandön**. Nach 2 Std. Bootsfahrt ab Fårösund bietet dieser **Nationalpark** Dünen, Heide, ursprünglichen Kiefernwald, Sandstrände sowie einfache Hütten als Unterkunft.

Eindrucksvolle Dünen gibt es auch auf Fårö: im Naturschutzgebiet **Ullahau** im Osten der Insel. Die nach Süden und Osten ausgerichteten Küstenabschnitte von Fårö und Gotland sind weitaus flacher und stärker gegliedert als im Westen und bieten viele Sandstrände; besonders beliebt ist, südlich des Industriestandorts **Slite** ⓳, das Strandbad **Åminne** ⓴.

Beim Rückweg nach Visby auf der 148 kann man den 55 m hohen Turm der Kirche von **Tingstäde** ㉑ nicht übersehen. Die Dorfbewohner des 13. Jh. bewiesen nicht nur Reichtum, sondern auch Kunstsinn mit den großartig verzierten romanischen Kirchenportalen. Unsichtbar bleibt für die heute auf der Straße 148 am Dorfteich rasch Vorbeifahrenden die quadratische hölzerne Verteidigungsanlage (**Bulverket**) aus der Wikingerzeit, die seit langem im See versunken ist.

An die große Zeit von Gotlands Schifffahrt wird man in **Bro**, 12 km östlich von Visby, erinnert, denn die zwischen 1200 und 1300 oft veränderte ***Kirche** im romanischen und gotischen Stil galt als wichtige Opferkirche der Seeleute. Die Gegend ist voller Vorzeitrelikte, überwiegend aus der Bronzezeit. Geheimnisvoll sind die Steine mit Schleifrillen an der Opferquelle aus heidnischer Zeit (südwestlich des Orts, Straße nach Hedeby); rund 2000 solcher Rillensteine fand man auf Gotland, niemand hat bisher ihr Rätsel gelöst.

Gotlands Mitte

Verlässt man Visbys **Österport** (Osttor), gelangt man nach 17 km auf der

Straße 143 zum **Roma kloster** ㉒. Ein ungewöhnlich reiches Kloster soll diese Anlage der Zisterzienser gewesen sein, die auf fruchtbarem Boden um die Mitte des 12. Jh. entstand, aber nach der Reformation im 16. Jh. lange Zeit als Steinbruch diente. Lediglich das eindrucksvolle Kirchenschiff blieb als dachlose Ruine erhalten.

Für den Abtransport der Zuckerrüben-Ernte aus Gotlands Mitte versah man Visby und sein Hinterland im 19. Jh. mit Gleisanschluss. Die alte Eisenbahn, die ihren Dienst längst aufgegeben hat, ist heute als **Museijärnväg** in **Dalhem** ㉓, 6 km von Roma, zu bewundern. Diese fruchtbare Gegend beweist ihren Reichtum auch anhand bemerkenswerter Sakralbauten. Da ist z. B. die ***Kirche** in **Dalhem** mit ihren kostbaren mittelalterlichen Glasmalereien, die rein gotische ***Kirche** in **Ekeby** und die eigenartig unproportionierte ***Kirche** von **Källunge**, der man ansieht, dass die anspruchsvollen Pläne für die Erneuerung der alten Kirche aus dem 12. Jh. nach dem Anbau des riesigen Chors im 13. Jh. aufgegeben wurden.

Oben: Taufbecken mit figürlichem Dekor findet man in vielen Kirchen Gotlands (Garde). Rechts: Die Kirche von Tofta (13. Jh.) mit mehreren typischen Erweiterungsbauten.

Weiter im Osten ist das Land stärker bewaldet und in Küstennähe gelegene Kirchen, wie die von **Gammelgarn** mit ihren prachtvollen Skulpturen am Südportal oder die überreich ausgemalte von ***Gothem**, schützten sich mit einem *kastal*. Doch Schutz suchten offenbar auch schon die Bewohner in vorchristlicher Zeit: auf dem steilen Kalkplateau **Grogarnsberget** an der Küste, 3 km östlich von **Katthammarsvik** ㉔, oder, versteckt im Wald, hinter den 2 m hoch aufgeschichteten Kalkmauern des **Herrgårdsklint** (Gemeinde Gammelgarn). Und ebenfalls in dichtem Waldgelände gelegen – Wanderwege führen dorthin –, bot die größte prähistorische Festungsanlage Skandinaviens ***Torsburgen** ㉕ von der Römischen Eisenzeit bis ins 13. Jh. Unterkunft und Schutz in gefahrvollen Zeiten.

Katthammarsvik auf der Ostküstenhalbinsel **Östergarnsholm** hat einen

Karte S. 77, Info S. 85

idealen Hafen zum Verschiffen des dort seit dem 17. Jh. abgebauten Kalksteins. Heute können Touristen auf dem Anwesen eines Kalkpatrons, **Kalkpatronsgården**, übernachten.

Seit dem 19. Jh. ist **Ljugarn** ㉖ der beliebteste **Strandort** an der Ostküste. Sein Hafen florierte schon in Gotlands früher Seefahrerzeit.

Eine Niederung zieht sich zwischen Ljugarn und der Westküste quer über die Insel. Am Rand des Sumpflands, an einem See, bauten Archäologen die eisenzeitliche Festung **Lojsta slott** nach. In der Kirche des Dorfs **Lojsta**, 3 km westlich (Straße 142), leuchten die farbigen Glasfenster seit dem 13. Jh. Weiter westlich setzt sich die Niederung fort mit den Wäldern, Weiden und Sümpfen der Landschaft **Lojstahajd**, wo im **Russparken** die halbwilde Pferderasse *gotlandsruss* weidet.

Wie eine Wehrburg liegt die Kirche von **Fröjel** auf einem Hügel, von dem aus man die mittlere Westküste Gotlands und die vorgelagerten Karlsinseln überblicken kann. Die Ruinen eines *kastal* findet man in der Nähe. Vom kleinen Hafen **Klintehamn** ㉗ fahren in der Saison täglich Boote zur Insel **Stora Karlsö**. Wie ihre kleine Nachbarin, **Lilla Karlsö** (per Boot ab **Djupvik** zu erreichen), ragt sie einer Plattform gleich vor der Küste auf. Tagesgäste machen Rundgänge durch eine reiche Flora zu den Vogelfelsen und den steinzeitlichen Höhlen.

Viele prähistorische Funde liegen in Küstennähe, z. B. die bronzezeitlichen schiffsförmigen Steinsetzungen von ***Gannarve** ㉘ und **Gnisvärd**; oder **Vallhagar**, eine Großsiedlung der Eisenzeit mit ausgedehntem Begräbnisplatz bei Fröjel, die im 6. Jh. aus unbekannten Gründen urplötzlich aufgegeben wurde. Der heute unbedeutende Hafen von **Västergarn** war zur Wikingerzeit ein Konkurrent von Visby.

Ein großes Stück Sandstrand mit anschließendem Kiefernwald hat **Tofta strand** zu bieten – Magnet für Sommer-

urlauber, 20 km von der Inselhauptstadt entfernt. In Richtung Visby tritt das Westküstenkliff dann wieder stärker hervor und gipfelt im **Högklint** mit schönem Ausblick auf die 8 km entfernte Stadt. Das bewaldete Hügelland mit Meerblick unter Gotlands mildem Klima schätzte Prinzessin Eugénie so sehr, dass sie sich in der Nähe das Sommerhaus **Fridhem** im Schweizer Stil erbauen ließ, in dem sich inzwischen ein Hotel befindet. Die weitläufige Ferienanlage **Kneippbyn** mit großem Erlebnispark wird besonders Familien mit Kindern gerecht. Von hier sind es nur 5 km bis zum **Söderport** (Südtor) von Visbys Stadtmauer.

Gotlands Süden

Die flache, höchstens sanft gewellte Insel Gotland ist ein ideales Revier für Radfahrer. Der Straßenzustand ist ausgezeichnet und einige Fahrradrouten sind beschildert. Allerdings muss man gelegentlich mit scharfem Wind rechnen, besonders im Süden. Hier werden auf der Halbinsel **Näsudden** die Roto-

ren einer Windkraftanlage in Schwung gebracht.

Als modernes Einkaufszentrum erweckt **Hemse** ㉙ – dort, wo sich die Straßen 141, 142 und 144 treffen – insgesamt den Eindruck einer jungen Ortschaft. Doch hier stieß man auf die gut erhaltenen Reste einer Holzkirche aus der ersten Hälfte des 12. Jh. – so wertvoll, dass sie im Historischen Museum von Stockholm Aufnahme fanden. Die mittelalterliche Steinkirche hingegen blieb im Dorf, ebenso wie die kleine romanische Steinkirche des 12./13. Jh. im 4 km entfernten **Fardhem**. Dies ist der südlichste der drei gotländischen Thingorte zu Beginn der Christianisierung – und der dritte, der überhaupt mit einer Kirche ausgestattet wurde, zunächst natürlich mit einer hölzernen, die längst verschwunden ist.

Straße 142 führt auf Gotlands Südzipfel durch **Grötlingbo** ㉚ mit seiner wuchtigen Kirche. Von ihrer romanischen Vorgängerin sind zahlreiche Reliefs des Steinmetzmeisters Sigraf (frühes 13. Jh.) in die gotische ***Kirche** des 14. Jh. übernommen worden, auch der Taufstein stammt von ihm. Nur 3 km weiter südlich erinnert das im Kern mittelalterliche Hofgebäude des **Kattlunds gård** an die alte Bauern- und Händlertradition der Insel. Der Kirchturm von ***Öja** auf der Landenge zur südlichen Halbinsel hat erst in neuerer Zeit als Navigationszeichen ausgedient. Die Gemeinde konnte sich im 13. Jh. ein prachtvolles Triumphkreuz leisten und baute sich zum Schutz gegen Piraten ein *kastal*.

Unter den Malereien in der ***Kirche** von **Vamlingbo** hinterlässt die riesige Darstellung der Seelenwägung Kaiser Heinrichs II. durch den Erzengel Michael den nachhaltigsten Eindruck.

Mit einem Wehrturm nahe der Kirche schützte sich auch das küstennahe Dorf **Sundre** ㉛. Auf dessen Gemeindegebiet an der Westküste in **Kättelvik** gibt es besonders feinen Sandstein. Seit 200 Jahren wird er abgebaut und im *Slipstensbrott* zu Schleifsteinen verarbeitet. Gotlands Gesteine sind auch im Mittelalter schon wichtige Exportartikel gewesen; Taufbecken alter nordmitteleuropäischer Kirchen bestehen nicht selten aus gotländischem Kalk.

Die oft sturmumtoste, 37 m hohe Südwestspitze Gotlands, **Hoburgen**, ist personifiziert im eindrucksvollen *rauk* **Hoburgsgubben**, dem „Alten vom Hoburgen“. Die weite Aussicht und die vielfältige Flora der Kalkheide (*alvar*) fasziniert viele Wanderer. Sie wenden sich auch gern den *raukar* in den lieblicheren Buchten nahe der Landspitze von **Holmhällar** auf der Ostseite der südlichen Halbinsel zu oder den zahlreichen kleinen Naturschutzgebieten dieser Gegend. Besonders in den Monaten Mai und Juni wachsen hier unzählige Orchideen und Blumen. Äußerst artenreich sind neben den *alvar*-Flächen die von lichtem Baumbestand durchsetzten Heuwiesen.

Oben: Das Naturschutzgebiet bei Holmhällar ist im Frühling ein Traum für Orchideenliebhaber.

Karte S. 77

INTERNET: www.smaland-oland.se; www.olandsturist.se; www.gotland.info; www.gotlandsattraktioner.com.

ÖLAND (☎ 0485)

Turistvägen 1, P.O. Box 74, 38621 Färjestaden, an der Ölandbrücke, Tel. 560600, www.olandsturist.se.

Ausgezeichnete Restaurants: **Halltorps Gästgiveri**, Tel. 85000, für Lammgerichte. **Hotell Borgholm**, Tel. 77060, speziell für Fischgerichte. **Sandviks Kvarn**, Löttorp, Tel. 26172, achtstöckige Windmühle, man serviert historische Menüs. **Lammet & Grisen**, Löttorp, brät Lämmer und Spanferkel zum Festpreis, Tel. 20350.

Långe Jan, Juni, Aug. 11-18 Uhr, Juli 10-19 Uhr. **Långe Erik**, Juni 10-16, Juli-Aug. 10-18, Ende Aug. 10-15 Uhr. **Eketorps borg**, Mai-Anfang September tägl. 10-17 Uhr, in der Hochsaison Themenwochen diverser Handwerke. **Gråborg** und **Ismanstorp**, immer offen. **Himmelsberga**, Anf. Mai-Anf. Sept. tägl. 10-18 Uhr. **Kirche Gårdlösa**, tägl. 10-18 Uhr, falls kein Gottesdienst. **Borgholm slott**, Juni, Mitte Aug-Mitte Sept. tägl. 10-18 Uhr, Juli-Mitte Aug. 10-20 Uhr. **Solliden slott**, 15.05.-15.09. tägl. 13-17/18 Uhr.

SCHIFF: **Insel Blå Jungfru**, Abfahrt ab Byxelkrog, Ende Juni-Mitte August tägl. 10 Uhr, Rückkehr 16 Uhr, nur bei gutem Wetter, Information: Tel. 24005.

14. Juli: **Geburtstagsfest der Kronprinzessin** auf dem Sportplatz Borgholm mit Ehrung besonders erfolgreicher Sportler.

GOTLAND (☎ 0498)

Gotlands Turistförening, Skeppsbron 4-6, Box 1403, 62125 Visby, Tel. 201700.
Buchungsbüros für Unterkunft, Fähren, organisierte Fahrrad- und Campingtouren etc.: **Gotlandsresor AB**, Färjeleden 3, 62158 Visby, Tel. 2012-60, Fax -70, www.gotlandsresor.se. **Gotlands Turistservice**, Östervåg 3 A, 62145 Visby, Tel. 2033-00, www.gotlandsturistservice.com.

FÄHREN (Katamarane und Autofähren, Reederei: Destination Gotland): **Nynäshamn-Visby** (1-4 x tägl.) und **Oskarshamn-Visby** (1-2 x tägl.), verstärkter Betrieb Juni-Ende Aug., Tel. 201020, www.destinationgotland.se. Günstige Tarife für Fährpassagen nach Gotland in Verbindung mit Fährbuchungen ab Deutschland bei allen Fährlinien erfragen!
Folgende Fahrten nur in der Saison, wetterabhängig: **Klintehamn-Stora Karlsö** tägl., Tel. 240500; www.storakarlso.se; **Lilla Karlsö-Dragsvik**, Tel. 485248; **Fårö-Gotska Sandön**, auch vom Festland: Nynäshamn-Gotska Sandön, Tel. 240450.
FLUG: Juni-Ende Aug. Direktflüge Deutschland – Visby mehrmals wöchentl.; mehrmals tägl. Verbindung über Stockholm, z. B. www.gotlandsflyg.se; www.skyways.se.

Sankta Maria kyrka von **Visby** ganzjährig und die **weiteren Kirchen** in der Saison tägl. 9-18 Uhr, falls kein Gottesdienst. **Altertümermuseum (Gotlands Fornsal)**, Strandgatan 14, Mai-Sept. tägl. 10-17 Uhr, sonst Di-So 12-16 Uhr. **Freilichtmuseum Bunge**, Mitte Mai-August tägl. 10-18 Uhr.

Juli: **Stångaspelen**, eine Art regionaler Olympiade mit historischen Wettkämpfen. Anf. August: **Medeltidsveckan** (Mittelalterwoche). Im Sommer großes Kulturprogramm, Information: Touristenbüro; www.gotland.info.

VISBY UND UMGEBUNG

Im **Wisby Hotell** gutes Restaurant. **Donners Brunn**, Donnersgatan 2, Tel. 271090. Restaurant im **Hotel Toftagården**.

Vikingabyn, mittelalterliches Leben unterhaltsam ausprobieren: Sport, Spaß, Essen, Trinken, Tel. 297100, www.vikingabyn.se; Mitte Juni-Mitte August, tägl. 10-17 Uhr.

Die großen Inseln 4

ENTRUMKIOSK TIPS LO
SVENSKA SPEL
allas
NATUR-
MEDLET
BÄTTRE
MINNE
SEXLIV
GT
KASTA
HAND-
GRANATER
FOTBOLLS-
MATCHER
REDAN I DAG!
NYA
TV
EXPRESSEN
MORD-
HOTADE

TER LIVS
ATG
SVENSKA SPEL
MJÖLK
BRÖD
ÄGG
MINIGOLFBANAN
FJÄLLBACKA
SERVERING-KIOSK
FLIPPERSPEL
TENNISBANA
Sibylla
JACKPOT's
V.35
LOTTO 10 MILJ
JOKER 3
BINGO 700
GB
GLACE

DIE SCHWEDISCHE WESTKÜSTE

HALMSTAD
FALKENBERG / VARBERG
GÖTEBORG
BOHUSLÄN
TANUM

HALLAND UND **BOHUSLÄN

Eine Küste, zwei Landschaften

Wie ein schmaler Streifen ziehen sich die Landschaften Halland und Bohuslän entlang der schwedischen Westküste, von der Laholmbucht 50 km nördlich von Helsingborg bis zum Svinesund an der norwegischen Grenze. Beide Bezirke sind je 160 km lang und bis zu 50 km breit, wobei die Landschaftsformen so unterschiedlich sind wie ihre historische Entwicklung ähnlich ist.

In **Halland** herrschen an der Küste Sandstrände und Dünen vor und im nördlichen Teil reichen die Nadelwälder bis an den Strand. Den schweren Moorböden des Hinterlands hat man seit dem 19. Jh. durch die Zugabe von Kreidemergel erfolgreich Erträge abgerungen, nachdem die Gegend durch die Brandrodungen des 17. Jh. zum Armenhaus Schwedens herabgesunken war. Selbst Todeskandidaten sollen damals das Schafott der Übernahme eines Bauernhofs in Halland vorgezogen haben. Historisch gehört die Landschaft erst seit dem Frieden von Brömsebro (1645) endgültig zu Schweden, nachdem sie lange Zankapfel zwischen Dänemark und Schweden gewesen war. Dies erklärt die große Zahl von Befestigungsanlagen in diesem Küstenstreifen.

***Bohuslän** gehörte bis 1645 nominell zu Norwegen, das aber seinerseits von Kopenhagen aus regiert wurde. Weil Schweden, besonders nach der Entdeckung Amerikas, mit aller Macht einen Zugang zur Nordsee anstrebte, blieben die beiden Landschaften lange unter schwedischem Druck, dem die Dänen und Norweger nur teilweise standhalten konnten. Zusätzlich hatte sich mit der Stadt Göteborg 1621 ein schwedischer Zipfel zwischen Halland und Bohuslän geschoben, der den Handel untereinander unterbrach.Die Küste von Bohuslän wird von granitenen Klippen, blank geschliffenen Felsbuckeln und zahllosen Inseln geprägt, die fast vegetationslos sind. Dazwischen greifen schmale Fjorde tief ins Landesinnere. Als Hauptverkehrsweg durchzieht die E 6 beide Landschaften.

Vorherige Seiten: Zeit haben für einen Schwatz – Ferien in Fjällbacka. Links: Fischfang in Bohuslän.

HALLAND

Die Kattegatküste

Von **Helsingborg** ❶ kommend, überquert man bei **Hjärnarp** ❷ den **Hallandsåsen**, einen Ausläufer des südschwedischen Hochlands zum Kattegat. Er zieht sich in Ost-West-Rich-

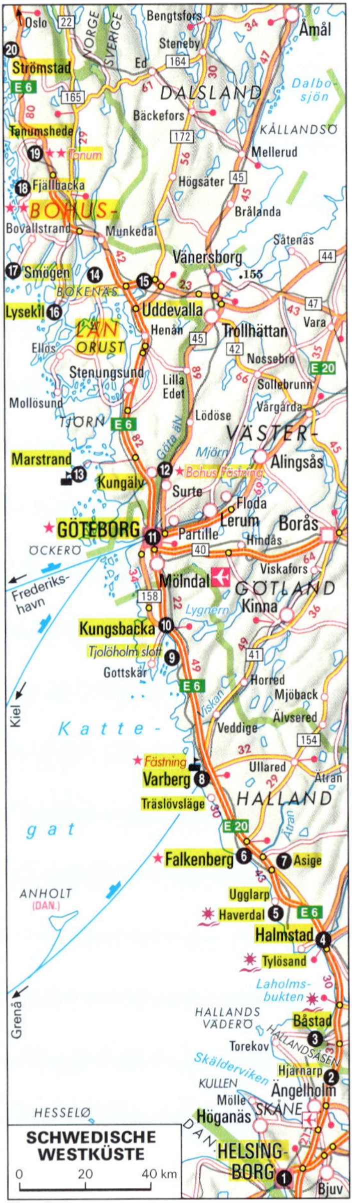

tung über 40 km hin und hat mit dem **Högalteknallen** (226 m) seine höchste Erhebung. Dieser Höhenzug trennt Skåne von Halland.

Interessenten vorgeschichtlicher Zeugnisse sollten den bronzezeitlichen Grabhügel **Lugnarohögen** besuchen: Von der E 6, Ausfahrt Richtung Våxtorp, gelangt man über die Straße 115 dorthin, er liegt am Ortsrand von **Hasslöv**. Als einziger Grabhügel Skandinaviens aus dieser Periode birgt er ein 8 m langes **Steinschiff**. Nach der Entdeckung hat man den Hügel mit Beton ausgekleidet, so dass das Grab von innen besichtigt werden kann.

Der mondäne Badeort **Båstad** ❸ (Straße 115 nach Westen), noch zu Skåne gehörig, aber mit den halländischen Badeorten an der **Laholmbucht** eng verflochten, ist Schwedens einziges **Seebad** mit internationalem Flair. Die oberhalb des Stadtkerns verlaufende Straße mit den schönen Villen heißt bezeichnenderweise „Italienische Straße". Heute ist Båstad das **Tenniszentrum** Schwedens; von Borg über Wilander bis Edberg haben alle schwedischen Asse hier trainiert.

Halmstad – die Stadt der Künstler

Halmstad ❹ ist heute die Hauptstadt Hallands, hat 80 000 Einwohner und liegt an der Mündung des Nissan in die Laholmbucht. Das braune Hinweisschild auf der E 6 zeigt ein **Segelschiff** als Wahrzeichen der Stadt. Das Original, die *Najaden*, ankert malerisch am Fluss, direkt vor dem **Schloss**.

Ähnlich wie die Künstlergruppe „Die Brücke" in Deutschland gab es auch in Schweden eine lose Vereinigung von Künstlern, die Expressionismus und Surrealismus ins Land brachten: die *Halmstad-Gruppe*, deren bekannteste Vertreter die Olson-Brüder sind. Wie so viele Künstlergruppen hatte sich auch diese im Paris der 1930er-Jahre konstituiert; ihre Werke sind im **Mjellby Konstmuseum** zu sehen.

Info S. 100-101

Dieser Malergruppe verdankt Halmstad auch sein reiches Repertoire an modernen Kunstwerken, so am Flussufer die **Picassostatyn**, die monumentale Replik der Kleinplastik *Mann und Frau* des Künstlergenies, oder auf dem Marktplatz **Stora torg** Carl Milles' **Europabrunnen**. Dort steht auch das **Rathaus**, das Stig Blomberg mit einem **Glockenspiel** und beweglichen Figuren versehen hat.

Tre Hjärtan (Die drei Herzen) aus dem 15. Jh. ist das älteste **Fachwerkhaus** im Ort; bei Halmstad verläuft die nördliche Grenze für Fachwerkbauten in Skandinavien. Ebenfalls auf dem Stora torg erinnert die Statue **Kungamötet**, ein Granitstein von Edvin Öhrström (1952), an das historische Treffen (*mötet*) zwischen Gustav II. Adolf und Dänenkönig Christian IV. 1619, als über Schwedens Zugang zur Nordsee verhandelt wurde.

Die Baugeschichte der **Sankt Nicolai kyrka**, gleichfalls am Markt, ist nicht mehr exakt nachvollziehbar. Ihre **Glasfenster** gestalteten Künstler der Halmstad-Gruppe. Südlich des Marktes liegt das **Schloss** aus dem 17. Jh., heute Sitz des Landeshauptmanns.

Oben: Im Hafen von Glommen bei Falkenberg.

*Falkenberg – die „Badewanne" Schwedens

Zumindest den Streckenabschnitt zwischen Halmstad und Falkenberg sollte man nicht auf der E 6, sondern lieber auf der alten Küstenstraße zurücklegen. Sie führt über **Tylösand**, ein schon fast mondän zu nennendes **Seebad** mit Golf- und Tennisplatz und häufig überfüllten Stränden. Für alle, die den Trubel nicht mögen, gibt es entlang der folgenden Küstenroute reichlich **Strände**, an denen ruhiges, ungestörtes Badevergnügen möglich ist, so z. B. in **Haverdal** ❺ mit seiner 36 m hohen Sanddüne und in **Ugglarp**. Das Wasser an der Hallandküste wird im August bis zu 20° C warm.

Auch ***Falkenberg** ❻ steht heute ganz im Zeichen des Tourismus. Die **Strände** sind lang und breit, die Stadt am Ätran ist außerdem ein Zentrum der **Lachsfischerei** – erlaubt von März bis September für Besitzer einer Angelkarte. Eine interessante Geschichte hat die **Sankt Laurentii kyrka** inmitten des alten Stadtviertels aus dem 18. Jh. Sie verfügt über ein ausgemaltes Tonnengewölbe, das man erst in den 1920er-Jahren freigelegt hat, nachdem der Bau über Jahrzehnte als Turnhalle und Schießbahn benutzt worden war. In diesem Viertel um den **Gåstorget** (Gänsemarkt) produziert noch heute Schwedens älteste **Töpferei**.

Von Falkenberg lohnt ein Ausflug über Årstad nach **Asige** ❼: Vor dem Ort stehen vier **Bautastenar** (unbeschriftete Gedenksteine aus der Bronzezeit), denen der Volksmund den Namen „Hagbards Galgen" gegeben hat. Tatsächlich entspricht die Stellung der Steine einem im Mittelalter gebräuchlichen Doppelgalgen, nur die hölzerne Querstange fehlt. Die *Hagbardsaga* ist eine skandinavische Version der Romeo-und-Julia-Geschichte.

Varberg

30 km sind es von Falkenberg bis **Varberg** ❽, das ursprünglich Vardberg (Wachberg) hieß. Die oftmals abgebrannte Stadt hat heute 50 000 Einwohner, ihr Bild wird beherrscht von einer massiven ***Fästning** (Festung). Die ältesten Bauteile stammen aus dem 13. Jh. und gehen auf Jakob von Halland zurück. Er und seine Nachfolger nutzten das Schloss bis ins 16. Jh. Dänenkönig Christian IV. baute es zur Festung um. Ab 1645, dem Jahr des Friedens von Brömsebro, stand nun die Festung auf schwedischem Boden und wurde damit schlicht überflüssig. Es folgte die in Schweden übliche Nutzung für verlassene Schlösser: erst Gefängnis, dann Schnapsdestille. Der älteste Teil des Gebäudes wurde in den 1920er-Jahren restauriert und darin ein **Museum** untergebracht. Glanzstück der Sammlung ist der *Bockstensmannen*, eine **Moorleiche** aus dem 14. Jh. Den von einem Holzpflock durchbohrten Körper konnte man – perfekt konserviert – vollständig bekleidet aus dem Moor bergen.

Rechts: Göteborg, seit dem 17. Jh. Schwedens Tor zum Westen.

Varberg hat eine lange Tradition als **Strandbad**. Bereits 1823 hat man den **Brunn**- und **Societetspark** (Gesellschaftspark) angelegt sowie ein **Kallbadhuset** und ein **Societetshuset** errichtet. Die schönsten natürlichen Badegelegenheiten liegen im Naturreservat **Getterön**, bei **Apelviken** und bei **Träslövsläge**.

Auch von Varberg aus kann man die alte Küstenstraße (bis Kungsbacka) benutzen. 10 km vor dem Ort führt ein kleiner Weg zum **Tjolöholms slott** ❾, dem wohl seltsamsten Schloss Schwedens. Ein schottischer Kaufmann aus Göteborg ließ sich den Kasten in rotem Granit an den Kungsbackafjord stellen, in englischem Tudorstil und von einem herrlichen **Park** umgeben. Das Schloss ist inzwischen im Besitz der Stadt Göteborg und kann besichtigt werden.

Kungsbacka ❿ hat viele Feuerstürme erlebt, seinen Kleinstadtcharme aber erhalten können, der besonders am ersten Donnerstag im Monat zum Tragen kommt, wenn Markt abgehalten wird. Von dem Städtchen aus gelangt man über Fjärås zum fischreichen See **Lygnern**, dessen lichte Birkenwälder Ruhe und Entspannung verheißen.

*GÖTEBORG
Die Stadt Gustav Adolfs

Bis zum 17. Jh. hatte Schweden praktisch keinen Zugang zur Nordsee. In friedlichen Zeiten gestatteten die Dänen jedoch den Schweden, die Mündung des **Göta älv** (Göta-Fluss) zu nutzen und Ex- und Import von der Festung **Älvsborg** (auch: Elfsborg) in der Flussmündung zu kontrollieren. 1603 ließ Karl IX. von Schweden gegenüber der Festung eine neue Stadt anlegen, die

Karte S. 90, Info S. 100-101

er *Göteborg ⓫ nannte. Acht Jahre später zerstörten die Dänen die Stadt und vereinnahmten auch die Festung. Mehr noch, sie forderten eine Million Reichstaler für die erneute Öffnung des Nadelöhrs. Dieser horrende Betrag entsprach damals dem Gegenwert von 3500 Tonnen Kupfer. Gustav II. Adolf, der den künftigen Wert dieses Ausfuhrhafens sehr wohl voraussah, brachte die Summe auf, und so konnte 1619 der Vertrag von Halmstad geschlossen werden (s. S. 91), der den schwedischen Zugang regelte und auch den Bau eines Hafens vorsah.

Unverzüglich begann Gustav Adolf (s. a. S.18/19) mit der Planung der neuen Stadt, die diesmal am Südufer der Mündung des Göta älv liegen sollte. Allerdings waren für den Bau einer Stadt im Schlick der Flussmündung Spezialisten nötig; die ließ der König in großer Zahl aus Holland ins Land holen. Die Holländer durchzogen das vorgesehene Stadtgebiet mit einem rechtwinkligen System von Kanälen, die den Baugrund trockenlegten, und machten Göteborg zu einer der stärksten Festungen Europas.

Die Ratssitze der Stadt wurden nach königlichem Dekret gemäß den Bevölkerungsanteilen vergeben. Vier Schweden, je drei Holländer und Deutsche sowie zwei Schotten bildeten den Rat. Diese multinationale Zusammensetzung der Bevölkerung spiegelt sich noch heute in der sprichwörtlichen Weltläufigkeit der Göteborger, die immer mit einem Ausländeranteil von 10 % oder mehr gelebt haben. Der geografischen Lage entspricht auch die Mentalität der Göteborger, die sich seit je eher an London orientiert haben als an der Hauptstadt. Stockholm, behaupten sie, läge an einem sterbenden Meer, hinter dem Sibirien begänne. Ein weiteres Indiz für die Liberalität der Stadt: Göteborg hat als einzige Stadt Schwedens ein nennenswertes öffentliches Nachtleben.

Die Zeit der Kompanie

Einen rasanten Aufstieg nahm Göteborg, als die Kaufleute im 18. Jh. nach holländischem Vorbild eine eigene „Ostindische Kompanie" gründeten.

Diese Kompanien waren nichts anderes als der erfolgreiche Versuch, das Risiko weiter Handelsfahrten auf möglichst viele Schultern zu verteilen und den Profit gemäß dieser Anteile auszuschütten. Als in Europa Chinawaren in Mode kamen, besonders chinesisches Porzellan, konnte die Kompanie die enorme Nachfrage nur mit größter Mühe befriedigen. Der Reichtum der Ostindischen Kompanie brachte auch der Stadt immense Vorteile, weil ihr erhebliche Spenden und Steuern zuflossen.

Mit der Kontinentalsperre Napoleons brach der Ostasienhandel zusammen; davon konnte sich die Stadt erst mit dem Beginn der Industrialisierung wieder erholen. Die Werftindustrie, die den erneuten Aufschwung einleitete, liegt inzwischen still, Automobil- und Maschinenbauindustrie sind an ihre Stelle getreten. Heute verheißen eher Dienstleistungsunternehmen und Hightech-Industrie Wachstum und Arbeitsplätze.

Göteborg hat eine halbe Million Einwohner, weitere 250 000 Menschen leben in den Trabantenstädten jenseits der Stadtgrenzen. An der Universität sind über 40 000 Studenten eingeschrieben.

Der Stadtkern ist nicht sehr autofreundlich. Nur von der Nya Allé, der alten Wallstraße, kann man in die Sektoren der Innenstadt einfahren, die untereinander keine Verbindung für den Individualverkehr haben. Die Parkgebühren sind so hoch, dass sich das Touristenticket *Göteborgskortet* allemal lohnt (s. Infobox). Es gewährt u. a. freien Eintritt in die Museen und freie Fahrt mit den öffentlichen Verkehrsmitteln. Man erhält es auf Fähren, in Hotels, in Touristeninformationen und vielen anderen touristischen Anlaufplätzen der Stadt.

Hamnkanalen, die historische Schlagader der Stadt

Einen Rundgang beginnt man am besten am **Bahnhof** ①, von dem die Ein-

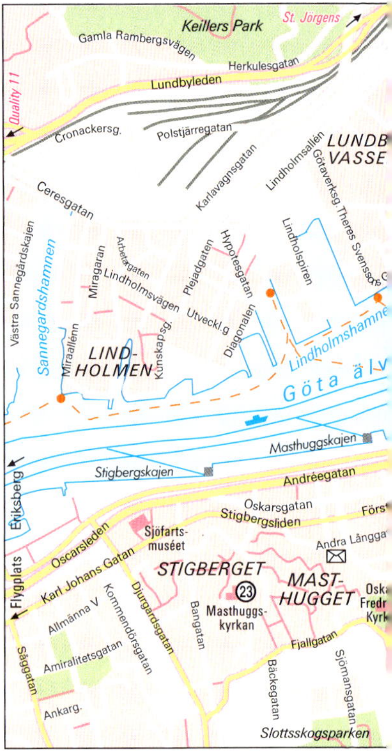

wohner behaupten, er sei der schönste des Landes. Der **Drottningtorget** ② (Königinmarkt) an seiner Südseite reicht bis zum **Hamnkanalen** (Hafenkanal). Hier mündet auch der **Vallgraven** (Wallgraben) in den Kanal. Der Graben umschließt die Altstadt und gehörte im 17. Jh. zu den Befestigungsanlagen der Stadt. Alle übrigen Wasserläufe hat man zugeschüttet.

Folgt man vom Drottningtorget dem Hafenkanal nach Westen, gelangt man in die **Norra Hamngatan**. Das **Hotel Eggers** an der Ecke zum Königinmarkt steht unter Denkmalschutz. Legendär ist der Sonntagsbrunch des hauseigenen Restaurants (10-15 Uhr), der keinen kulinarischen Wunsch offen lässt. An der Kreuzung zwischen Norra und Östra

Info S. 100-101

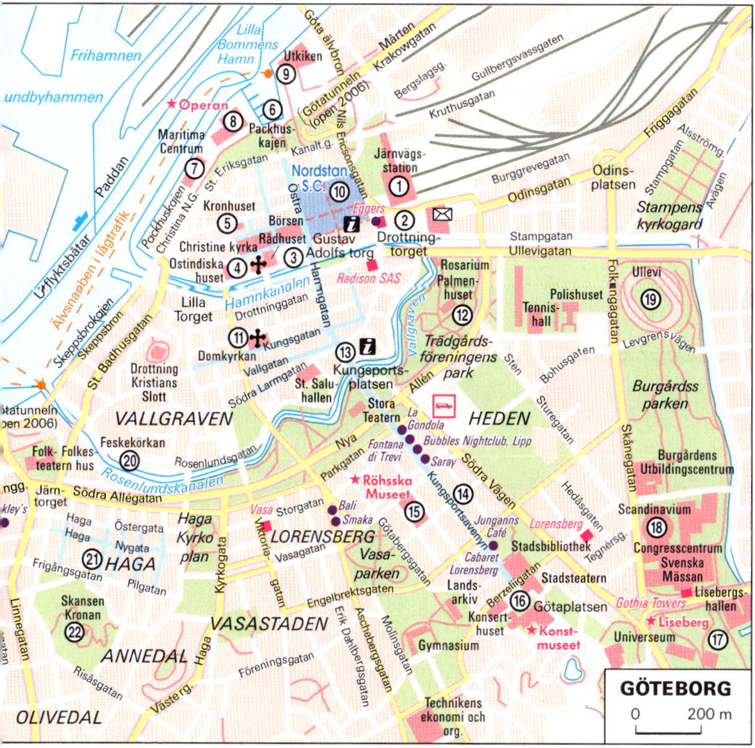

Hamngatan trifft man auf das **Standbild Gustav II. Adolfs**, der auf seine Stadt herabschaut. An der Nordseite des **Gustav Adolfs torg** ③ steht das **Stadshuset**, das links vom **Wenngrenska huset** flankiert wird. Beide stammen aus dem 18. Jh. und wurden später einander angeglichen. Rechts davon schließt die ehemalige **Börse** – heute Stadtverwaltung – die Häuserzeile ab. Ihr Festsaal aus dem 19. Jh. ist der Öffentlichkeit leider nur selten zugänglich. Das repräsentative **Rådhuset** an der Westseite des Platzes beherbergt u. a. das Standesamt – hier kann man freitags höchst interessante Hochzeitsgesellschaften beobachten.

Wenige Meter weiter am Hafenkanal folgt die **Christina kyrka**, im 17. Jh. als Kirche für die holländischen Einwohner erbaut. Seit rund 100 Jahren dient sie der deutschen Gemeinde und wird daher auch *Tyska kyrkan* genannt.

Im **Ostindiska huset** ④ (Haus der Ostindischen Kompanie) direkt neben der Kirche hat das **Stadtmuseum** Ausstellungsräume für seine Sammlungen zur Archäologie, Völkerkunde und Geschichte eingerichtet.

Das Hafenviertel

Ein schmaler Durchgang zwischen Museum und Kirche führt zum **Kronhuset** ⑤. Das älteste profane Gebäude der Stadt hat im Gegensatz zu vielen anderen sein Aussehen seit dem 17. Jh. kaum verändert. Einst war es das Zeug-

haus des Königs; heute beherbergt es Läden und Werkstätten von Kunsthandwerkern. Im Innenhof lädt ein nettes Café zu einer kurzen Rast ein.

Über die Smedjegatan gelangt man nordwärts zum **Göta älv**. Am **Packhuskajen** ⑥ starten **Ausflugsboote** zu den Schäreninseln und die traditionsreichen Schiffe zur Fahrt auf dem **Götakanal**; beim **Maritima Centrum** ⑦ sind viele ausgemusterte Schiffe zu besichtigen. Im Sommer steht die **M/S Seaside** als Jugendherberge zur Verfügung.

Am Nordende des Kais wurde 1994 die ***Operan** ⑧, ein hypermodernes Opernhaus, eröffnet. Auf der anderen Seite von **Lilla Bommens Hamn**, einem kleinen Hafenbecken neben der Oper, ragt Göteborgs spektakuläres Hochhaus **Utkiken** ⑨ in den Himmel, von dessen **Panoramaterrasse** man einen herrlichen Blick über die Stadt hat.

Oben: Das Kronhuset, früher Zeughaus, heute Zentrum des Kunsthandwerks. Rechts: Die Panoramaterrasse des Utkiken bietet den besten Blick über die Stadt.

Am Lilla Bommens Hamn legen weitere **Ausflugsschiffe** ab.

Eine Fußgängerbrücke führt zur **Östra Hamngatan** hinüber: Hier ist ein ganzes Stadtviertel mit dem riesigen **Shopping-Center Nordstan** ⑩ überbaut worden. Von Spirituosen bis Zeitungen wird hier alles Erdenkliche feilgeboten. Die zahlreichen Cafés, Restaurants und Schnellimbisse laden zu einer Pause ein.

Im Viertel zwischen den beiden Wassergräben, *Inom Vallgraven*, liegt die alte Wohnstadt Göteborgs. Hier gibt es heute unzählige **Boutiquen**, Kneipen, Eisdielen, Kinos und **Restaurants** für jede Geschmacksrichtung. In diesem Stadtteil, an der **Kungsgatan**, inmitten eines Parks, liegt die **Domkyrkan** ⑪, ein fast schmuckloser Bau aus dem 19. Jahrhundert.

Jenseits des Vallgraven kann man im Grünen pausieren: in den östlichen Wallanlagen im **Trädgårdsföreningens Park** ⑫ (Park des Gartenvereins). Dort findet man das größte **Palmenhaus** Europas und ein **Rosarium** mit 2600 Rosensorten.

Stadtplan S. 94, Info S. 100-101

Die Flaniermeile: Avenyn

Die **Östra Hamngatan** verbindet den Hafen am Göta älv mit dem **Kungsportsplatsen** ⑬ im Süden, wo sich einst das Königstor der Stadtbefestigung befand. Heute steht an der Stelle dieses Tores das **Reiterstandbild Karls IX.**, das im Volksmund „Kupfermähre" heißt. Von hier aus verläuft die **Kungsportsavenyn** ⑭, kurz *Avenyn* genannt, schnurgerade zum Götaplatsen. Zu Recht wird Avenyn als die Champs Elysées Göteborgs bezeichnet. In den großbürgerlichen Häusern haben sich Banken, Versicherungen, Fluggesellschaften, Boutiquen und Straßencafés niedergelassen, in denen sich an warmen Tagen – für skandinavische Verhältnisse ab 16 °C – nur selten noch ein Plätzchen finden lässt. *Avenyn* ist ein Schickeria-Treff zum Sehen und Gesehen werden. Das ***Röhsska Museet** ⑮ einen Block westlich in der Vasagatan begeistert Freunde von Design und modernem Kunsthandwerk.

Um den **Poseidon-Brunnen** von Carl Milles, der das Zentrum des **Götaplatsen** ⑯ bildet, gruppieren sich im Uhrzeigersinn das **Stadsteatern**, das ***Konstmuseet**, die **Konsthallen** und das **Konserthuset**. Das Kunstmuseum besitzt die zweitgrößte Gemäldesammlung Schwedens; einheimische Maler wie Gustav Cederström und Anders Zorn sind ebenso vertreten wie die klassische Moderne von Georges Braque bis Pablo Picasso. Für Fotoamateure ist das **Hasselblad Fotomuseet** im selben Gebäude ein Muss.

*Liseberg

Südöstlich des Götaplatsen liegt der Vergnügungspark ***Liseberg** ⑰, eine Art ständige Kirmes. Im Sommer finden hier Theateraufführungen, Tanzveranstaltungen und Popkonzerte statt.

Die riesige Mehrzweckhalle **Scandinavium** ⑱ fasst 12 000 Zuschauer; nördlich liegt das **Ullevi-Stadion** ⑲,

u. a. Austragungsort der Leichtathletik-Europameisterschaft 2006.

Garnelen und gute Aussicht

Der kulinarisch Interessierte sollte einen Besuch der Fischhalle – **Feskekörkan** ⑳ („Fischkirche") genannt – nicht versäumen: am Rosenlundskanalen, der westlichen Fortsetzung des Wallgrabens. Alles was das Meer hergibt, wird hier vom frühen Morgen bis 17 Uhr verkauft oder versteigert. An den vielen **Imbissständen** erhält man frische Schalen- und Krustentiere.

Göteborgs älteste Vorstadt, **Haga** ㉑, mit kleinen Häuschen und Fußgängerzone, liegt südlich des Kanals. Eine gute Aussicht bietet der **Skansen Kronan** ㉒, ein Festungsturm mit **Militärmuseum**.

Ein perfekter Aussichtspunkt ist auch der Hügel über dem **Masthuggskajen**, wo die Fährschiffe im Göta älv anlegen (westlich des Zentrums). Hier steht die **Masthuggs kyrkan** ㉓, ein roter Granitbau mit 42 m hohem Turm, lange Zeit die Seefahrerkirche der Stadt

5 Westküste

Göteborg. Von der Plattform vor der Kirche schaut man weit über den Hafen und Teile der Stadt. Auch die **Werft** von Eriksberg stromabwärts am Nordufer des Flusses ist zu sehen; dort lief 2003 der „Ostindienfahrer" *Götheborg III*, die seetüchtige Rekonstruktion eines Handelsschiffes des 18. Jh, vom Stapel.

**BOHUSLÄN
Land der Festungen

20 km nördlich von Göteborg sollte man die E 6 verlassen. Straße 45 führt direkt zur ***Bohus Fästning** ⓬, die der ganzen Landschaft ****Bohuslän** ihren Namen gegeben hat. Von 1482, als sie als norwegische Grenzfestung gebaut wurde, bis 1678, dem letzten Angriff, hat Bohus 14 Belagerungen über sich ergehen lassen müssen. Keine war erfolgreich. Eine zeitgenössische Chronik berichtet, dass bei der letzen Belagerung 20 000 Kanonenkugeln und 384 Steinbrocken auf Bohus abgefeuert wurden. Dazu kamen 161 glühende Kugeln, um die Festung in Brand zu setzen und 216 Säcke mit Exkrementen, um bei den Verteidigern „inneres Fieber" auszulösen. Nach dieser letzten Attacke blieb die Festung schwedisch, verlor aber ihre Bedeutung und wurde lange als Steinbruch genutzt. Bohus ist trotzdem noch immer ein gutes Beispiel für den Festungsbau des 15. Jh.

Oben: Die malerischen Bootshäuser von Fjällbacka dienen heute als Touristenunterkünfte. Rechts: Das „Liebespaar", berühmte Felszeichnung aus der Bronzezeit in Tanum.

Westlich des Göta älv, im nahen **Kungälv**, ist ein Besuch der **Holzkirche** aus dem 17. Jh. zu empfehlen; das Tonnengewölbe der Kirche wurde einst „im Akkord" für 300 Taler ausgemalt.

Wer Zeit hat, kann **Marstrand** ⓭ (Straße 168) besuchen und dann über die Insel Orust nach Uddevalla weiterfahren. Auch Marstrand hat eine **Festung**; sie wurde nach dem Anschluss an Schweden gebaut. Die Stadt grümdet 1250 der norwegische König Håkon Håkonson. Im 16. Jh. war sie ein Eldorado für Heringsfänger an der damals norwegischen Küste. Heute ist der **Ha-**

Karte S. 90, Info S. 100-101

fen Treffpunkt für Segler vor der Küste von Bohuslän. Der Ort besteht aus schön verzierten **Holzhäusern** im oscarianischen Stil der Jahrhundertwende, ist aber in der Hochsaison v. a. an Wochenenden überlaufen.

Die landschaftlich reizvolle Straße 160 führt über die Insel **Orust** und weiter auf die Halbinsel **Bokenäs** ⓮. Die **Bokenäs Gamla kyrka** ist einen Abstecher auf der Straße 161 nach Westen wert. Die älteste Kirche der Landschaft stammt aus dem 12. Jh. Ihre bäuerlichen Ausmalungen des 18. Jh. sind hervorragend erhalten.

Ein Besuch in der pietistischen Industriestadt **Uddevalla** ⓯ (Straße 161 ostwärts) ist nur am Mittsommertag zu empfehlen, wenn auf dem **Hafenanleger**, der einzigen Vergnügungsstätte der Stadt, getanzt wird. Sonst ist es sinnvoller, auf der R 160 zu bleiben und im Rahmen einer Vier-Insel-Tour die malerischen Fischerorte **Lysekil** ⓰, **Smögen** ⓱ und **Fjällbacka** ⓲ aufzusuchen – Dörfer, die trotz touristischer Frequentierung ihren nostalgischen Charme behalten haben und für viele auch Ziel ihres Jahresurlaubs sind.

**Tanum – Kultstätte der Vorzeit

Die Felsgravuren von ****Tanum** ⓳, 4 km südlich von Tanumshede, stehen seit 1994 auf der UNESCO-Liste des Weltkulturerbes. Zu besichtigen sind, folgt man den Hinweisschildern „Hällristnigar“, die Felsen **Fossum** und **Balken** (an der Straße 163 Ö Richtung Bullarebygden) sowie die Felsen **Vitlycke**, **Aspeberget** und **Lilesby** (an der Straße 163 Richtung Kville). Viele der über ein größeres Gebiet verstreuten **Gravuren** (*Hällristningar*) stammen aus der Bronzezeit zwischen 2000 und 100 v. Chr. Sie sind in flache Felsbuckel im Boden geritzt oder geschlagen, wobei man wohl Steinwerkzeuge benutzte, und waren mit rotbrauner Mineralfarbe ausgemalt – einige Ritzungen hat man jüngst zum besseren Erkennen wieder

mit roter Farbe versehen. Öfter sind Boote dargestellt. Figuren mit Äxten und Keulen lassen auf kriegerische Auseinandersetzungen schließen, können aber auch als Prozession interpretiert werden. Punktlinien scheinen Grenzen anzudeuten. Auch Tiere – meist Rentiere – sind auszumachen und entweder als Jagdbeute oder als Zugtiere vor Schlitten bzw. Booten dargestellt. Bemerkenswert ist die Darstellung eines „Liebespaars“, das den Akt im Stehen vollzieht und von einem Priester gesegnet wird; hier findet sich die einzige eindeutig weibliche Figur.

Für die vielen Rätsel, die diese Zeichnungen noch immer aufgeben, versucht das kleine **Museum** in **Underslös** und ein weiteres in **Vitlycke** Interpretationen zu liefern.

Vorbei an **Strömstad** ⓴, einem Urlaubsdomizil mit verzierten **Holzhäusern** und großem **Segelhafen**, gelangt man zur schwedisch-norwegischen Grenze am **Svinesund**. Seit 2005 verbindet die beiden nordischen Nachbarn eine neue 704 m lange **Brücke** – die längste Ein-Bogen-Brücke der Welt.

5 Westküste

Karte S. 90, Info S. 100-101

INTERNET: www.hallandsturist.se; www.goteborg.com; www.westschweden.com.

BÅSTAD (☎ 0431)

Torget, Köpmansg. 1, 26921 Båstad, Tel. 75045, www.bastad.com.

Hotel Buena Vista hat ein schönes Restaurant. **Swenson's Krog & Café** in Torekov, Tel. 364590.

Grabhügel Lugnarohögen, 22.06.-15.08. Mi 19-21, Do-So 14-18 Uhr. Führungen Tel. 0430/26377.

Meta Måås-Fjetterström, Agardsgatan 9, Tel. 70183, schöne ländliche **Webarbeiten** und **Teppiche**.

HALMSTAD (☎ 035)

Halmstad slott, Tel. 132320, www.halmstad.se/turist.

Tre Hjärtan, Stora torg, Tel. 108600, Restaurant im ältesten Fachwerkhaus der Stadt. **Taverna Plaka**, Nygatan 8, Tel. 121088, Pasta und vegetarische Gerichte, auch Café. **Akvarell**, im Hotel Tylösand, Tylöhusvägen, Tel. 172360; Kunstausstellungen.

FALKENBERG (☎ 0346)

Holgersgatan 11, Tel. 886100, www.falkenbergsturist.se.

Restaurang ZÄTA's, Storgatan 37, Tel. 14200. **Falkmanska Cafét**, Storgatan 42, Tel. 87777.

Törngrens Krukmakeri, Krukmakergatan 4, Tel. 10354, Mo-Fr 10-12 und 13-16 Uhr, Töpferei seit 1789.

ANGELN: im Ätran, Lachs- und Meerforelle; Angelbrücke geöffnet tägl. März-Sept. 6-21/23 Uhr, Angelkarten im Tourismusbüro.

VARBERG (☎ 0340)

Brunnsparken, Tel. 86800; www.turist.varberg.se.

Borggården, in der alten Festung, Tel. 76990, herrlicher Blick. **Societets Restaurangen**, Sozietätshaus, Tel. 676500. **Harry's Restaurang & Pub**, Kungsgatan 18, Tel. 87285, Tages- u. Abendrestaurant.

Museum in der Festung, 13.06.-15.08. tägl. 10-18 Uhr, Führungen (auch in Deutsch) jede volle Stunde von 10-16 Uhr.

Schloss Tjolöholm, Tel. 0300-544200, März-Okt.

GÖTEBORG (☎ 031)

Nordstadstorget, 41105 Göteborg, und Kungsportsplatsen 2, 41110 Göteborg, Tel. 612500, www.goteborg.com. Im Touristenbüro erhält man u.a. den **Göteborg Pass**, der kostenlose Benutzung öffentlicher Verkehrsmittel, Sightseeingboote und einige freie Eintritte einschließt. Er ist auch Bestandteil des **Göteborgpakets**, das in verschiedenen Preisstufen bis zu drei Übernachtungen ermöglicht.

FISCH: **Pir 31**, Kungsportsplatsen 1, Tel. 203131. **Gabriel**, Feskekörka, Tel. 139051. **Sjömagasinet**, Hafeneinfahrt, Tel. 7755920. **Fiskekrogen**, Lilla Torget 1, Tel. 101005. **S/S Marieholm**, Packhuskajen 8, Tel. 105965.
SCHWEDISCH: **Kometen**,Vasagatan 58, Tel. 137988. **Smaka**, Vasaplatsen 3, Tel. 132247. **Eggers**, Dronningtg., Tel. 3334444.
ITALIENISCH: **Fontana di Trevi**, Kungsgatan 6B, Tel. 137372. **La Gondola**, Kungsportsavenyn 4, Tel. 7116828.
FRANZÖSISCH: **Cyrano**, Prinsgatan 7, Tel. 143110. **Jord**, Vallgatan 8, Tel. 134308.
CHINESISCH: **Ching Palace**, Södra Hamngatan 2, Tel. 158086. **Ming**, Kristinelundsgatan 9, Tel. 180479.
GRIECHISCH: **Dionysos**, Sveagatan 24, Tel. 136112, **Mykonos**, Linnégatan 58, Tel. 145770.
JAPANISCH: **Sakura**, Dronninggatan 60, Tel. 150105. **Sushibaren**, Magasinsgatan 8, Tel. 7017202.
INDONESISCH: **Bali**, Vasaplatsen 1, Tel. 7113833.

SPEZIALITÄTENRESTAURANTS AUSSERHALB: **Gunnebo Kaffehus och Krog,** Christina Halls väg, 43136 Mölndal, Tel. 677777, schwedische Bio-Küche, in den Nebengebäuden eines Sommerschlosses des 18. Jh. **Råda Säteri & Gästgifveri**, Mölnlycke, Tel. 884800, prämiert, großer Weinkeller, wochentags Business-Lunch, sonntags Abendessen, Gutshof des 18. Jh. am Råda-See 10 km südöstl. von Göteborgs Zentrum.

IN-TREFFPUNKTE: **Lipp**, Kungsportsavenyn 8, Tel. 105830, Bar, Brasserie. **Saray**, Kungsportsavenyn 15, Tel. 7110070. *CAFÉS & BARS:* **Café Cappuccino**, Östra Larmgatan 19, Tel. 136695. **Brogyllen**, Västra Hamngatan 2, Tel. 138713. **Junganns Café**, Kungsportsavenyn 37, Tel. 161751, das Café mit dem Bilderbuch-Smörgåsbord. **Trädgår'n**, Nya Allén 17, Tel. 102090, Bar, Bühne, Restaurant. **Bubbles Nightclub**, Kungsportsavenyn 8, Tel. 105820. **Jazzhuset**, Erik Dahlbergsgatan 3, Tel. 133544.

Cabaret Lorensberg (Radisson SAS Park Avenue Hotel), Kungsportsavenyn 36-38, Tel. 206058. **Oakley's**, Tredje Långgatan 16, Tel. 426068. **Sommerdiskothek**, Vergnügungspark Liseberg, 13.05.-23.08 nur am Wochenende bei gutem Wetter.

Operan, Christa Nilsonsgata, Karten: Tel. 131300, **Göteborgs Konserthus**, Götaplatsen, Karten: Tel. 615310. **Ullevi**, Skånegatan, Karten: Tel. 811020, Rockkonzerte. **Stadsteatern**, Götaplatsen., Tel. 615050.

Nordstan, Nordstadstorget, 135 Geschäfte. **Nordiska Kompaniet (NK)**, Östra Hemngatan 42, EKZ mit 80 gehobenen Geschäften. **Antikhallarna**, Västra Hamngatan 6, Antiquitäten, Kuriositäten. **Kronhusbodarna**, Postgatan 6-8, tägl. 11-16 Uhr, Gold, Silber, Glas, Uhrmacher.

Christine kyrka, **Masthuggskyrkan**, Besichtigung außerhalb der Gottesdienste. **Museen** im **Ostindiska huset**, Norra Hamngatan 12, im Sommer tägl., sonst Mo-Fr 12-18, Sa, So 11-16 Uhr. **Maritima Centrum**, März-Nov. tägl. 10-16/17 Uhr. **Utkiken**, Panoramaterrasse, Mai-Aug. tägl. 11-16/19 Uhr. **Konstmuseet**, **Konsthallen**, Götaplatsen, Mo-Fr 11-16 Uhr, Sa/So 11-17 Uhr. **Trädgårdsföreningenspark**, mit Palmenhaus und Rosarium, Mai-August. tägl. 7-21, sonst 7-19.30 Uhr. **Feskekörka**, Mo-Sa 6-17 Uhr.

Festung Bohus, Mai-August 10-16 Uhr. **Paddan-Boote**, auf den Kanälen von Göteborg, April-Okt. tägl. ab Kungsbron, Tel. 609670. **Marstrand**, Juli-Mitte Aug. tägl. ab Lilla Bommen, 9.30 Uhr, ab Marstrand 14.30 Uhr, Tel. 609670. **Kanalsafari**, 15.4-15.10; ab Feskekörka, im Gummiboot auf den Kanälen selbst fahren, Tel. 0703-754444.

SCHIFF: Fähren nach Frederikshavn/DK, Kristiansand/N, Kiel/D.
BUS: Ab Anleger Stena-Line Busse nach **Stockholm** und **Oslo** (4 / 7 Std. Fahrtzeit, Fahrkarten an Bord).
BAHN: Auskunft SJ Tel. 020-757575; www.sj.se.

MARSTRAND (☎ 0303)

Båtellet, 44030 Marstrand, Tel. 60087; www.marstrand.se.

Grand Tenan, im Grand Hotell Marstrand, Tel. 60322, Restaurant mit schöner Terrasse, Spezialität: Garnelen.

Festung Carlsten, Juni-August 10-16 Uhr in geführten Gruppen, sonst Anmeldung unter Tel. 60265.

TANUM (☎ 0525)

Tanums Gestgifveri, Tel. 29010, direkt an der E 6, Schwedens ältestes Gasthaus aus dem 17. Jh. **Panget i Resö** (Resö Pensionat, in Resö, in der Inselwelt nördlich von Tanum), Tel. 25022, täglich frischer Fisch in rustikalem, hundertjährigem Holzhaus, wunderbarer Blick aufs Meer.

Tanum, **Felszeichnungen**, zugänglich von Sonnenauf- bis Sonnenuntergang. **Vitlycke Museum**, Jan.-März Sa, So, Okt-Dez. Do-So, April-Sept. tägl. 10-17, Hauptsaison tägl. 10-18 Uhr. Tel. 20950.

5 Westküste

ENDSBURG
RVR
TRAUM

TERHI Otto FUN

IM REICH DER GROSSEN SEEN

VÄNERN
TROLLHÄTTAN
DALSLAND
KARLSTAD
VÄRMLAND
SKARA
ÖREBRO

*VÄNERN (VÄNERSEE)

Das schwedische Binnenmeer

Einer Sage nach entstand der Vänern durch die Göttin Gefijon. Der oberste Gott Odin versprach ihr so viel Land, wie sie in einer Nacht umpflügen könne. Also verwandelte sie ihre Söhne in Stiere und pflügte die Fläche des heutigen Vänern. Die Erdscholle nahm sie heraus und setzte sie vor die Küste: Daraus wurde die dänische Insel Seeland; die offene Mulde füllte sich laut dieser Sage mit Wasser und bildete den Vänersee. Der ***Vänern** ist der größte See Schwedens und mit 5600 km^2 fast dreimal so groß wie der Vättersee (40 km weiter östlich). Das bis zu 100 m tiefe Gewässer war nach der letzten Eiszeit das innere Ende eines langen Fjords, der von Göteborg bis weit über Karlstad hinausreichte. Durch die Landhebungen der Nacheiszeit trocknete die Verbindung zum Meer aus, der See mit Tausenden von Schäreninseln blieb übrig.

Vier Landschaften umgeben den Vänersee: Im Norden liegt *Värmland*, im Nordosten *Närke*, im Westen schiebt sich *Dalsland* zwischen See und norwegische Grenze, und den Süden und Osten füllt *Västergötland* aus. Fünf Hauptstraßen umschließen den Vänersee ringförmig.

Vorherige Seiten: Jeder zweite Schwede besitzt ein Boot (Segelboote am Vänersee). Links: Sankta Lucia soll die Dunkelheit vertreiben – Luciafest am 13. Dezember.

TROLLHÄTTE KANAL

Von **Göteborg** ❶ folgt die Straße 45 dem Tal des Göta älv bis nach Trollhättan. Der Fluss hat sich in das Schwemmland eingegraben, das Flusstal muss außer zwei Landstraßen auch die Eisenbahn und den ****Götakanal** aufnehmen, der in diesem Abschnitt **Trollhätte kanal** heißt. Im unteren Teil des Tals haben sich dazu noch viele Industriebetriebe angesiedelt.

Bei **Lödöse** ❷ befand sich bis ins 12. Jh. Schwedens einziger nach Westen zur Nordsee geöffneter Hafen; das **Lödöse Museum** veranschaulicht die Geschichte der einst bedeutenden Seehandelsstadt, die ihre Funktion verlor, als im 15. Jh. der Hafen näher zum Meer verlegt und ihre Bürger nach Göteborg umgesiedelt wurden.

In **Lilla Edet** ❸ staut ein Kraftwerk den Göta älv. Über eine spezielle Treppe können Lachse das Sperrwerk überwinden und zu ihren Laichplätzen gelangen. Hier qualmt außerdem die erste der vielen Papierfabriken, die die Wälder West- und Nordschwedens in Zeitungspapier verwandeln.

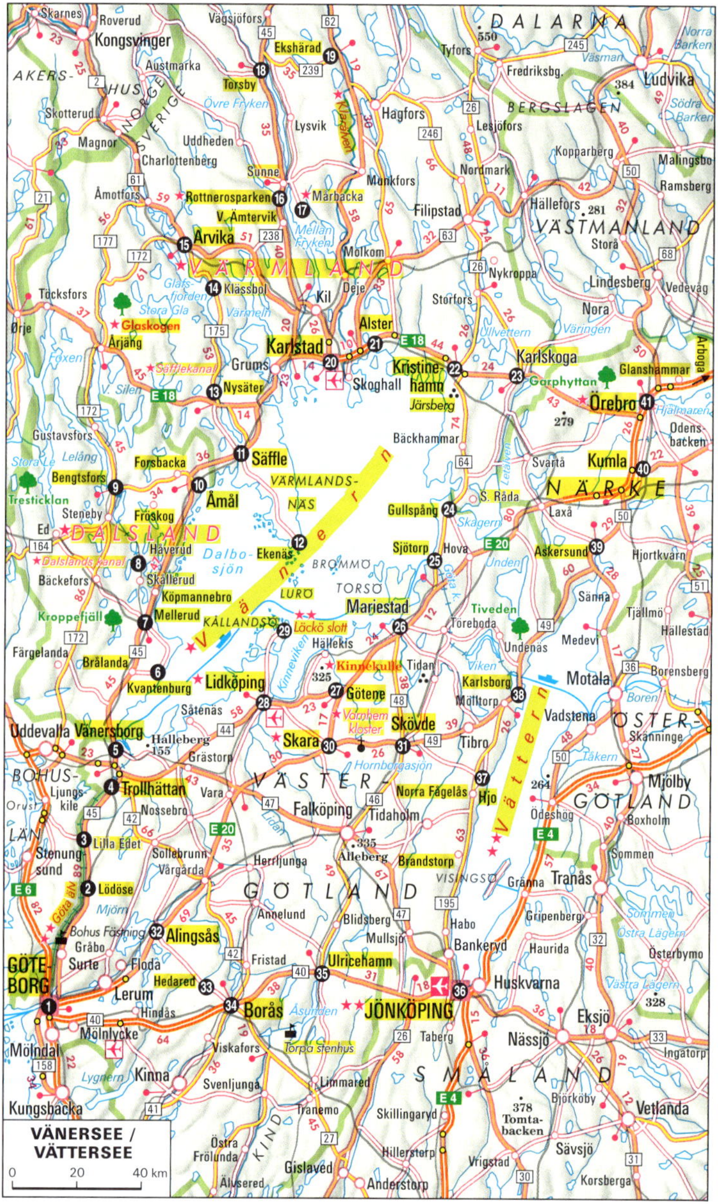
VÄNERSEE /
VÄTTERSEE
0 20 40 km
DALARNA
VÄRMLAND
VÄSTMANLAND
BERGSLAGEN
NÄRKE
DALSLAND
BOHUS-LÄN
VÄSTERGÖTLAND
ÖSTERGÖTLAND
SMÅLAND
AKERSHUS
NORGE
SVERIGE
Vänern
Vättern
Skarnes
Roverud
Kongsvinger
Vägsjöfors
Ekshärad
Torsby
Tyfors
Fredriksbg.
Ludvika
Norra Barken
Väsman
Södra Barken
Austmarka
Övre Fryken
Klarälven
Hagfors
Lysvik
Lesjöfors
Skotterud
Magnor
Uddheden
Charlottenberg
Sunne
Munkfors
Nordmark
Kopparberg
Malingsbo
Ramsberg
Åmotfors
Rottnerosparken
Mårbacka
V. Åmtervik
Filipstad
Hällefors
Storå
Arvika
Mellan Fryken
Molkom
Nykroppa
Lindesberg
Vedevåg
Glafsfjorden
Klässbol
Stora Gla
Värmeln
Kil
Deje
Storfors
Nora
Töcksfors
Ørje
Glaskogen
Årjäng
Foxen
Alster
Karlstad
Grums
Säffleanal
Nysäter
Skoghall
Kristinehamn
Järsberg
Ullvettern
Väringen
Karlskoga
Garphyttan
Glanshammar
Arboga
Örebro
Hjälmaren
Odensbacken
V. Silen
Gustavsfors
Stora Le
Lelång
Forsbacka
Säffle
Bäckhammar
Svartå
Kumla
Bengtsfors
Trestickian
Åmål
VÄRMLANDSNÄS
Letälven
S. Råda
Laxå
Steneby
Ed
Fröskog
Gullspång
Skagern
Håverud
Dalslands kanal
Dalbosjön
Ekenäs
Sjötorp
Hova
Unden
Askersund
Hjortkvarn
Bäckefors
Skållerud
Köpmannebro
BROMMÖ
TORSÖ
LURÖ
Mariestad
Sänna
Tjällmo
Kroppefjäll
Mellerud
KÅLLANDSÖ
Läckö slott
Hällekis
Töreboda
Tiveden
Hällestad
Medevi
Undenäs
Färgelanda
Brålanda
Kinneviken
Kinnekulle
Tidan
Viken
Motala
Borensberg
Kvantenburg
Lidköping
Götene
Karlsborg
Mölltorp
Boren
Vadstena
Sätenäs
Värnhem kloster
Skövde
Uddevalla
Vänersborg
Halleberg
Grästorp
Skara
Tibro
Skänninge
Tåkern
Hornborgasjön
Trollhättan
Ljungskile
Orust
Vara
Norra Fågelås
Hjo
Mjölby
Nossebro
Falköping
Tidaholm
Ödeshög
Boxholm
Lidan
Lilla Edet
Stenungsund
Sollebrunn
Vårgårda
Herrljunga
Alleberg
Brandstorp
VISINGSÖ
Gränna
Tranås
Sommen
Lödöse
Mjörn
Göta älv
Annelund
Blidsberg
Mullsjö
Habo
Gripenberg
Östra Lägern
Bohus Fästning
Gråbo
Alingsås
Surte
Floda
Fristad
Ulricehamn
Bankeryd
Haurida
Österbymo
GÖTEBORG
Lerum
Hedared
Huskvarna
Västra Lägern
Hindås
Borås
Asunden
JÖNKÖPING
Eksjö
Mölnlycke
Viskafors
Torpa stenhus
Taberg
Nässjö
Ingatorp
Mölndal
Lygnern
Kinna
Svenljunga
Limmared
Björköby
Kungsbacka
Tranemo
Skillingaryd
Tomtabacken
Vetlanda
KIND
Östra Frölunda
Hillerstorp
Vrigstad
Sävsjö
Gislaved
Älvsered
Anderstorp
Korsberga

Trollhättan ❹ liegt an einem Gneisriegel, den der Göta älv hier durchbrochen hat, so dass ein 33 m hoher **Wasserfall** entstand. Dieses Hindernis für die Schifffahrt zwischen Vänersee und der Nordsee hat schon früh Baumeister und Ingenieure herausgefordert, doch erst seit 1916 ist das Schleusensystem voll funktionsfähig. Die Kapazität reicht für Schiffe von bis zu 13 500 BRT. Die Kraft des Wasserfalls hat man gezähmt: Sie treibt die Turbinen eines E-Werks an.

Die **König-Oscar-Brücke** bietet den besten Blick auf den felsigen Absturz des Göta älv. Leider liegt er wegen der Stromgewinnung meist trocken, nur an drei *Fallens dagar* (Wasserfallstagen) im Sommer werden die Wehre geöffnet und der Fluss darf für kurze Zeit gewaltig über die Klippen rauschen.

Folgt man der Ausschilderung *Slussarna*, gelangt man über den alten Kanal zum System der sechs Schleusenkammern, die besichtigt werden können. Nahebei hat man ein interessantes **Kanalmuseum** eingerichtet.

Trollhättan ist eine Industriestadt mit 50 000 Einwohnern. Über die Landesgrenzen hinaus bekannt ist der größte Arbeitgeber der Stadt: die **SAAB**-Automobilwerke. Auch als Filmort macht sich „Trollywood" dank günstiger Räumlichkeiten auf dem Gelände einer aufgelassenen Fabrik einen Namen.

Nach wenigen Kilometern flussaufwärts erreicht man **Vänersborg** ❺ am Vänersee, Hauptstadt von Älvsborgs län, dem südlichsten Regierungsbezirk Västergötlands. Im Sommer werden von hier Ausflüge zur Elchbeobachtung ins Seen- und Waldgebiet um den 154 m hohen Hunneberg angeboten.

*DALSLAND
Schweden en miniature

Nördlich von Vänersborg beginnt die Landschaft ***Dalsland** (Tal-Land). Ihre Täler verlaufen ungefähr von Norden nach Süden, die Gletscher der letzten Eiszeit haben sie in dieser Richtung ausgeschürft. Viele Täler waren unmittelbar nach der Eiszeit noch Fjorde. Erst die folgenden Landhebungen ließen sie trockenfallen, doch auf den Talsohlen blieben zahlreiche Seen zurück, die oft durch Flussläufe verbunden sind.

Bis ins 12. Jh. war Dalsland norwegisch, wurde aber dann Schweden zugeschlagen und war in der Folgezeit kaum an den Auseinandersetzungen zwischen den Nachbarn beteiligt.

Dalsland hat zwei unterschiedliche Landschaften: Die Dalsebene am Vänersee ist ein fruchtbares, landwirtschaftlich genutztes Gebiet. Der Dalswald bedeckt mit großen Nadelwäldern den überwiegenden Teil der Region. Er ist der Reichtum der Provinz und ermöglichte im 18./19. Jh. eine florierende Eisenindustrie. Als in England im 19. Jh. zunehmend Eisen mit Hilfe von Steinkohle geschmolzen wurde, waren die dalsländischen Hütten nicht mehr konkurrenzfähig und verschwanden binnen 25 Jahren völlig. Zu diesem Zeitpunkt war die Bevölkerung auf 40 Einwohner pro km^2 angewachsen, und die Landwirtschaft konnte sie bei weitem nicht ernähren. Ein gewaltiger Exodus, vor allem nach Amerika, war die Folge. Erst zum Ende des Zweiten Weltkriegs stabilisierte sich die Bevölkerungszahl wieder bei 10 E. pro km^2, seit Papierfabriken errichtet wurden.

Dalsland hat mit seinen Badestränden am Vänersee, den ausgedehnten Wäldern, Flüssen, Seen und Mooren alles zu bieten, was den landschaftlichen Reiz Schwedens ausmacht. Folglich wird die Provinz als Schwedens Miniaturausgabe präsentiert. Die vielen Fluss-, See- und Kanalverbindungen zwischen Vänern und der norwegischen Grenze machen Dalsland zusammen mit Värmland zum attraktivsten Kanugebiet Schwedens.

Von der Straße 45 gibt es bei **Brålanda** eine Abzweigung nach **Kvantenburg** ❻ direkt am Vänersee. Hier liegen die Reste der im 14. Jh. errichteten

Info S. 118-119

dänischen **Dalaborg**, auf der Margarete von Dänemark zur ersten Unionskönigin gewählt wurde (1397). Die Straße führt am Seeufer weiter nach Norden, berührt **Vita sannar**, den schönsten Strand Dalslands, und trifft im Eisenbahnknoten **Mellerud** ❼ wieder auf die 45. Westlich liegt das **Kroppefjäll**, ein 30 km langes und 10 km breites Wildmarkgebiet. In diesem Areal gibt es reizvolle markierte Wanderwege durch die geschützte Flora und Fauna. Der *Karolinerleden* markiert im übrigen den Weg der Soldaten, die Karl XII. auf seinem letzten Feldzug begleiteten.

Nördlich von Mellerud und zugleich wenige Kilometer westlich der 45 lädt in **Skållerud** die Holzkirche aus dem 16. und 17. Jh. zu einem Besuch ein. In warmen Farben ausgemalt, beeindruckt sie vor allen durch ihr Barockinventar. In **Håverud** ❽, 6 km nördlich, stößt man auf den ***Dalslands kanal**, der im 19. Jh. zwischen der norwegischen Grenze und Köpmannebro am Vänersee für den Holztransport gebaut wurde. In Håverud musste der Kanal über die tiefe Schlucht des Upperudälv geführt werden. Eine genietete Stahlwanne von 32 m Länge löste 1868 das Problem. Später baute man noch eine Eisenbahn- und eine Straßenbrücke über die Schlucht. Auf dem Dalslandskanal wird längst kein Holz mehr transportiert, er dient nur noch touristischen Zwecken. Seine Baugeschichte dokumentiert ein kleines **Museum** direkt an der Kanalbrücke.

Bengtsfors ❾, mit attraktivem Freilichtmuseum, ist auch beliebter Startpunkt für Kanuten, während Wanderer 20 km westlich den Urwald des neuen **Tresticklan Nationalparks** erkunden. Zwischen Bengtsfors und Köpmannebro verkehren Ausflugsschiffe.

Für Freunde ungewöhnlicher Fortbewegungsmittel bietet Dalsland Fahrten mit Draisinen auf der stillgelegten Eisenbahnstrecke zwischen Bengtsfors und Årjäng in Värmland.

Rechts: Segeln – beliebtes Freizeitvergnügen (hier am Vänersee).

Åmål ❿ am Vänern, an der Straße 45, ist die einzige Stadt Dalslands. 1640 gegründet, erhielt sie drei Jahre später die Stadt- und Marktrechte. So ließen sich die Steuern der Bauern, die nun hier ihren Markt abhalten mussten, besser eintreiben. Im Hinterland locken das Herrenhaus von **Forsbacka** (7 km nordwestlich von Åmål) und die rote Holzkirche von **Fröskog**. Die Eisenkreuze auf dem dortigen Friedhof gelten als die schönsten Beispiele der „Eisenkultur" des 19. Jh.

*VÄRMLAND
Natur pur

Mit **Säffle** ⓫ wird die südlichste Stadt von ***Värmland** erreicht. Sie ist zugleich das Zentrum der Halbinsel **Värmlandsnäs**, die sich 40 km in den Vänersee erstreckt. In **Ekenäs** ⓬, an der Südspitze der Halbinsel, kann man Motorboote mieten und damit die vorgelagerte Schärenwelt erkunden. **Lurö**, die größte dieser Inseln, ist ein Naturreservat.

Von Säffle aus führt seit 1837 der ***Säfflekanal** nach Arvika am Glafsfjorden. Heute hat auch dieser Wasserweg ausschließlich touristische Bedeutung.

Auf einer landschaftlich wunderschönen Strecke kann man das Zentrum Värmlands – das Gebiet zwischen Säffle und Arvika im Westen und Karlstad und Torsby im Osten – durchfahren. Abseits der Nebenstraße von Säffle nach **Nysäter** ⓭ erreicht man nach 18 km **von Echstedtska gården**, ein Gut aus dem 18. Jh., das noch sein komplettes Rokokoinventar sowie zwei das Haupthaus flankierende Pavillons besitzt.

20 km nördlich von Nysäter schwingt sich die 175 auf die Ostseite des **Glafsfjorden**. In **Klässbol** ⓮ beginnt der Rundweg *Hantverksrundan*, der zu örtlichen Manufakturen führt (mit Verkauf, Kaffee und Kuchen).

Karte S. 106, Info S. 118-119

Auch die ehemalige Künstlerkolonie um den Maler Christian Eriksson in **Rackstad** am **See Racken** ist nicht weit.

Arvika ⓯, schön um eine fast kreisrunde Bucht am Glafsfjord gelegen, war eines der Zentren finnischer Einwanderer während der Hungersnöte des 18. Jh.

Outdoor-Freunde schätzen das Gebiet zwischen Arvika und Årjäng: Dort liegt im Naturreservat ***Glaskogen** (viele markierte Wanderwege) der See **Stora Gla**.

Auf den Spuren von Selma Lagerlöf

An Länge übertrifft die Kette der drei lang gestreckten **Fryken-Seen** den 30 km entfernten Glafsfjorden. Vom **Fryksdalshöjden**, 4 km südwestlich von **Västra Åmtervik** am **Mellan Fryken**, hat man einen atemberaubenden Blick über die Wälder in den unterschiedlichsten Grüntönen und das System der Fryken-Seen. Flussläufe verbinden den Oberen, Mittleren und Unteren Fryken. In Selma Lagerlöfs Roman *Gösta Berling* wird dies „der lange See von Löven" genannt, die einzelnen Seeteile haben im Roman die allegorische Bedeutung als See der Jugend, der Reife und des Alters.

Folgt man der Straße 45 nordwärts, gelangt man zum Herrenhof ***Rottnerosparken** ⓰ direkt am Mellan Fryken. Auch er spielt als „Hof Ekeby" in *Gösta Berling* eine wichtige Rolle. Im Park mit seinem Gemüse- und Rosengarten sind auch ein Tiergehege und eine Gastwirtschaft untergebracht. Die große Zahl von Skulpturen, die den Park zieren, sind zumeist Kopien bekannter Werke, darunter auch Arbeiten von Vigeland und Milles.

Auf der flachen Landzunge zwischen Mellan und **Övre Fryken** ist **Sunne** entstanden. Das Landstädtchen ist ein beliebter Urlaubsort und bietet von Angeln bis Rafting zahllose Aktivitäten.

Südwärts, auf der Straße 238, gelangt man nach ***Mårbacka** ⓱, dem Hof, auf dem 1858 Selma Lagerlöf geboren wurde. 1882, nach dem Tod des Vaters, musste der Hof verkauft werden. Selma Lagerlöf verdiente ihr Geld als Lehrerin, ging aber keine längere Anstellung ein, sondern unternahm zwischen ihren Engagements immer wieder größere Reisen, so nach Italien und Palästina. Nach den ersten literarischen Erfolgen, besonders des „Geografielehrbuchs" *Wunderbare Reise des kleinen Nils Holgersson mit den Wildgänsen*, war sie in der Lage, den elterlichen Hof zurückzukaufen. 1909 erhielt sie den Nobelpreis für Literatur und wurde als erstes weibliches Mitglied in die Schwedische Akademie für Sprache und Wissenschaft aufgenommen. Ihr Anwesen Mårbacka ließ sie in den 1920er-Jahren modernisieren, seit ihrem Tod 1940 ist es unverändert geblieben und kann besichtigt werden. Selma Lagerlöf hat auf dem kleinen Friedhof von **Östra Ämtervik** ihre letzte Ruhe gefunden.

Von Sunne führt die 238 am Ostufer des Övre Fryken nach **Torsby** ⓲. Biegt man dort nach Osten ab, erreicht man bei **Ekshärad** ⓳ das Tal des ***Klarälven**, in dem die Straße 62 nach Karlstad führt. Diese Strecke ist eine der schönsten Värmlands, man sollte wenigstens einen Tag dafür einplanen.

Der Klarälven ist der längste Fluss Skandinaviens und der einzige in Schweden, auf dem heute noch geflößt wird. Wer Lust hat, auch einmal ein solch „feuchtfröhliches" Abenteuer zu unternehmen, kann ein Floß mieten oder sich gar selbst eines bauen und in Richtung Karlstad treiben lassen. Die 62 führt von Karlstad zur norwegischen Grenze und weiter nach Trondheim, dies ist der alte Pilgerweg zum Grab des heiligen Olav.

Karlstad – am Nordufer des Vänern

Karlstad ⓴, der Hauptstadt Värmlands, hat Karl IX. im 16. Jh. Stadtrechte verliehen und dem alten Thingplatz auch seinen Namen gegeben. Die Stadt an der Mündung des 500 km langen Klarälven in den Vänersee war schon im frühen Mittelalter bedeutend für den Warenaustausch zwischen Värmland und Västergötland. Karlstad ist von einigen Bränden heimgesucht worden, zuletzt 1865. Weil bei diesem Brand der Bürgermeister weinte und betete, der Bischof aber beim Löschen half, sei das Haus des Bürgermeisters abgebrannt, während das des Bischofs erhalten blieb, erzählen die Einwohner. Wahrscheinlicher ist, dass der große Garten, in dem das Bischofspalais steht, das Übergreifen des Brandes verhindert hat. Außer dem Palais sind nur sechs weitere Häuser vom Feuer verschont worden, sowie die **Östra Bron**, die alte Steinbrücke mit ihren zwölf Bögen.

Die Statue auf dem Stora Torget erinnert an das Jahr 1905, in dem hier die Verhandlungen zur Auflösung der Union mit Norwegen stattfanden. In der **Domkyrkan**, die ebenfalls beim großen Brand stark beschädigt wurde, ist ein modernes Kruzifix aus versilbertem Edelstahl und Orreforskristall sehenswert. Das **Gamla Gymnasiet** gegenüber ist zum Schulmuseum geworden.

Rechts: Auf dem Klarälven wurde noch bis in die 1990er-Jahre hinein Holz geflößt.

Im Nordosten des Vänersees

Alster ㉑ an der E 18, 10 km östlich von Karlstad, wählte sich der Dichter Gustav Fröding (1860–1911) als Herrensitz. Der in Schweden bekannte Autor war eine zerrissene Persönlichkeit, die düstere Lyrik mit humorvollen Gedichten kompensierte.

Die Stadt **Kristinehamn** ㉒, nach der jungen Königin des 17. Jh. benannt, erlebte ihre Blüte im 19. Jh., als das Eisenerz aus **Bergslagen** von hier nach Dalsland weitertransportiert wurde. Heute wird im Hafen Holz aus der Umgebung auf Schiffe verladen. Am Ende des **Vålösunds**, einer Villengegend mit Yachthafen, steht Picassos 15 m hohe Plastik **Tête de femme**. Das Modell hatte Bengt Olson, ein hiesiger Künstler, aus Paris mitgebracht, der Norweger Carl Nesjar goss es in Beton. Und

Karte S. 106, Info S. 118-119

Picasso, der selbst nie in Schweden war, schenkte es der Stadt.

An der E 18, 24 km östlich von Kristinehamn, befindet sich der alte Bergbauort **Karlskoga** ㉓, den Karl IX. im 16. Jh. gründen ließ. Weltbekannt wurde der Ort, als Alfred Nobel hier die Bofors-Werke kaufte und Dynamit – seine Erfindung – produzierte. Die Nobel-Stiftung verleiht alljährlich die Nobelpreise; die Preisgelder werden durch die Zinsausschüttungen der Stiftung finanziert. Alfred Nobels Sommersitz, der **Herrgård Björkborns**, ist heute ein Museum (Nobelmuseet).

Verlässt man Kristinehamn in Richtung Süden auf der Straße 64, lohnt sich bei Gårdsberg ein Abstecher nach Westen zum Runenstein von **Järsberg**. Er stammt aus dem 9. Jh. und ist der älteste Värmlands.

VÄSTERGÖTLAND

Nördlich von Gullspång verläuft die Grenze zwischen Värmland und **Västergötland**. Bei **Gullspång** ㉔ sollte man am See **Skagern** eine Pause einlegen, denn die ***Kirche** von **Södra Råda** ist ein kunsthistorisches Juwel: 1260 im Blockhausstil gebaut, wurde sie niemals verändert. Der Chor wurde 1323 von unbekannten Künstlern hochgotisch ausgemalt, das Langhaus 1494 von Meister Amund. Interessanterweise benutzte er für seine Mariendarstellungen eine französische Vorlage aus dem 13. Jh., die erst kürzlich entdeckt wurde.

Bei **Sjötorp** ㉕ verlässt der Götakanal den Vänersee nach Osten.

Västergötland füllt den Raum zwischen Väner- und Vättersee und greift noch fast 100 km nach Süden aus. Anders als in vielen anderen schwedischen Landschaften konnte sich hier ein Teil der kambro-silurischen Meeresablagerungen – Sandstein, Kalk und Tonschiefer – erhalten, weil sich eine magmatische Schmelze von Diabas wie ein Schutzschild über diese weichen Schichten gelegt hatte. Harte Diabasplatten bilden markante Tafelberge im Norden, während der Süden eher fruchtbare Tonebenen aufweist.

Västergötland ist schwedisches Kernland, stand nie unter Fremdherr-

schaft und hat daher keine Zerstörungen hinnehmen müssen. In das Licht der Geschichte trat dies Land mit dem Dombau von Skara im 12. Jh. ein, doch zahlreiche Megalith- und Steinhaufengräber, Steinsetzungen und Felszeichnungen belegen die vorgeschichtliche Besiedlung der Landschaft, die auch heute als Ackerland genutzt wird.

Einen umfassenden Einblick in Västergötland geben die Straßen 40 (Göteborg-Jönköping), 195 (Vättern-Westufer), und E 20 mit ihren östlich vom Vänern verlaufenden Abzweigungen 64 (Norden) und 44 (Süden).

Mariestad ㉖, eine Industriestadt, liegt an der E 20, dort wo der Tidan in den Vänern mündet. Die im 16. Jh. erbaute **Domkyrkan** und, geschützt auf einer Insel im Tidan, **Marieholm herrgård**, heute Sitz der Verwaltung und Museum, lohnen einen Besuch.

Oben: Am Jagdschloss von Lidköping. Rechts: In diesen Tretbooten kann man schwanengleich über den Vänern gleiten (vor Schloss Läckö).

Die E 20 führt südwärts nach **Götene** ㉗. Von dort geht es westwärts auf der 44 Richtung Vänersee. Der ausladende Tafelberg ***Kinnekulle** bietet vom Turm aus 325 m Höhe prachtvolle Ausblicke, der Weg *Kinnekulleleden* führt rund um den Berg zu Kulturstätten von der Vorgeschichte bis in die Neuzeit. Im **Kinnekullegården** kann man sich erholen, dort gibt es auch ein **Naturum**. Ein guter Ausgangspunkt für den Rundweg ist **Husaby** im Süden des Kinnekulle, wenige Kilometer nördlich der Straße 44. Hier stand im 11. Jh. ein Königshof, der im 12. Jh. um einen Bischofssitz erweitert wurde. Die einstige Stabkirche existiert nicht mehr, nur ein steinerner Turm ist erhalten – vermutlich Schwedens ältester Kirchturm.

Am Südufer des **Kinneviken**, einer Bucht des Vänersees, entstand im 15. Jh. an der Ostseite der Lidan-Mündung die Stadt ***Lidköping** ㉘. Im 17. Jh. erhielt der königliche Reichstruchsess Magnus Gabriel de la Gardie das Recht, die Stadt zu vergrößern. Er legte westlich des Flusses ein neues Stadtviertel an, so dass ein symmetrisches barockes

Karte S. 106, Info S. 118-119

Stadtbild entstand. Sein hölzernes Jagdschloss schenkte er später der Stadt als Rathaus. Besuchenswert sind das **Vänarmuseum** und die Porzellanfabrik **Rörstrand**.

**Läckö slott

Nördlich von Lidköping ragt die Halbinsel Kålland in den Vänersee. Ihr ist die Insel **Kållandsö** vorgelagert, auf der der Bischof von Skara im 13. Jh. eine Burg errichten ließ, die dann später zum ****Läckö slott** ㉙ umgebaut wurde. Das Schloss fiel nach der Reformation an die Vasakönige, die es als Lehen vergaben – 1615 an die Familie de la Gardie. Einige der 280 Räume lassen den barocken Umbau erkennen. Besonders prachtvoll ist der **Rittersaal**, schön angelegt der **Schlossgarten**. Mit Schlossrestaurant, Café und Tretbootverleih.

*Skara

***Skara** ㉚, ein ländliches Städtchen mit 17 000 Einwohnern, liegt an der E 20 auf einer Hochebene zwischen Väner- und Vättersee. Der Ort war bereits in der Steinzeit Kult- und Thingplatz und wurde 1150 Bischofssitz. In diese Zeit fällt auch die Gründung der Priesterschule, aus der das spätere Gymnasium hervorging, das noch immer eine der Eliteschulen Schwedens ist.

Das Zentrum Skaras ist der **Stortorget** mit dem Chronikbrunnen, der Episoden aus der Geschichte der Stadt zeigt. Direkt dahinter erhebt sich ***Domkyrkan**, der zweitälteste Dom Schwedens. Er wurde im 12. Jh. als romanische Basilika mit Krypta geweiht, aber in den folgenden Jahrhunderten vielfach umgebaut. Bei der Restaurierung im 19. Jh. stellte man die gotischen Elemente wieder in den Vordergrund. In der Krypta fand man die Gräber der ersten Bischöfe der Stadt. Von der mittelalterlichen Ausstattung des Doms ist nichts erhalten, der Innenraum wird heute von italienischem Barock beherrscht. Sehenswert ist das Grabmal des Reiterobersten Erik Soop und seiner Frau aus schwarzem und weißem Marmor. Soop erhielt dieses Monument dafür, dass er 1629 König Gustav II. Adolf das Leben gerettet hatte.

Ein Abstecher nach **Skövde** ㉛ berührt ***Varnhem kloster**. Es wurde als Dependance des Klosters Alvastra im 12. Jh. von französischen Zisterziensern gegründet und 1394 aufgegeben. Seit der Reformation im Besitz der Krone, ging es als Lehen an Magnus de la Gardie. Die Kirche ist Grablege früher skandinavischer Könige und Edelleute (z. B. des Birger Jarl).

Am **Hornborgasjön** 5 km südlich bestaunen Vogelfreunde alljährlich im April die Hochzeitstänze von Hunderten von Kranichen.

Skövde ist mit 50 000 Einwohnern die größte Stadt der Provinz und ging so oft in Flammen auf, dass von der alten Bausubstanz nichts mehr übrig geblieben ist. Sehenswert ist 24 km nördlich (über Straße 200) das vorgeschichtliche Denkmal von **Askeberga**: Eine der größten Steinsetzungen fand man hier, Umfang 54 m, gebildet aus 24 mächtigen Steinblöcken.

Zum Vättersee-Westufer

Kehrt man von diesem Ausflug ins Hinterland nach Skara zurück, erreicht man auf der E 20, der schnellen Hauptverbindung Stockholm-Göteborg, nach rund 80 km **Alingsås** ㉜, das Zentrum der schwedischen Textilindustrie. Hier wurden bereits im 18. Jh. mehr als 1000 Arbeiter in einer einzigen Manufaktur beschäftigt – wie, das zeigt **Alströmerska magasinet**, ein sozialgeschichtliches Museum.

Die Straße 180 Richtung Borås führt an **Hedared** ㉝ vorbei. Hier steht die letzte vollständig erhaltene ***Stabkirche** Schwedens. Dies sind die ältesten Gotteshäuser Skandinaviens und heute fast nur noch in Norwegen zu finden. Die Kirche von Hedared ist winzig (35 m^2), sehr schlicht und stammt wohl aus dem 12. Jh. Das Altarbild aus dieser Zeit wurde direkt auf die Holzwand gemalt.

Rechts: Der letzte Urwald Mittelschwedens – Tiveden-Nationalpark.

Während es von Hedared auf der Nebenstraße 180 weiter nach **Borås** ㉞ geht, kommt man von Göteborg aus vierspurig auf der Straße 40 in diese Stadt. Sein **Textilmuseet** belegt: Auch hier war ein Zentrum der Textilindustrie, die ihren Aufschwung nahm, als Gustav II. Adolf den Armen das Privileg verlieh, im ganzen Land Wanderhandel zu betreiben; was die Frauen von Borås in Heimarbeit herstellten, verkauften ihre Männer als *knallarna* (wörtlich „Herumtrotter").

Das ehemalige Bogesund 35 km östlich wurde nach Karls XII. Schwester Ulrica Eleonora in **Ulricehamn** ㉟ umbenannt. Am kopfsteingepflasterten Stortorget findet sich ein schönes Ensemble alter Holzhäuser.

27 km südlich, am anderen Ende des langen, schmalen Sees **Åsunden**, liegt die mittelalterliche Burg **Torpa stenhus**. Ihr Erhaltungszustand ist bemerkenswert; der Rittersaal im Renaissancestil und die barocke Schlosskapelle lohnen eine Besichtigung.

****Jönköping** ㊱ (s. S. 59) am Südende des ****Vättern** gehört zu Småland, das Westufer des Sees aber zu Västergötland. Die reizvolle Landschaft wird gut erschlossen durch die Straße 195. Drei alte Holzkirchen, in **Brandstorp**, in **Södra** und in **Norra Fågelås**, lohnen einen Stopp, bis **Hjo** ㊲ erreicht ist. Dies ist ein hübscher Urlaubsort mit hölzernen Villen aus dem 19. Jh. und einem beliebten Badestrand. Von hier verkehrt ein altes Dampfschiff zur Insel Visingsö (s. S. 60).

Karlsborg ㊳, am Übergang des Götakanals in der Vättern, ist eine kleine Festungsstadt mit Läden, Cafés und Wohnungen und wurde gebaut, nachdem Schweden 1809 Finnland an Russland verloren hatte und daraufhin seine Binnenverteidigung neu organisierte. Die Anlage war allerdings bereits bei ihrer Fertigstellung militärisch über-

holt. Von den Festungsmauern hat man einen weiten Blick über den See.

Zwischen den Seen Vättern und **Unden** liegt die wald-, moor- und seenreiche Landschaft Tiveden. Zwar ist diese „südlichste Wildmark Schwedens" bereits durch Holzeinschlag bedroht gewesen, aber mit dem 13 km² großen Nationalpark **Tiveden** im Zentrum der Landschaft versucht man seit 1983, ihren Urwaldcharakter zu erhalten. Viele Wander-, Kanu- und Fahrradstrecken laden im gesamten einsamen Tiveden-Gebiet zu Aktivitäten ein.

NÄRKE

Nördlich dieser Wildmark schließt sich die Landschaft **Närke** an, eine Tiefebene, nur 30 m über dem Meeresspiegel gelegen, mit dem **Hjälmaren** als Zentrum, Schwedens viertgrößtem See. Die wenigen Bergrücken im Norden und Osten sind Endmoränen.

Schon seit der Steinzeit war dieses Durchgangsland besiedelt; leicht befahrbare Wasserwege in Mälar- und Vättersee ermöglichten frühe Handelsbeziehungen. Im Mittelalter war der Eisenerzabbau im nördlichen Teil Närkes Motor der wirtschaftlichen Entwicklung. Das reichlich vorhandene Holz ermöglichte auch die Verarbeitung von Eisen. In **Glanshammar** am Nordufer des Hjälmaren wurde bis 1530 sogar Silber abgebaut.

In Närke beginnt das Reich der *Landsförsamlingskyrkor*, das bis in den hohen Norden reicht. Diese Kirchen entstanden im 17. Jh. und waren nicht nur Gotteshäuser, sondern dienten auch als Versammlungsräume. Ein besonders schönes Exemplar steht in **Askersund** ❸❾ an der Nordspitze des Vättern.

Da Närkes saure Böden für den Ackerbau nicht sonderlich geeignet waren, mussten sich die Bauern um ein Zubrot bemühen. Sie gerbten Rinderhäute und stellten Ledersäcke her, die damals im Bergbau benötigt wurden. Es war naheliegend, auch Schuhe zu fertigen. Eine blühende Industrie entwickelte sich in **Kumla** ❹⓿ und Umgebung. Sie wurde jedoch inzwischen wegen der Konkurrenz durch Niedriglohnländer aufgegeben.

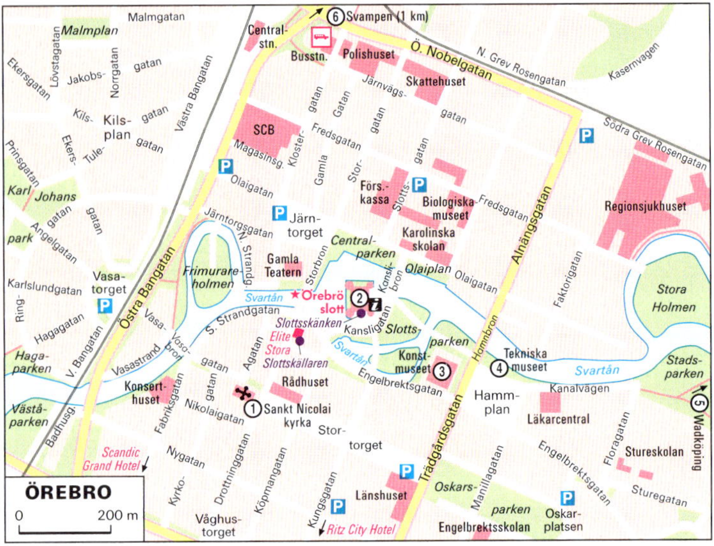

*ÖREBRO

E 18 und E 20 treffen sich in ***Örebro** ❹❶. Die Stadt mit 120 000 Einwohnern an der Grenze zwischen Bergbau- und Bauernland wird vom Svartån, der in den Hjälmaren mündet, durchflossen. Im Mittelalter befand sich hier die einzige Furt über den damals viel tieferen Fluss, die Birger Jarl im 13. Jh. durch einen Wehrturm sichern ließ. Mittelalterliche Häuser sind kaum erhalten geblieben, hat doch der große Brand von 1854 fast alles zerstört. Der Wiederaufbau der Altstadt erfolgte mit Steinhäusern.

Das Zentrum liegt heute am lang gestreckten Stortorget, an dessen westlichem Ende die **Sankt Nicolai kyrka** ① steht. Sie gehörte ursprünglich der Gemeinde der deutschen Kaufleute in Örebro und wurde im 13. Jh. im Stil der norddeutschen Backsteingotik gebaut. Zu den vielen Grabmälern im Inneren gehört auch das des Volkshelden Engelbrekt Engelbrektsson, der im 15. Jh. einen Aufstand gegen den Unionskönig Erich von Pommern organisiert hatte. Sein Standbild hat vor der Kirche Platz gefunden.

250 m nördlich des Stortorget steht wasserumspült ***Örebro slott** ②. Das Schloss geht auf die Wehrburg des 13. Jh. zurück, den heutigen Grundriss erhielt es unter den Vasakönigen, sein jetziges Aussehen Ende des 19. Jh. Es wird von der Provinzverwaltung genutzt, hier ist auch die Touristeninformation.

Der wappengeschmückte **Rittersaal** ist öffentlich zugänglich. Er war Schauplatz wichtiger Reichstage. Bei schwierigen Verhandlungen zog man sich ins abgelegene Örebro zurück, um nicht vorzeitig Resultate nach außen dringen zu lassen. So auch 1810, als hier die Wahl des napoleonischen Marschalls Jean Baptiste Bernadotte zum schwedischen König stattfand.

In den schönen **Parkanlagen**, die das Schloss umgeben, laden Cafés zum Verweilen ein, an Sommerabenden gibt es Livemusik und Tanz. Vom Schloss

Rechts: Blick auf Örebro mit seinem Wasserschloss.

Info S. 118-119

führt die Engelbrektsgatan am Svartån entlang nach Osten. Nach kurzem Fußweg erreicht man das **Konstmuseet** ③, wo man eine Sammlung von Kirchenkunst aus ganz Närke zusammengetragen hat. Nahebei am Fluss deckt das **Tekniska museet** ④ die Themen industrielle Entwicklung und Schifffahrt ab.

Folgt man dem Kanalvägen weiter, erreicht man den Stadtpark und das **Wadköping** ⑤ genannte Kulturzentrum. Der Name stammt aus einem Roman von Hjalmar Bergman über die Stadt seiner Kindheit. In Wadköping hat man ehemalige Bürgerhöfe des 18. und 19. Jh. aus dem ganzen Stadtgebiet neu aufgebaut. Hier haben Kunsthandwerksläden Platz gefunden. Im ältesten Haus, der *Kungsstuga* (Königstube) aus dem 16. Jh., soll einst König Karl IX. genächtigt haben.

Eine moderne Attraktion ist der Wasserturm **Svampen** ⑥ 1,5 km nördlich des Schlosses. Das 58 m hohe Bauwerk hat ein Restaurant mit Aussichtsterrasse.

Weltweit Aufmerksamkeit hat der Versuch gefunden, die Trabantenstädte Örebros einerseits mit großstädtischer Infrastruktur auszustatten und andererseits die Vorteile ländlichen Wohnens zu erhalten, indem man sie wie Dörfer um den Stadtkern gruppierte, mit reichlich Grün- und Waldland dazwischen.

Arboga

Arboga, nördlich des Hjälmaren an der E 20 gelegen und 54 km von Örebro entfernt, war im Mittelalter Umschlagplatz für das Erz aus Bergslagen, verlor aber nach der Eröffnung des Hjälmarenkanals diese Funktion. In Arboga fand im Jahr 1435 der erste schwedische Reichstag statt; damals wurde Engelbrekt Engelbrektsson zum Reichshauptmann ernannt (s. S. 17).

Das idyllische Städtchen lohnt einen Besuch vor allem wegen seiner gut erhalten Holzhäuser in der Storgatan und der Västerlånggatan. Sehenswert ist auch die **Trefaldighetskyrkan**, geschmückt mit Malereien, die Szenen aus dem Leben des Franz von Assisi darstellen; im Mittelalter gehörte sie zum Franziskaner-Kloster.

INTERNET: www.vanerland.com; www.varmland.org; www.westschweden.com; www.orebro.se/turism; www.dalsland.se.

TROLLHÄTTAN (☎ 0520)

Åkerssjövägen 10, 46155 Trollhättan, Tel. 488472; www.visittrollhattan.se.

Ronnums Herrgård, Vargön, 2 km östl. Vänersborg, Tel. 0521-260000, Gourmet-Restaurant, bes. Fisch und Wild.

Wasserfalltage, s. www.visittrollhattan.se. **Kanalmuseum**, Mitte Juni-August tägl. 11-19, sonst nur Sa, So 12-17 Uhr.

MELLERUD (☎ 0530)

Storgatan 17, 46422 Mellerud, Tel. 18308;www.vastsverige.com/mellerud.

Kirche von **Skållerud**, Juni-August 10-16 Uhr.

Fahrten zum **Aquädukt**: Dalsland Akveduktsightseeing, Köpmannebro, Tel. 31097.

SCHIFF: 6-stündige **Kanalfahrt** von Köpmannebro nach Bengtsfors, Rückfahrt am folgenden Tag (oder gleich anschließend mit dem Bus), Rederi Dalslandia, Köpmannebro, Tel. 31001.
BAHN: **Dal-Västra Värmlands Järnväg (DVVJ)** betreibt Triebwagen Mellerud-Bengtsfors entlang des Dalsland-Kanals: auch Kombination mit Kanalfahrten, Draisinefahrten Bengtsfors-Arjäng; www.dvvj.com.

HÅVERUD (☎ 0530)

Dalsland Center, 46472 Håverud, Tel. 30880; info@dalslandscenter.se.

Kanalmuseum, Juni-August tägl. 10-19, Mai, Sept. 10-16 Uhr.

ÅMÅL (☎ 0532)
BENGTSFORS (☎ 0531)

Åmål: Hamngatan 1, Tel. 17098. Bengtsfors: Tingshustorget, Tel. 526355.

Baldersnäs Herrgård, Dals Långed, Tel. 0531-41244, nur Mai-August, Fisch- und Wildlokal.

Freilichtmus. **Bengtsfors**, Juni-August 10-16 Uhr. **Kirche** von **Fröskog**, tägl.

ANGELN: Schleppfischen im Vänern, April-Okt., Turiststiftelsen Plantaget, Åmål, Tel. 17260.
DRAISINEFAHREN: Bengtsfors-Årjäng, Dal-Västra Värmlands Järnväg, Bengtsfors, Tel. 526801.
KANUWANDERN: Silverlake Canoeing, Slussen, Brogatan 2, Bengtsfors, Tel. 12173, Vermietung von Kanu- und Outdoorausrüstung, Mai-Okt.; Daltrail, Forsbackabaden, Åmål, Tel. 43115.
DALSLANDSKANALFAHRTEN: Tel. 0532-10466; www.dalslandskanal.se.

SÄFFLE (☎ 0533)

Brovillan, 66180 Säffle, Tel. 681010; tourist@saffle.se.

BOOTSVERMIETUNG: Sola Båten, Ekenäs, Tel. 0522-12096.

Von Echstedtska Gården, Västra Smedbyn, Tel. 63074, Ende Mai-Ende Aug. Di-So 11-18 Uhr.

KARLSTAD (☎ 054)

Västra Torggatan 26, Tel. 298400; tourist@karlstad.se.

Restaurang Tiffany's, Västra Torggatan 19, Tel. 153383. **Munken**, Västra Torggatan 17, Tel. 210216.

Alster herrgård, Ende Mai-Aug. tägl. 11-18 Uhr.

SUNNE (☎ 0565)
TORSBY (☎ 0560)

Sunne: Kolsnäsvägen 41, Tel. 16400. Torsby Infocenter, Väg 45, Tel. 10550.

Klässbol Hantverksrundan, Geschäfte, Werkstätten Mo-Fr 8/9-18 Uhr, Sa (August + So) 10-15 Uhr. **Rackstadmuseum**,

April, Mai, Sept. Di-So, Juni-Aug. tägl. 11-17 Uhr, sonst Do, Sa, So 11-16 Uhr. **Rottnerosparken**, Mai-Sept. tägl. 10-19 Uhr. **Mårbacka**, tägl. ab 10 Uhr, sonst nur Sa ab 14 Uhr.

OUTDOOR-URLAUB: Nordmarkens Kanotcenter, Årjäng, Tel. 0573-38060. ***ELCHSAFARI***: vermittelt Touristenbüro in 67132 Arvika, Storgatan 22, Tel. 0570-81790. ***FLOSSFAHRTEN***: Vildmark i Värmland, Torsby, Tel. 14040, Eigenbauflöße. Sverigeflotten, Transtrand 20, Likenäs, Tel. 0564-40227.

KRISTINEHAMN (☎ 0550)

S:a Torget 3, 68184 Kristinehamn, Tel. 88187; turist@kristinehamn.se.

Bootsfahrt zu d. **Sibberön**-Badeklippen ca. Juni-Aug. 8 x tägl., Tel. 8185.

KARLSKOGA (☎ 0586)

Kyrkbacken 9, 69183 Karlskoga, Tel. 61474; turism@karlskoga.se.

A. Nobels Herrenhof **Björkborn**, Juni-August tägl. 13-17 Uhr und nach Vereinbarung, Tel. 83494. **Kirche** von **Södra Råde**, Juni-August tägl. 10-16 Uhr.

MARIESTAD (☎ 0501)

Hamnplan, 54230 Mariestad, Tel. 10001; www.mariestad.se.

LIDKÖPING (☎ 0510)

Stationshuset, 53102 Lidköping, Tel. 770500; www.lidkoping.se/turist.

Slottsrestaurang Fataburen, im Keller von Schloss Läckö, Tel. 10500; Küche verwendet lokale Produkte.

Husaby kyrkan, Mitte Mai-August tägl. 11-18, sonst 11-16 Uhr. **Schloss Läckö**, Mitte Mai-August tägl. 10-18 Uhr.

Hedared Kirche, ca. 10.05.-10.09. tägl. 10-18 Uhr.

SKARA (☎ 0511)

Skolgatan 1, 53288 Skara, Tel. 32580; www.skara.se.

Domkyrkan, tägl. 9-18 Uhr. **Varnhem kloster** in Skövde, Kirche geöffnet Mitte Mai-August tägl. 11-17 Uhr.

Hornborga Naturum (Ostseite des Sees Hornborgasjön), Tel. 0500-491190, zeigt Video über den Kranichtanz, von hier aus auch naturkundliche Führungen.

ALINGSÅS (☎ 0322)

Stora Torget 1, 44181 Alingsås, Tel. 616200; www.alingsas.se.

Alströmerska Magasinet (sozialgeschichtliches Museum), Lilla Torget, Mai-August tägl. 11-17 Uhr, sonst Di-Fr 12-16 Uhr.

KARLSBORG (☎ 0505)

Ankarvägen 2, in der Festung, Tel. 17350; www.karlsborgsturism.se.

Burg Torpa, Mai-Mitte August tägl. 11-17 Uhr, Führungen jede volle Stunde. **Kirchen** von **Brandstorp**, **Södra**- und **Norra Fågelås**, tägl. 9-18 Uhr.

Nationalpark **Tiveden**, Info-Tel. 0584-10920.

ÖREBRO (☎ 019)

Örebro Slott, 70135 Örebro, Tel. 212121, www.orebro.se; E-Mail: destination@orebro.se;

Slottsskänken, im alten Reichssaal Gustav Vasas, Örebro slott, Tel. 122339, mit Terrasse. **Slottskällaren**, Drottninggatan 1, Tel. 156960.

Örebro slott, Mitte Juni-Mitte Aug. Führungen tägl. 11, 13, 15 Uhr (Schwedisch), 12 Uhr (Deutsch), 14 Uhr (Englisch). **Länsmuseum**, Juni-August tägl. 11-17 Uhr. Freilichtmuseum **Wadköping**, Di-So, Mai-Aug. 11-17 Uhr, sonst 11-16 Uhr. Wasserturm **Svampen** mit Restaurant, Mai-Aug. tägl. 11-18 Uhr.

Letzte Juliwoche: **Sommerfestival**. 2. Augustwoche: **Drachenbootfestival**.

RUND UM DEN MÄLARSEE

NYKÖPING
GRIPSHOLM
VÄSTERÅS
SALA
UPPSALA
SIGTUNA

**MÄLARSEE

Das Herz des Svear-Reichs

Um den See ****Mälaren** gruppieren sich die Landschaften *Södermanland* im Süden, *Västmanland* im Nordwesten und *Uppland* im Nordosten. Sie bildeten seit dem 5. Jh. den Kern von *Svear rike* (Svear-Reich), dessen Grenzen nicht festgelegt waren, das aber im Kernland eine Grobgliederung aufwies: *Uppland* stellte das Zentrum dar, südlich davon lebten die „Süd-" und westlich die „Westmänner".

Im Mälarsee haben alle drei Landschaften ihre gemeinsame Lebensader. Er war im Mittelalter noch mit der Ostsee verbunden, ist aber heute durch Wehre und Schleusen von ihr abgetrennt und damit Schwedens drittgrößter Binnensee geworden. Er reicht von der Ostsee bis nach Köping 100 km tief ins Landesinnere und ist durch zahlreiche Buchten, Wasserläufe und Inseln geprägt. Sämtliche historischen Hauptstädte Schwedens – Birka, Alt-Uppsala, Uppsala und Stockholm – liegen in seinem Bereich. Västerås, Strängnäs und Sigtuna sind drei weitere wichtige Städte des Mittelalters an seinen Ufern. Heute ist der See über den Södertäljekanal für die Schifffahrt mit der Ostsee verbunden und kann von Seeschiffen bis 5,5 m Tiefgang befahren werden. Dies führte zum Bau großer Industriekomplexe in Södertälje, Eskilstuna und Västerås.

Vorherige Seiten: Trosa, ein idyllischer Badeort südlich von Stockholm. Links: Durch Kurt Tucholsky weltberühmt geworden – Schloss Gripsholm.

SÖDERMANLAND

Södermanland (auch: *Sörmland*), das „Land der Südmänner", ist sanft gewellt, voller **Seen**, Wälder und Flüsse und hat nur mit dem Kolmården im Süden und dem Mälarmården im Westen nennenswerte Höhenzüge aufzuweisen. Vor der Ostseeküste liegt ein ausgedehnter **Schärengürtel** mit mehr als 5000 Inseln. Die Landschaft war bereits in der Steinzeit besiedelt, die frühen Bewohner haben ein reiches Erbe an kulturhistorischen Schätzen hinterlassen. Man hat über 100 000 Grabhügel, Steinsetzungen, Runensteine und Fliehburgen registriert.

Die Nähe zur Hauptstadt Stockholm und der Reiz der Landschaft veranlassten viele reiche Adlige im 17. Jh., sich hier **Herrenhäuser** bauen zu lassen. Diese Mischung aus bezaubernder Natur und einer Fülle von attraktiven kulturgeschichtlichen Denkmälern macht Södermanland zu einem der bevorzugten Urlaubsgebiete der Schweden.

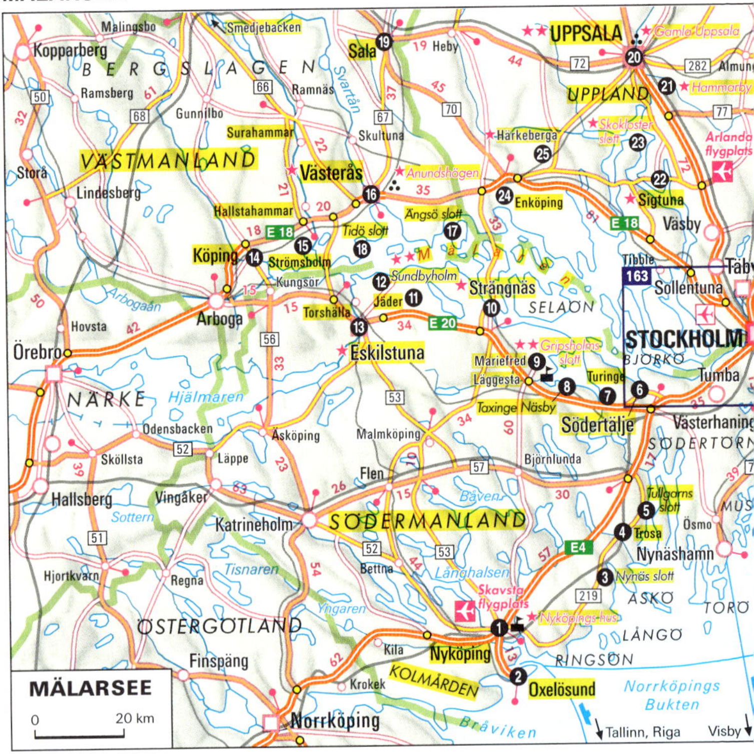

Der *Sörmlandsleden*, ein Wanderweg von etwa 1000 km Länge, erschließt Natur und Kultur Södermanlands auf vielfältige Weise für Fußgänger; die 600-km-Strecke des *Näckrosleden* („Seerosenweg") ist für Radfahrer ausgeschildert. Kanuten haben nahezu unbegrenzte Sportmöglichkeiten sowohl auf der Ostsee als auch auf den Binnengewässern. Im Winter ist Tourenschlittschuhlauf auf den schier endlosen Wasserstrecken beliebt.

Die Region ist verkehrsmäßig sehr gut erschlossen: Die E 4 durchquert sie von Süden nach Norden und die E 20 von Osten nach Westen. Eisenbahnen verbinden alle wichtigen Städte, und Buslinien berühren auch den kleinsten Ort.

Nyköping, die Stadt mit dem Schlüssel

Ein überdimensionaler Schlüssel an der E 4 auf dem Dach einer Raststätte ca. 10 km vor **Nyköping ❶** erinnert an ein folgenschweres Gastmahl, das 1317 in der Burg ***Nyköpings hus** stattfand. König Birger Magnusson hatte seine Brüder, mit denen er im Thronstreit lag, zu einem Versöhnungsmahl auf die Burg eingeladen. Doch anstatt sie wie versprochen zu bewirten, ließ er sie in den Kerker werfen. Den einzigen Schlüssel warf er in den Fluss **Nyköpingsån** und gab so seine Brüder dem Hungertod preis.

Aus einem Wachtturm des 12. Jh. entwickelte sich eine Festung, die unter

Info S. 141-143

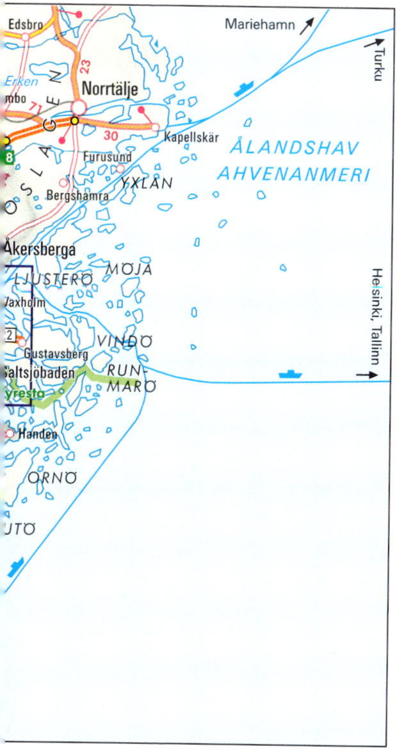

Karl IX. zu einem Renaissanceschloss umgebaut wurde. Nach einem großen Brand 1665 wurde es nur teilweise wiederhergestellt. Erhalten blieb der **Vasaporten** genannte Burgeingang und der **Kungstornet** (Königsturm), in dem sich einst der berühmte Kerker befand. Heute sind dort Modelle der Anlage ausgestellt. Der Ruinenteil der Burg wird im Juli als Freilichtbühne für die Inszenierung *Nyköpings Gästabud*, „Das Gastmahl von Nyköping", genutzt.

Der Hafenort Nyköping erhielt 1260 die Stadtrechte; Magnus Ladulås, der hier zum König gewählt wurde, protegierte ihn kräftig. Die Feuersbrunst in der Altstadt im 17. Jh. haben nur die Kirchen **Sankt Nicolai** und **Allhelgona** (Allerheiligen) überstanden; die Nicolaikirche liegt am Stortorget gegenüber dem **Rådhuset** aus dem 18. Jh., die Allerheiligenkirche auf dem anderen Flussufer vis-à-vis der Burg.

Aus dem **Fluss**, in den im 14. Jahrhundert der königliche Kerkerschlüssel geworfen wurde, angelt man heutzutage – mitten in der Stadt – Lachs und Meerforelle.

Der **Flughafen** des Vororts **Skavsta** ist Ziel internationaler Billigflüge (Transfer nach Stockholm ca. 120 km).

Von **Oxelösund** ❷, dem modernen **Hafen** von Nyköping, verkehren Frachter nach Tallin und Riga. Den Weg nach Södertälje sollte man möglichst auf der E 4-Nebenstraße 219 fortsetzen, die der Schärenküste folgt.

Adelsschlösser

Nynås slott ❸ (35 km ab Nyköping, östlich der Straße 219) aus dem 17. Jh. befand sich bis in die 1980er-Jahre in Privatbesitz. Heute sind Besucher willkommen: die Gelegenheit, ein Schloss mit originalem historischem Mobiliar zu besichtigen und die Lebensbedingungen von Adel und Bediensteten kennen zu lernen. Die Orangerie dient als Schlossgaststätte.

Der Badeort **Trosa** ❹ (am nördlichen Ende der 219) besteht aus kleinen, geduckten Häusern mit schönen Gärten. In der Fischräucherei kann man sich für ein Strandpicknick eindecken. Petrijünger angeln hier gern Hecht und Zander.

Bis zum Anfang des 20. Jh. verbrachten die schwedischen Könige ihre Sommerferien im **Tullgarns slott** ❺, 12 km nördlich (bis sie nach Solliden auf Öland „umzogen"). Der Rokokobau steht im Sommer Besuchern offen.

Södertälje ❻ an der E 4 profitierte von der Eröffnung des **Södertälje kanal** 1819 und wurde zur Industriestadt. Die Motorenfabrik SAAB ist hier der größte Arbeitgeber. Am **Torekällberg**, im Freilichtmuseum, warten ein **Foto-,**

Info S. 141-143

Fahrzeug- und Feuerwehrmuseum auf Besucher. In Södertälje zweigt die E 20 von der E 4 ab und führt westwärts am Südrand des Mälarsees quer durch Södermanland.

Gleichsam als Auftakt zu einer ganzen Serie von Sehenswürdigkeiten kann man in **Turinge** ❼ (aus Södertälje kommend rechter Hand an der E 20 gelegen) die alte Steinkirche aus dem 12. Jh. besichtigen. Ihr hat man im 17. Jh. eine Grabkapelle für den Feldmarschall Erik Dahlberg angefügt. Er war auch ein sensibler Künstler, der eine Fülle von Zeichnungen geschaffen hat. In der Kapelle sind einige Reproduktionen seiner Werke ausgestellt.

Das Herrengut **Taxinge Näsby** ❽ (ebenfalls rechts von der E 20) hat einen großen gepflegten **Park**, in dem ein englischer, ein französischer und ein italienischer Teil um die Gunst der Besucher wetteifern.

Oben: Wie anno dazumal nach Mariefred – mit der schmalspurigen Museumsbahn. Rechts: Schloss Gripsholm zieht viele Besucher an.

**Schloss Gripsholm – Tucholskys Traumschloss

In **Läggesta** zweigt von der E 20 nordostwärts die Straße nach **Mariefred** ❾, und damit zum ****Gripsholm slott** ab. Auch in eine schmalspurige **Museumsbahn** nach Mariefred kann man in Läggesta umsteigen. Die stilvollste Anreise ist aber die mit dem Schiff von Stockholm aus. An schönen Tagen „knallen“ dann wirklich die Kuppeln in den blauen Himmel, wie man in *Schloss Gripsholm* nachlesen kann. Kurt Tucholskys gleichnamige Novelle hat Schloss Gripsholm weit über die schwedischen Grenzen hinaus bekannt gemacht. Als der deutsche Autor sie zwei Jahre nach einem Ferienaufenthalt in Mariefred veröffentlichte, konnte er nicht ahnen, dass dies sein erfolgreichstes Werk würde. 1933 war der kritische Journalist von den Nazis mit Publikationsverbot belegt worden, daraufhin ging er ins Exil und landete nach Umwegen im schwedischen Hindås bei Göteborg. Drei Jahre später nahm er sich dort, physisch und psychisch zer-

Karte S. 124-125, Info S. 141-143

stört, das Leben. „Fröken" Gertrude Meyer ließ ihn in Mariefred auf dem Friedhof nördlich der Kirche beisetzen. „Alles Vergängliche ist nur ein Gleichnis" ist auf seiner Grabplatte unter einer alten Eiche zu lesen.

Schloss Gripsholm stammt aus dem 14. Jh. Der Reichstruchsess Bo Jonsson Grip ließ es im Hinterland von Stockholm als Fluchtburg errichten. Nach dem Adler (Greif: *grip*), den er im Wappen führte, und nach der Insel (*holm*), auf der es stehen sollte, nannte er sein Schloss „Gripsholm". Nach einem Brand ging die Burg 1493 als Schenkung an das neu gegründete Kartäuserkloster Pax Mariä (Maria Frieden, *Mariefred*). Nach der Reformation beschlagnahmte Gustav Vasa die Anlage. Damals erhielt die Burg ihr charakteristisches Aussehen: Vier mächtige **Kanonentürme** mit dazwischen liegenden Wohntrakten ruhen auf bis zu vier Meter dicken Mauern. Die Fertigstellung erlebte Gustav Vasa nicht mehr. Seine Söhne Erik und Johan setzten sich hier gegenseitig gefangen. Die beiden Kanonen vor dem **Hauptportal** sind eine Kriegsbeute Johans III. aus Russland und tragen die sinnigen Namen „Sau" und „Eber".

Karl IX. ließ die Burg dann zum Renaissanceschloss umbauen und bezog die Vorburg in die Anlage ein. Um 1690 wurde der **Königinnenflügel** im Norden angefügt, seitdem diente das Schloss verschiedenen Königinnen als Witwensitz. Für das Personal wurden Wohnungen in der Vorburg ausgebaut, der **Kavaliersflügel** genannte Teil war das Gästehaus.

1773 übernahm Gustav III. das Schloss und ließ, als Freund der schönen Künste, in einem der Türme das **Theater** einbauen. Die Langeweile während der Belagerungen, so spottete Tucholsky, sei der wahre Grund gewesen. Das 1783 eröffnete Theater ist gut erhalten und könnte jederzeit bespielt werden. Auch Entwürfe für aufwändige barocke Theaterdekorationen – teils vom König persönlich erdacht – sind erhalten.

Karl XIV. Johan, der erste Bernadotte auf Schwedens Thron, setzte die 1744 begonnene **Porträtsammlung**

fort, die dem Schloss den Beinamen „Pantheon Schwedens" einbrachte. Die Sammlung mit heute rd. 3500 Porträts bedeutender schwedischer Persönlichkeiten ist über alle Räume, die besichtigt werden können, verteilt. Wer sich nicht intensiv mit schwedischer Geschichte beschäftigt hat, wird nicht allzu viele bekannte Namen finden. „Gustav der Verstopfte und Adolf der Unrasierte", lästert Tucholsky über die Dargestellten. Das Schloss ist inzwischen Teil des schwedischen Nationalmuseums.

Einen Eindruck von der unvergleichlichen Lage des Schlosses bekommt man am ehesten bei einem Rundgang um die Anlage, oder man lässt es von Mariefred aus auf sich wirken.

*Strängnäs

In ***Strängnäs** ⑩, 17 km westlich, führt die einzige Straßenverbindung über den Mälarsee. Der frühere Thingplatz war 1523 Schauplatz des Reichstages, der Gustav Vasa zum schwedischen König wählte.

Oben: Madonna aus dem 13. Jh. (Domkirche, Strängnäs). Rechts: Die Domkyrkan von Strängnäs spiegelt sich im Mälarsee.

Die Stadt gruppiert sich malerisch um eine Anhöhe, die von der ***Domkyrkan** überragt wird. Bereits 1291 geweiht, war das Gotteshaus ursprünglich eine dreischiffige Backsteinkirche mit einem geraden Chorabschluss. In den folgenden Jahrhunderten ist sie oftmals umgebaut worden. Nach der Reformation wurden die Seitenkapellen zu **Grabkapellen** des Adels umfunktioniert. Sten Sture, der den Aufstand gegen die Dänen geführt und so Gustav Vasa den Weg zum Thron geebnet hatte, wurde hier beigesetzt. Der jüngste Sohn Gustav Vasas, Karl IX., ließ sich hier, bereits 15 Jahre vor seinem Tod, ein Grabmal errichten. Seinen Ruf als schönste Kirche Schwedens verdankt der Dom den mittelalterlichen Ausmalungen in Langhaus und Chor. Der **Hochaltar**, eine Brüsseler Arbeit aus dem 15. Jh., ist der größte Flügelaltar Schwedens, er zeigt in geöffnetem Zustand sieben Stationen der Passion Christi, in geschlossenem die Weihnachtsgeschichte.

Östlich des Strängnäser Doms trifft man auf die Residenz des Bischofs Kort Rogge, die **Roggeborg** aus dem 15. Jh., die Gustav Vasa zum Gymnasium umfunktionierte. Heute ist sie das Magazin der königlichen Bibliothek.

In der Kirche von **Jäder** ⑪, an der Strecke nach Eskilstuna, befindet sich die **Gruft** der ehemals sehr einflussreichen Familie Oxenstierna.

Westlich von Jäder führt eine Nebenstraße zum Schloss **Sundbyholm** ⑫, einst Haupthaus eines Johanniterklosters. Ganz in der Nähe liegt der **Sigurdsristning**, Sigurdstein, aus der Wikingerzeit (vermutlich 11. Jahrhundert). Die Runeninschrift erinnert an einen verstorbenen Adligen, eine Zeichnung zeigt detailliert den Kampf Sigurds mit dem Drachen, also jenes Motiv, das auch im Nibelungenlied aufgegriffen wird.

Karte S. 124-125, Info S. 141-143

*Eskilstuna

***Eskilstuna** ⓭ ist aus den Stadtteilen Tuna und Fors beiderseits des Tunaån entstanden. Nach dem Märtyrertod des heiligen Eskil hat man die Stadt nach dessen Grabstelle benannt. Im 17. Jh. lockte Karl X. den renommierten livländischen Messerschmied Reinhold Rademacher durch die Gewährung von Privilegien in die Stadt, um dem dortigen metallverarbeitenden Kleingewerbe zum Aufschwung zu verhelfen. In den **Rademachersmedjorna** (Rademacherschmieden) wurden schon bald Messer, Schlösser und Ähnliches hergestellt. 20 dieser Schmiedehöfe sind noch erhalten, einige sind bewohnt, andere produzieren noch und können besichtigt werden.

Nach der Stadt hat man die spitzgiebligen Sarkophage der Wikingerzeit benannt, die man zuerst hier gefunden hat. Mehr als 60 dieser Eskilstuna-Särge sind bis heute bekannt.

Zur Stadt gehört auch der Ort **Torshälla**, der seinen Namen einem alten Opferplatz für den Gott Thor verdankt. Im Mittelalter war er Umschlagplatz für den Warenverkehr zwischen Stockholm und Örebro. Später lief Eskilstuna ihm den Rang ab.

VÄSTMANLAND

Köping

Die Einwohner von **Köping** ⓮ am äußersten Westende des Mälaren gelten in Schweden als der Inbegriff der Wortkargheit. Beweis ist schon der Name der Stadt: einfach *Köping* (Marktflecken) ohne jedes weitere Attribut wie *Ny-*, *En-* oder *Jön-*. Der berühmteste Einwohner der Stadt war der 1775 aus Stralsund eingewanderte Apotheker Carl Wilhelm Scheele. Er widmete sich chemischen Experimenten und entdeckte u. a. Sauerstoff, Stickstoff und Glyzerin. Auch Chlor hat er als erster in reiner Form isolieren können. Zu seinem Gedenken hat man im **Freilichtmuseum** eine **Apotheke** eingerichtet.

Västmanland ist 9000 km² groß und landschaftlich zweigeteilt: Die Tiefebene des Südens liegt nur 40 m über dem

Meeresspiegel, sie verfügt über fruchtbares Ackerland und Industriestandorte; dagegen ist der waldreiche Norden eine Hügellandschaft mit bis zu 400 m hohen Bergen. Er gehört zum *Bergslagen* genannten Bergbaugürtels Schwedens, der sich von Västmanland über Närke und Värmland bis nach Dalarna erstreckt.

Schwedens kleines Erzgebirge: Bergslagen

In Schweden hat die Erzgewinnung und -verarbeitung eine mehr als 2000-jährige Geschichte. Anfangs förderte man nur Sumpferze, aus eisenhaltigem Wasser nahe der Erdoberfläche ausgeschiedene Erze; im Mittelalter ging man dazu über, im Quellgebiet der Flüsse Eisenerz abzubauen. Das Holz der schwedischen Wälder lieferte die Energie zum Schmelzen des Eisens, riesige Blasebälge, die das Feuer auf die notwendige Temperatur brachten, wurden mit Wasserkraft betrieben.

Für die Waffenproduktion war die Eisengewinnung das Rückgrat der schwedischen Politik, ohne sie wären alle Großmachtsträume Illusion geblieben. Der Bergbau in Schweden stand daher schon früh unter dem besonderen Schutz der Krone und wurde mit Privilegien gefördert. Den Landbesitzern war es erlaubt, sich zu Fördergemeinschaften zusammenzuschließen. Für die Produkte wurden Garantiepreise bezahlt, und die Nutzung von Wäldern und Flüssen unterlag praktisch keinen Beschränkungen. Grubenarbeiter genossen keine Freizügigkeit und es gab eine eigene Grubengerichtsbarkeit, die sogar die Todesstrafe verhängen konnte. Kurzum, die *bruksamhäller* (Hüttengemeinschaften) hatten einen autonomen Status, ihre Mitglieder waren zudem vom Kriegsdienst befreit. Als im ausgehenden Mittelalter die Arbeitskräfte knapp wurden, warb man zuerst Finnen aus den schwedischen Ostpro-

Oben: Die Eisengewinnung in den Bergwerken Bergslagens – Grundlage für Schwedens Großmachtpolitik. Rechts: Gustav I. Vasa, erster König der in Västerås 1544 beschlossenen Erbmonarchie.

Karte S. 124-125, Info S. 141-143

vinzen an, später auch deutsche und belgische Bergbaufachleute, die ihre eigenen Grubenmannschaften mitbrachten. Auch ausländisches Kapital – besonders lübeckisches – floss ins Land und ermöglichte den weiteren Ausbau von Förderung und Verhüttung. Im 16. und 17. Jh. hatte die Eisenindustrie stark zugenommen, das Holz wurde so knapp, dass man den finnischen Arbeitern, die nebenbei Landwirtschaft betrieben, sogar die gewohnte Brandrodung untersagte.

Um das Transportproblem zu lösen, legte man zwischen **Strömsholm** ⓯ (20 km östlich von Köping; sehenswertes **Schloss** mit **Gestüt**) und **Smedjebacken** (an der Straße 66, 100 km nordwestlich von Strömsholm) in den Jahren 1777 bis 1795 die Wasserstraße **Strömsholms kanal** an. Der Kanal galt als technische Meisterleistung, nur 12 km der Strecke mussten gegraben und 26 Schleusen gebaut werden, für die restlichen 120 km des Schifffahrtswegs nutzte man bestehende Wasserläufe. Schon seit langem ist der Strömsholmskanal kein industrieller Transportweg mehr, nur noch **Freizeitboote** verkehren auf ihm. Im Sommer fährt das **Motorschiff „Strömsund"** die gesamte Kanalstrecke in drei Tagen ab.

Die Hüttenwerke und Gruben Bergslagens sind inzwischen stillgelegt. Einige Betriebe haben bis ins 20. Jh. produziert, z. B. wurden in **Hallstahammar** und **Surahammar** bis nach dem 2. Weltkrieg Schienen und Eisenbahnräder hergestellt.

*Västerås, die Stadt der Reformation

***Västerås** ⓰ ist die Hauptstadt der Provinz Västmanland. Sie war schon früh ein geistliches Zentrum des Landes, wurde 1120 Bischofssitz und beherbergte mehrere Klöster. In einem davon, dem Dominikanerkloster, fand 1527 der folgenschwerste Reichstag der schwedischen Geschichte statt: Mit

der Verabschiedung des *Västerås Recess* wurde die Reformation eingeführt, und der König erhielt das Recht, die Kirchengüter einzuziehen – Balsam für den erbärmlichen Zustand der Staatsfinanzen. Ein weiterer Reichstag führte 1544 die Erbmonarchie in Schweden ein.

Bis zum Ende des 19. Jh. blieb Västerås dennoch ein kleines, verschlafenes Landstädtchen mit 12 000 Einwohnern, aber mit der Industrialisierung – Elektrokonzerne und Kugellagerproduzenten siedelten sich hier an – explodierte die Einwohnerzahl förmlich. Heute leben 120 000 Menschen in der Stadt.

Der **Svartån** verlegte im Lauf der Jahrhunderte seine Mündung immer weiter in den Mälarsee; ihr folgte die Stadt bei jedem Neuaufbau nach großen Bränden. Der mittelalterliche Stadtkern ist daher an den nördlichen Innenstadtrand gerückt. Dieser Teil von Västerås, **Kyrkbacka** genannt, bildet heute eine Kleinstadtidylle, die zu einem Rundgang einlädt.

Zentrales Bauwerk ist – einmal abgesehen von dem modernen Hotel-Hochhaus – die *Domkyrkan südlich von Kyrkbacka. Bereits im 12. Jh. stand hier eine kleine Feldsteinkirche, an deren Stelle im 16. Jh. eine fünfschiffige Backsteinbasilika errichtet wurde. Nicodemus Tessin d. J. stockte im 17. Jh. den Turm zu einer Höhe von 102 m auf. Zu den Sehenswürdigkeiten im Inneren zählen der flämische Hochaltar aus dem 15. Jh. und zwei auffällige Grabmonumente im Chorumgang. Das eine erinnert an Reichsmarschall Magnus Brahe, einen Neffen des großen Astronomen, und ist 1635 aus Marmor und Alabaster geschaffen worden. Das Grabmal König Eriks XIV. aus Carraramarmor wurde erst 200 Jahre nach seinem Tod von Gustav III. gestiftet. Eriks erste Ruhestätte muss bedeutend bescheidener gewesen, da er einige Bluttaten auf sich geladen hatte und selbst wahrscheinlich von seinem Bruder und Nachfolger auf dem Thron, Johan III., vergiftet worden war.

In Västerås befindet sich das älteste schwedische Gymnasium, das der protestantische Bischof Rudbeckius (Denkmal vor dem Dom) im 17. Jh. gründete. Am heutigen Stortorget südlich des Doms steht seit 1959 das neue **Rådhuset** mit 65 m hohem Turm und dem größten Glockenspiel Skandinaviens. Das alte Rathaus nebenan ist heute **Konstmuseet**.

Als moderne Stadt verfügt Västerås über ein ausgeklügeltes Fernheizsystem, das nicht nur die Wohnungen und öffentliche Gebäude versorgt, sondern auch die Industrie mit Prozesswärme beliefert, was der Stadt die sonst üblichen Fabrikschlote erspart.

Rund um Västerås

„Stadt der Gurken" wurde Västerås im 19. Jh. genannt, als hier Salz- und Gewürzgurken konserviert wurden, die man im Umland anbaute. Das „Gurkenland" bietet reizvolle Ausflugsmöglichkeiten.

Rechts: Bronzestempel zur Verzierung von Helmen, Fundort Uppland, Vendel-Zeit.

Wenige Kilometer östlich von Västerås liegt bei **Badelunda** die Grabanlage ***Anundshögen**. Der Grabhügel mit 60 m Durchmesser und einer Höhe von 10 m ermöglicht einen Rundblick über weitere Grabhügel, Steinsetzungen und fünf größere Schiffssetzungen. Man vermutet, dass die Anlage gegen Ende der Jüngeren Eisenzeit (um 500 n. Chr.) entstand.

Am Ufer des Mälarsees, 25 km östlich von Västerås, gelangt man zum **Ängsö slott** ⓱, das als eines der schönsten Rokokoschlösser Schwedens gilt. Die Wandmalereien der kleinen gotischen **Schlosskapelle** stammen noch aus der Zeit vor der großen Pestepidemie von 1350.

10 km westlich von Västerås zweigt eine kleine Straße von der E 18 nach Süden zum **Tidö slott** ⓲ ab. Reichskanzler Axel Oxenstierna ließ es 1625 in strengem Renaissancestil errichten. Einige Räume sind mit Möbeln aus jener Zeit bestückt, in anderen ist eine Spielzeugsammlung untergebracht, darunter auch Spielsachen des heutigen Königs.

Sala, Silberstadt der Alten Welt

Um Edelmetall ging es in Bergslagens Stadt **Sala** ⓳ (Straße 67, 35 km nördlich von Västerås). Hier wurden schon im Mittelalter reiche Silbervorkommen ausgebeutet. Bis zur Entdeckung Amerikas waren die Gruben von Sala sogar die ergiebigsten der Alten Welt. Johan III. bezeichnete Sala als die „Mördergrube" seines Reiches; er bezog sich dabei auf die vielen Straf- und Kriegsgefangenen, die hier Frondienste leisten mussten. Für seinen jüngeren Bruder Karl IX. waren die Silberminen hingegen „das Kleinod des Reiches". Das Grubendorf **Gruvbyn** ist für Besucher geöffnet, ein kleines Museum dokumentiert die Geschichte der Gruben. Lohnend ist in Sala der Besuch der

Landsförsamlings kyrka, eines Gotteshauses, in dem auch Provinzpolitik gemacht wurde. Es wurde im 13. und 14. Jh. errichtet, noch vor der Stadtgründung. Die spätmittelalterlichen Ausmalungen sind recht gut erhalten. Sala ist heute touristisches Zentrum: Wanderwege, ruhige Campingplätze mitten in der Wildnis, Angelreviere an den zahlreichen Seen, aber auch Trendsportarten wie Golf und Tennis zählen zu den Attraktionen.

UPPLAND

Geologisch ist **Uppland** eine sehr junge Landschaft. Um die Zeitenwende war die ganze Gegend ein ausgedehntes Schärengebiet, das sich langsam zu heben begann. Am Ende der Eisenzeit war dieser Prozess so weit fortgeschritten, dass feste Verbindungen zwischen den Inseln entstanden und eine Besiedlung möglich wurde. Noch in der „Vendel-Zeit" (500-800 n. Chr.) müssen Wasserwege die wichtigsten Verbindungen zwischen den Siedlungen gewesen sein. Erst im Mittelalter war das Land weit genug aus dem Wasser aufgestiegen, dass Wege und Brücken angelegt werden konnten. Viele der Inschriften von über 1000 Runensteinen, die man in Uppland gefunden hat, berichten von solchen Baumaßnahmen. Heute ist die Landschaft flach, nur die ehemaligen Schäreninseln ragen als Hügel bis zu 75 m auf. Der fruchtbare Boden zwischen den Hügeln wurde schon in der Wikingerzeit als Ackerland genutzt, und so ist es bis heute geblieben.

Viel schöner als die nackten Tatsachen ist jedoch die Entstehungssage Upplands, die Selma Lagerlöf im *Nils Holgersson* wiedergibt. Danach war Uppland die ärmste schwedische Landschaft, dafür schämte es sich und begann eine Betteltour durch die schwedischen Provinzen. Überall bekam es eine Spende: Wald, Felsen, Flüsse und Ackerland. Zu Hause gruppierte es die milden Gaben so geschickt, dass sogar der König in diesem lieblichen Land wohnen wollte.

Richtig ist, dass die frühen Könige Schwedens alle in Uppland residierten. *Birka*, auf einer Insel im Mälarsee, war

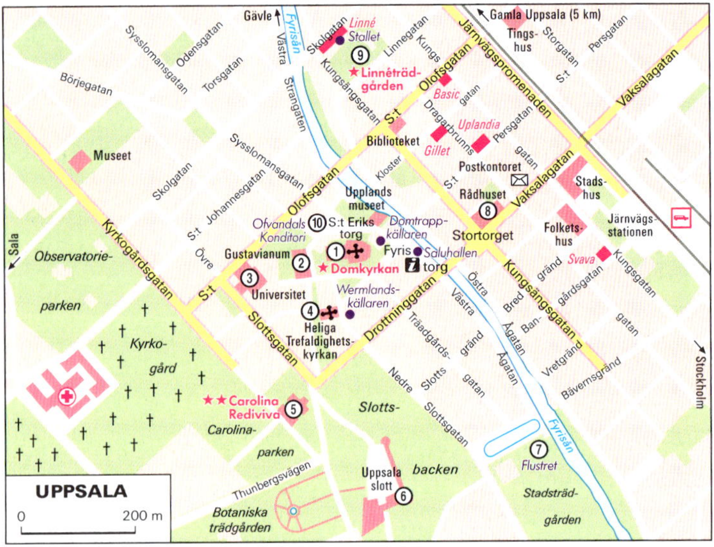

eine Hauptstadt des Svear- und später des Wikingerreichs. Ein weiteres Zentrum entstand in *(Alt-)Uppsala*, dort residierten auch die christlichen Könige des Mittelalters. Sie beorderten bald den Bischof aus *Sigtuna* dorthin und machten ihn zum Erzbischof. Doch dieser wechselte ins günstiger gelegene heutige *Uppsala*; da verlegten die Könige ihre Residenz ins neue *Stockholm*.

Zählt man das verwaltungsmäßig ausgegliederte Gebiet von Stockholm zu Uppland, wohin es historisch auch gehört, dann ist diese Landschaft die reichste Kulturlandschaft Schwedens.

**Uppsala

Wegen der ungünstigen Verkehrslage Alt-Uppsalas – es gab keinen Anschluss an die Wasserstraßen des Landes – beschlossen 1273 König und Erzbischof, die Residenzen zu verlegen. Der Erzbischof wählte den nahe gelegenen Handelsplatz *Östra Aros* („östliche Flussmündung", im Gegensatz zum 70 km weiter westlich gelegenen *Västra Aros* = Västerås) als neuen Amtssitz und nahm aus (Alt-)Uppsala auch gleich den Namen mit. Durch die Landhebung war am Fluss **Fyrisån** ein Wasserfall entstanden, so dass man gezwungen war, alle Transportgüter ins Landesinnere hier umzuladen, günstige Voraussetzung für die Entwicklung einer Stadt.

Gegenüber dem Hafenplatz, auf der Westseite des Fyrisån, wählte man als neuen Standort der Bischofskirche einen Hügel, auf dem in der Steinzeit schon eine Siedlung und in vorchristlicher Zeit ein wichtiger Thingplatz bestanden hatte. Der Dombau lockte Handwerker an und brachte so eine erste Blüte für die Stadt **Uppsala** ⓴. Die Gründung der Universität 1477 war ein weiterer Impuls für die Entwicklung. Als die Akademiker im 16. Jh. eigene Rechte erhielten, wurde die Universität gewissermaßen zur Stadt in der Stadt, die sich häufig mit der Bürgerschaft befehdete. 1702 zerstörte eine

Rechts: Aus jeder Richtung weisen die Türme der Domkirche von Uppsala den Weg in die Stadt.

Info S. 141-143

Feuersbrunst ganz Uppsala und beschädigte auch den Dom stark. Erst Mitte des 18. Jh. erholte sich die Stadt von diesem Schlag und eine rege Bautätigkeit setzte ein. Damals entstanden die Professorenhäuser als repräsentative Steinbauten, während die Bürgerhäuser meist mit Grassoden gedeckte Holzbauten waren.

Die Naturwissenschaftler des 18. Jh. – allen voran Carl von Linné und Anders Celsius – machten die Universität weit über die Grenzen Skandinaviens hinaus bekannt. Trotz dieses Ruhms blieb die Universitätsstadt mit 8000 Einwohnern bis Mitte des 19. Jh. eine Kleinstadt. Erst der Bau der Eisenbahnlinie nach Stockholm 1866 veränderte das Städtchen radikal. Industrie siedelte sich an und die Einwohnerzahl wuchs auf mittlerweile 170 000. Darunter sind heute 20 000 Studenten.

Die Universität ist zwar nur die viertgrößte des Landes, aber wohl die berühmteste und beste Skandinaviens. Zu Recht kann man von einer Eliteuniversität sprechen. Ihre alten Gebäude bilden zusammen mit dem Dom den Mittelpunkt der Stadt: Hier sollte man den Rundgang beginnen. Den ersten, „französischen" Bauabschnitt, zu dem Chor und Querhaus gehören, konzipierten Baumeister aus Frankreich im 13. Jh. mit dem in Schweden seltenen Material Sandstein, dann wurde die ***Domkyrkan** ① im 14. Jh. von deutschen Baumeistern mit Backsteinen weitergebaut. 50 Jahre nach der Weihe 1435 stellte man die beiden Fassadentürme fertig. 1885-93 restaurierte Hugo Zettervall den Dom gründlich, indem er sich auf die ursprüngliche Planung und die französischen Vorbilder zurückbesann, und erhöhte die Türme auf 118 m.

Insgesamt überwiegen heute die neogotischen Formen; die 800-jährige Geschichte ist dem Dom kaum anzumerken. Das Bauwerk ist fast schmucklos gehalten, sieht man einmal von den Portalen ab. Das Nordportal zeigt den heiligen Olav und die Anbetung der Hirten, das Südportal ist dem heiligen Laurentius geweiht, der von Propheten und Heiligen umgeben ist. Beide Seitenportale stammen noch aus dem 14. Jh. Die Westfassade, eine Neugestaltung des

19. Jh., ist mit einer Statue Eriks IX., des Nationalheiligen, geschmückt. Er soll auf den Stufen des Doms von einem Dänenprinzen erschlagen worden sein. An der Südseite des Doms hat man einige Runensteine aufgestellt, die bei der Restaurierung unter dem Boden der Kirche gefunden wurden.

Das Innere der dreischiffigen Basilika mit einer imponierenden Gewölbehöhe von 27 m wirkt überraschend schlicht. Die Vierung wird als „Königsgewölbe" bezeichnet, weil hier zwischen 1441 und 1719 die schwedischen Könige ihren Kroneid ablegten, bevor sie vom Erzbischof gekrönt wurden.

Die Scheitelkapelle des Chores, einst Marienkapelle, ist zum Mausoleum Gustav Vasas geworden, der hier mit seinen beiden protestantischen Ehefrauen – insgesamt hatte er drei – begraben liegt. Das Renaissance-Grabmonument, 1590 in Holland aus Carraramarmor gearbeitet, ist eine exakte Replik des Prunkwagens, mit dem die Leichen von Stockholm, wo sie vorher beigesetzt waren, nach Uppsala überführt wurden. Die Vasa-Kapelle wurde im 19. Jh. mit sieben Fresken ausgeschmückt, die Stationen aus dem Leben des Königs zeigen.

Oben: Blumenstände beleben die Östra Ågatan in Uppsala. Rechts: Eine Pause zwischen den Vorlesungen in der Sonne genießen – vor der Universität.

In einer Nachbarkapelle sind Erik der Heilige – der übrigens nie kanonisiert wurde – und der Vater der heiligen Birgitta begraben. Die nächste Kapelle erinnert an die Ermordung Sten Stures und seiner Söhne durch Erik XIV. und in der dritten hat die polnische Frau Johans III., Katharina Jagellonica, ihre letzte Ruhe gefunden.

In der ehemaligen Andreaskapelle im Süden des Chors wurde der Kanzler und Freund Gustav II. Adolfs, Axel Oxenstierna, beigesetzt – die höchste Ehre, die ihm sein König posthum erweisen konnte. Interessant sind die Kragsteine an den Chorpfeilern, die Tugenden und Laster darstellen. Die barocke Kanzel im Langhaus hat Nicodemus Tessin d. J. entworfen. Ein einfacher Steintisch dient als Altar. Über ihm

Stadtplan S. 134, Info S. 141-143

hängt ein modernes Kruzifix aus Silber und geschliffenem Bergkristall, das Bertil Berggren 1976 geschaffen hat.

Im südlichen Seitenschiff, nahe dem Hauptportal, wurde der Mystiker Emanuel Swedenborg beigesetzt. Ein Epitaph am nordwestlichen Pfeiler des Langhauses erinnert an Carl von Linné.

Dem Hauptportal des Doms gegenüber steht das **Gustavianum** ②, das Gustav II. Adolf 1623 der Universität Uppsala schenkte. Es ist eines der wenigen Bauwerke der Stadt, die den großen Brand von 1702 unversehrt überstanden haben. Olov Rudbeck ließ hier 1662 das *Theatrum Anatomicum* einbauen, nachdem er die Architektur solcher Anatomiesäle in ganz Europa studiert hatte. Auf einem schlichten Tisch in der Mitte des runden Raumes wurden die Leichen seziert, wobei die Studenten von den steil ansteigenden Rängen mit hoher Brüstung der Demonstration folgen konnten. Wenn auch den Studenten im Saal sicher manchmal schlecht wurde – umfallen konnten sie jedenfalls nicht.

Im Gustavianum sind heute auch die drei archäologischen Museen der Universität untergebracht: für ägyptische, für klassische und für nordische Altertümer.

Als Seminar der katholischen Kirche gegründet, wurde die **Universität** ③ nach der Reformation der Aufsicht der Kirche entzogen und einem eigenen Kanzler unterstellt. Gustav II. Adolf und seine Nachfolger stifteten ihr eine große Zahl landwirtschaftlicher Güter und Mühlen, um ihre Unabhängigkeit zu gewährleisten. Noch heute gehört die Universität von Uppsala zu den größten Grundbesitzern des Landes.

Südlich von Dom und Gustavianum steht die Stadtkirche Uppsalas aus dem 14. Jh., die **Heliga Trefaldighetskyrkan** ④ (Hl. Dreifaltigkeitskirche); das Palais gegenüber, errichtet im 18. Jh., ist der Sitz des protestantischen Erzbischofs.

Nahe der Dreifaltigkeitskirche fand die Universitätsbibliothek ihren Platz, die ****Carolina Rediviva** ⑤, in der von jedem jemals in Schweden gedruckten Buch ein Exemplar vorhanden ist. Grundstock der Sammlung von mehr als 2 Millionen Bänden und 30 000

Handschriften waren die Klosterbibliotheken, die Gustav II. Adolf der Universität übereignet hatte. Zu den Glanzstücken der Sammlung gehören die so genannte **★★Silberbibel** (*Codex Argenteus*) aus dem 6. Jh., die älteste **Edda-Handschrift**, der *Codex Uppsaliensis*, eine isländische Handschrift aus dem 13. Jh. sowie die *Carta Marina*, die **Skandinavienkarte des Olaus Magnus** (1539). Die wertvollen Stücke sind in einem kleinen Museum im Erdgeschoss ausgestellt.

Das **Uppsala slott** ⑥ südöstlich der Bibliothek hatte Gustav Vasa als Fluchtburg für die Einwohner der Stadt geplant – daher auch der große Innenhof. Es wurde häufig umgebaut und beherbergt heute die Verwaltung der Provinz, nur **Kunstmuseum** und **Reichssaal** sind zugänglich. Hier legte Königin Christina 1654 ihre Krone nieder und trat zum Katholizismus über.

Die Gunilla-Glocke direkt am Schlosseingang läutet traditionsgemäß in der Walpurgisnacht den Frühling ein. Diese Zeremonie beginnt vor der Bibliothek mit einer Rede des Kanzlers der Universität, der den Frühling willkommen heißt. Mit lautem Gesang zieht man zum Schloss und danach zum Ausflugslokal **Flustret** ⑦ im Stadtpark zu Füßen des Schlosses, wo die Feier ihren Höhepunkt erreicht und häufig mit einem Ausnüchterungsbad im nahen See endet.

Geht man vom Stadtpark über die **Västra Ågatan** Richtung Dom zurück, passiert man die *Nationen* genannten Häuser der Studentenverbindungen Uppsalas, die in ihrer Funktion eher dem Studentenwerk als Burschenschaften vergleichbar sind, also keinerlei politischen Anspruch erheben. Über die **Drottninggatan** gelangt man jenseits des Flusses zum **Stortorget**, dem bürgerlichen Zentrum der Stadt, mit dem **Rådhuset** ⑧ aus dem 19. Jh. Von hier führt die **Kungsängsgatan** zum **★Linné trädgården** ⑨ (Linné-Garten, mit Linné-Museum), dem ehemaligen Botanischen Garten der Universität. In den 1930er-Jahren legte man diesen Park

Oben: Carl von Linné, der einzige Gärtner, mit dem man auch bezahlen kann.

an, um hier die von Linné entworfene Pflanzensystematik zu demonstrieren.

Über die **Sankt Olofsgatan** kommt man zur **Sysslomansgatan**, wo am südlichem Ende **Ofvandals Konditori** ⑩, ein weiteres Zentrum studentischen Lebens, mit verstaubtem Charme und gutem Gebäck zu einer Rast einlädt. Am Sankt Eriks torg zweigt die enge Valvgatan ab. Durch das Eckhaus, das **Domtreppenhaus**, führt eine Treppe direkt zur Südseite des Doms zurück.

⋆Gamla Uppsala

Nur 5 km nördlich von Uppsala liegt die einstige Metropole des Wikingerreichs: **⋆Gamla Uppsala** (Alt-Uppsala). Schon von weitem fallen vier große Hügel auf, die man über den Fußweg, der vom Parkplatz zur Gemeindekirche führt, leicht erreichen kann. Die drei Hügel links des Weges sind – so vermuten Forscher – die Grabanlagen des Königs Aun, seines Sohnes Egil und seines Urenkels Adil. Die drei Herrscher des *Svear*-Reichs sollen hier im Lauf des 6. Jh. beigesetzt worden sein. Die spärlichen Grabbeigaben, die man bei Ausgrabungen fand, gelangten ins Historische Museum nach Stockholm. Der vierte Hügel wird als Thingplatz interpretiert; man nimmt an, dass sich die Svear-Könige hier mit ihren Kriegern zum Rat versammelten – die Wiege der schwedischen Demokratie also gewissermaßen.

An der Stelle der heutigen Kirche soll ein sagenumwobener heiliger Hain der Wikinger gestanden haben. Genau hier ließ der Bischof von Sigtuna, als er 1164 Erzbischof von Schweden wurde, seinen Dom erbauen. Dieser war mehr als doppelt so groß wie die heutige Kirche, für deren Bau man Steine des Doms wieder verwendete. Darin steht noch der hölzerne Bischofsstuhl aus dem 12. Jh., dieser und eine Kirchenbank aus der gleichen Zeit gelten als Schwedens älteste Möbelstücke. Anders Celsius, der berühmte Physiker des 18. Jh., hat hier seine letzte Ruhe gefunden.

In der Nähe des Parkplatzes ist das moderne Restaurant **Odinsburg** mit Wikingerinterieur entstanden, in dem dünner Met stilvoll in Trinkhörnern ausgeschenkt wird.

⋆Hammarby und ⋆Sigtuna

10 km südlich von Uppsala kann man Carl von Linnés Herrenhaus besuchen: **⋆Hammarby** ㉑ (östlich der E 4) ist noch heute ein paradiesisches Refugium. **Linné** hat das Gut 1758 gekauft und das Haupthaus errichten lassen, in dem er auch manchmal Vorlesungen hielt. Heute ist es ein **Museum**. Im Erdgeschoss sind Möbel und Kleidungsstücke aus dem 18. Jh. ausgestellt, auch Linnés Arbeitszimmer hat man nachempfunden, die Wände des Obergeschosses sind lückenlos mit seinen Zeichnungen der verschiedensten Pflanzen bedeckt. Im linken Nebengebäude kann man an einer Weltkarte die zahlreichen Reisen Linnés nachvollziehen, das rechte dient als Café.

Die Gemeinde **⋆Sigtuna** ㉒ befindet sich etwa auf halbem Weg zwischen Uppsala und Stockholm. Der internationale Flughafen **Arlanda** gehört zum Gemeindegebiet, Sigtunas Ortskern liegt 12 km weiter westlich. Dort wohnen allein 90 % der ca. 30 000 Einwohner der Kommune.

Zwischen dem 10. und dem 12. Jh. war Sigtuna die wichtigste Stadt des *Svear*-Reichs. Hier trat König Olof Eriksson zum Christentum über, hier wurden die ersten schwedischen Münzen geprägt und hier residierte auch der erste, damals noch dem Erzbistum Bremen unterstellte Bischof Schwedens. Im 12. Jh. gab es fünf Steinkirchen, die seit einem Angriff estnischer Seeräuber 1187 Ruinen sind. Der ersten Zerstörung folgten noch viele weitere. Einzig erhalten blieb die Marienkirche, die heutige Stadtkirche. Sie gehörte zu einem Dominikanerkloster, das in der Re-

formationszeit zerstört wurde. Die Tradition als Schulstadt, die das Kloster im 14. Jh. begründete, lebt bis heute fort. Es gibt in Sigtuna zahlreiche kirchliche und staatliche Ausbildungsstätten, darunter auch das Internat, in dem der heutige König Carl XVI. Gustaf sein Abitur gemacht hat.

*Skokloster slott

Rund 20 km von Sigtuna, auf einer Halbinsel im Ekoln, dem Nordteil des Mälaren, ragt ***Skokloster slott** ㉓ auf. Das ehemalige Zisterzienserinnenkloster und dessen Besitz gingen im 17. Jh. als Lehen an die Familie von Wrangel. Carl Gustav von Wrangel, ein im Dreißigjährigen Krieg zu Ruhm und Geld gekommener General, beauftragte die Baumeister Tessin d. Ä. und de la Vallée mit dem Bau eines repräsentativen Barockschlosses. Nicht alle seine Pläne wurden vollendet. In den heute zugänglichen Räumen sind noch Teile des originalen Barockmobiliars vorhanden, ebenso die große Kunst- und Waffensammlung, die von Wrangel während des Krieges in ganz Europa erbeutet hat. Die gut erhaltene Klosterkirche wurde als Familiengruft genutzt. In ihr fand man bei Umbauarbeiten auch den Runenstein, der jetzt zwischen Kirche und Schloss steht. Das eingemeißelte Kreuz auf dem Stein stammt aus christlicher Zeit, die Darstellungen darauf aus dem heidnischen 10. Jh.

Oben: Samstags ist in der Hauptstraße von Sigtuna besonders viel Betrieb.

Enköping und Härkeberga

Aus der Blütezeit der Stadt **Enköping** ㉔ im Mittelalter ist nach vielen Zerstörungen nur die **Vårfrukyrkan** (Liebfrauenkirche) erhalten geblieben.

Härkeberga ㉕, 10 km nordöstlich von Enköping, besitzt ein kleines Juwel in seiner ***Landkirche**; der schwedische Kirchenmaler Albertus Pictor schuf hier sein eindrucksvollstes Werk: Über und über malte er im 15. Jh. Wände und Gewölbe mit lebendig wirkenden biblischen Darstellungen aus.

INTERNET: www.sormlandsturism.se; www.vastmanland.se; www.res.till.uppland.nu.

NYKÖPING (☎ 0155)

Stora Torget, 61183 Nyköping, Tel. 248200; www.visitnykobing.se.

Stenbrogården Värdshus, Tel. 216738, schön gelegenes Restaurant im Herrenhausstil, Gruppen. **Wreta Gestgifveri Anno 1699**, Tel. 72022.

Sankt Nicolai, **Allhelgona kyrka**, tägl. 6-10 Uhr, außer zu den Gottesdienstzeiten. **Burg** von **Nyköping**, Juli tägl. 12-16 Uhr, sonst Di-So.

KANUTRAIL: Empfehlenswerte Strecken durch Södermanland: www.kanotguiden.com.

TROSA (☎ 0156)

Rådhuset, Torget, 61922 Trosa, Tel. 52222.

Bomans Hotel, Ö. Hamnplan, gute Regionalküche. **Café Garvaregården**, Västra Långgatan 40, Tel. 12220, Smörbröd u. kleine Gerichte in verwunschenem Garten.

Nynäs slott, 26.06.-15.08. tägl. 12-16 Uhr, mit Café im Garten. **Tullgarns slott**, Juni-Anf. Sept. tägl. 11-16 Uhr; engl. Führungen 11 u. 15 Uhr.

SÖDERTÄLJE (☎ 08)

Saltsjögatan 2, 15171 Södertälje, Tel. 55018899.

Museen am **Torekällberg**, April-September tägl. 10-16 Uhr, Oktober-März 11-15 Uhr.

Kirche von **Turinge** 01.06.-31. 08. tägl. 12-16 Uhr. Herrenhof **Taxinge Näsby**, öffentlicher Park.

MARIEFRED (☎ 0159)

Rådhuset, 64730 Mariefred, Tel. 29790.

Gripsholms slott, Mitte Mai-Mitte Sept. tägl. 10-16 Uhr, sonst Sa, So 12-15 Uhr.

SCHIFF: **Dampfer Mariefred**, ca. 15.05.-31.08. täglich zwischen Stockholm und Mariefred, ab Stockholm (Stadshusbron) 10 Uhr, ab Mariefred 15 Uhr, Tel. 08/6698850; www.mariefred.info.

Museumseisenbahn Läggestra – Mariefred, Mai-Mitte Juni, Wochenende, Juni-August tägl., www.oslj.nu.

STRÄNGNÄS (☎ 0152)

Västerviken, 64530 Strängnäs, Tel. 29694.

Domkyrkan, tägl. 10-18 Uhr, Sept.-Mitte Mai nur bis 16 Uhr.

ESKILSTUNA (☎ 016)

Rademachergatan 50, 63220 Eskilstuna, Tel. 107000; www.eskilstuna.se.

Pilkrogs Värdshus, Djurgården, Tel. 132060, Fisch und Wild nach Hausmannsart.

Rademachersmedjorna, Rademachergatan 50, Juni-August Mo-Fr 10-12 und 13-16 Uhr, Sa, So 10-16 Uhr. Eskilstuna-**Sarkophage** im **Heimatmuseum**, Park Djurgården, 01.05.-30.09. tägl. 11-16 Uhr.

Kirche von **Jäder**, tägl. 10-18 Uhr. **Sundbyholms slott**, heute Luxus-Romantikhotel mit gutem Restaurant, Tel. 428400, www.sundbyholms-slott.se, man kann sich den Rittersaal zeigen lassen. Der **Sigurdstein** befindet sich in unmittelbarer Nähe.

ANGELN: im Eskilstunaån, 01.04-31.10. Fr-Mi, Information im Touristenbüro (siehe oben).

HALLSTAHAMMAR (☎ 0220)

Skantzö bad och camping, Mai-Sept. Sörkvarnsvägen, 73431 Hallstahammar, Tel. 24186, Information und Zeltplatz; sonst Prästgardsgatan 1, Tel. 10500.

Trågfors Schmiede Hallstahammar, geöffnet nach Absprache mit dem Touristenbüro. **Kanalmuseum**, 01.06.-31.08. tägl. 11-15 Uhr.

BOOTSFAHRTEN: **Strömsholms kanal**, Tel. 10332.

SURAHAMMAR (☎ 0220)

Ekängsvägen 5, 73522 Surahammar, Juni-August, Tel. 39083 ganzj.

Bruksmuseum,Eisenbahnräderfabrik, Juni-Aug. tägl. 14 Uhr F. auch Englisch.

Ängelsberg, komplett wiederhergestelltes Hochofendorf mit ***HÜTTEN*** und Ferienwohnungen, Führungen: 20.06.-14.08. tägl. 12 und 14 Uhr, 27.06-31.07. auch 16 Uhr.

SALA (☎ 0224)

Stora Torget, Box 304, 73325 Sala, Tel. 55202.

Sala Silvergruva, Juni-August. tägl. 10-17 Uhr, Führungen: Tel. 677250.

VÄSTERÅS (☎ 021)

Kopparbergsvägen 1-3, 72213 Västerås, Tel. 390100; www.vasterasturism.se.

Stadskällaren, Stora Torget, Tel. 102800, gepflegte Hausmannskost. Außerhalb: **Hasslö Värdshus**, Flottiljegatan 73, Tel. 0171/800935. **Nykvarns Gästgiveri**, Glada Grisen, Tel. 0171/442010, 20 km östlich von Västerås.

Sky Bar, im 24. Stock des First Hotel Plaza, bietet herrlichen Blick über die Stadt.

Messingfabrik von Skultuna, 18 km nördlich von Västerås, Café und Verkaufsraum, geöffnet 01.05.-30.09. Mo-Fr 10-18 Uhr, Sa/So 10-16 Uhr, Tel. 78301.

Domkyrkan, tägl. 8-18 Uhr, außer zu den Gottesdienstzeiten. **Kunstmuseum**, Stora Torget, Mo-Fr 12-17 Uhr und Sa/So 13-16 Uhr.

Bootsfahrten zu den Schlössern **Ängsö, Tidö** und **Gripsholm**, Tel. 189685. **Ängsö slott**, Juni-August, tägl. 13-17 Uhr. **Tidö slott**, Juni-August, Di-So 12-17 Uhr, Mai, Sept. nur Sa/So 12-17 Uhr. **Anundshögen**, immer zugänglich. Großer **historischer Markt** am letzten So im Aug.

KÖPING (☎ 0221)

Barnhemsgatan 2, 73151 Köping, Tel. 25655.

Kohlswa Herrgård, Tel. 50900, Reservierung erforderlich, das Restaurant zählt zu den besten in Schweden.

Scheele Museet, tägl. 13-16 Uhr.

UPPSALA (☎ 018)

Fyristorget 8, 75310 Uppsala, Tel. 7274800.

Wermlandskällaren, Nedre Slottgatan 2, Tel. 132200, besonders empfehlenswert: Fischgerichte und Schalentiere. **Domtrappkällaren**, St. Eriksgränd 15, Tel. 130955, Kellerlokal in einem mittelalterlichen Haus. Auch in der **Saluhallen** (Markthalle) am Fyristorg kann man gut essen, Stände mit Sitzgelegenheiten. **Restaurant Stallet**, im Linné Hotel. **Restaurant Odinsborg**, Tel. 323525, Met aus Hörnern und massenhaft Wikingerkitsch, auch „heidnisches" Essen. *CAFÉ:* **Ofvandals Konditori**, Sysslomannsgatan 1, Tel. 134204, Uppsalas beliebtestes Studenten-Café.

Flustret, Munkgatan 13, am Wochenende häufig Livemusik.

KUNSTHANDWERK: Uppsala Hantkraft, Övre Slottsgatan 9, Tel. 128617. Ulva Kvarn, mit Café in einer alten Mühle 8 km nördlich von Uppsala, Tel. 322060, tägl. 10-17 Uhr.

Domkyrkan, tägl. 9-18 Uhr, außer während der Gottesdienste, Führungen: 08.06.-23.08. Mo-Sa 11, 13 und 15 Uhr (15 Uhr auch auf Englisch), So 12.30 Uhr. **Dommuseum**, **Schatzkammer**, 11.05.-27.09. Mo-Sa 10-17, So 12.30-17 Uhr, Führungen Mo-Sa 12 und 14 Uhr. Sonst nur So 12.30-15 Uhr. **Trefaldighetskyrkan**, tägl. 9-18 Uhr, außer während der Gottesdienste. **Gamla Uppsala Museum**, tägl. 11-17, sonst Fr-So 12-15 Uhr. **Museum Gustavianum** (**Theatrum Anatomicum**, archäologische Museen), 15.09.-15.05. Di-So 11-16 Uhr, Führungen 12, 13 und 15 Uhr, 16.05.-14.09. tägl. 11-16 Uhr, weitere Öffnungszeiten und Informationen, Sonderprogramme etc.: www.gustavianum.uu.se. **Carolina Rediviva** (Universitätsbibliothek), **Museum**, Mitte Juni-Mitte August Mo-Fr 9-17 Uhr, Sa 10-18 Uhr, Mitte Mai-Mitte September auch So 11-16 Uhr, sonst Mo-Fr 9-18 Uhr. **Schloss**, 20.06-23.08. tägl. 11-16 Uhr, Führungen in Englisch tägl. 12 und 14 Uhr, 10.08.-23.08. tägl. 14 Uhr. **Linnéträdgården**, Svartbäcksgatan 27, Mai-August tägl. 9-21 Uhr, 01.09.-30.09. tägl. 9-19 Uhr. **Linné Museum** (Wohnhaus im Garten), Juni-Anfang September Di-So 12-16 Uhr, Gruppen nach Voranmeldung auch zu anderen Terminen, Tel. 326094, Fax 126547. **Linnés Hammarby**, 12 km südlich von Uppsala, 02.05.-13.9. Park tägl. 10-20 Uhr, Museum und Café Di-So 12-16 Uhr.

ZUG: nach **Stockholm** im 30-Minuten-Takt.
BUS: **Gamla Uppsala**, erreichbar mit den Buslinien 2, 20, 24, 54 ab Zentrum Uppsala sowie **Linnés Hammarby** mit der Linie 882. Linie 49 fährt mehrmals tägl. über **Sala** nach **Mora**. 2 x tägl. Verbindung Richtung **Kiruna**.
FLUG: Der internationale **Flughafen Arlanda** liegt 25 km südlich von Uppsala.

Naturwanderungen, Hochschullehrer G. Olsson, 28.06-30.08. So 12 Uhr ab Bhf. Uppsala Östra.;Tel. 0171-21210.

KANUTOUREN: auf dem **Fyrisån** bis ins Herz Uppsalas, 48 km lange Strecke. Verleih: Fjällnora Friluftsområde, Tel. 363444. Alnäs, Tel. 324006. Friluftsfrämjandet Uppsala, Sunnerstastugan, Sunnersta, Tel. 276086. Fyriskar, Tel. 274950.
FAHRRADVERLEIH: Fjällnora, Tel. 363544. Fyrishovs Camping, Tel. 274960. Norrlands Nation Tel. 0708/835776.
OLDTIMER-TOUR: Fahrt nach **Linnés Hammarby** oder **Skokloster**, mit einer Schmalspureisenbahn, einem Bus und dem Dampfschiff M/S Enköping: 07.06-30.08. nur So, 21.07.-26.07. tägl., Tel. 121230 oder 274800.

SIGTUNA (☎ 08)

Stora Gatan 33, 19322 Sigtuna, Tel. 59250020, www.sigtuna.se/turism.

Amandas Krog, Långgränd 7, Tel. 59250024. **Båthuset Krog & Bar**, Strandpromenaden, Tel. 5925 6780. **Kopparkitteln**, Stora Gatan 31, Tel. 59251095. **Sigtuna Krog och Sports Bar**, Stora Gatan 34, Tel. 59251700. **Fabror Blå café & kök**, Stora Torget, Tel. 59256050.
CAFÉS: **Tant Bruns kaffestuga**, Laurentiigränd 3, Tel. 59250934, Café im Stil des 18. Jh. mit eigener Brotbäckerei. **Café Monet**, Strandvägen 36, Tel. 59251429. **Våffelbruket**, Sigtuna Hamn, Tel. 59250800.

Galleri Trekanten, Stora Gatan 33, Tel. 070/6280955, Bilder und Plastiken.

Die **Kirchenruinen** sind immer zu besichtigen. **Sankta Maria kyrka**, tägl. 9-18 Uhr, außer zu den Gottesdienstzeiten.

Skokloster, 01.05.-31.08. tägl. 11-16 Uhr, Führungen zu jeder vollen Stunde. **Kirche**, 01.05.-31.08. tägl. 11-17 Uhr, Führungen nach Voranmeldung, Tel. 018/366077. Im Sommer Schiffe ab Stockholm, Stadshusbron.

ANGELN: Fyrväppelings Sportfiske, Sportanglercamp, tägl. 7-21 Uhr, Tel. 0174/60042.

BUS: halbstündlich nach **Märsta/Stockholm**; Tel. 08-6001000, nach **Skokloster** nur Di-Do und Sa/So jeweils 15 Uhr (Rückfahrt 17 Uhr).
SCHIFF: nach Stockholm täglich 16.55 Uhr.

7
22

STOCKHOLM – DIE METROPOLE DES NORDENS

GAMLA STAN
ZENTRUM NORRMALM
DIE TIERGARTENINSEL
INSELN IM MÄLAREN
IM SCHÄRENGARTEN

**STOCKHOLM

Aufstieg zur Metropole

Die frühe Geschichte von ****Stockholm** liegt im Dunkeln. Bis in historische Zeit hoben sich der Schärengürtel und damit auch die 14 Inseln der späteren Stadt so weit, dass sich im 13. Jh. das Niveau des Mälarsees gegenüber der Ostsee wesentlich erhöht hatte. An Engpässen zwischen den immer höher aufragenden Eilanden bildeten sich Stromschnellen; die mittelalterlichen Handelsstädte am Mälaren, wie Strängnäs oder Sigtuna, waren daher darauf angewiesen, an diesen Gefahrenstellen Umladeplätze für den Warenverkehr mit der Ostsee zu unterhalten. Von einer solchen Siedlung schrieb Birger Jarl 1252 in einem Brief – die erste schriftliche Erwähnung Stockholms. Daher gilt 1252 als Gründungsjahr der Stadt, Birger Jarl darf die Stadtgründerehre für sich in Anspruch nehmen.

Die frühe Siedlung lag auf der Insel *Helgeandsholmen* – heute Standort des Reichstags –, und war wohl mit einer kleinen Wehranlage und einem Wachturm gesichert. Die Handelsniederlassung wuchs, erreichte schnell ihre natürlichen Grenzen und dehnte sich auf die Nachbarinsel *Stadsholmen* aus. Hier entstand Ende des 13. Jh. eine größere Festung, die nach dem Zusammenschluss der drei schwedischen Königreiche Svealand, Norrland und Götaland *Tre Kronor* (Die drei Kronen) genannt wurde. Schon bei dieser Anlage handelte es sich um einen Königssitz, wenn auch Stockholm erst 1436 die Privilegien einer Hauptstadt erhielt.

Vorherige Seiten: Blick auf Riddarholmen mit Birger Jarls Torn, einem Rest der alten Stadtbefestigung. Links: In der Västerlånggatan, Gamla Stan.

Die weitere historische Entwicklung der Stadt deckt sich mit der des ganzen Landes: Solange die Hanse das Land ökonomisch knebelte, litt auch Stockholm unter der Bevormundung durch die deutschen Kaufleute, die zeitweilig die Hälfte aller Ratsmitglieder stellten. Wenn Dänemark und Schweden um die Vorherrschaft in der Kalmarer Union rangelten, wurde Stockholm entweder belagert (1471) oder es kam zu Massenhinrichtungen wie dem „Stockholmer Blutbad" (1520).

Erst nach Gustav Vasas triumphalem Einzug in die Hauptstadt 1523 kann man von einer kontinuierlichen Entwicklung sprechen, die in der Großmachtzeit Stockholm zur unangefochtenen Kapitale des Reichs machte und die Einwohnerzahl auf 60 000 ansteigen ließ. Zwei verheerende Brände (1625 und 1697) zerstörten Stadt und Burg weitgehend. Danach durften nur

Normalms-kyrkan
Västmannag.
Upplandsg.
Haga
Norrtuls-
Surbrunns-gat.
gatan
Markvardsg.
Stadsbiblioteket
16
Univ.
Odenplan
Karlsbergsvägen
Gustav Vasa kyrka
Gustav Vasa
Observatorie-museet
Observatorie-lunden
15
Handels-högskolan
Dala-
Oden-
Vasaparken
Västmanna-
Vegagatan
Observatoriegatan
Rehns-
Tule-
Birger Jarl
Immanuels-kyrkan
Döbelns
Rådmans-gatan
Sveavägen
Engelbrekts kyrkan
Östermalms-
Karlavägen
Skola
Tyska Skola
Eriksbergs-
Valhallavägen
Stockholms stadion
Sture-parken
Villa-
Flora-
Karlavägen
Humlegården
29
Kungliga biblioteket
Engelbrekts.
Ture-
Kommendörsgatan
Grev
Linnégatan
Brahe-
Universitet
Kungstens-
Holländar-
Saltmätarg.
Tegnérgatan
Johannes kyrkan
Regerings-
Johannesgatan
Birger
Sabbatsbergs sjukhus
Blå Tornet (Strindbergsmuseet)
14
Adolf Fredriks kyrkan
S:t Peters-kyrkan
Upplandsgatan
Rådmans-
Tegnér-gatan
Kammakargatan
Drottninggatan
Wallingatan
Luntmakargatan
Tunnelg.
NORRMALM
Brunnsgatan
Humlegårds
Sture-plan
26
27
Sture-badet
Öster-malms-hallen
28
Öster-malms-torg
Barnhusgatan
Dans-museet
Olofsgatan
Hötorget
Kungsgatan
Klarastrandsleden
Norra Bantorget
Gymn.
Olof Palmes Gatan
Rica
Konsert-huset
Hö-torget
13
(Saluhall)
Malmskillnadsg.
Last-makargat.
Regerings-gatan
Norrlandsg.
Sture-gallerian
Grev Turegatan
Jakobsberg-gat.
Biblioteksg.
Mäster Samuelsg.
Jarlsgatan
Riddargatan
Armé-museum
Nybro
Kungliga Dramatiska Teatern
Strandstig
Tekniska Namndhuset
Kungsgatan
Adlon
Gamla Brogatan
Rica St.
Freys
Bryggarg.
Slödg.
Sergelsgatan
Vasagatan
NK
Hallwylska Museet
Sverige-hus.
Hamngatan
Berzelii park
Berns
25
Nybro-plan
Artillerig.
12
Sergels Torg
Café
Kulturhuset
Kungsträd-gården
19
Berns Salonger
Nybroviken
Diplomat (Teahouse)
Esplanad
Fleming-gatan
Pipers-
Kungsg.
Terminalslingan
Blekholmsgatan
Blekholmsterasse
Mäster Samuelsgatan
T-Centralen
Åhlens S.C.
Klara kyrka
Galleriän
Radisson SAS Strand
Nybro-kajen
Scheeles-gatan
Kungsholms-gatan
Rådhuset
First
Kungs-klippan
Kungsbro Str.
Klarabergsviadukten
11
Centralen
Drottningg.
Malmtorgsg.
Vasagatan
S:t Jakobs kyrkan
Kungsträd-g.
Café Operakällaren
Stallgatan
Blasieholmsg.
BLASIEHOLMEN
Bergsgatan
Kungsholms kyrkan
Handverkargatan
Garvarg.
Kaplansb.
Seraf.-g.
Klarasjörampen
KUNGSHOLMEN
Herkulesgatan
Tegel-backen
Sheraton
Jakobs
Medelhavs-museet
Operan
18
Gustav Adolfs Torg
Grand Hotel
S. Blasieholmsh.
National museet
20
Palais Rosenbad
17
Fredsg.
Ström
Riksdag
Medeltids-museet
Strömbron
Norrbron
Hamnplan
Skola
Skillinggr.
Samuel Owens G.
Stadshusbron
9
Stadshuset
Rålambshovsparken
Norr
10
Mälarstrand
Centralbron
Vasabron
HELGEANDS-HOLMEN
6
Slottskajen
1
Kungliga slott
Strömmen
Mynt-torget
Bondeska Palatset
Lady Hamilton
Slottsbacken
Svensk Form
Birger Jarls Torn
Riddar-huset
Myntg.
Västerlång
Präst-
7
2
Storkyrkan
Reisen
RIDDARHOLMEN
8
B. Jarls Torg
Riddarh.-torget
★★GAMLA STAN
Börsen
3
Stortorget
af Chapman
Wrangelska palatset
Lilla Nyg.
St. Nygatan
Tyska kyrkan
5
Riddarholmskyrkan
Victory
Mälardrottningen
Gamla stan
Österlångg.
Skeppsbron
Drottningholm
Riddarfjärden
Rica City
Järn-torget
4
STADSHOLMEN
Gyldene Freden
Munkbroleden
Järn-torgsg.
Centralbron
Karl Johans Torg
Saltsjön
Söder Mälarstrand
Münchensbacken
SÖDERMALM
Sinnarviksgården
Skinnarviksring.
Ludviksbergsg.
Gamla Lundag.
Bastu-
Tavast-
Timmermans-
Bellmans-
38
Katarinahissen (Gondolen)
Hilton
Stadsmuseet
Katarinavägen
Lunda-gatan
Zinkens-damm
Brännkyrka-
Hornsgatan
Maria Magd.-kyrkan
Ragvaldsg.
Götgatan
Klevgränd
Maria-torget
Södermalmsskolan
Pauls-gatan
Kvarng.
Slussen
Östgötagat.
Svartens-gatan
Hornsgatan
Krukmakar-gat.
Sankt
Gymn.
Globen (Johanneshov)
Högbergsgat.

Gärdet
LADUGÅRDSGÄRDET
Industriområde
Frihamnen
Östhammarsg.
Sandhamnsgatan
Svenska Filminstitut
Borgvägen
Gåreds-skola
Konstfack-skola
Linderängs-vägen
Greve von Essens Väg
Hakberget
Gärdesgatan
TV-huset
Skansberget
Kaknästornet
Tele-Museum
Djurgårdsbrunnsvägen
Statens Sjöhistoriska Museet
Tekniska Museet
Etnografiska Museet
Folke Bernadottes Väg
Radiohuset
Skarpög.
Oxenstiernsgatan
Gyllenstiernsg.
Gusta Adolfs kyrka
Gustav Adolfsparken
Valhallavägen
Karlavägen
Garnisonen
Linnégatan
Ulrikagatan
Storgatan
Nobelparken
Labor.-g.
Nobelgatan
Strandvägen
Tessin-parken
Askrike-gatan
Blanche-gatan
Värtavägengatan
Sandels-gatan
Armfeltsgatan
Starrängsringen
Bo Bergm. G.
Strindbergs-gatan
Atilleri-
Dahlbergs-
Hedins-
De Geers-gatan
Erik Dahlbergsa.
Forsvars-hogsk.
Bältg.
Karlaplan
Värtaväg.
Lützeng.
Wittstocks-gatan
Tysta G.
Karla-plan
Grevgatan
ÖSTERMALM
Marie Bebådelse-kyrkan
Narvavägen
Banérgatan
★ Statens Historiska Museet
Oscars kyrkan
Storgatan
Styrmans-
Grev Magnigatan
Torstens-sonsgatan
Banérgatan
Djurgårds-bron
Djurgårdsbrunnsviken
N. Varvsp.
Junibacken
Galär-parken
Galärvarvs-v.
Nordiska Museet
Lusthusporten
★★ Vasamuseet
Estonia-minnesvården
Galär-kyrkogården
Rosendalsvägen
Rosendals slott
Högloftet
Rosendalsterassen
Orangeriet
Orangeri vägen
DJURGÅRDEN
Biologiska museet
★★ Skansen
Seglora-kyrkan
Sirishovs vägen
Bellmans Väg
Hasselbacken
Café Blå Porten
Hasselbacken Cirkus
Hazeliusbacken
Falkenb.-g.
Allmänna Gr.
Djurgårdsvägen
Sollids - backen
Singelbacken
Djurgårds-vägen
Prins Eugens Väg
Ryssviks-vägen
Gröna Lunds Tivoli
Långa G.
Ö. Varvsg.
Andréeg.
Norden
Beck-holms-bron
BECKHOLMEN
Waldemarsviken
Frisens-parken
Biskopsvägen
Prins Eugens Waldemarsudde
SKEPPSHOLMEN
★Moderna Museet
Arkitekturmuseet
Aquaria-Vatten-Museum
Långa Raden
Ö. Bro-Bänken
Amiralsv.
KASTELL-HOLMEN
Kastellet
Schären, Fjäderholmarna
Stadsgårdsleden
★ Fjällgatan
STOCKHOLM
0
250
500 m

8 Stockholm

noch Häuser aus Stein errichtet werden.

Unter der Dynastie Bernadotte (ab 1818) begann in Stockholm die Industrialisierung. Fabriken und Wohnsiedlungen entstanden auf *Södermalm*, *Kungsholmen* und *Norrmalm*; dabei schüttete man einige Wasserstraßen zwischen den Inseln zu, um Bauland zu gewinnen. Mitte des 19. Jh. legte man endlich Kanalisation und Wasserleitungen und konnte damit der früher regelmäßig auftretenden Seuchen Herr werden. Die Eisenbahn nach Malmö wurde gebaut, Stockholm bekam eine Straßenbahn und Straßenbeleuchtung.

Zum Glück erwies sich eine der geplanten Baumaßnahmen des 19. Jh. als nicht finanzierbar: der Abriss und moderne Wiederaufbau der Altstadt. So blieb es dem 20. Jh. vorbehalten, diese zu sanieren und in altem Glanz auferstehen zu lassen. *Gamla Stan* ist heute ein beliebtes und teures Wohnviertel, das man am besten zu Fuß erkundet. Ansonsten bietet sich als Transportmittel die *Tunnelbana* (U-Bahn) an, die wegen der künstlerischen Ausgestaltung ihrer Bahnhöfe als längste Galerie der Welt bezeichnet wird. Preiswert fährt man mit dem Vorzugsticket *Stockholmkortet* – und hat zugleich freien Eintritt zu vielen Museen.

Oben: Wachablösung – beliebtes Spektakel am Königlichen Schloss. Rechts: Die Storkyrkan – schönstes Beispiel schwedischer Gotik.

**GAMLA STAN

****Gamla Stan**, „Altstadt", nennen die Stockholmer heute die drei Innenstadtinseln am Übergang von der Ostsee zum Mälaren. **Helgeandsholmen**, **Stadsholmen** und **Riddarholmen** sind mit vielen Brücken untereinander verbunden, daher auch der zweite Name *Staden mellan broarna* – „die Stadt zwischen den Brücken".

Helgeandsholmen und Riddarholmen sind von repräsentativen Adels- und Regierungsbauten geprägt, Stadsholmens Gassen dagegen von Bürgerhäusern. Die Straßen **Skeppsbron** und **Munkbron** entlang den äußeren Rändern von Stadsholmen halten den Auto-

Stadtplan S. 148-149, Info S. 167-169

verkehr von der Altstadt ab. Beide sind auf dem ehemaligen Hafengelände entstanden, wie sich an den alten Lagerhäusern mit Ladekränen erkennen lässt. Von hier führen enge Gassen ins Innere der Insel, wo *Västerlånggatan* und *Österlånggatan* die Nord-Süd-Verbindung herstellen. Das Gewirr von Gassen, Innenhöfen, Durchgängen und Treppen ist das pulsierende Herz Stockholms. Unzählige **Kneipen**, **Restaurants**, **Boutiquen** und **Galerien** warten auf Kunden, und die vielen **Straßenmusikanten** und **Gaukler** aus aller Welt geben dem Viertel ein internationales Gepräge.

Das *Schloss

Das dominierende Bauwerk der Altstadt ist ***Kungliga slott** ①, das Königliche Schloss. Der monumentale Königspalast wirkt erstaunlich einheitlich, obwohl er aus einer Fülle von Kompromissen hervorgegangen ist: Alte Bausubstanz musste berücksichtigt werden, es gab Verzögerungen durch Brand (1697) und Geldmangel (18. Jh.). Aus der Burg des 13. Jh. entstand eine vierflügelige barocke Anlage. Sie gruppiert sich um einen großen Innenhof und hat italienische Vorbilder. Das Terrain fällt auf der Nord- und Ostseite ab, hier führen Treppen zu den Eingängen; der repräsentative Ost-Aufgang war Staatsgästen und dem König vorbehalten. Südfront (zum Slottsbacken) und Westseite sind ebenerdig zu betreten. Konnte man die Anlage im Osten in zwei kleineren Flügeln mit einem dazwischenliegenden Garten auslaufen lassen, so stand im Westen die Storkyrkan im Weg. Daher erhielt das Schloss als Abschluss einen halbkreisförmigen Bogengang, der mit der Westfassade einen Innenhof bildet; hier wird täglich um 12 Uhr die **Wachablösung** zelebriert.

Das Schloss ist das größte noch heute genutzte der Welt und hat 608 Räume. Es dient der Repräsentation und kann besichtigt werden. Der Eingang an der Westfassade führt zu den Appartements der Bernadotte, der Gästewohnung sowie dem **Festsaal**. Über den Südeingang gelangt man zur **Schlosskapelle** und zum **Reichssaal**, in dem früher die

Minister den Eid auf den König zu leisten hatten. Hier steht auch der **Silberthron** der Königin Christina, eine Augsburger Arbeit aus dem 17. Jh.

Das Schloss enthält bedeutende **Museen**. Der Südeingang am Slottsbacken führt zur **Skattkammaren** (Schatzkammer), in der die Reichsinsignien, frühere Kronen und andere königliche Gerätschaften ausgestellt sind, die seit 1974 nicht mehr offiziell verwendet werden. Im Südflügel ist **Livrustkammaren**, die Rüstkammer der Könige, untergebracht. Hier sind die Uniformen Gustav II. Adolfs und Karls XII. sowie das Kostüm Gustavs III. zu sehen, die Kleidung, die die Monarchen bei ihrem gewaltsamen Tod trugen. Im Nordflügel des Schlosses existiert noch immer das **Antikmuseum**, von Gustav III. gegründet und bereits seit 1792 öffentlich zugänglich. Sehenswert ist auch das **Slottsmuseum** (Schlossmuseum), das die Geschichte des Festungsbaus *Tre Kronor* dokumentiert und selbst Teil der alten Burg ist.

*Storkyrkan

Oberhalb des Slottsbacken erhebt sich die ***Storkyrkan** ② (Große Kirche), die offiziell Sankt Nicolai kyrka heißt. Das Bauwerk entstand um 1250, wurde aber so oft umgebaut, dass das Äußere heute barock erscheint, im Inneren sind jedoch die gotischen Bauglieder erkennbar. Man betritt das Gotteshaus von Westen her durch das ehemalige Waffenhaus. Das Nordportal ist der königlichen Familie vorbehalten, wie z. B. bei der Hochzeit 1976 und der Taufe der Kinder des Königspaares.

Das prächtig ausgestaltete Innere der Storkyrkan entspricht ihrer Funktion als Herrscherkirche. Die **barocke Kanzel** und das **Königsgestühl** zwischen Kanzel und Chortreppe wurden nach Entwürfen von Nicodemus Tessin d. J. in Schweden geschaffen, der Altar ist eine Importarbeit des 17. Jh. aus Hamburg. Das Glanzstück der Kirche ist die berühmte **Sankt-Georgs-Gruppe**, eine Schenkung von Sten Sture, wofür er während der Schlacht am Brunkeberg 1471 ein Gelübde abgelegt haben soll. Bernt Notke schuf in Lübeck die Skulptur aus Eichenholz. Der Kampf des hl. Georg mit dem Drachen ist symbolisch als Befreiungskampf der Schweden gegen die Dänen zu deuten. Um die Figuren möglichst naturalistisch zu gestalten, benutzte der Künstler echtes Rosshaar für das Pferd und nahm Elchschaufeln als Flügel für den Drachen.

Rechts: Die Straßencafés am Stortorget verleihen dem Zentrum von Gamla Stan ein fast italienisches Flair.

Sehenswert ist auch die **Vädersolstavlan** (Wettersonnenbild) an der südlichen Kirchenwand. Es zeigt nicht nur eine Doppelsonne – das Phänomen einer Sonnenspieglung – sondern auch die einzige aus dem 16. Jh. erhaltene Ansicht der Stadt Stockholm.

Die Gassen der Altstadt

Südöstlich des Slottsbacken erreicht man nahe dem Ufer das **Standbild Gustavs III.**, das die Bürger Stockholms in Erinnerung an ihren kunstsinnigen König hier aufstellen ließen. Westlich vom Slottsbacken führt die kurze Gasse **Källargränd** zum Stortorget. An ihrem Anfang steht eine kleine, halb offene Blechhütte: Stockholms ältestes öffentliches Urinal.

Der **Stortorget** ③, der große Marktplatz, war seit der Stadtgründung nicht nur bürgerliches Zentrum, sondern auch Hinrichtungsstätte. Im Jahr 1520 wurde er zum Schauplatz des „Stockholmer Blutbads", als Christian II. von Dänemark hier 82 Adlige als Ketzer hinrichten ließ.

Zentrales Gebäude am großen Markt ist **Börsen**, die Börse. Im 18. Jh. vom Architekten Erik Palmstedt errichtet, gilt sie als der erste rein klassizistische Bau in Schweden. Zum 100. Jubiläum der Nobelpreisverleihung öffnete im

Erdgeschoss, wo früher die Banker ihre Geschäfte abwickelten, das **Nobelmuseet** seine Pforten. Das Obergeschoss ist Sitz der Schwedischen Akademie, die hier den Literatur-Nobelpreisträger bestimmt. Gemütliche Straßencafés und Restaurants säumen den Platz.

Nach Osten, in der **Köpmangatan**, spaziert man durch ein Ensemble alter **Handelshöfe**, die z. T. noch aus dem 16. Jh. stammen. Hier sollen die Söhne Gustav Vasas für ihre Konkubinen komfortable Häuser besessen haben, die angeblich durch unterirdische Gänge mit dem Schloss verbunden waren.

Am Übergang zur **Österlånggatan** steht eine 1912 geschaffene Bronzekopie der **Sankt-Georgs-Gruppe** aus der Storkyrkan. Die Straße deutet den Verlauf der östlichen Stadtmauer im Mittelalter an. Das Haus Nr. 51, der **Gyldene Freden**, ist Stockholms ältestes Gasthaus, seine Geschichte lässt sich bis 1722 zurückverfolgen. Der Maler Anders Zorn kaufte es 1919 und vermachte es testamentarisch der Schwedischen Akademie, deren 18 Mitglieder sich hier noch immer jeden Donnerstag zum gemeinsamen Mahl einfinden. Bekannt wurde das Wirtshaus aber durch Carl Mikael Bellman, einen Bänkelsänger des 18. Jahrhunderts, der Stammgast war und das Lokal ausgiebig besungen hat.

Am **Järntorget** ④ (Eisenmarkt) wurde früher Eisen und Kupfer gehandelt. Das auffälligste Gebäude des Platzes ist **Södra Bankohuset**, im 17. Jh. als Bank des Adels gegründet und heute Sitz der staatlichen Liegenschaftsverwaltung. Weiter südlich lag früher die Südspitze von Stadsholmen. Hier endet die Straße **Skeppsbron** mit ihren alten **Kaufmannshäusern** des 17. und 18. Jh., an denen sich gut erkennen lässt, wie die (noch andauernde) Landhebung den Häusern zugesetzt hat.

Der **Karl Johans Torg**, auf dem ein **Reiterstandbild** des ersten Bernadottekönigs steht, bildet den Übergang zum Stadtteil Södermalm: 1936 baute man in der alten Fahrrinne zwischen Mälaren und Ostsee eine **Schleuse**. Daher trägt der beeindruckende Verkehrsknoten am anderen Ufer den Namen **Slussen**.

Beim Järntorget zweigt **Mårten Trotzigs Gränd**, mit 90 cm die schmalste Gasse der Altstadt, von der Hauptgeschäftsstraße **Västerlånggatan** ab. Diese und ihr östliches Pendant, die Österlånggatan, kennzeichnen den Verlauf der mittelalterlichen Stadtmauer. Wenn auch die Schaufenster der Geschäfte interessant und bisweilen sehr witzig gestaltet sind, sollte man doch den Blick häufiger zu den schönen **Giebelverzierungen**, Portalen und Fensterumrahmungen der Häuser schweifen lassen.

Die **Kindstugatan** führt zur **Tyska kyrkan** ⑤ (deutsche Kirche), die offiziell Gertrudskirche heißt. Ursprünglich diente sie als Versammlungsraum der deutschen Kaufleute, nachdem diese unter Gustav Vasa ihre Privilegien verloren hatten. Seit dem barocken Umbau im 17. Jh. wurde sie von der deutschen Gemeinde für Gottesdienste genutzt. Im Inneren sind die **Kanzel** und die **Königsloge** erwähnenswert, die auf einen Entwurf von Nicodemus Tessin d. Ä. zurückgeht. Im Sommer werden klassische **Konzerte** in der Kirche gegeben.

Helgeandsholmen

Die nördliche und kleinste der drei Stockholmer Altstadtinseln, **Helgeandsholmen** ⑥, Heiliggeistinsel, wird vom *Stallkanalen* von Stadsholmen getrennt. Er fließt an der Nordseite des Schlosses, an der Straße **Slottskajen** entlang, die am **Mynttorg** endet. Dort, in der alten Münze von Stockholm, haben heute die schwedischen Reichstagsabgeordneten ihre Büros, daher auch die Bezeichnung **Kanslihuset** (Kanzleihaus).

Über die kleine **Stallbron** betritt man Helgeandsholmen; die mächtigen Bauten der **Reichsbank** und des **Reichstags** beherrschen sie.

Bis 1865 verfügte Schweden über einen Vier-Stände-Reichstag, der nie gemeinsam tagte. Nach der Verfassungsreform brauchte man ein neues Gebäude für die nunmehr zwei Kammern. Nicht zuletzt als Demonstration der neu gewonnenen Macht errichtete man es zusammen mit der Reichsbank in unmittelbarer Nähe des Schlosses, wobei der wuchtige Baustil das Selbstbewusstsein der Abgeordneten unterstreichen sollte. 1971 löste Schweden seine zweite Kammer auf, und die Reichsbank bezog einen Neubau. Damit konnte man den Plenarsaal in die alte Bank verlegen und den alten Sitzungssaal für Fraktionssitzungen nutzen. Alle Teile des Reichstags wurden unterirdisch mit den Abgeordnetenbüros verbunden. Bei den Bauarbeiten stieß man auf die ältesten Siedlungsspuren Stockholms. Die Funde befinden sich im **Medeltidsmuseet** (Mittelaltermuseum) unter der **Norrbron**.

Riddarholmen

Vom Mynttorg über die Myntgatan gelangt man zum **Riddarhustorget** (Ritterhausplatz), dessen Nordseite von zwei prachtvollen Palais begrenzt wird. Der **Bondeska Palatset** ist das ehemalige Stadthaus des Finanzministers Gustav Bonde aus dem 17. Jh., das der Architekt Jean de la Vallée konzipierte. Der Bauherr, der mit äußerster Sparsamkeit die Finanzen Karls X. zu ordnen versuchte, zeigte sich privat überaus verschwenderisch. Das Gebäude diente von 1713 bis 1915 als Stadtgericht, heute beherbergt es das höchste schwedische Gericht (*Högsta Domstolen*). Das benachbarte ***Riddarhuset** ⑦ (Ritterhaus) – ebenfalls von de la Vallée – war Sitz der Adelskammer des schwedischen Ständeparlaments, bis der Adel 1865 seiner Vorrechte verlustig ging. Die Spätrenaissance-Architektur mit ihrer typischen Kombination aus

Rechts: Der Blaue Saal des Stadshuset, repräsentativer Ort für das jährliche Nobelpreisträger-Diner.

Stadtplan S. 148-149, Info S. 167-169

Natur- und Backsteinflächen wurde Vorbild für viele Herrenhäuser in ganz Schweden. Das Palais ist noch heute im Besitz des schwedischen Adels, der alle drei Jahre hier eine Art Familientreffen abhält. Die Statuen vor und hinter dem Gebäude zeigen Gustav Vasa und Axel Oxenstierna.

Über die Riddarhusbron erreicht man die Insel **Riddarholmen** ⑧. Auf ihrem zentralen Platz, dem **Birger Jarls Torg**, grüßt die Statue des Stadtgründers von einer hohen Säule. Die Insel gehörte bis zur Reformation dem Kloster des Franziskanerordens. Dann wurde sie parzelliert und an den Adel verteilt, der sich hier prächtige Palais errichtete. Erwähnenswert sind der **Wrangelska palatset** westlich des Birger Jarls Torg, in dem die königliche Familie 1697-1754 wohnte, und das sog. **Gamla gymnasiehuset**, das alte Gymnasium, das auf den Fundamenten des ehemaligen Franziskanerklosters steht und zuerst Stadtpalais und dann ab dem Jahr 1841 Schule war.

Unübersehbar ist die ***Riddarholmskyrkan** mit ihrem durchbrochenen Turmhelm, die einst Klosterkirche der Franziskaner war. Hier wollte Gustav II. Adolf inmitten seiner adligen Gefolgschaft beigesetzt werden. Auch seine Nachfolger bestimmten diese Kirche zu ihrer Grablege, als letzter Gustav V. Sein Sohn wie auch sein Urenkel, der heutige König, haben sich hingegen testamentarisch eine private letzte Ruhestätte zugedacht.

Wenige Schritte nach Westen, und man gelangt zur Terrasse am **Riddarfjärden**, dem östlichen Ende des Mälarsees – ein herrlicher Blick nach links auf Södermalm mit der alten Brauerei und nach rechts auf Kungsholmen mit dem Stadshuset, Stockholms Wahrzeichen. Direkt am Ufer steht die Plastik „**Sonnenschiff**" von Christer Berg, links davon hat die ehemalige **Yacht** der US-Milliardärin Barbara Hutton als teures Restaurant und Hotel eine neue Funktion gefunden. Auf dieser stillen Promenade mitten in der Großstadt lohnt ein Spaziergang zum Nordende der Insel. Dort steht der Turm **Birger Jarls Torn**, der letzte Rest der Stadtbefestigung Gustav Vasas.

Kungsholmen / ★Stadshuset

Über eine Fußgängerbrücke neben der **Centralbron** erreicht man den **Klara Mälarstrand**. Hier starten **Boote** zu Zielen im Mälarsee. Der Turm des ★**Stadshuset** ⑨ weist den Weg zur Insel Kungsholmen. Das monumentale Rathaus, das Wahrzeichen Stockholms aus dunklem Backstein, wurde zwischen 1911 und 1923 nach Plänen von Ragnar Östberg errichtet. Die Fassaden des Gebäudes sind sehr unterschiedlich gestaltet: Herrscht auf den Landseiten kühler Funktionalismus vor, geben die Arkaden der Wasserseite dem Bau ein fast südländisches Gepräge; dort betritt man die Anlage. An ihrer Ausgestaltung haben viele namhafte schwedische Künstler mitgewirkt, darunter auch der Malerprinz Eugen, ein Bruder Gustavs V. Über den so genannten Bürgerhof gelangt man zum Repräsentationsteil des Gebäudes. Führungen beginnen an der großen Freitreppe. Gezeigt wird u. a. **Gyllene salen** (der Goldene Saal), ein 600 m^2 großer Raum, der vollständig mit Goldmosaiken ausgestaltet ist; der **Blaue Saal** hat mit 1600 m^2 fast die Ausmaße eines Fußballfeldes. Er ist alljährlich Schauplatz des Nobel-Dinners, das der schwedische König für die Preisträger ausrichtet. Auf den 106 m hohen **Turm** des Stadshuset kann man hinauffahren. Bei klarem Wetter bietet er eine tolle ★**Aussicht** auf die „Schwimmende Stadt".

Im 19. Jahrhundert beherbergte Kungsholmen zahlreiche Handwerksbetriebe, mittlerweile hat sich die Insel in ein gutbürgerliches Wohnviertel verwandelt. Die Schokoladenseite ist der **Norr Mälarstrand** ⑩, dessen Häuser mit Blick auf den Mälarsee zu den begehrtesten Stockholms gehören. Hier befindet sich auch der **Kai** für zahlreiche **Hausboote**. Im **Rålambshovsparken** am Ende des Mälarstrand gibt es sogar einen **Badestrand**, der wegen seiner Stadtnähe entsprechend stark frequentiert wird.

Oben: Sergels Torg, das Verkehrs- und Einkaufszentrum Stockholms mit mehreren Ebenen.

NORRMALM, DAS ZENTRUM

Östlich von Kungsholmen ist in den 1940er- bis 1970er-Jahren ein funktionaler neuer Stadtteil, **Norrmalm**, entstanden. An seinem Westrand liegt der Hauptbahnhof, der in Stockholm **Centralen** ⑪ heißt. Er ist nicht nur Kreuzungspunkt der Eisenbahnlinien, sondern auch der Bus- und Tunnelbana-Strecken. Von hier sind es 20 Minuten per *Arlanda Express* zum 30 km entfernten Flughafen Arlanda.

Über die Klarabergsviadukten führt der Weg zum Zentrum Normalms, dem **Sergels Torg** ⑫, unter dem auf verschiedenen Ebenen Autoverkehr, Tunnelbana und Fußgänger hindurchgeführt werden. Bei schlechtem Wetter empfiehlt sich ein unterirdischer Bummel durch die **Kaufhäuser**, die sich um den Platz gruppieren. Den Sergels Torg überragt eine 37 m hohe **Glassäule**, die nachts angestrahlt wird. Breite Treppen führen zum großen, autofreien **Platz** unterhalb des Verkehrsknotens. Hier versammelt sich zu allen Jahreszeiten ein buntes Völkchen aus **Straßenmusikanten**, Gauklern, Missionaren und Skateboardfahrern, allerdings auch aus großstadttypischen Dealern und Taschendieben.

An der Südseite des Sergels Torg ragt die Glasfassade des **Kulturhuset** auf. Das in den 1960er-Jahren gebaute Kulturzentrum ist typisch für die großzügige schwedische Kulturpolitik. Es gibt ein Internet-Café, jeder kann kostenlos das vielfältige Kulturangebot nutzen, das von Zeitungslektüre bis zu Theateraufführungen reicht. Im **Panoramacafé** im Obergeschoss kann man bei Kaffee und Kuchen das Treiben auf dem Sergels Torg beobachten. Die Westseite des Platzes markiert das Kaufhaus **Åhléns**.

Auf der Einkaufsstraße Hamngatan ostwärts gelangt man zu Schwedens traditionsreichstem **Kaufhaus NK** – mit einer preisgekrönten ***Konditorei** und Café.

Die **Drottninggatan** ist süd- und nordwärts **Fußgängerzone**, mit vielen Boutiquen und Cafés.

Parallel verläuft die **Sergelsgatan**, eine weitere **Fußgängerzone**, nordwärts. An der Kreuzung mit der Einkaufsmeile **Kungsgatan** liegt der **Hötorget** ⑬ (Heumarkt), wo das klassizistische **Konserthuset** steht. Nicht nur Konzerte werden hier gegeben, sondern auch alljährlich am 10. Dezember die **Nobelpreise** verliehen. Carl Milles schuf den **Orpheus-Brunnen** in der Platzmitte. Auf dem Hötorget findet werktags ein **Obst-, Gemüse- und Blumenmarkt** statt, außerdem ist hier die neue unterirdische Saluhall, die **Markthalle** untergebracht, in der viele internationale Spezialitäten feilgeboten werden.

In der Drottninggatan Nr. 85, dem **Blå Tornet** ⑭, hatte August **Strindberg** seine letzte Wohnung; sie ist heute **Museum**, manchmal finden hier Theateraufführungen statt. Die Drottninggatan endet am **Observatorielunden** ⑮, einem herrlich ruhigen Park, in dem sich das Observatorium des Carl Hårleman aus dem 18. Jh. und die **Stadsbiblioteket** ⑯ befinden. Der Bau von 1925, ein Kubus, aus dem ein Zylinder aufragt, gilt als erstes Beispiel des schwedischen Funktionalismus.

Die Drottninggatan führt in südlicher Richtung zum Wasser des Mälaren. Gegenüber liegt der **Reichstag** und diesseits das **Regierungsviertel**, in dem man in den 1980er-Jahren alle Ministerien zusammenzog; in der Strömgatan, direkt am Ufer des Norrström, steht das **Palais Rosenbad** ⑰, Sitz des Ministerpräsidenten.

Der Park **Gustav Adolfs Torg** ⑱ weiter östlich ist der einzige Teil der von Nicodemus Tessin d. J. im 18. Jh. geplanten Schlossumgebung, der auch realisiert wurde. In seinem Zentrum steht eine gewaltigen **Reiterstatue** des Königs. In der **Fredsgatan** nordwestlich des Platzes findet man das **Medelhavsmuseet** (Mittelmeermuseum),

dessen **Zypernabteilung** die größte außerhalb dieser Insel ist. Die Sammlung verdankt das Museum König Gustav VI., der in seiner Jugend ein begeisterter Archäologe war und auf Zypern an Ausgrabungen teilnahm. Beherrscht wird der Gustav-Adolfs-Platz von der **Operan**, 1891 in neoklassizistischem Stil errichtet. Ihr Vorgängerbau, unter Gustav III. im 18. Jh. entstanden, war Schauplatz des berühmt-berüchtigten Maskenballs, bei dem der König erschossen wurde. Alle großen schwedischen Opernstars, u. a. Birgit Nilsson, haben hier ihre Karriere begonnen. Geradezu legendär ist das **Café Opera**. Prominentensüchtige stehen sich stundenlang die Beine in den Bauch, um drinnen enttäuscht festzustellen, dass sie doch nur unter ihresgleichen sind.

Sankt Jakobs kyrkan ist eine der vielen Kirchen, die nach der Reformation abgerissen und im 17. Jh., als in der Stadt Kirchen fehlten, wieder aufgebaut

Oben: Skulptur von Niki de Saint-Phalle am Moderna Museet. Rechts: Helm aus der Vendel-Zeit im Statens Historiska Museet.

wurden. Sie steht zwischen Oper und **Kungsträdgården** ⑲, einem ehemaligen Kräuter-, Gemüse- und Lustgarten des Schlosses, der seit dem 19. Jh. für die Bürger geöffnet ist. In seiner nordwestlichen Ecke steht das **Sverigehuset** mit dem **Touristenbüro**, dem Buchungscenter und einer interessanten kleinen Buchhandlung. Der Park ist ein beliebter Innenstadt-Treffpunkt, im Sommer gibt es hier kostenlose Kleinkunstdarbietungen, im Winter verwandelt sich der Park in eine Eisbahn. An seiner Südostecke steht **Karl XII.** über dem nach ihm benannten Platz. Von diesem König des frühen 18. Jh. behauptete Strindberg, dass seine Regierungszeit nur aus „Missgriffen, Böcken und Dummheiten“ bestanden habe.

MUSEUMSINSELN

Auf drei durch Brücken verbundenen Inseln im **Strömmen**, dem Fahrwasser zur Ostsee, konzentrieren sich einige Museen auf engem Raum.

Blasieholmen ist seit gut 100 Jahren nur noch eine Halbinsel, da man den Sund zwischen ihr und Norrmalm zugeschüttet hat. Hier steht unübersehbar Stockholms bestes Hotel, das **Grand Hotel**, in dem man wahlweise Zimmer mit Blick auf das Schloss oder auf den Nybroviken bestellen kann. Im Gegensatz zum Café Opera trifft sich hier an der Bar wirklich die Prominenz.

Direkt nebenan ist Anfang des 20. Jh. der Neubau des ***Nationalmuseet** ⑳ entstanden, der Kunstsammlung des schwedischen Staates, die bis dahin im Schloss untergebracht war. Viele der Exponate, z. B. die Sammlung flämischer Meister, gelangten im Dreißigjährigen Krieg nach Schweden, als das Land im wahrsten Sinne des Wortes „Zugriff“ auf viele europäische Kunstschätze hatte. Im 18. Jh. erweiterte Carl Gustav Tessin die Sammlung durch Zukäufe aus Paris, auch Gustav III. sorgte für Ergänzungen. Heute ist das Museum in drei Abteilungen gegliedert:

Die grafische Sammlung umfasst 120 000 Exponate, die kunstgewerbliche über 28 000; Hauptanziehungspunkt des Museums ist die Gemäldesammlung, die europäische Malerei aus fünf Jahrhunderten vereint.

Lustholmen lautete der ursprüngliche Name der Insel **Skeppsholmen**, weil hier, in Sichtweite des Schlosses, die königlichen Lustgärten angelegt waren. Heute betritt man die Insel über eine schmale Brücke, in deren Nähe eine der originellsten Jugendherbergen der Welt steht. Die **af Chapman**, ein englischer Dreimaster, der der schwedischen Marine einige Jahre als Schulschiff diente, trat 1949 ihren Dienst als erste Stockholmer Jugendherberge an. Trotz neuer Konkurrenz ist das Schiff noch immer die beliebteste Jugendherberge der Stadt. In den ehemaligen Marinebauten der Insel sind Museen untergebracht. Zum **Arkitekturmuseet** ㉑ und **Östasiatiska museet** ㉒ mit seiner großen **China-Sammlung** gesellt sich das von Rafael Moneo umgebaute ***Moderna Museet** ㉓. Es zeigt Kunst seit dem 20. Jh. Auf der Wiese zwischen den Museen haben die farbenfrohen **Skulpturen** der **Niki de Saint-Phalle** und die Schrottkonstruktionen des **Jean Tinguely** Platz gefunden.

Kastellholmen ㉔ ist im Besitz der schwedischen Marine, die die alten Befestigungsanlagen modernisiert hat und teilweise auch noch nutzt. Beliebt ist die Insel besonders bei der Jugend, denn ihre Lage prädestiniert sie geradezu für Open-Air-Konzerte.

ÖSTERMALM

Östermalm ist der vornehmste Stadtteil Stockholms. Erst um 1900 ließen sich betuchte Stockholmer Bürger in dieser Gegend nieder. Die breiten Boulevards und großzügigen Häuser lassen erkennen, dass man Paris nacheiferte. Galerien, Banken, Hotels, Museen und Botschaften bestimmen den Charakter des Viertels.

Ausgangspunkt für eine Erkundung ist der **Nybroplan** ㉕ am Ende des **Nybroviken**, wo **Restaurantschiffe** vor Anker liegen und die **Ausflugsboote** in die Schären vor Stockholm ablegen.

Dramaten wird das **Kungliga Dramatiska Teatern** kurz genannt, das die Nordseite des Platzes einnimmt – ein sehenswertes Jugendstilgebäude. Das Theater verfügt nicht nur über ein großes Schauspielhaus sondern auch über vier Experimentierbühnen. Ingmar Bergman führte das Haus mit seinen Strindberg-Inszenierungen zu Weltruhm.

Vor dem **Berzelii park** gegenüber Dramaten lugt ein bronzener **Kanalarbeiter** aus einem Schacht. Er ist in Stockholm so beliebt, dass barmherzige Bürger ihm im Winter sogar einen Schal umlegen. **Berns Salonger**, ebenfalls am Park gelegen, ist eines der berühmtesten Restaurants Stockholms, weil es durch Strindbergs Roman *Röda Rummet* (Das rote Zimmer) zu literarischer Bedeutung kam.

Auf der nach Norden führenden **Birger Jarlsgatan** – parallel verläuft die

Oben: Amüsement total in Stockholms Vergnügungspark Gröna Lund. Rechts: Södermalm, Arbeitersiedlung des 19. Jh., heute avanciert zum Szeneviertel.

Fußgängerzone **Biblioteksgatan** mit exklusiven Geschäften – gelangt man zum **Stureplan** ㉖. Dieser Platz mit dem großen Betonpilz in der Mitte und vielen Cafés ist ein beliebter Treffpunkt der Stockholmer.

Sturegallerian ㉗ ist Stockholms edelste Ladenpassage. Ein architektonisches Schmuckstück erweckte man in den 1980er-Jahren zu neuem Leben bei der Restaurierung des anschließenden **Sturebadet**, einer Jugendstil-Badeanstalt mit Sportzentrum. Die beispielhaft renovierte ***Östermalmshallen** ㉘, ein Marktgebäude in gusseiserner Konstruktion von 1899, ist ein verführerischer Delikatessentempel mit Edel-Imbissständen. Der **Humlegården** ㉙ war einst das Hopfenanbaugebiet der Stadt; im heutigen Park steht die **Kungliga biblioteket**, deren umfangreiche Bestände nur im Lesesaal benutzt werden können. Sturegatan 14 an der Ostseite des Parks ist der Sitz der **Nobelstiftung**. Hier wird das riesige Vermögen Alfred Nobels verwaltet und vermehrt, wie man an den jährlich wachsenden Preisgeldern sehen kann.

Über den Karlavägen kommt man zum **Karlaplan**, einem Sternplatz nach Pariser Vorbild. 300 m südlich, am **Narvavägen** befindet sich das ***Statens Historiska Museet** ㉚ (Historisches Museum). Seine Sammlung geht auf das Reichsschatzamt zurück, eine im 17. Jh. gegründete Institution, die Altertümer aller Art registriert und aufbewahrt. Eine umfangreiche Kollektion aus der schwedischen Geschichte von der Steinzeit bis ins Mittelalter ist im Lauf der Jahrhunderte zusammengetragen worden. Höhepunkt ist die Besichtigung des ***Guldrummet** (Goldraum), der in einem Bunker im Innenhof des Museums untergebracht ist. Ursprünglich sollte der Raum die Schätze des Museums im Falle eines Atomkriegs schützen, heute sind hier goldene und silberne Grabbeigaben – vor allem aus der Wikingerzeit – hinter Panzerglas ausgestellt.

Weitere 300 m südlich auf dem Narvavägen könnte man am **Strandvägen** bummeln, der prächtigsten Straße des Viertels; aber das ist wegen des starken Verkehrs nur frühmorgens oder spätabends ein Vergnügen. Den besten Blick hat man ohnehin, wenn man die Fähre vom Nybroplan nach Djurgården benutzt. Der Strandvägen endet am Diplomatenviertel beim **Nobelparken** ㉛.

Von hier ist der Weg zum **Kaknästornet** im Osten, dem Fernsehturm von Stockholm, ausgeschildert. Er ist mit 155 m eines der höchsten Gebäude Skandinaviens und bietet eine fantastische ★**Aussicht** über die Stadt und die Schärenwelt.

DIE TIERGARTENINSEL

Zum **Djurgården** (Tiergarten) fährt eine Fähre ab Nybroplan sowie Schiffe ab Slussen. Djurgården war bis ins 18. Jh. das Jagdrevier der Könige, die hier in unmittelbarer Nähe des Schlosses ihrem Vergnügen nachgehen konnten. Als der Tiergarten schließlich für die Bevölkerung geöffnet wurde, entwickelte er sich schnell zu einem Naherholungsgebiet.

Auffälligstes Gebäude der Insel ist das **Nordiska Museet** ㉜ (das Nordische Museum) an der Djurgårdsbron. Sein Baustil, Vasastil genannt, ist eine nur in Schweden zu findende Form der Neorenaissance. Das Haus beherbergt die Sammlung des Arthur Hazelius, der im 19. Jh. begann, Zeugnisse nordischer Gebrauchskunst zusammenzutragen. Von Holztellern über Zimmereinrichtungen bis zu ganzen Gehöften war nichts vor seiner Leidenschaft sicher. Dies alles in geschlossenen Räumen auszustellen, erwies sich als unmöglich, so dass man dem Museum die Freilichtabteilung Skansen hinzufügte.

In unmittelbarer Nachbarschaft zum Nordischen Museum ist das ★★**Vasamuseet** ㉝ entstanden, das allein der „Titanic der Ostsee“ gewidmet ist (siehe Seite 234), einem 1625 nach dem Stapellauf gesunkenen Kriegsschiff.

Ein Magnet für Familien mit Kindern ist der Vergnügungspark **Gröna Lunds Tivoli** ㉞ im Südwesten der Tiergarten-Insel, nahe dem Fähranleger. Das erste

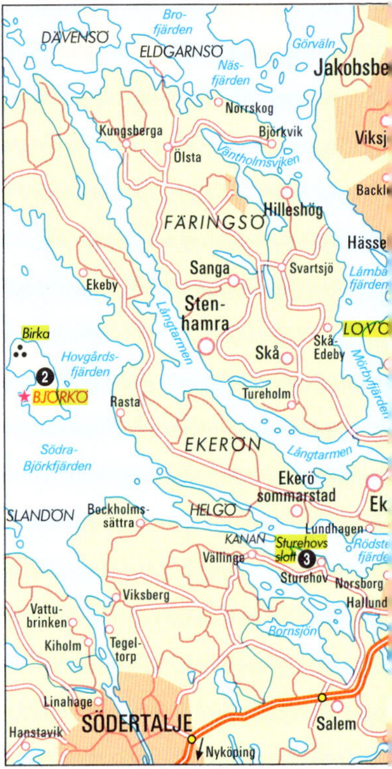

Freilichtmuseum der Welt auf dem Hügel ★★**Skansen** ㉟ entwickelte sich zur eigentlichen Attraktion des Nordischen Museums, nicht zuletzt wegen seines **Tierparks** mit nordischer Fauna (u. a. Braunbären), aber auch Affen und Schlangen.

Für Kunstliebhaber interessant ist der Besuch von **Waldemarsudde** ㊱ an der Südspitze der Insel. Anfang des 20. Jh. hat sich der Malerprinz Eugen die **Jugendstilvilla** mit Atelier und Galerie in einem gepflegten **Park** errichten lassen – die Thronfolge war gesichert und er konnte sich ganz seiner künstlerischen Leidenschaft widmen. Vom Park aus hat man einen schönen Blick auf Södermalm und die Finnlandfähren.

An der Nordseite von Djurgården findet man **Rosendals slott** ㊲, die komplett aus Frankreich importierte Residenz Karl XIV. Johans und seiner Frau Désirée. Das Palais ist vollständig eingerichtet und nur im Rahmen einer Führung zu besichtigen.

SÖDERMALM

Auf die Insel **Södermalm** verlegte man seit dem 17. Jh. gern Handwerksbetriebe, die stanken oder feuergefährlich waren. Mit der Ansiedlung größerer Fabriken im 19. Jh. entstand eine Arbeitersiedlung, deren Wohnungen damals schon über Bäder und Heizungen verfügten. Heute sind diese Arbeiterwohnungen bei jungen Leuten sehr gefragt, so dass auf Södermalm eine originelle Subkultur entstanden ist. Schrille Geschäfte und ebensolche Diskotheken wechseln mit normalen Läden und urgemütlichen Eckkneipen, die die Zeitläufe scheinbar unbeschadet überstanden haben. In den 1990er Jahren erfolgten leider etliche Baumaßnahmen, die leblose Viertel entstehen ließen – wie etwa am **Medborgarplatsen** – die den sterilen Wohngettos im Norden und Westen Stockholms ähneln.

Modernes architektonisches Wahrzeichen südlich der Insel in **Johanneshov** ist **Globen**, eine Mehrzweckhalle in Kugelform mit 64 m Durchmesser.

Am Verkehrsknotenpunkt Slussen (s. S. 153) beginnt der Stadtteil Södermalm. Hier sollte man den ★**Katarinahissen** ㊳ (Fahrstuhl) benutzen, der die 36 m Höhendifferenz zwischen Schleuse und Stadtteil nicht nur schnell überwindet, sondern auch als Aussichtspunkt zu nutzen ist. Von der oberen Plattform des Lifts führt eine Brücke zum **Gondolen**, einem Gourmetrestaurant mit Ausblick auf das Stadtzentrum.

Ein „Muss" ist ein Gang zur ★**Fjällgatan** ㊴ mit ihren Terrassencafés, einige Hundert Meter weiter östlich, wo die Granitfelsen 30 m tief zur Ostsee abfallen. Hier hat man den besten Blick über die Innenstadt und die Schäreninseln.

Stadtplan S. 148-149, Info S. 167-169

Unterhalb der Fjällgatan legen die **Fähren** nach Finnland ab. Die größten Fähren verkehren am Wochenende zu den winzigen finnischen **Åland-Inseln** zwischen Stockholm und Helsinki. Dies mag verwundern, doch es lässt sich mit der Ausstattung der Fähren leicht erklären: Bis zu 20 Bars und Diskotheken, auch der Anreiz von Strömen von Alkoholika, sind die eigentliche Motivation für diese Seereisen, und nach kurzem Landgang kehren die Passagiere verkatert wieder nach Stockholm zurück.

INSELN IM MÄLARSEE

Schiffe waren im Mittelalter das einzige Transportmittel zwischen den Siedlungen rund um den Mälarsee. Das ist zwar längst nicht mehr der Fall, doch noch immer ist der Weg über das Wasser die reizvollste Anreise zu den Sehenswürdigkeiten am See. Dies gilt auch für die Fahrt zum ***Drottningholms slott** ❶ (Königininsel-Schloss) auf **Lovön**, obwohl inzwischen die Insel über eine Brücke mit dem Stadtteil Bromma verbunden ist. Vom Klara Mälarstrand verkehren Boote im Stundentakt zwischen Stadt und Schloss.

Drottningholm ist sicherlich das schönste Barockschloss Schwedens. Bauherrin war die Witwe Karls X., Hedvig Eleonora, die bei Nicodemus Tessin d. Ä. die Pläne in Auftrag gab, die sein Sohn ausführte. Auf diese beiden Architekten geht auch die barocke

Gartenanlage zurück, die sich an französischen Vorbildern orientiert. Seine heutige Gestalt erhielt das Schloss um 1750, als Königin Lovisa Ulrika, eine Schwester Friedrichs II. von Preußen, es von Carl Hårleman umbauen ließ. Dabei entstanden der prächtige Treppenaufgang, die Galerien und das Prunkschlafzimmer der Königin, die heute zu besichtigen sind. Der Südflügel des Schlosses ist für die Öffentlichkeit gesperrt, da seit 1981 die Königsfamilie hier ihren ständigen Wohnsitz hat.

Eine besondere Attraktion ist das **Schlosstheater**. Bis auf die elektrische Beleuchtung sind Ausstattung und Bühnentechnik seit 200 Jahren unverändert geblieben. Immer noch funktionstüchtig, wird das Theater bei besonderen Anlässen bespielt. Ingmar Bergman hat diesem Theater ein Denkmal gesetzt, als er es für seinen Film „Die Zauberflöte" im Studio nachbauen ließ. Das interessante **Theatermuseum** zeigt Bühnendekorationen aus der gustavianischen Zeit.

Ganz dem Zeitgeist des 18. Jh. entspricht **Kina Slott**, ein chinesisches Schlösschen in der weitläufigen Parkanlage. Eine Besonderheit ist ein Tisch, der im Untergeschoss gedeckt wird und auf Knopfdruck in den Speisesaal hinaufschwebt. An den Tischen im benachbarten Café wird hingegen noch ganz normal bedient.

Vom Klara Mälarstrand dauert die Überfahrt zur Insel ***Björkö** zwei Stunden. Der Glanz der alten Wikingerhauptstadt **Birka** ❷, die im 9. Jh. zu den bedeutendsten Handelsplätzen des Nordens zählte, verblasste nach ihrer Zerstörung 970 rasch. Im 9. Jh. widerstanden diese noch den Missionierungsversuchen des Bremer Erzbischofs Ansgar. Eine Kapelle aus dem 10. Jh. wurde dann dem heiligen Ansgar geweiht. Auf der Insel führen markierte Wege zu den Gräberfeldern und den ehemaligen Stadtanlagen, die seit 1993 auf der Liste des UNESCO-Weltkulturerbes zu finden sind.

Rechts: Im Südflügel von Schloss Drottningholm wohnt die königliche Familie.

Man kann vom Stadthaus auch zum **Sturehovs Slott** ❸ (auch: Sturehof) am Südstrand des Mälarsees bei Norsborg schippern. Bauherr des Hauptgebäudes des Schlosses aus dem 18. Jh. war Johann Liljencrantz, Finanzminister Gustavs III., Hauptaktionär der lukrativen Fayencefabrik Marieberg. Die steuerte die 20 prachtvollen Kamine mit weißgrundigen bemalten Kacheln bei. Sturehov ist ein glanzvolles Schmuckstück gustavianischer Wohnkultur.

IM **SCHÄRENGARTEN

Der Schärengürtel von Stockholm ist etwa 150 km lang und reicht bis zu 70 km in die Ostsee. Die Zahl der Inseln – die meisten sind unbewohnt – schwankt je nach Angabe zwischen 24 000 und 30 000. Ständig leben nur 6000 Menschen hier. Im Sommer, wenn ca. 40 000 Ferienhäuser bezogen werden, steigt die Zahl auf ein Vielfaches. Dieser einzigartige ****Skärgården**, so nennt man in Schweden eine solche Insellandschaft, ist ein Eldorado für Wassersportler, aber auch für alle, die Ruhe und Erholung suchen. Es gibt zahlreiche Angebote für Rundfahrten durch die Inselwelt, die entweder bei Slussen, am Nybroplan oder Strömkajen beginnen und zwischen zwei und zehn Stunden dauern. Es gibt auch regelmäßige Verbindungen zu größeren Orten wie Vaxholm oder Saltsjöbaden sowie nach Sandhamn. Spezielle Arrangements, wie Restaurantschiffe mit Jazz- oder Tanzmusik, runden die Angebotspalette ab.

Die kleine Inselgruppe **Fjäderholmarna** ❹ liegt nur 25 Schiffsminuten vom Nybroplan entfernt. Sie ist beliebtes Ausflugsziel für alle, die den Sommer in der Stadt verbringen müssen. Neben Restaurants, einer Fischräucherei und einer überaus beliebten Bäckerei bieten die Inseln auch ein **Baltic Aquarium** und ein **Schärenmuseum**.

Karte S. 162-163, Info S. 167-169

Das mondäne Gegenstück zu Fjäderholmarna ist im Südosten der Hauptstadt **Saltsjöbaden** ❺, dessen Gründung auf einen schwedischen Großindustriellen zurückgeht. Die Stadt ist ein Zentrum des Segelsports mit den entsprechenden Liegeeinrichtungen. Erstes Haus am Platz ist auch hier das **Grand Hotel**, ein türmchengekrönter Bau aus der Zeit um 1900. Vom Nybroplan aus dauert die Bootsfahrt dorthin eine Stunde.

Ebenso lange braucht man nach **Vaxholm** ❻ im Osten Stockholms. Die alte Festung an der Einfahrt zum Hafen der Hauptstadt geht auf Gustav Vasa zurück, dieser ließ sogar Passagen zwischen den Inseln zuschütten, um die Schiffe an seiner Festung vorbeizuzwingen und damit die Hafeneinfahrt kontrollieren zu können. Die Anlage wurde im 19. Jh. aufgegeben, als ihre Wälle moderner Schiffsartillerie nicht mehr standhielten. Heute befindet sich in der Festung ein Museum. Das Stadtgebiet Vaxholms umfasst 62 Inseln, auf denen viele Stockholmer Sommerhäuser unterhalten. Fast alle sind aus Holz gebaut, denn in Vaxholm war es bis 1912 verboten, Steinhäuser zu errichten, um den pittoresken Charakter des Städtchens zu erhalten. Als das Verbot aufgehoben wurde, bildete sich eine Bürgerinitiative, der es gelang, es sofort wieder in Kraft zu setzen.

Sandhamn, drei Stunden vom Nybroplan entfernt, liegt im äußeren Schärengürtel. Während der großen Choleraepidemien wurde hier eine Quarantänestation eingerichtet. Hier ist auch die Lotsenstation für Schiffe, die für den Weg vom und zum Hafen Hilfe benötigen.

Der alte Gasthof von Sandhamn hat 300-jährige Tradition, denn die hier ansässigen Lotsen waren verpflichtet, Gäste zu verköstigen. Heute ist die Hafenstadt Sitz des königlichen Segelclubs von Schweden. Hier wird alljährlich im Juli die Gotlandregatta gestartet.

Millesgården, Park eines Künstlers

Von **Torsvik** (Bus oder Zug ab T-bana-Station Ropsten) sind es nur wenige Schritte zum **Millesgården** ❼, der

auf der Insel **Lidingö** liegt. Hier baute sich der Bildhauer Carl Milles (1875-1955) auf einem steil abfallenden Felsen Wohnhaus und Atelier. Die Terrassen des Terrains nutzte er als Ausstellungsgelände für eigene Werke und für seine Sammlung römischer und griechischer Skulpturen. Milles hat für viele schwedische Städte unverwechselbare Brunnen und Statuen geschaffen; hier hinterließ er seiner Heimatstadt einen einzigartigen **Skulpturengarten**.

Königspark und Science Tower

Leicht mit dem Wagen oder mit der Tunnelbana zu erreichen ist **Hagaparken** ❽ in **Solna** an der E 4. Die weitläufige Anlage entstand unter König Gustav III. als englische Gartenlandschaft. Er plante hier den Bau einer neue Residenz. Nach seiner Ermordung ließ man vom Plan ab. Lediglich ein Pavillon wurde fertig gestellt, **Lilla Slott** (kleines Schloss) mit vollständig erhaltener Rokokoausstattung. Daneben ließ Gustav IV. den sog. „Pavillon der Königin" bauen: **Haga Slott** ist Gästehaus der Regierung. Am Eingang des Regierungsareals fällt das **Kupferzelt** der Wachmannschaften auf, das Ende des 18. Jh. im Stil römischer Heerzelte für die königliche Leibgarde nach Entwürfen eines Theatermalers gebaut wurde. Bei schönem Wetter ist Hagaparken ein beliebter Picknickplatz für die Bewohner der Vorstädte.

In Solna nahe der E 4 steht auch **Ulriksdals slott** ❾. Der Großvater des heutigen Königs, Gustav VI., bewohnte das Renaissanceschloss (17. Jh.). Die Einrichtung ist ein Geschenk der Bürger Stockholms anlässlich der königlichen Hochzeit 1923 und kann besichtigt werden. Lohnender ist ein Besuch im **Ulriksdals Wärdshus**, dem besten Restaurant außerhalb der City.

Wenig nördlich liegt Schwedens Silicon Valley: **Kista** ❿, gut erreichbarer Wohnvorort, profiliert sich als IT-Zentrum des Landes; 32-stöckig ist der **Kista Science Tower,** ein Büroturm mit allen erdenklichen einschlägigen Einrichtungen für IT-Firmen.

Oben: Im Schärengarten vor Stockholm.

Karte S. 162-163

STOCKHOLM (☎ 08)

Stockholm Visitors Board, P.O. Box 16282, 10325 Stockholm, Tel. 50828-500, www.stockholmtown.com. **Sverige Huset**, Kungsträdgården, Hamngatan 27, 10393 Stockholm, Tel. 50828508, Fax 508828509; info@svb.stockholm.se. Hier auch **Buchung von Ausflügen**, **Ticketverkauf** auch über www.stockholmtown.com.

Die Touristenbüros verkaufen u. a. die **Stockholmskortet**, die 24, 48 oder 72 Stunden gilt. Sie gewährt freie Fahrt mit den öffentlichen Verkehrsmitteln im Großraum Stockholm, einige kostenlose Bootstouren und freien Eintritt in die meisten Museen. Sie lohnt sich nur bei intensiver Nutzung des Angebots. Stockholmskortet ist Teil des **Stockholmpakets**, das in verschiedenen Preisstufen bis zu drei Übernachtungen mit Frühstück zum Pauschalpreis beinhaltet; es kann in Reisebüros auch außerhalb Schwedens gebucht werden.

***BERÜHMTE RESTAURANTS*:** **Den Gyldene Freden**, Österlanggatan 51, Tel. 249760, klassisch schwedische Küche. **Berns**, Berzelii Park 9, Tel. 56632222, klassisch schwedische Küche, auch Showdarbietungen. **Gondolen**, Stadsgården 6 (Katarinahissen), Tel. 6417090, Tischreservierung notwendig. **Operakällaren**, Operahuset, Tel. 6785801, Tischreservierung Mo-Fr ab 10 Uhr, Sa/So ab 16 Uhr, schwedische Küche auf französisch getrimmt.

***SCHWEDISCHE KÜCHE*:** **Café Blå Porten**, Djurgårdsvägen 60, Tel. 6638759. **Cirkus**, Djurgårdsslätten 43-45, Tel. 58798700. **Fem Små Hus**, Nygränd 10, Tel. 108775, in historischem Altstadthaus des 17. Jh. **Salt**, Hantverkargatan 34, Tel. 6521100, Musik. **Frey's Hörna**, Bryggargatan 12, Tel. 52621300. **Sturehof**, Stureplan 2, Tel. 4405730. **Blå Dörren**, Södermalmstorg 6, Tel. 7430743. **Fischbude an T-Bana Station Slussen**, köstliche Knäckebrote mit Hering (*strömming*), tägl. 11-18 Uhr. **Bistro Talluden**, Karlsbergs Strand 4, Tel. 7300615. **Mälardrottningen**, Ridderholmskajen, Tel. 54518780, ehemals Barbara Huttons legendäre Yacht. **Ulriksdals Värdshus**, am Schloss Ulriksdal, Solna, Tel. 850815.

***INTERNATIONALE KÜCHE*:** **Lidingöbro Värdshus**, Kaknäsvägen 62-72, Tel. 6620694, Fisch. **Maharajah**, Gamla Stan (Altstadt), Stora Nygatan 20, Tel. 210404, indisch. **Trattoría Romana**, Mälartorget 15, Tel. 7969009, italienisch. **Michelangelo**, Västerlånggatan 62, Tel. 215099, italienisch. **Hermans**, Fjällgatan 23 (Södermalm, nahe dem Kreuzfahrtterminal), Tel. 6439480, vegetarisch. **Magnus Ladulås**, Österlåggatan 26, Tel. 211957, verrücktes Trendlokal. **Dolce Vita**, Kungsholmsgatan 16, Tel. 6506080, italienisch. **Hong Kong**, Kungsbrostrand 23, Tel. 6537720, chinesisch. **Mammas & Tapas**, Scheelegatan 3, Tel. 6535390, spanisch. **Long Horn Smoke House**, Fleminggatan 27, Tel. 6511661, Steakhouse. **Grevens Bakficka**, Turegatan 7, Tel. 6111083, Fischrestaurant. **Wedholms**, Nybrokajen 17, Tel. 6117874, Fischlokal. **Fredsgatan 12**, Fredsgatan 12, Tel. 248052, innovative internationale Küche. **Tandoori**, Upplandsgatan 6, Tel. 141032, indisch. **Fashing Jazz Club**, Kungsgatan 63, Tel. 216267, international, mit Live-Jazz. **Åhléns Café**, Åhléns Varuhus, Klarabergsgatan 50, Tel. 76766053, gutes Restaurant im Warenhaus. **Kol & Kox**, Olofsgatan 7 A, Tel. 7245860, italienisch. **Bamboo Palace**, Kungsgatan 17, Tel. 218241, chinesisch. **Rydbergs**, Drottninggatan 88, Tel. 206387, August Strindbergs Lokal. **Café Piastowska**, Tegnérgatan 5, Tel. 212508, polnisch. **Mike's Entertainment**, Blekholmsterrassen 15, Tel. 6988080, Showrestaurant. **Bean's & Bear's**, Regneringsgatan 91, Tel. 4115850, vegetarisch. **Elias Taverna**, Södermanngatan 8, Tel. 4427450, griechisch. **Krishna**, Ringvägen 125, Tel. 6448810, indisch. **Karsson & Co**, Renstirnas Gate 30, Tel. 7022229, Kleinigkeiten. **Carl's Kök**, Luntmakergatan 90, Tel. 6123780, Kleinigkeiten. **Sushi Bar Sapporo**, Hornsgatan 94, Tel. 849740, japanisch. **Dionysos**, Bondegatan 56, Tel. 6419113, griechisch.

***CAFÈS*:** **Cafe Opera**, Operahuset, Tel. 6785807, „Sehen und Gesehen werden". **Diplomat Teahouse**, Strandvägen 7 C, Tel. 4596802, herrliche Terrasse am Strandvägen. **Cafe im Kulturhuset**, Sergels Torg, Tel. 211035, schöner Blick über den Platz, die Zeitungen – auch ausländische – gibt es gratis.

Stortorgets Kaffestuga, Stortorget 22, Tel. 7205981.

PUBS: **Södermalm**: **Bottle & Glass**, Hornsgatan 136, Tel. 845610, hier ist immer was los. **Half Way Inn**, Swedenborgsgatan 6, Tel. 76419443, ein bisschen verrückt. **Vasastaden**: **Pub Anchor**, Sveavägen 90, Tel. 152000, Rock 'n' Roll live.

Henry's Bar, Hantverkargatan 8, Tel. 6519311, klassische Bar. **Bar im Grand Hotel**, moderate Preise. **Bistro Ruby**, Österlånggatan 14, Tel. 205776, immer voll und schön laut. **Sidetrack**, Wollmar Yxkullsgatan 7, Tel. 6411688, Schwulentreff. **La Isla**, Friedhelmsplan 7, Tel. 6546043, Salsa-Club. **Karlson & Co**, Kungsgatan 56, Tel. 54512140, Krawattenzwang, Mindestalter: 27 Jahre – leider nur eine müde Disko.

Programmübersicht der Nachtklubs in *What's on Stockholm*. **Berns Club**, Berzelii Park 9, Tel. 56632222, Gesichtskontrolle. **Daily's Bar**, Kungsträdgården, Tel. 215655. **Monky Bar**, Sankt Eriks Gatan, Tel. 6501183. **Åland-Fähren** Anfang Juni-Mitte August tägl. ab 19 Uhr, an Finnlandkajen, interessant ist es nur am Wochenende.

Drottninggatan, **Hamngatan**, **Markthallen** am **Hötorget**, **Östermalmstorget** und **Medborgarplatsen**. **Kaufhaus NK** an der Hamngatan hat wunderschöne Designerartikel. Schönes schwedisches Porzellan gibt es bei **Gustavsberg Fabriksbod & Keramik Centrum**, Odelbergsväg 5 B, Tel. 57035658. Im **Freilichtmuseum Skansen** sind Kunstgewerbeartikel aus dem ganzen Land erhältlich.
Zur größten **IKEA**-Filiale der Welt in Skärholmen, 15 km südwestl. der Innenstadt, fährt Mo-Fr ab 10 Uhr stündlich ein kostenloser Bus ab Regeringsgatan 17.

GAMLA STAN: **Schloss**, **Wachablösung**, Mo-Sa 12.15 Uhr, So und feiertags 13.15 Uhr mit Musik. **Repräsentationsräume**, **Reichssaal**, Mai-August tägl. 10-16, sonst Di-So 12-15 Uhr. **Schatzkammer**, gleiche Öffnungszeiten; **Gustav III's Antikmuseum**, Wiedereröffnung Juni 2006. **Rüstkammer**, Mai-August tägl. 10-17, sonst Di-So 11-17, Do -20 Uhr. **Museum Tre Kronor** (Slottskajen, Kgl. Schloss Nordseite, unterhalb Lejonbacken), 15.05.-15.08. Tägl. 10-16/17, sonst Di-So 12-15 Uhr. **Storkyrkan**, tägl. 9-18 Uhr, außer während der Gottesdienste und Konzertproben, Eintritt. **Nobelmuseum**, Mitte Mai-Mitte Sept. tägl. 10-18, Di 10-20, sonst Di 11-20, Mi-So 11-17 Uhr. **Tyska kyrka** (deutsche Kirche), Mo-Fr 12-16 Uhr. **Medeltidsmuseet** (Mittelaltermuseum), Juli, August Fr-Mo 11-16, Di-Do 11-18, sonst Di-So 11-16, Mi 11-18 Uhr. **Riddarhus** (Ritterhaus), Mo-Fr 11.30-12.30. **Riddarholmskyrkan**, Mai-August tägl. 10-16 Uhr, Sept. Sa/So 12-15 Uhr.
KUNGSHOLMEN: **Stadshuset** (Stadthaus), Besichtigung nur mit Führung, Juni-August tägl. 10, 11, 12 und 14 Uhr, Sept. tägl. 10, 12 und 14 Uhr, sonst 10 und 12 Uhr. **Turmmuseum im Stadthaus**, Mai-Sept. tägl. 10-16.30 Uhr.
NORRMALM: **Kulturhuset** (Kulturhaus), Sergels Torg 3, Di-Fr 11-19, Sa, So 11-17 Uhr, Treffpunkt, Internet-Café. **Strindbergsmuseet, (Blå Tornet)**, Juni-August Di-So 12-16 Uhr, sonst Di 12-19, Mi-So 12-16 Uhr. **Stadtbibliothek**, Sept.-Mai Mo-Do 10-20.30, Fr 10-18, Sa, So 12-16, Juni-August Mo-Do 11-19, Fr 11-17 Uhr. **Observatoriemuseet**, nur geführte Touren mit Voranmeldung, Tel. 54548390. **Konzerthaus** und **Oper**, Veranstaltungsübersicht im kostenlosen monatlichen Eventguide *What's on Stockholm* und in Tageszeitungen; Kartenreservierung beim Touristenbüro im Sverigehus. **Sankt Jacob kyrkan**, tägl. 9-18 Uhr, außer während der Gottesdienste. **Medelhavsmuseet** (Mittelmeermuseum), neue Öffnungszeiten ab Wiedereröffnung März 2006, Tel. 51955380.
MUSEUMSINSELN: **Nationalmuseum**, Di, Do 11-20 Uhr, Mi, Fr-So 11-17 Uhr. **Architekturmuseum**, 14.02.-30.12, Di-Do 11-20 Uhr, Fr-So 11-18 Uhr. **Ostasiatisches Museum**, Di 12-20 Uhr, Mi-So 12-17 Uhr. **Moderna Museet**, Di-Mi 10-20, Do-So 10-18 Uhr; Eintritt frei.
ÖSTERMALM: **Kungliga Dramatiska Teatern**, Führungen Juni-Mitte August Mo-Sa 15 Uhr, im Juli und August auch in Englisch.

Sonst nur Sa 15 Uhr. **Kaknästornet** (Fernsehturm), Buslinie 69, Sept.-April tägl. 10-21, sonst tägl. 9-22 Uhr. **Historiska Museet** (Historisches Museum), Mo-So 11-17, Do 11-20 Uhr.

***DJURGÅRDEN*:** **Freilichtmuseum Skansen**, Sept.-April tägl. 10-16, Mai tägl. 10-20, Juni-August 10-22 Uhr. **Gröna Lunds Tivoli**, Ende April-Anfang Sept. tägl. ab 12 Uhr. **Nordiska Museet**, Mo-Fr 10-16, Sa, So 11-17 Uhr. **Vasa Museet**, 21.08.-09.06. tägl. 10-17 Uhr, Do 10-20 Uhr, 10.06.-20.08. tägl. 9.30-19 Uhr. **Aquaria Vattenmuseum**, Falkenbergsgatan 2 (nördl. v. Tivoli), zeigt drei typische Biotope: tropischer Regenwald, Meeresaquarium sowie einen Fluss mit Lachstreppe, Di-So 10-16.30 Uhr. **Prins Eugens Waldemarsudde**, Di, Mi, Fr-So 11-17, Do 11-20 Uhr. **Rosendals Slott**, Führungen: Juni-August Di-So stündl. 12-15 Uhr, Sept. nur Sa, So.

***SÖDERMALM*:** Aufzug **Katarinahissen** fährt Mo-Sa 7.30-22 Uhr, So 10-22 Uhr.

***AUSSERHALB STOCKHOLMS*:** **Drottningholm slott**, Mai-August tägl. 10-16.30, Sept. tägl. 12-15.30, sonst nur Sa, So 12-15.30 Uhr. **Theater Drottningholm**, tägl. Mai 12.30-16.30 Uhr, Juni-August 11.30-16.30 Uhr, Sept. 13.30-15.30 Uhr. **Kina Slott** (Chinesisches Schloss), täglich April und Okt. 13-15.30 Uhr, Mai-August täglich 11-16.30 Uhr, Sept. täglich 12-15.30 Uhr. **Fjädarholmarna**, **Baltic Aquarium**, **Schärenmuseum**, 08.06.-16.08. Mo-So 10-18 Uhr, Mai, Sept. Di-So 10-16.30 Uhr. **Vaxholm Festung**, 15.05.-31.08. täglich 12-15.45 Uhr. **Millesgården**, 01.10.-30.04. Di-Fr 12-16, Sa, So 11-17 Uhr, 01.05.-30.09. täglich 10-17 Uhr. **Hagaparken**: **Lilla Slott** (Gustav III's Paviljong på Haga), Führung: Juni-Aug. Di-So stdl. 12-15 Uhr, Sept. nur Sa, So. **Fjärilshuset** (Schmetterlingshaus im Haga-Park), Okt.-März Di-Fr. 10-15, Sa, So 11-16 Uhr, im Sommer längere Öffnungszeiten. **Ulriksdals slott**, Führungen Mitte Mai-September Di-So 13.40 und 15.40 Uhr.

***FLUG INTERNATIONAL*:** **Flughafen Arlanda**, Tel. 7976000. **Arlanda Express** alle 15 Min von / nach Stockholm Centralstation. Airport Bus alle 10 Min. ab / bis Klarabergsviadukten (Centralstation). **Flughafen Skavsta**, Tel. 0155-280400; Busse ab City Terminal; www.skavsta.se.

***FLUG NATIONAL*:** **Flughafen Bromma**, Tel. 7976800.

***SCHIFF*:** **Vaxholm**, Tel. 6795830, www.waxholmsbolaget.se; für das Schärengebiet auch preiswerte Mehrfach- und Rundreisetickets! Anfang Juni-Mitte August tägl. 12, 15 und 19 Uhr ab Nybroplan, Rückkehr tägl. 13.30, 16.30 und 20.20.

Fjäderholmarna, ab Nybroviken u. Slussen; Tel. 7180100, www.fjäderholmslinjen.se.

Sandhamn, Anfang Juni-Mitte August tägl. 10 Uhr ab Nybroplan, Rückfahrt 15 Uhr.

Gustavsberg, ca. Juli Di-Sa 11 Uhr ab Nybroplan, Rückfahrt 15 Uhr.

Sigtuna, Tel. 58714000, Mittsommer-Anfang August Di-So 10 Uhr ab Stadshusbron, Rückfahrt 16.55 Uhr.

Björkö / Birka, Mai-Sept. tägl. Uhr ab Stadshusbron/Rückfahrt ab Birka: 10/15.45 Uhr, Anfang Juni-Mitte August auch 9/12.45 Uhr; www.strommakanalbolaget.com.

Drottningholm, Mai-Mitte Sept. tägl. 9.30, 10, 11, 11.30, 12, 13, 13.30, 14, 15, 15.30 und 16 Uhr ab Stadshusbron, Rückfahrt tägl. 10.30, 11.50, 12.50, 13.20, 13.50, 14.50, 15.20, 15.50, 16.50, 17.20 und 18 Uhr, in der Hochsaison zusätzlich 17 und 18 Uhr ab Stadshusbron, Rückfahrt 19.30 Uhr.

***STADTBUS, T-BANA (U-BAHN), VORORTBAHN*:** Informationen: Tel. 6001000; es gibt Ein- und Mehrtageskarten, Kinder und Senioren fahren zu Sondertarifen. Stadtfahrten mit Stockholmskortet umsonst!

***FAHRRADVERLEIH*:** Strandvägen, Kajplats 24, Tel. 6607959. Im Djurgardsbron Sjöcafé, Galärvarvsvägen 2: Tel. 6605757.

Juni: **Tag des Schärenbootes**; **Stockholm-Marathon; Mittsommer** in Skansen; am **Nationalfeiertag** (06.06.) besucht das Königspaar Skansen; **Riddardagar**, Ritterspiele auf Gripsholm. Juli: **Stockholm-Jazz-Festival** auf Skeppsholmen; **Theateraufführungen** in Schloss Gripsholm. August: Elf Tage **Stockholm-Water-Festival** mit Kulturveranstaltungen, Preisverleihungen und „Fressbuden".

BABYBJÖRN

MITTELSCHWEDEN – IM REICH DER ROTEN HOLZHÄUSER

GÄVLE / FALUN
BORLÄNGE / MORA
SILJANSLEDEN
SÖDERHAMN
HUDIKSVALL

MITTELSCHWEDEN

Heute bezeichnet man das Gebiet zwischen Stockholm und Sundsvall gerne als „Mittelschweden“. Geografisch gesehen ist das auch plausibel, historisch hingegen gehören *Uppland* und *Dalarna* noch zum Svear-Reich. *Gästrikland*, *Hälsingland* und *Härjedalen* sind bereits Teile von Norrland (Nordland), wie man im Mittelalter die scheinbar unendlichen Weiten jenseits der Achse Gävle-Mora bezeichnete.

Die Landschaft zwischen Uppsala und Sundsvall im Osten und der norwegischen Grenze im Westen ist ausgesprochen waldreich. Nur in den Flusstälern und in einigen Ebenen ist Ackerbau möglich, sonst überwiegt Viehzucht, die früher meist als Sennwirtschaft betrieben wurde.

Je weiter man nach Norden und Westen gelangt, desto höher werden auch die Berge. Ragen sie im Süden von Gästrikland nur bis 200 m auf, erreichen sie im Norden Härjedalens fast 1800 m. Die größeren Orte konzentrieren sich an der Ostseeküste und um den Siljansee, das geografische wie historische Zentrum Dalarnas. Wirtschaftlich ist der Süden des Gebiets durch Bergbau und Metallindustrie geprägt, der Norden hingegen durch die Nutzung der ausgedehnten Wälder.

Vorherige Seiten: Mittsommernachtsfest in Rättvik am Siljansee. Links: Alle Altersgruppen feiern mit!

NÖRDLICHES UPPLAND

Die E 4 führt von **Uppsala** durch ein ziemlich eintöniges Waldgebiet nach Norden. Es empfiehlt sich daher, die ersten 45 km über die Landstraße 290, dann ab **Dannemora** über die 292 zu fahren, um bei Tierp zur E 4 zurückzukehren. Zunächst folgt die 290 dem Lauf des Fyrisån und erreicht nach 22 km **Salsta slott** ❶, einen Renaissancebau aus dem 17. Jh., in dem die Forstverwaltung ihre Büros hat.

Im Gebiet von Dannemora baute man schon im 15. Jh. Eisenerz ab. Erze wurden dort verarbeitet, wo die Wasserkraft der Flüsse die mächtigen Schmiedehämmer antreiben konnte. In **Österbybruk** sind noch die Gebäude einer solchen *bruksamhälle* (Hüttengemeinschaft) erhalten geblieben. Außer dem Herrenhaus aus dem 18. Jh. mit dem von Carl Hårleman angelegten Garten sind auch die Arbeiterhäuser zu sehen, die jeweils vier Familien bewohnen konnten. Wie die Werkstätten und Schmieden sind sie ebenfalls um 1800 entstanden.

10 km westlich trifft man auf ****Örby slott** ❷. Das Schloss war einer der Schauplätze, an dem die Söhne Gustav

Vasas ihre Fehde um den schwedischen Thron austrugen. Setzte zuerst Erik XIV. seinen Bruder Johan III. auf Schloss Gripsholm gefangen, so ließ dieser wiederum Erik auf Örby einkerkern und vermutlich auch vergiften (1568). Der mächtige Wohnturm ist der älteste Teil der Anlage und geht noch auf den Großvater Gustav Vasas zurück. Das Schloss gehört heute den Erben einer Eisen- und Stahldynastie und kann nur teilweise besichtigt werden.

Von **Örbyhus** sind es 9 km nach Süden zum kleinen Ort **Vendel**, der einer ganzen Epoche (500-800 n. Chr.) ihren Namen gegeben hat. Der Ort war zu jener Zeit noch mit dem Mälarsee verbunden und muss sehr bedeutend gewesen sein. Ganze 14 Bootsgräber mit überreichen Grabbeigaben, u. a. Metallarbeiten mit den typischen „Ranken“ des Vendelstils, verschlungener, flechtbandartiger Zierrat, fand man am südlichen Hang der Kirche. Auch der riesige Grabhügel **Ottarshögen**, Ruhestätte des Svear-Königs Ottar, stammt aus der Vendel-Zeit. Die Grabungsfunde sind im Historischen Museum von Stockholm ausgestellt, das kleine Museum von Vendel zeigt nur Kopien.

In **Tierp kyrkeby** ❸ steht direkt an der E 4 eine Feldsteinkirche aus dem 13. Jh. Ihre spätmittelalterlichen Kalkmalereien (um 1470) prägten den Namen „Tierpstil“ für diese Malrichtung. Man findet sie in mehr als 20 Kirchen Nordschwedens und Finnlands.

Bei **Mehedeby** überquert die E 4 den Storfjorden, den Mündungsfjord des **Dalälven**, des längsten schwedischen Flusses. Einige Kilometer stromabwärts, in **Älvkarleby** ❹, hat man 1915 den mächtigen, fischreichen Fluss aufgestaut und das größte Wasserkraftwerk Schwedens geschaffen und den Wasserfall trockengelegt. Nur am *Fallens Dag* (Tag des Wasserfalls) im Juni erlaubt man dem Fluss, in sein altes Bett zurückzukehren. Die Küste vor Älvkarleby ist wegen der Meerforellen bei Anglern sehr beliebt.

Info S. 190-191

MEDELPAD
Ånge
Alby
Överturingen
Holmsjön
Kölsillre
Östavall
Pränsta
Erikslund
Torpshammar
E 14
Stöde
Ljungan
Indal
Ljustorp
Härnösand
Timrå
Söråker
Vi
Sundsvall
ALNÖN
Sundvallsbukten
Njurunda
BRÄMÖN
E4
559
Naggen
Ramsjö
Ytterhogdal
Hassela
Malungen
Gnarp
Svågan
Björsarv
Friggesund
Norra Dellen
Bergsjö
Harmånger
Strömsbruk
Kårböle
Ljusnan
Ljusdal
Korskrogen
Los
Färila
Delsbo
Södra Dellen
Hudiksvall
Kuggörarna
HORNSLANDET
Järvsö
Orsjön
HÄLSINGLAND
Hamra
Västbacka
Öjung
Iggesund
Hudiksvallsfjärden
AGÖN
Undersvik
Nordsjö
Enånger
Mattsmyra
Kvarnberg
Voxnaälven
Arbrå
Tränö
Bottenhavet
Edsbyn
Voxna
Bollnäs
Kungsgården
Arteråsen
Alfta
Marma-skogen
Söderhamn
Dalfors
Kilafors
Bergviken
Ljusne
Furudal
Oresjön
Skog
Orsa
Amungen
Holmsveden
Svabensverk
Gruvberget
Axmar bruk
Gärdsjö
Ljugaren
Lamborn
Åmot
Hamrångefjärden
Rättvik
Svartnäs
Ockelbo
GÄSTRIK-
Trödje
Bjursås
Svärdsjö
Mårdängsjö
Bönan
Utvalsnäs
Leksand
Toftan
Gävle
Gävlebukten
Sundborn
Järbo
Falun
Sandviken
399
Storvik
Furuvik
Djurås
LAND
Valbo
Öregrundsgrepen
ÖRSKÄR
Ornässtugan
Hofors
Årsunda
Älvkarleby
Skärplinge
Borlänge
Runn
Storfjorden
Lövstabruk
GRASÖ
Dalälven
Mehedeby
Säter
Husby
Hedesundafjärden
Forsmark
Södra Kvarken
Tierp kyrkeby
Söderfors
Horndal
Gysinge
Tuna-Hästberg
Hedemora
Ullfors
Östhammar
SINGÖ
Örbyhus
Smedjebacken
Avesta
Färnebofjärden
Örbyhus slott
Österbybruk
Gimo
Norra Barken
Tämnaren
Dannemora
Grisslehamn
Ludvika
Krylbo
Tärnsjö
Vendel
Alunda
Norberg
Salsta slott
Hallstavik
Södra Barken
Fagersta
FJÄRDHUNDRA
UPPLAND
VÄDDÖ
Skebrobuk
Sala
Älmsta
Ängelsberg
UPPSALA
Malingsbo
Heby
Edsbro
Ramsberg
Almunge
Ramnäs
Sunnersta
Erken
Norrtälje
Gunnilbo
Örsundsbro
Rimbo
VÄSTMANLAND
Skultuna
Märsta
Västerås
E 18
Enköping
Sigtuna
MITTELSCHWEDEN
0
20
40 km

GÄSTRIKLAND

*Gävle

Gästrikland nannte man in Schweden lange Zeit *X-Län*, da die Bewohner ein X in ihren Kraftfahrzeugkennzeichen führten, das heute nur noch auf Abbildungen von vor längerer Zeit zugelassenen Autos zu finden ist. Gästrikland ist 4600 km^2 groß und südlichster Teil des Norrlands. Die Provinzhauptstadt ***Gävle** ❺ erhielt 1446 als erster norrländischer Ort die Stadtrechte. Die alte Hafenstadt am Bottnischen Meerbusen ist heute Industriestandort und hat gut 88 000 Einwohner.

Die weitläufigen, baumbestandenen Alleen, die die Stadt durchziehen, wurden nach dem großen Brand von 1869 angelegt. Nördlich des **Gavleån** umschließen sie **Esplanaden**, einen schmalen, langen Park mit dem Theater im Norden und dem Rathaus nahe seinem südlichen Ende. Auf dem Rathausplatz hat man die Skulptur „Hyperboreische Göttin" (Göttin des hohen Nordens) aufgestellt, die wohl dem Besucher verraten soll, dass Gävle bereits zu Norrland gehört.

Über die Drottninggatan und den neu gestalteten **Stortorget** gelangt man zur **Trefaldighetskyrkan** (Dreifaltigkeitskirche), die im 17. Jh. ihr heutiges Aussehen erhielt. Sehenswert sind der Hauptaltar, der an den Silberaltar der Storkyrkan in Stockholm erinnert, und das Taufbecken aus dem 12. Jh.

Südlich des Gavleån findet man das **Schloss**. Dieses nördlichste aller Vasa-Schlösser ist heute Sitz des Landhauptmanns. Vom Schloss sind es nur wenige Schritte – vorbei an einer Henry-Moore-Plastik – zur Altstadt ***Gamla Gefle**. In der idyllischen Holzstadt hat man Häuser und Gehöfte aus den 18. und 19. Jh. erhalten, darunter das Geburtshaus des Joel Hägglund, der zu Anfang des 20. Jh. nach Amerika auswanderte und unter dem Namen Joe Hill ein Vorkämpfer der amerikanischen Gewerkschaftsbewegung war, bis er nach einem dubiosen Prozess als Mörder hingerichtet wurde.

Rechts: In Handarbeit gefertigte Dala-Pferdchen – beliebtes Souvenir aus Nusnäs.

Einen Besuch wert ist auch das **Länsmuseet** an der Södra Strandgatan. Es zeigt unter anderem das älteste **Holzboot** Schwedens aus dem ersten nachchristlichen Jahrhundert sowie eine Sammlung schwedischer Malerei.

Technisch Interessierten sei der Besuch von **Sveriges Järnvägsmuseum** empfohlen. Das nationale Eisenbahnmuseum liegt direkt an einer Ausfahrt der E 4 und wurde 1970 von Stockholm hierher verlegt. Das Ausstellungsareal ist so umfangreich, dass betuchte Eisenbahnfans sich Züge nach Wunsch zusammenstellen und damit herumfahren lassen können.

Nahe liegend ist ein Ausflug nach **Bönan** und **Utvalsnäs**, zwei alten Fischerdörfern, in denen **Heringe** geräuchert und verkauft werden.

**DALARNA
Land der Holzpferdchen

150 km landeinwärts von Gävle führt die gut ausgebaute Straße 80 zum See Siljan im Herzen von ****Dalarna** (die Täler). Nordwestlich des Sees erstreckt sich *Ovansilja*, eine dünn besiedelte, waldreiche Landschaft, in der Kleinbauern früher ein eher karges Dasein fristeten. In diesem Landstrich gibt es nur wenige größere Ortschaften. *Nedansilja* ist hingegen vom Bergbau geprägt, der hier eine lange Tradition hat. Schon die Wikinger wussten um dieses „Eisenland".

Als die Grubenbesitzer im 17. Jh. ihren Wohlstand in Form von repräsentativen Häusern zur Schau stellen wollten, mussten sie sich eingestehen, dass Ziegelsteinhäuser, das Statussymbol jener Zeit, sogar für sie unerschwinglich waren. Daher bauten sie Holzhäuser

Karte S. 174-175, Info S. 190-191

und malten sie ganz einfach rot an. Die Farbe, das *Falurött* (nach dem Bergbauort Falun), aus Eisenoxid zu gewinnen, hatte man schon ein Jahrhundert zuvor entdeckt. Später fand man heraus, dass dieses Mittel nicht nur gut färbte, sondern auch hervorragend Holz konservierte. Die Nachfrage stieg so rasant, dass der Beruf der „Rotfarbmänner" entstand, die von Ort zu Ort zogen und unter allerlei Hokuspokus die begehrte Farbe herstellten.

Die Bauern hingegen hatten ganz andere Sorgen. Durch ständige Erbteilungen waren ihre Höfe so unrentabel geworden, dass sie sich einen Zusatzverdienst suchen mussten. Das hat der Landschaft ihre Maskottchen beschert: die **Dalahästar** (Pferdchen aus Dalarna). Die Bauersleute flochten und schnitzten kleine Gebrauchsgegenstände und Spielzeug; Wanderhändler verkauften die Produkte in den Städten. Als ein Schnitzer auf die Idee kam, kleine Holzpferdchen mit *Falurött* anzumalen und mit der landschaftstypischen Bauernmalerei zu verzieren, hatte die Geburtsstunde des heute allgegenwärtigen Souvenirs, fast schon ein Symbol für ganz Schweden, geschlagen.

Eng mit dem Vertrieb der Pferdchen ist eine weitere Besonderheit Dalarnas verbunden: die Spielleute, die noch heute zu jedem Volksfest ihre Weisen fiedeln. Im 19. Jh. zogen viele Dalarner im Sommer in die Städte, um Arbeit zu finden, und machten mit ihrer Musik auf sich aufmerksam. Nebenbei verkauften sie die Produkte ihrer Heimat. „Wo zwei Dalarner zusammenstehen, spielen drei Fiedel", lautet ein damals entstandenes Sprichwort, das noch immer gebräuchlich ist.

*Falun – Stadt des Kupfers

Etwa 90 wald- und seenreiche Kilometer legt man auf der Straße 80 von Gävle nach ***Falun** ❻ zurück, der Hauptstadt von Dalarna mit 50 000 Einwohnern. Die 1280 gegründete Bergwerksgesellschaft von Falun ist die älteste Aktiengesellschaft der Welt. Die Hochzeit des Erzabbaus war im 16. und 17. Jh., als die Grube weltgrößter Kupferproduzent war und ihre Exporterlöse

den Rüstungsapparat der Großmacht Schweden stärkten.

Der Bergbau wurde allerdings völlig unsystematisch betrieben. War man auf eine Kupferader gestoßen, rückte man ihr mit Feuer und Wasser zu Leibe und beutete sie aus, bis sie erschöpft war. Dabei entstanden riesige Kavernen im Kupferberg, der nach und nach einem Schweizer Käse immer ähnlicher wurde, bis er 1687 einstürzte. Glücklicherweise waren keine Menschenleben zu beklagen, da das Unglück am Mittsommertag geschah. **Stora Stöten**, Großer Erdfall, nennt man den 65 m tiefen Einsturztrichter. Nach dem Unglück wurde der Bergbau zwar wieder aufgenommen, aber wegen der überseeischen Konkurrenz nicht mehr mit der gleichen Intensität betrieben wie vorher.

An der Straße 50, der Ausfahrt nach Borlänge, liegt das Erzbergwerk **Stora Kopparberg** (die große Kupfergrube). Das alte Bergwerk, ****Falun Koppargruva**, und das **Stora Museum** im ehemaligen Direktionsgebäude vermitteln nachhaltige Eindrücke aus fast einem Jahrtausend Bergbaugeschichte.

Oben: Carl Larsson, Selbstporträt, 1900. Rechts: Larssonsgården in Sundborn am Tofta-See beeinflusste die schwedische Innenarchitektur.

Am Eingang zum Grubengelände steht das alte Drahtzieherhaus, in dem die Stahlseile für die Förderanlagen geflochten wurden. Bis ins 19. Jh. fertigte man Seile noch aus Ochsenhaut. Die Ochsen wurden auf einem langen Trail von Småland bis nach Dalarna getrieben und erst vor Ort geschlachtet. Mehr oder weniger findige Bergleute kamen auf den Gedanken, auch das Ochsenfleisch zu nutzen und zu Wurst zu verarbeiten. Die *Falukorv*, eine Art Fleischwurst, wird heute in jeder *gatukök* (Schnellimbiss) angeboten.

Vor der Einfahrt per Lift in die Grube werden die Besucher mit Regencapes und Helmen ausgerüstet. Pullover und feste Schuhe sollte man selbst mitbringen, denn in den 60 m tiefen Stollen ist es feucht und kaum mehr als 5 °C warm. Die abenteuerlichen Schacht- und Stollenkonstruktionen, Eimer für den Personentransport und die vielen eingestürzten Kavernen beeindrucken noch immer. In einer fand man 1719 einen verschütteten Bergmann, der im vitriolhaltigen Wasser so gut konserviert war, dass ihn eine alte Dame als ihren 40 Jahre zuvor verschollenen Verlobten identifizieren konnte. E.T.A. Hoffmann hat die traurige Begebenheit in der Novelle „Die Bergwerke zu Falun" verarbeitet; u. a. nahm sich auch Johann Peter Hebel dieses Stoffs an.

Trotz zahlreicher Stadtbrände haben einige alte Arbeiterviertel in Falun die Zeitläufe überstanden, so **Elsborg**, ein „Neubauviertel" aus dem 18. Jh., das die erbärmlichen Hütten von Grubenarbeitern ersetzte, oder **Gamla Herrgården**, wo es noch mittelalterliche Straßen gibt. Kaum vorstellbar ist heute die Umweltverschmutzung im 18. Jh.: Die Schwefeldämpfe der Kupferverhüttung waren so stark, dass in der weiten Um-

Karte S. 174-175, Info S. 190-191

gebung Faluns sämtliche Vegetation abstarb.

Das Zentrum der Stadt bildet auch in Falun der **Stortorget**, wo die **Kristine kyrka** aus dem 17. Jh. auffällt, da der Bau diagonal zum Hauptplatz dieser rechtwinkligen Stadtanlage des 18. Jh. steht. Wesentlich älter ist jedoch die **Stora Kopparbergs kyrka** am Nordbahnhof. Die Kirche der Bergarbeiter steht inmitten der Reste einer alten Arbeitersiedlung und stammt in Teilen aus dem 14. Jh. Ihr Innenraum ist mit ornamentalen Malereien im Dalarnastil geschmückt. Diese Form der Bauernmalerei ist auch ein Themenschwerpunkt des **Dalarna-Museums** neben dem Stortorget.

Bekannt ist Falun ebenso als größtes schwedisches **Wintersportgebiet**, denn es liegt – für skandinavische Verhältnisse – praktisch vor der Haustür Stockholms (240 km). Seit den 1920er-Jahren bemüht sich der Ort immer wieder um die Austragung der Olympischen Winterspiele und schon längst sind die notwendigen Einrichtungen geschaffen worden. 1994 glaubte man sich endlich am Ziel der Wünsche, weil Skandinavien traditionsgemäß die Spiele wieder einmal zustanden. Zur Enttäuschung der Faluner wurde jedoch das norwegische Lillehammer bevorzugt.

Svedens Gård und *Sundborn – Linné und Larsson

6 km östlich von Falun steht **Svedens Gård**, einst ein Rittmeistergut aus dem 18. Jh., als die Provinzen Armeekontingente zu stellen hatten. In dem bis heute erhaltenen Gästehaus feierte 1739 Carl von Linné seine Hochzeit mit der Tochter des dort ansässigen Arztes. Die Einrichtung und die handgemalten Tapeten von **Linnés bröllopsstuga** (Linnés Hochzeitshütte) zeigen gehobene Wohnkultur des 18. Jh.

Untrennbar mit Falun verbunden ist der Name des Malers Carl Larsson (1853-1919), der in ***Sundborn** – 15 km nordöstlich von Falun am See **Toftan** – ein selbst gestaltetes Anwesen bewohnte. Die von ihm und seiner Frau Karin entworfene Inneneinrichtung hat Larsson mit vielen Aquarellen doku-

mentiert und in mehreren Büchern der Öffentlichkeit vorgestellt. Er wurde damit zum meistkopierten Innenarchitekten Schwedens. Dass er auch ein hervorragender Porträtmaler war, beweist die Sammlung, die im alten Pfarrhaus neben der Kirche untergebracht ist.

Borlänge

Zwar erreicht man auf der Straße 80, 46 km hinter Falun, Rättvik am Siljansee, doch auf der doppelt so langen Strecke über Borlänge (Straßen 60/70) gibt es wesentlich mehr zu sehen. Auf dieser Route gelangt man nach 12 km an der Abfahrt **Ornäs** zum gleichnamigen Gutshof. Sein Gästehaus ***Ornässtugan**, eines der besterhaltenen mittelalterlichen Holzhäuser Schwedens, ist schon seit 1750 Museum: Es soll Gustav Vasa auf seiner Flucht vor den Dänen 1520 als Unterkunft gedient haben.

Oben: Von Juni bis August fahren die Rättviker mit geschmückten Booten zur Kirche. Rechts: Die Fiedel – das Lieblingsinstrument der Dalarner.

Die Stadt **Borlänge** ❼ ist eine moderne Industriestadt mitten im historischen Bergbaugebiet Bergslagen. Ihr Aufschwung begann erst nach dem Anschluss an das Eisenbahnnetz im Jahr 1880. Papier- und Stahlindustrie beschäftigen einen großen Teil der 47 000 Einwohner. Mit dem **Geologiska museet** besitzt die Gemeinde die größte Mineraliensammlung Schwedens. Das **Framtidsmuseet** (Zukunftsmuseum) macht Wissenschaft und Technik verständlich. Am Südrand der Stadt ragt eine gigantische moderne Kuppel auf, das Einkaufs- und Veranstaltungszentrum **Kupolen**.

Die alten Industriegebiete von Bergslagen hat man in lebendige Erinnerungsstätten verwandelt. Nur 50 km südlich von Borlänge, in der Umgebung von Smedjebacken, der Endstation des Strömsholms kanal (s. S. 131), haben sich mehrere stillgelegte Betriebe und andere Bergwerkseinrichtungen zum *Ekomuseum* zusammengeschlossen. Jedes dieser Museen beleuchtet einen besonderen Aspekt der Bergbaugeschichte.

Auf der Straße 70 zum Siljansee erlebt man 12 km westlich von Borlänge den Zusammenfluss von Öster- und Västerdalälven, die den Dalälven bilden. 5 km weiter queren bei Gagnef und bei Österfors Pontonbrücken des 17. Jh. den Österdalälven.

*SILJANSEE
Leksand und Tällberg

Am Südostzipfel des ***Siljansees**, bei **Leksand** ❽, verlässt der Österdalälven den See. Die 14 000-Seelen-Gemeinde gruppiert sich um eine Kirche, die wesentlich älter ist als der Ort selbst. Bis in die Neuzeit gab es am Siljan nur Einzelgehöfte, die zu Kirchspielen zusammengefasst waren. Diese Gemeinden bauten ihre Gotteshäuser in unmittelbarer Nähe des Seeufers, um sie im Sommer mit Booten und im Winter mit Schlitten problemlos erreichen zu können. Die *kyrkbåtarna* (Kirchenboote) sind noch heute eine der großen Attraktionen der Gegend, besonders am ***Mittsommertag** im Juni, an dem das Kirchenbootrennen austragen wird; und wenn dann im **Freilichtmuseum** der „Maibaum" aufgestellt wird, finden sich bis zu 10 000 Schaulustige in Leksand ein.

Die **Kirche** von Leksand, deren älteste Bauteile aus dem 12. Jh. stammen, steht auf einem Gräberfeld aus der Wikingerzeit. Verblüffend ist die Vielzahl der Emporen, die der Kirche ein Fassungsvermögen von 2000 Personen verleihen. Die Sitzordnung schrieb Frauen, Männern, Soldaten, Kindern und dem Chor den jeweiligen Standort vor, wobei die Chorempore den bezeichnenden Namen „Schreihalsboden" trägt.

Zahlreiche Musikfeste der Region ziehen viele Besucher an, in Leksand treffen sich in der ersten Juliwoche Hunderte von Volksmusikanten. Der Erlebnispark **Adventure Summerland** sorgt für zusätzliche Unterhaltung. Zusammen mit dem Ortsteil **Tällberg** weiter nördlich am See stehen in Leksand weit mehr als 1000 Hotelzimmer zur Verfügung.

Einen grandiosen Ausblick über den See bieten der **Plintsberg** und der Aussichtsturm auf dem **Vidablick** nahe der Kreuzung der Straßen 70 und 80.

Rättvik

Neben Leksand ist **Rättvik** ❾ der größte Touristenort im Osten des Siljansees. Höhepunkte der Saison sind Volksmusiktage, Opernaufführungen auf der großartigen Freilichtbühne des ehemaligen Kalkstein-Tagebaus **Dalhalla** und das Kirchenbootrennen. Von Juni bis August erhält man jeden Sonntag ab Anleger am Kulturhaus die alte Tradition der Fahrten mit geschmückten Booten zur Kirche aufrecht. Nahe dem Anleger findet man die 87 **Kyrkostallen** (Kirchenställe), in denen die Bauern vor dem Kirchenbesuch im Winter ihre Pferde unterstellten und manchmal auch selbst nächtigten. Direkt am See steht der **Vasastenen**, der an Gustav Vasas vergebliche Rede vor den Dalarnern erinnert, sich gegen die Dänen zu erheben.

Nusnäs und Mora

Die Ortschaften am Siljansee sind reich an **Freilichtmuseen**, die liebevoll aufgebaut und eingerichtet sind, so der **Gammelgård** in Rättvik oder der **Leksand Hemsbygd gården**.

In **Nusnäs** ❿ wenige Kilometer vor Mora (linker Hand der Straße 70) hat sich die Tradition der Herstellung von **Dala-Pferdchen** erhalten. In zahlreichen Familienbetrieben werden die maschinell gefertigten Rohlinge in die endgültige Form gebracht und mit Bauernmotiven bemalt. Auch Eulen und Gänse gehören mittlerweile zum Angebot, und statt in Rot gibt es die Souvenirs auch in Blau, Weiß und Schwarz. Man kann die Betriebe besichtigen und selbstverständlich die Produkte kaufen – wenn auch der im Jahr 1880 übliche Preis von 25 Öre für ein Pferdchen mittlerweile gestiegen ist.

Rechts: Am Siljansee.

Mora ⓫ ist mit 20 000 Einwohnern der größte Ort am Siljansee. Er liegt auf einer Landzunge an der Mündung des Österdalälven in den Siljansee und ist wie Leksand Mittelpunkt eines alten Kirchspiels. Am Bahnhof beginnt die Fahrt der **Inlandsbana** nach Gällivare (s. S. 217).

Weltbekannt wurde Mora durch den **Vasa-Lauf**, der seit 1924 alljährlich am ersten Sonntag im März ausgetragen wird. Er erinnert an den legendären Lauf Gustav Vasas im Jahr 1521: Nachdem er dem „Stockholmer Blutbad“ von 1520 (s. S. 17) nur knapp entkommen war, wollte er in Dalarna ein Bauernheer gegen die Dänen aufstellen, aber die Bauern verweigerten ihm die Gefolgschaft.

Da seine Verfolger ihm bereits auf den Fersen waren, floh Gustav Vasa in Richtung Norwegen. Doch da erhielten die Dalarner Kunde von den dänischen Steuererhöhungen, und augenblicklich schlug die Stimmung unter den Bauern zugunsten Gustav Vasas um. So schickte man zwei Skiläufer los – sie holten ihn in Sälen ein. Hoch erfreut über die Entwicklung, legte der spätere König den Rückweg nach Mora in Rekordzeit zurück, stellte sich an die Spitze des Heeres und schlug die Dänen vernichtend.

Heute schaffen die schnellsten Skiläufer die 85 km lange Strecke in 8 bis 9 Stunden, die langsamsten kommen viele Stunden später recht angeschlagen in Mora an. War es früher moralische Pflicht eines jeden männlichen Schweden, einmal im Leben am Vasa-Lauf teilgenommen zu haben, gilt dies heute nur noch bedingt. Mittlerweile sind ca. 30 % der ca. 30 000 Teilnehmer Frauen, und auch Ausländer mischen in dem sportlichen Spektakel mit.

Bekanntheit erlangte Mora auch durch den Maler Anders Zorn (1860-1920). Nachdem er in Europa und Amerika sehr erfolgreich und wohlhabend geworden war – er hatte z. B. mehrere amerikanische Präsidenten porträ-

tiert – zog er sich nach Mora zurück. Sein Refugium, der **Zorngården**, ist zu besichtigen. Das Wohnhaus, ein altes Bauernhaus, ließ er im Cottagestil umbauen, als Atelier diente ihm ein **Eldhus** (Feuer-, d. h. Küchenhaus), übrigens das älteste, das in Dalarna noch erhalten ist. Vor dem Wohnhaus hat Zorns Brunnenfigur *Morgonbad* ihren Platz gefunden. Im 1939 eröffneten **Zornmuseet** ist neben eigenen Werken Zorns dessen Gemäldesammlung untergebracht – darunter auch Bilder von Velázquez. Die Statue von Engelbrekt Engelbrektsson, dem Volkshelden aus Dalarna, hat Carl Milles gestiftet.

Zorn kümmerte sich auch um den Erhalt der bäuerlichen Kultur. So erwarb er einen kompletten Bauernhof in Mora sowie weitere volkskundliche Bauwerke und Gegenstände Dalarnas, die im Freilichtmuseum **Zorns Gammelgård** zu besichtigen sind.

Der Süden des Siljansees

Südlich von Mora führt die Straße 242 am Siljansee entlang bis Leksand. Zwei Brücken ermöglichen die Überfahrt auf die Insel **Sollerön**, die bereits vor 6000 Jahren besiedelt war. Die Wikinger unterhielten hier eine große Begräbnisstätte, die man bei **Bengtsarvet** freigelegt hat. Die Funde befinden sich im Länsmuseum in Falun. Auf Sollerön existiert die letzte Werft für Kirchenboote.

Auf dem Festland gegenüber der Insel erhebt sich der 514 m hohe **Gesundaberget**, an dem im Winter Skipisten angelegt sind. An der Talstation der **Sesselbahn**, die nur von Mitte Juni bis Mitte August in Betrieb ist, hat ein kleines Hotel mit Restaurant und Café eröffnet. Für Kinder gibt es hier das **Tomteland** (Wichtelland), ein Sammelsurium von Werkstätten, in denen der **Weihnachtsmann** im Sommer die Geschenke für das Fest bastelt und – den Eltern verkauft.

*SILJANSLEDEN

Eine auffällige Kreisform bildet der Siljan zusammen mit dem **Orsasjön** im Nordwesten und – durch Flussläufe und

Niederungen sichtbar verbunden – mit **Skattungen** und **Oresjön**. Noch deutlicher zeichnen diesen Bogen die größeren Straßen nördlich des Siljan nach: Von Mora ausgehend, sind es im Uhrzeigersinn die Straßen 45 (bis Orsa), 296 (Skattungbyn, Furudal) und 301 (Furudal-Rättvik). Eine Erklärung für diesen rätselhaften Kreis mit einem Umfang von ca. 100 km erhält, wer das **Naturmuseum** im Kulturhaus von **Rättvik** besucht: Vor rund 400 Millionen Jahren muss ein Meteorit im Zentrum dieses Kreises eingeschlagen sein; heute lässt der offensichtliche Ring im Umkreis von 20 km um den **Meteoritenkrater** ahnen, wie mächtig dessen Kräfte gewesen sein müssen. Beim heftigen Aufschlag des außerirdischen Riesenobjekts auf die Erdoberfläche erhitzte es sich so stark, dass es regelrecht verdampfte. Den Meteoriten wird man also niemals finden; nur die Verformungen in der Landschaft legen Zeugnis über ihn ab.

Oben: Mittsommerfeier bei Tällberg am Siljansee. Rechts: Im Bärenpark Grönklitt.

Für die Gemeinden um den Siljansee war dieser vorgegebene Kreis Anlass, einen Rundweg anzulegen: Der markierte ***Siljansleden** bietet sowohl Wanderern als auch Radfahrern Rundwege in Varianten zwischen 200 und 300 km Länge mit abwechslungsreichen Unterbrechungen durch urwüchsige Landschaft, aber ohne anspruchsvolle Steigungen.

Nimmt man die Straße 301 ab Rättvik, erreicht man nach 10 km **Norrboda Kyrkbyn**, eine Hüttenstadt um eine Kirche. Gut ausgeschildert, beginnt kurz hinter dem Ort ein Spazierweg zum Naturschutzgebiet **Styggforsen** mit 36 m hohem **Wasserfall** und gut aufgeschlossenen geologischen Schichten. Der Meteoriteneinschlag hat hier die Erdschichten aus der Waagerechten in die Senkrechte gekippt. Die Wassermassen wuschen die weicheren Gesteine aus und ließen einen engen **Canyon** entstehen, um den sich viele Sagen und Geschichten ranken. So soll ein in die Schlucht ragender Felsvorsprung nur noch so lange halten, bis sich dort drei alte Jungfrauen versammeln. In den vielen **Grotten** hausen angeblich Trolle, Märchenwesen, die von beispielhafter Gutmütigkeit bis zu beispielloser Bösartigkeit alle Wesensarten an den Tag legen können.

Die weitere Ringstrecke führt durch unberührtes Gebiet, sie vermittelt einen guten Eindruck von der scheinbar unendlichen Weite der nordschwedischen Landschaft. 15 km nördlich von **Furudal** ⓬ stößt der *Siljansleden* auf die noch bewirtschaftete *fäbod* (Sennerei) **Ärteråsen** ⓭, ihre Anfänge reichen bis ins 17. Jh. zurück.

Viele Tiere halten die Sennerinnen von **Skräddar-Djurberga** (15 km nördlich von **Skattungbyn** an der 296), natürlich kann man die frischen, nahrhaften landwirtschaftlichen Produkte auch an Ort und Stelle probieren. So sollte man einmal *mesmör* kosten: Dieser süße Käse, der von den Schweden gerne als Brotaufstrich gegessen wird,

Karte S. 174-175, Info S. 190-191

entsteht, wenn man Milch stundenlang über offenem Feuer im Kessel einkochen lässt und dabei der Milchzucker karamellisiert.

Orsa ⓮ am gleichnamigen See wirkt modern, hat aber eine kleine Kirche aus dem 14. Jh. mit bemerkenswerten Kalkmalereien aus dem 16. Jh.

Eine besondere Attraktion ist das Freizeitgebiet von **Fryksås** ⓯. Es bietet neben Wassersportangeboten, Angelmöglichkeiten und anderen Freizeitaktivitäten auch den **Grönklitt Björnparken**. In dem ausgedehnten Freigehege kann man Bären, Luchse und Wölfe von sicheren Rampen aus beobachten – für viele Naturfreunde wahrscheinlich die einzige Chance, diese Tiere einmal in natürlicher Umgebung zu sichten. In der Nähe werden ehemalige Sennhütten an Urlauber vermietet.

QUELLGEBIET DES DALÄLVEN

Straße 70 führt von Mora bis zur norwegischen Grenze durch dünn besiedelte Wälder. Die einzige größere Ortschaft ist nach 35 km **Älvdalen** ⓰. 12 km davor zweigt eine kleine Straße nach **Evertsberg** ⓱ ab, einer Ortschaft, an der der Vasa-Lauf vorüberführt, der in dem exklusiven Wintersportort **Sälen** ⓲ seinen Anfang nimmt. Die Läufer werden auf ihrer anstrengenden Tour kaum einen Blick für die **Kirche** von Evertsberg übrig haben, dabei besitzt sie einen der schönsten spätgotischen Nürnberger Altäre. Auf welchen verschlungenen Wegen dieser in die schwedischen Wälder gelangt ist, wird ein unlösbares Rätsel bleiben.

Älvdalen hat eine Kirche von 1585, der 1816 ein 65 m hoher Turm angebaut wurde. Sehenswert ist der **Tiondehärbre** (Zehntspeicher), das älteste Holzhaus Schwedens (13. Jh.). Hier mussten die Bauern den zehnten Teil ihrer Ernte als Kirchensteuer abliefern.

In Älvdalen wird seit langer Zeit Porphyr abgebaut, ein farbiges vulkanisches Gestein, das vor allem im Barock gerne zu Grabmälern und -urnen verarbeitet wurde. Der Steinbruch ist stillgelegt, aber eine **Porphyr-Schleiferei** fertigt seit 1890 Schmuck und häuslichen Zierrat. Das **Porphyr-Museum** zeigt

den hier seit 1788 existierenden Erwerbszweig.

Rots Skans (die Schanze von Rot), wenige Kilometer nördlich von Älvdalen, wurde 1677 zum Schutz gegen die Norweger angelegt und ist heute ein heimatkundliches Museum. Hatte doch 20 Jahre zuvor der Propst von Älvdalen die norwegischen Dörfer **Särna** ⓳ und Idre im Handstreich der schwedischen Krone unterstellt. Neben der Kirche von Särna erinnert ein Gedenkstein daran. Särna am Österdalälven schwingt sich mittlerweile zum touristischen Konkurrenten nicht nur von Idre, sondern auch von Sälen auf.

An der kleinen Straße von Särna zum Fulufjället gelangt man bei **Mörkret** zum Parkplatz **Björbäckstugan**. Auf einem beliebten Wanderweg geht man in ungefähr einer Stunde zum ***Njupeskärs vattenfall**, mit 93 m Schwedens höchstem Wasserfall. Weitere Wanderungen im Nationalpark **Fulufjället** sind von hier aus möglich.

Oben: Heumahd in Härjedalen; das Gras wird zum Trocknen aufgehängt. Rechts: Im Nationalpark Töfsingdalen haben sich zahllose Biber angesiedelt.

In **Idre** ⓴ ist eine weitere große Ferienanlage. Die Berge erreichen hier bereits eine Höhe von mehr als 1000 m, und der Blick von der hoch hinaufführenden Straße vermittelt einen nachhaltigen Eindruck von den Weiten des Nordens. Die Wirkung verstärkt sich, wenn man auf der Straße 295 zum Skizentrum **Grövelsjön** ㉑ weiterfährt.

Hier, im Grenzgebiet zu Norwegen, bilden auf schwedischer Seite die drei Naturreservate **Rogen**, **Långfjället** und **Nipfjället** und der **Töfsingdalens Nationalpark** zusammen mit den norwegischen Nationalparks **Femundsmarka** und **Gutulia** eine riesige Naturschutzlandschaft. Sie wird grenzüberschreitend von Wanderern und Kanuten genutzt. Für eine Wanderung von Grövelsjön zum See Femunden kann man etwa eine Woche veranschlagen.

Das nahe Rogen-Naturreservat um den gleichnamigen See ist ein Paradies für Kanufahrer. Wer gänzlich der Zivilisation entsagen möchte, dem sei der Töfsingdalens Nationalpark empfoh-

Karte S. 174-175, Info S. 190-191

len, der von Grövelsjön aus einen 13 km langen Anmarsch erfordert. Dort nisten noch Steinadler, und viele Biber haben in den Seen des Töfsingån eine Heimat gefunden.

Riksvägen 45 führt durch Mora und ist die längste schwedische Reichsstraße. Sie ist gleichzeitig Teil der kürzesten Verbindung zwischen Göteborg und dem Nordkap und trägt den Namen *Inlandsvägen*. Von Mora aus verläuft die Straße z. T. schnurgerade durch den Wald nach Norden.

HÄRJEDALEN

Im Grenzgebiet der Landschaften Dalarna und **Härjedalen** liegt ein weiteres Revier, in das im 16. Jh. Finnen eingewandert sind. Hier richtete man östlich der Straße 45 den Nationalpark **Hamra** ein. Dieser nur 28 ha große Park dient hauptsächlich dem Schutz bedrohter Pflanzen, hier leben auch Elche, Luchse und Rehe. Teile des Parks sind durch Fußwege erschlossen.

40 km weiter wird **Sveg** ㉒ erreicht, mit 4000 Einwohnern die größte Ansiedlung und das Verwaltungszentrum von Härjedalen. Geschäfte, eine Tankstelle und eine Kirche – das sind die heutigen „Attraktionen" des Ortes, der im 9. Jh. auf dem späteren Kirchengelände einen Thingplatz besaß.

Die gesamte Landschaft Härjedalen ist mit lediglich einem Einwohner pro Quadratkilometer die am dünnsten besiedelte Region Schwedens. Sie ist überwiegend von Wald bedeckt. Die Baumgrenze der Nadelbäume liegt hier bei 750 m, doch viele Berge sind erheblich höher, und so ragen die Gipfel kahl aus dem Wald hervor. Mit 1796 m ist der **Helagsfjället** der höchste schwedische Berg südlich des Polarkreises.

In Sveg trifft man auf die alte Handelsstraße, die vom Bottnischen Meerbusen nach Trondheim führt – jetzt *Riksvägen* 84. Sie diente im Mittelalter als Pilgerweg zum Grab des heiligen Olav im damaligen Nidaros. Die Nähe zu diesem wichtigen norwegischen Wallfahrtsort hat sicherlich bewirkt, dass Härjedalen die erste schwedische Landschaft war, in der das Christentum Fuß fasste.

Die älteste Kirche der Gegend findet man in **Lillhärdal** ㉓, 25 km südwestlich von Sveg. Sie stammt aus dem 14. Jh. und birgt eine der ältesten schwedischen Marienstatuen (13. Jh.).

Die Straße 84 ab Sveg in Richtung Westen erreicht nach 14 km in **Glissjöberg** ㉔ den **Remsgården**, einen landschaftstypischen Bauernhof. Im Hauptgebäude sind bäuerliche Kalkmalereien des 18. Jh. erhalten; außerdem kann man die restaurierte Härjedalen-Säge **Remssågen** besichtigen.

5 km östlich von Glissjöberg zweigt von der Hauptstraße Nr. 84 die Nebenstraße 315 nach Norden ab; nach 40 km überrascht in **Vemdalen** eine achteckige Rokokokirche mit reichem geschnitztem Inventar einheimischer Künstler.

Von **Hedeviken** ㉕ (westlicher Ortsausgang) gelangt man in südlicher Richtung über die kleine Straße 312 zur Sennhütte **Nyvallen** am Nationalpark **Sånfjället**. Nach etwa 12 km Wegstrecke biegt die 312 nördlich des Sånfjället nach Osten ab und endet nach ca. 3 km in Nyvallen. Der Park wurde 1910 eingerichtet, um der schwindenden Bärenpopulation das Überleben zu sichern.

Von **Funäsdalen** ㉖ an der Straße 84 erreicht man das Hochplateau von **Flatruet**, das bis auf 1154 m ansteigt. Es erstaunt, dass man in dieser Gegend, bei **Messlingen**, zahlreiche Felszeichnungen – überwiegend Tierdarstellungen – findet, die vermutlich 4000 bis 5000 Jahre alt sind. Man erreicht sie über die höchste Gebirgsstraße Schwedens: ab Funäsdalen nordostwärts in Richtung Ljungdalen, ab **Mittådalen** nach Osten.

Von **Ljungdalen**, am Ende von Schwedens höchstgelegener Bergstraße, führt ein 19 km langer Wanderweg weiter zur Berghütte **Helagsstugorna**, die der Ausgangspunkt für Wanderungen zum Helagsfjället und zum **Sylarna**-Gebirge ist.

Rechts: Anders Zorns Gemälde „Mittsommertanz" (1903, Nationalmus. Stockholm).

HÄLSINGLAND

Wer von Gävle weiter nach Norden reist, benutzt überwiegend die E 4. Vorbei am See **Mårdängsjö**, einem Vogelschutzgebiet mit schönem Rastplatz, gelangt man in die Landschaft **Hälsingland**. Größtenteils ist sie bewaldet, nur in den Tälern des Ljusnan und des Voxnaälven ist Landwirtschaft möglich. Trotz großen Waldbesitzes waren die Bauern schon immer auf ein Zubrot angewiesen. Sie fanden es seit dem 12. Jh. im Anbau und der Verarbeitung von Flachs. Als der schwedische Staat im 18. Jh. diesen Nebenerwerb nachhaltig zu fördern begann, wurde er zum Haupterwerb. Die Bauern wurden wohlhabend und leisteten sich prächtige Holzhäuser, so dass Neider gar von *bondesslott*, „Bauernschlössern", sprachen. An der Küste war Fischfang lange Zeit die ökonomische Basis, seit dem II. Weltkrieg ist es die Industrie. Um dic Landflucht aufzuhalten, subventioniert der schwedische Staat Betriebe, die hier investieren; so bringt man die Arbeitsplätze zu den Menschen und nicht umgekehrt. Größere Städte sind in Hälsingland erst spät und ausschließlich an der Küste entstanden. Zur Besiedlung des Landesinneren mussten Karl IX. und Gustav II. Adolf den finnischen Neusiedlern langjährige Steuerfreiheit und kostenloses Saatgut versprechen, um sie überhaupt in die Gegend zu locken.

Söderhamn ㉗ war ursprünglich ein kleines Fischerdorf, bis 1620 auf königlichen Befehl die schwedische Gewehrproduktion hierher verlegt wurde. Nach einigen Brandkatastrophen zogen die Betriebe jedoch nach Eskilstuna um. Heute ist Söderhamn ein Zentrum der Holzindustrie. Den besten Ausblick auf die Stadt hat man von der **Oscarsborg fästning**. Das Bohrhaus, in dem früher die Gewehrläufe entstanden, dient heute als **Söderhamn Museum**. Die **Ulrica Eleonora kyrka** von 1685 konnte nur aufgrund reicher Spenden der Namensgeberin aus Stein gebaut werden.

Karte S. 174-175, Info S. 190-191

In **Trönö** ㉘, nordwestlich von Söderhamn, gibt es sogar zwei Kirchen. Die **Gamla kyrka** von **Trönbyn** aus dem 12. Jh. ist die älteste Steinkirche des Norrlands und von einer komplett erhaltenen Kirchhofsmauer umgeben. Die **Nya kyrka** imponiert durch einen Reliquienschrein aus den Werkstätten von Limoges. Der im 13. Jh. gefertigte Emailleschrein schildert die Ermordung des Thomas Becket im Dom von Canterbury.

In **Enånger** ㉙, zwischen Söderhamn und Hudiksvall, besitzt die **Gamla kyrka** (15. Jh.) gleich zwei Flügelaltäre des Holzschnitzers Haaken Gullesson. Er unterhielt hier im 16. Jh. eine Werkstatt, die die meisten Kirchen der Umgebung mit Kircheninventar belieferte, z. B. in **Njutånger**, **Hälsingtuna** oder **Forsa**.

*Hudiksvall

***Hudiksvall** ㉚ ist die älteste Stadt Hälsinglands, die als Tauschzentrum der Norrlandhändler bereits 1528 Stadtrechte erhielt, um die Händler besser kontrollieren zu können. Die Stadt wurde 1721 von den Russen in Schutt und Asche gelegt. Nur am **Strömmigssund** sind einige alte Hafenmagazine erhalten geblieben. Die „**Fischerstadt**" an der Hamngatan ist ein Ensemble schöner Holzbauten. Der **Trönesska gården** und die **Brunska apotek** in der Storgatan sind Bauwerke des 19. Jh. Das **Hälsinglands Museum** an der Storgatan zeigt ein eisenzeitliches Grab, *bonader* (Bauernmalereien) und bunte Trachten.

Von Hudiksvall sind es knapp 80 km bis **Järvsö** ㉛ am Ljusnan (Straße 84 bis Ljusdal, dann 10 km nach Süden). Es hat eine wunderschöne Lage und pflegt seine Traditionen. Auf einer Insel mitten im Fluss steht mit 1800 Sitzplätzen eine der größten Landkirchen Schwedens.

In Järvsö endet der *Hälsingehambon*. Bei dieser größten schwedischen Volkstanzveranstaltung beginnen 800 Paare ihren Reigen am Mittsommertag morgens am **Hårgaberget**, und tanzen dann über **Bollnäs** und **Arbrå** nach Järvsö in den Abend hinein.

INTERNET: www.res.till.uppland.nu; www.gastrikland.com; www.dalarna.se; www.jamtland.info; www.halsingland.com; www.turism.soderhamn.se.

ÖSTERBYBRUK (☎ 0295)

Ånghammaren, 74821 Österbybruk, Tel. 21492; www.vallonbruken.nu.

Einfaches Rest. im **Värdshuset Gammel Tammen**. **Café Hembygdsgården**, nur Sa, So 12-17 Uhr.

Vallonsmedjan, Hüttenmuseum, Tel. 20072; Juni-August tägl. 11-17 Uhr Mai u. September z. T., sonst n. V.

Schloss Salsta, Forstverwaltung, Besichtigung nur von außen. **Örby slott**, Führung: Mai-Sept. So 13 Uhr, 23.06.-07.08. Di-So 13 Uhr. **Museum Vendel**, Mai-August tägl. 9-16, sonst nur Sa/So 11-16 Uhr. **Kirche von Tierp**, tägl. 9-18 Uhr.

Juli: Jeden So **Orgelkonzerte** in der Tierp-Kirche.

GÄVLE (☎ 026)

Galleriean Nian, Stortorget, 80135 Gävle, Tel. 147430; www.gavle.se.

Engeltofta, Bönavägen 118, Tel. 96063, Sommerrestaurant mit Livemusik und eigenem Badestrand.

Trefaldighetskyrkan, tägl. 9-18 Uhr. **Gamla Gefle**, Geschäfte und Ateliers Di-So 10-18 Uhr. **Länsmuseum**, tägl. 12-16 Uhr, Mi bis 21 Uhr. **Järnvägsmuseum**, Juni-August, tägl. 10-16, sonst Do-So 10-16 Uhr.

FALUN (☎ 023)

Trotzgatan 10-12, 79183 Falun, Tel. 83050, www.visitfalun.se.

Rådhuskällaren, Stora Torget, Tel. 25400, gehobene Hausmannskost. **Hammars Konditori**, Åsgatan 28, Tel. 39039, Café /Konditorei in einer alten Gießerei. **Hyttstugan**, beim Larsson-Museum Sundborn.

Kopparberget Gruva und **Museum**, Mai, Juni tägl. 10-17, Juli, August 10-18, Sept.-April Mo-Fr 12-16.30, Sa, So 12-16; Gruva Okt.-April nur Sa, So 12.30 u. 14 Uhr. **Kristine kyrka**,**Stora Kopparbergs kyrka**, tägl. 9-18 Uhr. **Dalarnas Museum**, Mai-August Mo-Fr 10-17, Sa, So 12-17 Uhr, sonst Mo, Di, Do 10-17, Mi 10-21, Sa, So 12-17 Uhr.

Svedens Gård, Mai-August tägl. 11-16, sonst Sa, So 11-16 Uhr. **Carl Larssonsgården Sundborn**, Mai-Sept. tägl. 10-17 Uhr, sonst nach Absprache, Tel. 60053.

Das **Lugnet** ist Skigebiet der Weltmeisterklasse; auch geeignet für World Cup Mountainbike-Marathon, s. www.faluck.se.

BORLÄNGE (☎ 0243)

Sveagatan 1, 78433 Borlänge, Tel. 247490; www.borlange.com.

Im Einkaufszentrum **Kupolen** gibt es mehrere Restaurants von Fast-Food bis zu italienischer Küche, Mo-Fr 10-20 Uhr, Sa 10-17, So 11-17 Uhr.

Geologiska Museum, Mo-Fr 10-17, Sa 11-14 Uhr. **Jussi Björling Museum**, Saison Mo-Fr 11-18, Sa 10-14, So 12-17 Uhr, sonst Di-Fr 12-17 Uhr.

Ornässtuga, Juni-Aug. Mo-Sa 10-18, So 12-16 Uhr, Sept. n. V. ***DRAISINE:*** **Dalarnas Äventyrscentrum**, Tel. 251107.

LEKSAND (☎ 0247)

Norsgatan 40, 79330 Leksand, Tel. 796130; www.siljan.se.

Björkbergets Restaurang, Björkberget, Siljanäs, Tel. 23122, Fisch- und Wildspezialitäten.

Kirche von **Leksand**, tägl. 9-18 Uhr, außer Gottesdienste und Chorproben. **Hembygdsgården**, Ende Juni-Anf. August, Führ. Tel. 80245, **Kulturzentr**. ganzj. Di-Sa.

Vorletzte Juniwoche: **Mittsommerfest**. 1. Juliwoche: **Spielmannsfestival.**

RÄTTVIK (☎ 0248)

Riksvägen 40 (im Bahnhof), 79522 Rättvik, Tel. 797210; www.siljan.se; www.rattvik.se.

Hotel Gärdebygården serviert regionale Spezialitäten und internationale Küche auch auf der Terrasse.

Gammelgård, Sommersaison tägl. geöffnet, auch Führungen. **Aussichtsturm Vidablick**, mit Café, Mitte Mai-Mitte Sept. tägl. 10-21 Uhr. **Dalhalla**, Festivaltheater i. ehem. Kalksteinbuch, Anf. Juni-Anf. Juli Musikprogramm: www.dalhalla.se; Führung im Sommer tägl. 11-15 Uhr, sonst n. V. Tel. 797950.

Vorletzte Juniwoche: **Mittsommer-Kirchbootrennen**. Letzte Juliwoche: **Rättvik-Folklore-Festival** mit Tausenden von Spielleuten und Tänzern.

MORA / ORSA (☎ 0250)

Stationsvägen 3 (Bahnhof), 79232 **Mora**, Tel. 592020. Dalagatan 1, 79430 **Orsa**, Tel. 552550. www.silja.se.

King's Arms, gutes, preisw. Restaurant im First Hotel Mora, Tel. 592650. **Fryksås Hotell & Gestgifveri**, Fryksås (westl. von Orsa), Tel. 46020, kleines Hotel und schöner Landgasthof im Sennhüttenstil.

Zorngården, Mo-Sa 10-16 Uhr, So und feiertags 11-16 Uhr. **Zorns Gammelgård**, Führungen, 12-17 Uhr. www.zorn.se.

Tomteland, Gesundaberget, Sollerön, Tel. 21200, 10.06-13.08. und 25.11-07.01. tägl. 10-17 Uhr.

1. So im März: **Vasalauf**. Fahrt mit der **Inlandsbana**, Mitte Juni-Mitte Sept., Tel. 0771-535353. ***DRAISINE*** u. a.: www.dalarnasaventyr.se; Tel. 0243-251107.

ÄLVDALEN (☎ 0251)

Dalgatan 47, 79631 Älvdalen, Tel. 43030; auch Besichtigung v. Porphyr- und E-Werk; www.destination.alvdalen.se.

Kirche von **Evertsberg**, Juni-Aug. tägl. 11-16 Uhr. **Porphyrmuseum**, Juni-Aug. Mo-Sa 10-14, So 12-16 Uhr, sonst n. V. Tel. 41035. **Tiondehärbre** und **Kirche v. Älvdalen**, Besichtig. Tel. 43140.

Navardalen: Wildnisstation a. See, mit Restaurant, Outdoor-Leben, ***KANUVERLEIH***, über 200 km markierte ***WANDERWEGE***; Karten, Infos: Touristeninformation.

IDRE (☎ 0253)

Framgårdsvägen 1, 79091 Idre, Tel. 20000; www.idreturism.se. U. a. Infos zu geführten Gebirgstouren, auch im Winter.

SKILAUFEN: 32 Lifte, 30 Abfahrten, 55 km Loipen. ***GOLF:*** 18-Loch-Anlage, gilt als die anspruchsvollste Dalarnas.

SVEG (☎ 0680)

Ljusnegatan 1, Folkets hus, 84200 Sveg, Tel. 10775; www.herjedalsporten.se.

Gammelgården, Heimatmus., Mitte Juni-Mitte Aug. tägl. 10-17 Uhr. **Remsgården**, Mitte Juni-Mitte Aug. tägl. 11-17 Uhr; **Remssågen** (Sägewerk, 18. Jh.) nahebei.

MOUNTAINBIKING U. A.: Topsport, Funäsdalen Tel. 0684/21435. ***FAHRRAD- / MOPEDVERLEIH:*** Hede Vildmarksdep 8, Tel. 10040. ***SAFARIS:*** Hedevikens Fritid, Hede, Tel. 0684/12139.

SÖDERHAMN (☎ 0270)

Resecentrum, 82640 Söderhamn, Tel. 75353; www.turism.soderhamn.se.

Söderhamnmuseum, Juni-August. Mo-So 10-16 Uhr, sonst Sa, So gleiche Zeit. **Ulrica Eleonora kyrka** und Kirchen von **Trönö** und **Enånger**, tägl. 10-18 Uhr.

HUDIKSVALL (☎ 0650)

Storgatan 33, 82480 Hudiksvall, Tel. 19100, www.hudiksvall.se.

Anf. Juli: **Hälsingehambon**, Tanzfest in Järvsö; www.halsingehambon.se.

COMPASS

NÖRDLICHE PROVINZEN AM BOTTNISCHEN MEERBUSEN

SUNDSVALL
ÖRNSKÖLDSVIK
UMEÅ
LULEÅ
HAPARANDA

DIE „BIRKENALLEE“ E 4

Auf dem Weg von Mittelschweden nach Norden zum Bottnischen Meerbusen führt die Straße E 4 immer nahe an der Küste entlang. 660 km beträgt die Entfernung zwischen Sundsvall in *Medelpad* und Haparanda in *Norrbotten* an der schwedisch-finnischen Grenze. Bis auf wenige Ausnahmen ist die Küstenregion flach und sumpfig, und Birken säumen vielerorts die Straße, was ihr den Beinamen „Birkenallee“ eingebracht hat.

Auf ihr durchquert man die Landschaften *Medelpad*, *Ångermanland*, *Västerbotten* und *Norrbotten*, dünn besiedelte Landstriche, die überwiegend von Wäldern bedeckt sind. Nur an den Flussläufen und an deren Ostseemündungen gibt es größere Siedlungen. Sie alle wurden für den Holzexport gegründet, der im Nordland in den letzten Jahrhunderten die wichtigste Einnahmequelle war.

Mit dem Fischfang konnte man nur ein Zubrot erwirtschaften, denn hier oben im Norden sind die Häfen im Winter monatelang vereist und die Fangsaison ist entsprechend kurz. Landwirtschaft spielt überwiegend als Weidewirtschaft eine Rolle, lediglich in den küstennahen Tälern ist bescheidener Ackerbau möglich.

Vorherige Seiten: Wer die scheuen Elche in freier Wildbahn trifft, hat entweder viel Geduld oder viel Glück gehabt. Links: Mit dem Kanu auf dem Ångermanälv.

Der Wasserreichtum des Landes und die dadurch preiswerte Elektrizität haben mittlerweile zahlreiche stromintensive Betriebe an den Bottnischen Meerbusen gelockt. Neuerdings exportiert man weniger Rohholz, aber dafür mehr Fertigprodukte, wie Holzhäuser und Möbel; Holzabfälle werden zu Spanplatten oder Papier verarbeitet. Daneben spielt der Tourismus eine wachsende Rolle. Heute wird bereits jede vierte Krone in diesem Wirtschaftszweig verdient.

MEDELPAD

Medelpad, mittlerer Pfad, wird seit dem Mittelalter die Landschaft um Sundsvall genannt, weil hier ein wichtiger Pilgerweg nach Trondheim in Norwegen begann. Diese Strecke, die der heutigen E 14 zwischen Sundsvall und Trondheim entspricht, war für die Wallfahrer relativ einfach zu bewältigen, daher wurde sie schon im 11. Jh. zum meistbenutzten Pilgerweg von Schweden zur norwegischen Westküste (s. a. S. 187). Ein weiterer Vorteil kam hinzu: Das Land lag im Mittelalter einige Meter niedriger als heute und das Meer reichte weit in das Hinterland hinein.

So konnten die Wallfahrer bis nach **Borgsjö ❶**, 80 km westlich von Sundsvall, per Schiff reisen, wo man für sie den Sankt-Olavs-Hafen angelegt hatte. Erst dort begann der Marsch durch die endlosen Wälder. Gut 30 Tage veranschlagte man für die 350 km über Land nach Trondheim; insgesamt dauerte eine solche Wallfahrt 3-4 Monate.

Selbst nach der Reformation war es in Schweden durchaus noch üblich, einmal im Leben eine Wallfahrt zur Anbetungsstätte des wichtigsten skandinavischen Heiligen zu machen, wenn auch inzwischen die Landhebungen den Pilgerhafen von Borgsjö trockengelegt und damit den Wallfahrern den längeren Weg von Sundsvall nach Trondheim aufgezwungen hatten.

Heute ist das **Ljungdalen**, das Tal des Ljungan, dem die E 14 rund 70 km flussaufwärts folgt, ein Urlauberparadies. Besonders Kanuwanderer, Fliegenfischer und Golfer kommen hier auf ihr Kosten, im Mündungsgebiet des Ljungan liegen mit **Skottsund** und **Öjestrand** gleich zwei Golfplätze. Selbst Badegäste kommen hier nicht zu kurz, denn durch die lange Sonnenscheindauer im Sommer wird das Wasser der flachen Ostseebuchten bis zu 20 °C warm. **Njurunda ❷** hat einen schönen Sandstrand.

Die Steinstadt *Sundsvall

***Sundsvall ❸** ist mit 94 000 Einwohnern die zweitgrößte Stadt Nord-

 Info S. 210-211

schwedens und Verwaltungszentrum für Medelpad. Der alte Siedlungsplatz erhielt erst 1624 unter Gustav II. Adolf die Stadtrechte. Der Monarch ließ damals eine Reihe von Städten sowohl auf der finnischen wie auch auf der schwedischen Seite des Bottnischen Meerbusens gründen. Er wollte damit einerseits die nördlichen und östlichen Teile seines Reiches (Finnland war damals in schwedischem Besitz) fest an das Kernreich binden, andererseits über die Stadtrechte auch den Handel kontrollieren, und damit die Steuereinnahmen des Staates sichern.

Doch trotz seiner Stadtrechte und der günstigen Lage am Alnösund blieb Sundsvall lange Zeit nur ein bescheidenes Zentrum für den Handel mit der finnischen Westküste und den wachsenden Nordlandhandel.

Der große Aufschwung erfolgte erst im 19. Jh., als hier die ersten Sägewerke gebaut wurden, deren Zahl schnell auf über 40 anwuchs. Die Sägewerksbesitzer kauften Waldland auf und die nunmehr landlosen Bauern arbeiteten fortan in den Sägewerken zu teilweise erbärmlichen Bedingungen. Die „Holzbarone" hingegen wurden so reich, dass ihr aufwändiger Lebensstil in ganz Schweden Aufsehen erregte. Dies führte 1879 zum ersten großen Streik in Schweden: 5000 Arbeiter traten in den Ausstand. Erst ein großes Militäraufgebot konnte das Ende des Streiks erzwingen.

1888 brannte Sundsvall vollständig ab, doch man konnte es sich leisten, die frühere Holzstadt mit Steinhäusern wieder aufzubauen. Dabei diente der neue Stockholmer Stadtteil Östermalm als Vorbild (der sich wiederum an Paris orientierte). Die quadratischen Wohnviertel gruppieren sich um den Stadtpark **Esplanaden** und die Storgatan, deren Mittelpunkt der große Markt bildet. Vor dem Brand war ein Teil des Stortorget ein See, der als Löschwasserreservoir genutzt wurde. Man rammte kurzerhand 5000 Baumstämme in den morastigen Grund, um hier das **Rådhuset** zu errichten. Davor wird König Gustav II. Adolf mit einem Standbild geehrt.

Ein Beispiel für den damaligen Reichtum der Holzbarone ist auch das **Hotel Knaust** an der Storgatan. Hier wurden rauschende Feste gefeiert; an den einstigen Glanz erinnert heute das neu entstandene Fünf-Sterne-Hotel mit seinem pompösen Treppenhaus. Ebenfalls an der Storgatan findet man das neue Wahrzeichen der Stadt, das **Kulturmagasinet**, ein Ensemble aus vier ehemaligen Hafenmagazinen, die man durch Glasfassaden und ein gemeinsames Dach zu einem großzügigen Kulturhaus verschmolzen hat. Die Stadtbibliothek, das Medelpad-Archiv und das

Stadtmuseum wurden hier untergebracht. Daneben bietet das Kulturmagazin ein ständig wechselndes Programm mit Dichterlesungen und Opernabenden. Im **Café Skonerten** kann man preiswert essen.

In der ersten Juliwoche verwandelt sich die Fußgängerzone Storgatan in einen riesigen Festplatz, denn dann steht Sundsvall ganz im Zeichen des größten Straßenfestes ganz Norrlands. Umzüge, Musikveranstaltungen und Menschenmengen bestimmen das Bild der Stadt, in der eine Art nordischer Karneval ausgebrochen zu sein scheint.

Gustav Adolfs kyrka am westlichen Ende der Storgatan stammt aus dem 19. Jh. Der einheimische Künstler Ivar Lindecrantz hat sie mit Holzskulpturen ausgeschmückt. Am **Norra Stadsberget**, etwas außerhalb der Stadt, befindet sich ein kleines Freilichtmuseum. Am **Södra Berget** ist ein großes Wintersportzentrum um das **Hotel Södra Berget** entstanden. Slalomstrecken und Loipen fordern auch den geübten Skiläufer. Als neueste Attraktion sind so genannte Abenteuerstrecken entstanden, die man im Sommer teils kletternd, teils an Stahlseilen hängend bewältigen muss.

Der Hafen ist noch immer ein wichtiger Handelsplatz, von dem aus die Holz- und Metallprodukte der Stadt in alle Welt verschifft werden.

Der **Alnösund** trennt Sundsvall von der Insel **Alnön**, seit 1964 wird er von einer 1000 m langen Brücke überspannt. Die Insel war schon vor 4000 Jahren besiedelt und dient heute den Einwohnern von Sundsvall als Naherholungsgebiet.

Ein geologisch und botanisch interessantes Naturschutzgebiet im Norden, ein Badestrand im Süden und Wochenendhäuser sind die Besuchermagneten. Sehenswert ist auf der Insel die **Gamla kyrka** von **Alvik**. Der turmlose Feldsteinbau aus dem frühen 13. Jh. überrascht durch wunderschöne Gewölbe-

Oben: Flach und sumpfig – die Landschaft Medelpad bei Sundsvall. Rechts: Die Fähre von Schweden nach Finnland gilt bei Jugendlichen als beliebter Wochenendtreff.

Karte S. 196-197, Info S. 210-211

malereien aus dem 16. Jh. Die Kirche war im Mittelalter das Gotteshaus von nur zwölf Familien, die es selbst entworfen und gebaut hatten. Die Gamla kyrka ist heute eine beliebte Hochzeitskirche. Das alte, hölzerne Taufbecken aus dem 12. Jh. wird in der **Nya kyrka** gegenüber weiterhin benutzt.

In **Timrå** ❹, einem nördlichen Vorort von Sundsvall, findet sich ein weiterer Golfplatz direkt an der Küste. Die vielen Freiflächen machen die Anlage von Golfplätzen verhältnismäßig preisgünstig und den „grünen" Sport zum Volkssport. Gäste sind immer willkommen.

Der **Indalsälven** mündet in den nördlichen Alnösund und ist in seinem Unterlauf sehr geschätztes Kanurevier: Über 50 km, zwischen den Kraftwerken Järkvissle und Bergeforsen, ist der Flusslauf von steil aufragenden Bergen gesäumt, aber auch von der Straße 86 kann man die Schluchtenstrecke genießen. Ungewöhnlich für Schweden ist die Indalsälven-Mündung: ein breit gefächertes Delta, in dem viele Vögel brüten.

Lachsfreunden ist ein Abstecher zum Kraftwerk **Bergeforsen** ❺ zu empfehlen, zu dem auch eine Lachszuchtstation gehört.

Am Indalsälven entlang führt der längste Marathonlauf Schwedens über 110 km, der Mitte Juni als Staffellauf und Einzelrennen ausgetragen wird. Startpunkt ist **Hammarstrand** am Fuß des Kullstabergs, Endpunkt Bergeforsen. Vom **Kullstaberg** hat man einen herrlichen **Blick** auf den Indalsälven, der kaum ahnen lässt, dass er bis vor 200 Jahren noch ein See war. Die damalige Eröffnung eines Flößerkanals ließ seinen Wasserspiegel in nur wenigen Stunden um ganze 15 m sinken.

ANGERMANLAND

Auf dem weiteren Weg nach Norden steht in der Nähe des Flughafens von Sundsvall das größte „Y" der Welt. Bengt Lindström hat den 700-Tonnen-Koloss geschaffen und mit 3 Tonnen Farbe kunterbunt bemalt. Der monumentale Buchstabe erinnert an das frühere Autokennzeichen dieser Region.

*Härnösand – Athen des Nordens?

In der Provinz **Ångermanland** liegt ***Härnösand** ❻ mit 27 000 Einwohnern. Die erste Ortsgründung, auf einer Insel im Härnösund gelegen, sollte nach dem Willen von Johan III., der ihr bereits 1585 Stadtrechte verlieh, das geistige und administrative Zentrum des Norrlands werden. Dieser Aufgabe kam Härnösand nicht zufriedenstellend nach, obwohl man hier bereits 1647 das erste norrländische Gymnasium eingerichtet hatte. 1721, am Ende des Nordischen Kriegs, brannten die Russen die Stadt völlig nieder.

Um den Wiederaufbau soll sich Gustav III. bemüht haben, ihm ist auch der Entwurf der Fassade des klassizistischen **Rådhuset** zu verdanken. Nachdem auch die **Domkyrkan** sowie einige Bürgerhäuser 100 Jahre später im gleichen Stil errichtet worden waren, verliehen die Einwohner ihrer Stadt flugs den werbewirksamen Namen „Athen des Nordens".

Oben: Bäuerliches Fresko in der herrlichen Gamla Kyrka in Alvik auf Alnön.

Auf dem Festland, mit der Altstadtinsel Härnö durch die Nybro verbunden, hat man auf dem ***Murberget** ein Freilichtmuseum eingerichtet, welches nach dem Stockholmer „Skansen" das zweitälteste des Landes ist. Über 80 Häuser gruppieren sich um eine kleine Feldsteinkirche, deren Ähnlichkeit mit der alten Kirche von Alnö unverkennbar ist. Und wer das historische Wirtshaus aufsucht, sollte sein Glück auf der mittelalterlichen hölzernen Kegelbahn versuchen. 1994 wurde hier auch das **Länsmuseum** eröffnet, dessen Untergeschoss Funde aus der Umgebung, Feuerwaffen und Modelle zur Stadtgeschichte zeigt. Das Obergeschoss hat die skurrilen Sammlungen von Seeleuten aufgenommen, die weltweit Streichholzschachteln, Kronkorken und Rasierklingen gehortet hatten, mit denen die Erben dann nichts mehr anzufangen wussten.

Große Bedeutung hat der Fährhafen von Härnösand. Die Überfahrt ins finnische Vaasa dauert nur 7 Stunden, die

Karte S. 196-197, Info S. 210-211

Fähre ist außerdem beliebter Wochenendtreffpunkt der lokalen Jugend. Wochentags ist daher mit ruhigeren Fährüberfahrten zu rechnen.

Seit 1997 überquert die E 4 den **Ångermansund**, den Mündungstrichter des **Ångermanälv**, auf einer 2 km langen Hochbrücke. Sie ist Teil des 30-Brücken-Projekts, mit dem die Strecke zwischen Härnösand und Örnsköldsvik begradigt und beschleunigt werden soll.

Ins Ådal

Wer nicht auf dem schnellsten Wege nach Norden reisen will, dem sei von Härnösand ein Ausflug ins Tal des Ångermanälv empfohlen, das hier kurz **Ådal** heißt. Über die E 4 geht es nach Högsjö und weiter über die Straße 90 nach **Lunde** ❼ und Kramfors am linken Ufer entlang. Flussabwärts – zwischen Kramfors und der Mündung des Angermanälv – liegt Schwedens längste schiffbare Flussstrecke; hier verkehren im Sommer Ausflugsdampfer.

In **Kramfors** ❽ nahm Christoffer Kramm im 19. Jh. die erste Dampfsäge in Betrieb. Sie steht heute im **Heimatmuseum**. Bekannt geworden ist das Ådal aber durch ein blutiges Ereignis, den *Ådalsstrejk* von 1931. Mitten in der Weltwirtschaftskrise traten die Sägewerksarbeiter in den Ausstand. Als die Verhandlungen mit den Arbeitgebern scheiterten, ließ die Regierung das Militär aufmarschieren, und fünf Tote waren zu beklagen. Das schockierende Ereignis bewirkte, dass kurz darauf das schwedische Streikrecht demokratisiert und mit dem Vertrag von Saltsjöbaden (s. a. S. 237) die Voraussetzungen für ein gedeihliches Miteinander von Arbeitgebern und -nehmern geschaffen wurde.

40 km weiter stromaufwärts liegt **Sollefteå** ❾. An die alte Tradition des Holztransports auf dem Wasser zu den Sägewerken erinnert heute das **Flößerdenkmal** auf einem Steinpfeiler mitten im Fluss. Der Ångermanälv ist auch bei Lachsanglern äußerst beliebt, denn hier kann man, mitten in der Stadt, prächtige Exemplare ergattern.

40 km nordwestlich der Stadt trifft man auf den **Nämforsen**, einen mächtigen Wasserfall, in dessen Nähe die nördlichsten Felszeichnungen Schwedens gefunden wurden.

Junsele ❿, nach weiteren 25 km auf der Straße 90 im nördlichen Ådal gelegen, und **Ramsele** ⓫ im benachbarten **Faxdal** sind heute bekannte Urlaubsorte, die zu Wander- und Skiaufenthalten einladen. Da hier die Wintertage sehr kurz sind, werden die Pisten und Loipen beleuchtet. Junseles Hauptattraktion ist allerdings der **Djurpark** (Tierpark) mit weißen Tigern.

Die Hohe Küste

Zwischen Härnösand und Örnsköldsvik reichen die Berge bis ans Meer: **Höga Kusten** (Hohe Küste), seit 2000 UNESCO-Welterbe. 30 km nördlich Härnösands liegt zwischen **Högsjö** und **Skog** der neue, Kilometer sparende Streckenabschnitt der E 4, der die westlich gelegene alte Sundbrücke bei Lunde umgeht.

Entlang der gesamten Strecke nach Örnsköldsvik windet sich der **Höga Kustleden**, ein mehr als 130 km langer, in abwechslungsreiche Etappen aufgeteilter Wanderweg. Er berührt zahlreiche Fischerdörfer, die es durch die Herstellung von *Surströmming* (vergorenem Hering) und *Tunnbröd* (Dünnbrot) zu recht umstrittenem kulinarischen Ruhm gebracht haben.

Die Hohe Küste bietet aber auch eine der exklusivsten Übernachtungsmöglichkeiten: Auf der Insel **Högbonden**, die dem Fischerdorf **Bönhamn** vorgelagert ist, wurde das Wohnhaus des Leuchtturmwärters am 70 m hohen Kliffrand zu einer Jugendherberge mit 28 Betten umfunktioniert. Da das Boot von Bönhamn viermal täglich zur Insel fährt, genügt auch ein Tagesausflug. Der Blick vom Leuchtturm reicht an

klaren Tagen gut 100 km weit über die Hohe Küste.

Zurück auf dem Festland, südlich von Bönhamn, ist der kleine Fischerort **Fällsvik** im Naturreservat **Rotsidan** ⓬ beliebtes Ziel der Sonnenanbeter, die sich hier auf den rund geschliffenen Felsbuckeln aalen. In **Häggvik** hat der schwedische Künstler Anders Åberg ein **Mannaminne** (Menschheitsgedenken) genanntes Museum eröffnet. Fast schon mondän zu nennen ist das weiter nördlich gelegene Fischerdorf **Norrfällsviken** ⓭, das ausschließlich vom Tourismus lebt. Freizeitanlagen, ein Strandbad, ein Tennis- und ein Golfplatz prägen das Bild des Ortes.

In der Krypta der Kirche von **Ullånger** ⓮ an der E 4 steht ein sehenswerter Emailleschrein aus den Werkstätten von Limoges. 3 km nördlich von **Docksta** führt eine kleine Straße nach Westen zum **Skuleberg** ⓯ (293 m).

Oben: Entlang der Küste gibt es viele Familien, die als Nebenerwerb Fischfang betreiben. Rechts: Der Nationalpark Skuleskogen ist für seine arktische Flora bekannt.

Nur 6 m unterhalb seines Gipfels fand man in der „Königshöhle" Besiedlungsspuren aus der Steinzeit, aber auch Indizien dafür, dass der Höhleneingang einst in unmittelbarer Strandnähe gelegen haben muss. Das Land hat sich also in 10 000 Jahren um fast 300 m gehoben. Heute gelangt man entweder über einen Kletterpfad oder mit der Seilbahn auf den Gipfel.

An der Talstation bietet die Ausstellung **Skule Naturum** Informationen über die örtliche Geologie, Flora und Fauna und weist auf den Nationalpark **Skuleskogen** hin. Er erstreckt sich zwischen der E 4 und dem höchsten Abschnitt der *Höga Kusten* und ist für seine reiche, teils arktische Flora bekannt. Im Inneren des Parks finden sich Reste von 500 Jahre alten Baumindividuen. 30 km markierte Wanderwege führen durch den Park. Die 9 km lange Teilstrecke *Kustleden* ist stellenweise beschwerlich, aber lohnend: Sie führt zur **Slåttdalsskrevan**, einer 200 m langen und 40 m tiefen Schlucht. Autofahrer finden im Norden bei **Näske** und im Süden bei **Käl** (auf dem Weg nach **Sund**)

Karte S. 196-197, Info S. 210-211

Parkplätze, wo man Wanderungen beginnen kann.

Von **Köpmanholmen** ⓰ aus, nördlich des Nationalparks, erreicht man die Insel **Ulvön**, die ideales Ziel für einen Tagesausflug ist: Im alten Fischerhafen **Ulvöhamn** ⓱ liegen die Fischer- und Bootshütten dicht an dicht. In den letzten Jahren sind hier Hotels, Restaurants und Cafés entstanden, so dass man bequem länger verweilen kann. Die Boote nach Ulvön ermöglichen außerdem einen Landgang auf der Insel **Trysunda** weit draußen in den Schären. Der gleichnamige Ort gilt als das besterhaltene Fischerdorf an der Hohen Küste. Wer länger bleiben will, kann hier in Schwedens kleinster Jugendherberge mit acht Betten wohnen.

Örnsköldsvik

Örnsköldsvik ⓲ ist mit 58 000 Einwohnern die Hauptstadt der Provinz Ångermanland. Erst 1842 gegründet, trägt sie den Namen eines Landeshauptmanns, der sich im 18. Jh. um die Entwicklung des Norrlands besonders verdient gemacht hat. Außer Schul- und Verwaltungszentrum ist Örnsköldsvik wichtige Einkaufsstadt für das weite Umland. Beim wöchentlichen Ladenbesuch packen die Kunden gleich mehrere Einkaufswagen voll – kein Wunder, wenn man bedenkt, dass wegen der geringen Bevölkerungsdichte Geschäfte rar sind. In entlegenen Landstrichen übernehmen meist Tankstellen die Versorgung der Anwohner.

Auf Bäckereien, die täglich frisches Brot verkaufen, muss man im Norrland weitgehend verzichten – so wie früher, als auf den einsamen Höfen nicht täglich gebacken werden konnte und man auf die Idee kam, lange haltbares Trockenbrot herzustellen. Es ist unter dem Namen *knäckebröd* weltbekannt geworden; die runden Brotscheiben wurden einst auf Stangen aufgereiht: Noch heute erinnert das Loch in der Mitte jeder Scheibe an die alte Aufbewahrungsart.

Örnsköldsviks Stadtkern gruppiert sich um den Holzhafen. In der Nähe ist in einem alten Gebäude eine **Kulturfabrik** entstanden; u. a. kann man hier in einem Museum die Entwicklung der Forstwirtschaft und Holzverarbeitung bis hin zur Papierherstellung kennen lernen. Wer mag, darf sich ein Stückchen selbst geschöpftes Papier mitnehmen.

An Regentagen verspricht das **Paradisbadet** Vergnügen und Erholung. Eine 98 m lange Rutschröhre umschlängelt das Bad, das direkt an der E 4 steht. Am **Varvsberg** weisen einige Skischanzen auf das Trainingszentrum der Skispringer hin, daneben kann man vom Bergrestaurant die Aussicht auf das Schärengebiet vor der Küste genießen, dessen touristische Erschließung gerade erst begonnen hat. (Das wichtigste Wintersportgebiet liegt 90 km westlich bei **Solberget** an der Straße 348; hier hat man ein modernes, schneesicheres alpines Zentrum mit sechs Abfahrten und drei Liften aus dem Boden gestampft.)

Im ***Gene Fornby** südlich von Örnsköldsvik sind auf einem alten Gräberfeld mitten im Wald eisenzeitliche Gehöfte nachgebaut worden.

Örnsköldsvik wurde 1991 zur Angelstadt Schwedens gekürt. Die Touristeninformation hält die Angelführer *Fiska i Örnsköldvik* und *Fiska i Höga Kusten* bereit mit den besten Angelplätzen der Gegend sowie den günstigsten Zeiten zum Lachs- oder Eisangeln. 10 km südlich von Örnsköldsvik fließt der **Nätraån** – etwas für Kanufreunde.

Wer auf der Strecke zwischen Örnsköldsvik und Umeå eine Erfrischung zu sich nehmen möchte, wird an den stillen Küsten bei **Husum**, **Rundvik** oder **Nordmaling** erheblich besser bedient als auf den Rastplätzen, die direkt an der „Birkenallee" liegen.

In **Olofsfors** ⓳ veranschaulicht ein mit Wasserkraft betriebener Eisenhammer die Arbeitsweise dieser restaurierten Eisenhütte aus dem 18. Jh.

Rechts: Bei spärlichem Licht beißen die Fische besonders gut an.

Hörnefors ⓴ war der Schauplatz der letzten Schlacht, die auf schwedischem Boden stattgefunden hat. 1809 trafen die Schweden hier mit russischen Truppen zusammen, die zu Fuß über den zugefrorenen Bottnischen Meerbusen gekommen waren und Umeå besetzt hielten. Da die Russen den Sieg davontrugen, musste Schweden ihnen Finnland überlassen.

VÄSTERBOTTEN

**Umeå, Stadt der Birken

****Umeå** ㉑ ist die Hauptstadt der Landschaft **Västerbotten**, die bereits zum nördlichen Norrland gehört. Sie bildete lange Zeit die Pforte zu „Schwedisch Alaska", wie man Nordschweden gern bezeichnet; der Ort am Ume älv war wichtiger Treffpunkt von Flößern, Holzfällern, Händlern und Jägern, als er 1646 die Stadtrechte bekam. Ein nennenswerter Aufschwung setzte mit dem Aufkommen der ersten Dampfsägen ein, der auch durch den großen Brand am Mittsommertag 1888 nicht gestoppt wurde. Man legte beim Wiederaufbau extrem breite Straßen als Brandschneisen an und bepflanzte sie mit Birken, deren Laub den Funkenflug eindämmen sollten – daher der Beiname „Stadt der Birken". Wichtigster Impuls für die Stadtentwicklung war die Gründung der Universität 1963, die das Durchschnittsalter der Bevölkerung damals schlagartig unter 35 Jahre sinken ließ. Seitdem dominieren Studenten das Bild der 100 000-Einwohner-Stadt.

Vor dem Bahnhof aus dem 19. Jh. hat man einen halbkreisförmigen Platz angelegt und ihn mit der modernen Glasskulptur „Grünes Feuer" geschmückt. Vom Bahnhof führt die Rådhusgatan zum **Rådhustorget**, dem Marktplatz und Mittelpunkt der Stadt. Nur noch ein Gebäude aus dem 19. Jh. steht hier: das Backsteinrathaus im Neorenaissancestil mit der Büste des Stadtgründers Gustav Vasa davor. Für schwedische Ver-

Karte S. 196-197, Info S. 210-211

hältnisse gibt es in diesem Viertel viele Kneipen, die im Sommer noch weit nach Mitternacht gut besucht sind.

Unterhalb des Rathausmarktes fließt der **Ume älv**, den man hier mit einer großen Fontäne versehen hat, die im Sommer von Windsurfern gern als Wendemarke genutzt wird. Hinter der Stadtkirche, einem neogotischen Bau des 19. Jh., findet man einen Gedenkstein über dem gemeinsamen Grab eines schwedischen Obristen und eines russischen Kosaken, die in der Schlacht von 1809 gefallen sind.

Den Stadtpark hat man zum Freilichtmuseum **Gammlia** erweitert. Typische Gebäude aus Västerbotten sind hier ausgestellt, darunter eine Kirche, die einst auf der Insel **Holmön** aus den Planken eines gestrandeten Schiffes gezimmert wurde. Hier steht auch das Västerbotten **Länsmuseum** mit einer Skiabteilung, die über das angeblich älteste „Schneebrett" der Welt verfügt.

Holmsund ㉒ an der Mündung des Ume älv ist der Hafen Umeås. Von hier verkehren Fähren ins 4 Stunden entfernte finnische Vaasa. Mit Mo i Rana an der norwegischen Westküste ist Umeå durch die E 12 verbunden, die 435 km durch einsame Wildmark führt.

Eine besondere Attraktion ist das Wasserkraftwerk ***Stornorrfors** bei **Sörfors** ㉓, mit 2,3 Megawatt Leistung das größte Schwedens. Das Stauwehr wurde durch eine **Lachstreppe** ergänzt, die es den Fischen ermöglicht, stromaufwärts zu wandern; direkt dahinter findet man eine **Lachszuchtstation**, die jedes Jahr 100 000 Junglachse in den Fluss entlässt. Wenn am ersten Julisonntag die Wehre geöffnet werden, strömen Tausende von Schaulustigen zur alten **Wehrbrücke**, um die Wassermassen zu bestaunen.

Eine der großen Herausforderungen für passionierte Kanuten ist die 370 km lange unverbaute Strecke – eine der ganz wenigen in Schweden – des ****Vindelälven**; sie beginnt in **Ammarnäs** am Ostrand des Vindelfjälls und endet in **Vannäs** ㉔, wo der Fluss in den Ume älv mündet, ca. 20 km westlich von Umeå. Geübte Kanusportler veranschlagen etwa 20 Tage für den gesamten Wasserweg.

Der Ort **Vindeln** ㉕, 60 km nordwestlich von Umeå, profitiert vom guten Ruf seines von Menschenhand nicht veränderten Flusses und ergänzt sein touristisches Angebot im Winter u. a. durch Hundeschlittensafaris.

Die Küste der Kirchenstädte

In ***Lövånger** ㉖, 100 km nördlich von Umeå, findet man eins der norrländischen Kirchhüttendörfer. Sie dienten den Bauern, die von weit her zum Gottesdienst anreisen mussten, als Unterkunft für einen längeren Aufenthalt und erfüllten auch eine soziale Funktion. Hier konnten sich die Bauern mit ihren „Nachbarn“ austauschen, Geschäfte abschließen und Ehen anbahnen. Die **Kirchenhütten** von Lövanger werden heute als Ferienhäuser vermietet.

***Skellefteå** ㉗ ist eine weitere Hafenstadt am Bottnischen Meerbusen, die durch den Holzhandel Bedeutung erlangte. Sie wurde bereits im 14. Jh. urkundlich erwähnt, aber erst im Jahr 1845 mit Stadtrechten versehen. Damals hatte die Stadt nur 200 Einwohner, heute sind es 74 000. Dass die Gemeinde Skellefteå wohlhabend war, beweist die **Landsförsamlingskyrkan** (Landesversammlungskirche) am Skellefte älv. Die Kirche erhielt ihr klassizistisches Aussehen im 18. Jh. Das lichte Gotteshaus hat eine für die Gegend ungewöhnliche Anzahl von Kunstschätzen zu bieten. Die **Skellefteå-Madonna** aus Walnussholz stammt aus dem 12. Jh. und wurde wahrscheinlich in Deutschland geschnitzt. Der **Flügelaltar** ist ein Prachtstück aus der Werkstatt Bernt Notkes in Lübeck. Neben der Kirche liegt **Bonnstan**, das gut erhaltene Kirchendorf mit 116 Hütten, in denen die Bauern während der „Landesversammlungen“ wohnten. Sie werden heute als Wochenendhäuser genutzt.

Skellefteå war Anfang des 20. Jh. aufgrund reicher Edelmetall-Lagerstätten im Hinterland ein Zentrum der Metallverarbeitung. Man errichtete 1942

Info S. 210-211

zwischen **Kristineberg** und **Boliden** ㉘ (125 km bzw. 35 km von Skellefteå) eine 96 km lange **Seilbahn**, um das Erz zur Hütte zu transportieren. Gruben und Hütten sind mittlerweile stillgelegt; eine Teilstrecke von 14 km zwischen **Örträsk** und **Mensträsk** dient dem beschaulichen Transport von Touristen.

NORBOTTEN

50 km nördlich von Skellefteå liegen bei **Jävre** ㉙ die nördlichsten bronzezeitlichen Funde Schwedens. **Arkeologstigen**, ein archäologischer Wanderpfad und Fahrweg, führt zu den Ausgrabungsstätten.

Piteå ㉚ ist ein Städtchen, das erst im 15. Jh. seinen heutigen Standort fand. Nach einem Stadtbrand gab man den verlandenden Hafen **Öjebyn** auf und verlegte den Ort einige Kilometer näher ans Meer heran, wobei die Kirche und das Kirchhüttendorf in Öjebyn verblieben. Bekannt ist Piteå heute vor allem für seinen langen, feinen Sandstrand, der der Küste auch den Titel „Riviera des Nordens" eingebracht hat. Nach längeren Sonnenscheinperioden kann die Wassertemperatur 20 °C erreichen. Sehr schöne Badeplätze sind das **Piteåhavsbad** und das 50 km von Piteå entfernt gelegene **Bykeshavsbad** direkt an der E 4.

Oben: Die Holzhäuser des Kirchhüttendorfs Skellefteå werden heute als Wochenendhäuser geschätzt.

★**Luleå** ㉛, die Hauptstadt der Provinz Norrbotten, hat 70 000 Einwohner. Der große Aufschwung kam, als man 1888 die Erzbahn von Kiruna zum Bottnischen Meerbusen eröffnete und Luleå zum größten schwedischen Exporthafen aufstieg. Allerdings ist der Hafen für mindestens vier Monate pro Jahr geschlossen, wenn die Ostsee zugefroren ist.

Die neugotische **Kirche** wurde 1893 errichtet, wenig später erhob man Luleå zum Bischofssitz. Die nördlichste schwedische Diözese umfasst etwa ein Drittel der Gesamtfläche des Landes. Einen Besuch lohnt das **Länsmuseum**, das eine große Sammlung zur samischen Kultur Norrbottens besitzt.

Info S. 210-211

Die größte Sehenswürdigkeit liegt jedoch 10 km nördlich der Stadt. In ★**Gammelstaden** ㉜, dem im 14. Jh. gegründeten und im 17. Jh. aufgegebenen **Alt-Luleå**, steht das mit 450 Häusern größte **Kirchhüttendorf** Schwedens. Seit 1996 ist es in der Liste des Weltkulturerbes der UNESCO verzeichnet. Die Hütten, die zu besonderen Festen noch heute benutzt werden, gruppieren sich um die größte Hallenkirche des Nordens. Aus mächtigen Granitquadern erbaut, wurde sie bereits 1491 geweiht und diente nicht nur als Gotteshaus, sondern auch als Verteidigungsanlage, wie sich noch heute unschwer erkennen lässt. Die weiß verputzte **Feldsteinkirche** bietet kunsthistorische Raritäten, so einen Antwerpener **Flügelaltar** von 1500 und **Chorfresken**, die die nördlichsten der Welt sein dürften. Die Kirche ist älter als der Ort selbst, der erst unter Gustav II. Adolf zur Stadt erhoben wurde.

Oben: Rentierfütterung bei Luleå. Rechts: Die Holzkirche von Övertorneå aus dem 18. Jh.

Keiner hatte damals mit der raschen Landhebung gerechnet: Schon eine Generation später war die Hafenbucht zu seicht geworden und man verlegte Stadt und Hafen näher an die Mündung des Lule älv. Den alten „Hafen" hat die Natur zurückerobert. Die verlandende Bucht wurde zu einem so ungewöhnlich artenreichen **Vogelbrutgebiet**, dass man sie unter Naturschutz stellte.

Neben Kultur und Natur kommt im heutigen Luleå die Technik nicht zu kurz. Vom Naturschutzgebiet führt ein längerer Spaziergang zur Technischen Hochschule und zum **Teknikens hus**, einem wahren Eldorado des Kennenlernens und Ausprobierens von technischen Geräten und Anlagen.

Während im Teknikens hus Mitmachen angesagt ist, darf man bei einer vom Tourismusbüro organisierten aufschlussreichen Besichtigung des modernen Stahlwerks **SSAB** (Svensk Stal AB) nur zuschauen.

Die Garnisonsstadt **Boden** ㉝, 30 km nordwestlich von Luleå, ist der große Eisenbahnknotenpunkt des Nordens. Hier kreuzen sich die Strecken Stock-

Karte S. 206, Info S. 210-211

holm-Haparanda und die Erzbahn zwischen Narvik, Kiruna und Luleå.

Über **Kalix** ㉞, eine weitere Kleinstadt, die von der Holzverarbeitung lebt, erreicht die E 4 **Haparanda** ㉟, und damit das nördliche Ende des Bottnischen Meerbusens. Nachdem die Friedensverhandlungen zwischen Russen und Schweden 1809 den Torne älv als Grenze ergeben hatten, fiel u. a. die alte Stadt **Tornio** an Russland. Da aber die schwedischen Einwohner nicht unter dem Zar leben wollten, errichteten sie auf der westlichen Seite des Torne älv eine neue Siedlung. Welches Entwicklungspotential sie ihrer Neugründung einräumten, beweist noch der völlig überdimensionierte Bahnhof. Heute lebt die Stadt vorwiegend von der Holzverarbeitung, die sogar grenzübergreifend organisiert ist, seit die frühere Grenze zu Finnland nur noch eine Binnengrenze in der EU ist.

Nahe Haparanda fließen die Stromschnellen des **Kukkolaforsen**, an dessen Ufern alljährlich am letzten Julisonntag das große **Fischerfest** *Siksöndagen* gefeiert wird. Gefischt wird dann traditionell von schwankenden Holzplanken aus mit Käschern an meterlangen Stangen.

Einige Inseln südlich von Haparanda hat man zum Nationalpark **Haparanda Sandskär** zusammengefasst. Er besteht hauptsächlich aus Dünen, Birkenwald und einem bemerkenswert großen Espenwald. Zahlreiche Zugvögel suchen die Inselgruppe alljährlich auf; es gibt dort eine **Beringungsstation** (mit Privatboot ab Haparanda oder Kalix zu erreichen).

In der Regel nimmt man ab Haparanda die E 8 und die E 75 auf der finnischen Seite, wenn man weiter nach Norden vordringen will; aber auch über die schwedische Reichsstraße 99, die dem Torne älv folgt, gelangt man in die Weiten Lapplands. Nach 80 km reizvoller Fahrt kommt man zu der nördlichsten Sehenswürdigkeit auf dieser Strecke: Die **Kirche** von **Övertorneå** ㊱ gehört hier im Norden zu den am besten erhaltenen Gotteshäusern des 18. Jh. und besitzt eine der ältesten noch funktionsfähigen Kirchenorgeln Schwedens.

INTERNET: www.vasterbotten.net; www.upplevmittsverige.nu; www.mittsverigeturism.se; www.norrbottenlappland.se.

SUNDSVALL (☎ 060)

Stora Torget, 85230 Sundsvall, Tel. 610450; www.sundsvallturism.se.

Seaport, Strandgatan 10, Tel. 121800, Feinschmeckerrest., Fr/Sa: Tanz. **Café Skonerten** i.Kulturmagasinet, Tel. 191800.

Kulturmagasinet, Mo-Fr 10-18, Sa nur bis 16, So 11-14 Uhr, Tel. 191800. **Gustav Adolfs kyrka**, tägl. 9-18 Uhr außer zu den Gottesdienstzeiten.

Discothek Oscar, Vängåven, der In-Treffpunkt i. Sundsvall, Fr/Sa 21-2 Uhr.

Tingshuset, Östra Långgatan, verkauft **Kunsthandwerk**. Lovis Konst, Ecke Bankgatan, führt **Webprodukte** und **Schmiedeeisernes**. Rolf Libergs Trollbilder sind in seiner **Galerie**, Nybrogatan 5, erhältlich.

Kirche auf **Alnön**, 10.05.-31.08. tägl. 11-18 Uhr, Achtung: Sa Hochzeiten o. Taufen. **Lachszuchtstation**, Bergforsen, Tel. 070/2570357, Juni-Aug. tägl.12-15.30 Uhr.

Dampfer Primus verkehrt im Sommer im 40-Minuten-Takt zwischen Innenhafen und der **Insel Tjuvholmen**.
RAFTING: auf dem Ljungan, Tel. 31867.
KANUFAHREN: auf dem Indalsälv, Tel. 0661/614235. **Abenteuerpark Boda Borg**, Tel. 0691/12200, Trainingscamp für Möchtegern-Stuntmen.
SKI: Das Skigebiet Södra Berget hat WM-Standard, Tel. 671000.
ANGELN: www.fiske.sundsvall.se.

Anf. Juli: **Sundsvall-Straßenfest** der wildeste Karneval des Nordens. Anf. August: **Handwerkermesse** auf dem Norra Stadsberget, man fühlt sich wie im 19. Jh.

HÄRNÖSAND (☎ 0611)

Järnvägsgatan 2, 87145 Härnösand, Tel. 88140; www.harnosand.se.

Spjutegårdens im Murberget-Freilichtmuseum bietet So ein üppiges Smörgåsbord, Tel. 11090.

Domkyrkan, tägl. 9-18 Uhr, außer während der Gottesdienste. **Freilichtmuseum Murberget**, tägl. geöffnet. **Länsmuseum**, 20.06.-31.08. tägl. 11-17 Uhr.

Hantverk, Östbäcksgatan 1: **Kunsthandwerk**.

KRAMFORS (☎ 0612)

Torggatan 2, 87280 Kramfors, Tel. 80120; www.turistinfo.kramfors.se.

SOLLEFTEÅ (☎ 0620)

Storg. 49, 88130 Sollefteå, Tel. 682900; www.turist.solleftea.se.

Kunsthandwerk in großer Auswahl bietet Majoren (Haus der Sinne), Tel. 15900, tägl. geöffnet.

FLOSSFAHRTEN: Ångermanälv, Tel. 32064.
ANGELN im Stadtgebiet von Sollefteå, Tel. 682907.
Abenteuerwochenende im **Lappenzelt** in Junsele, Tel. 0621/71099. **Steinzeitwochenende** am Ångermanälv, Tel. 0622/10630.

HOHE KÜSTE

Mitt Sverige Turism, Norra Kyrkogatan 15, 87132 Härnösand, Tel. 0611/557750; www.upplevmittsverige.se.

Skule Naturum, Juni-August 10-17 Uhr, mit Café.

Häggvik, **Freizeitpark Mannaminne**, Tel. 0631/20290, 15.06-31.08 tägl. 10-18 Uhr, sonst tägl.11-16 Uhr.
Besuch einer der vielen **Künstlerkolonien**, Information: Mitt Sverige Turism.

Wanderungen im **Skuleberget**, Tel. 0613/40115.

SCHIFF: **Bönhamn – Högbonden**, 09.06.-20.08. tägl. 11, 14 und 17 Uhr, die Fahrzeit beträgt 10 Minuten. **Köpmannholmen - Ulvön**, 10.06.-15.08. Mo-Sa 10 und 17 Uhr, Rückfahrt 7.30 und 15 Uhr, So 10 und 18.30 Uhr, Rückfahrt wie Mo-Sa. Die Fahrt dauert zwei Stunden, **Trysunda** liegt auf halber Strecke.

ÖRNSKÖLDSVIK (☎ 0660)

Strandgatan 24, 89133 Örnsköldsvik, Tel. 88100; www.ornskoldsvik.se.

Restaurant **Varvsberg**, Tel. 84480; schöner Ausblick vom Berggipfel.

Kulturfabrik, Mitte Juni-Mitte August Di-So 10-17 Uhr, sonst nur Sa/So 11-16 Uhr. **Paradisbadet**, Mo-Fr 10-18 Uhr, Sa/So bis 22 Uhr. Freilichtmuseum **Gene Fornby**, Tel. 53710, 22.06.-11.08. tägl. 10-17 Uhr.

Dampferfahrten durch die **Schären**, Tel. 223431.

KANUFAHRTEN auf dem Nätraån, Tel. 0661/30331.

ANGELN: Broschüren Fiska i Höga Kusten / Fiske Ö-vik: Touristenbüro. ***SKI***: Skizentrum Solberget, Tel. 0661/50170.

UMEÅ (☎ 090)

Renmarkstorget 15, 90326 Umeå, Tel. 161616; www.visitumea.se.

Theatercaféet, **Restaurant**, Vasaplan, Tel. 156321. **Sävargården** im Gammlia Museum, gute schwedische Hausmannskost. **Viktor**, Skolgatan 64, Tel. 23648, Meeresfrüchte auf schwedische Art, d. h. mit Zucker und Sahne. **Brännlands Wärdshus**, Brännland, Tel. 30085, regionale Spezialität. **Sjöbris Restaurang & Brasserie**, Kajen 10, Tel. 777123, der Name „Seebrise" weist auf Fisch und Schalentiere hin, direkt am Ume älv. **Skytten**, Rådhusesplanaden 17, Tel. 135660, bevorzugt Wild, Beeren, Pilze.

Gammlia-Freilichtmuseum, Mitte Juni-Mitte Aug. tägl. 10-17 Uhr. **Västerbotten Länsmuseum**, wie Gammlia, sonst Di-Fr 9-16 Uhr, Sa 12-16, So 12-17 Uhr. Kraftwerk **Stornorrfors**, tägl. 10-12.30 Uhr, Tel. 159550. **Lachszucht**, tägl. 13-15 Uhr.

Fähre Umeå – Vaasa, RGline, 2-mal tägl, 5-mal wöchentlich; www.rgline.com.

HUNDESCHLITTEN-, KANUTOUREN: Informationen im Touristenbüro Umeå.

SKELLEFTEÅ (☎ 0910)

Trädgardsg. 7, 93185 Skellefteå, Tel. 736020; www.turistinfo.skelleftea.se.

Restaurant im **Statt Hotell**, Stationsgatan 8, Tel. 14140.

Landsförsamlingskyrkan, tägl. 9-17 Uhr, außer während der Gottesdienste.

Seilbahn **Örträsk-Mensträsk**, verkehrt Ende Juni-Mitte Aug. tägl. 13 Uhr, Anmeldung Tel. 0918/106115.

PITEÅ (☎ 0911)

Bryggargatan 14, 94163 Piteå, Tel. 93390; www.pitea.se.

Letzte Juniwoche: **Großer Markt** mit Musik und Tanz bis spät in die Nacht hinein.

LULEÅ (☎ 0920)

Järnvägsstationen, 97234 Luleå, Tel. 222475; www.lulea.se.

Margaretas Wärdshus, Luleå Gammelstad, Lulevägen 2, Tel. 254290, mitten im Kirchhüttendorf.

Länsmuseum, Mo-Do 10-20 Uhr, Fr-So 12-16 Uhr. **Gammelstads kyrkstad**, Juni-Mitte August tägl. 9-18 Uhr.

HAPARANDA (☎ 0922)

Green Line, 95385 Haparanda, Tel. 12010; www.haparanda.se

Kirche von **Övertorneå**, tägl. 10-16 Uhr.

Letzte Juliwoche: **Großes Fischerfest** in Kukkola mit Ständen, Musik und Tanz.

DAS SCHWEDISCHE LAPPLAND

ÖSTERSUND
ARVIDSJAUR
GÄLLIVARE
KIRUNA

SCHWEDISCH-LAPPLAND

Die drei nordschwedischen Provinzen Jämtland, Lappland und Norrbotten sind heute das Siedlungsgebiet der Lappen. Diese Bezeichnung wird als herabsetzend empfunden, selbst nennen sie sich „**Sami**“ (Sumpfleute). Die Herkunft dieses Volkes liegt im Dunkeln. Vermutlich sind die Sami um die Zeitenwende – also lange vor den Wikingern – von Osten her eingewandert und haben sich über ganz Nordskandinavien ausgebreitet. Mit dem wachsenden Interesse der Germanen an den nördlichen Teilen Skandinaviens wurden die Sami mehr und mehr von den Küsten weg ins Landesinnere, und damit in immer unwirtlichere Landstriche abgedrängt. Dabei büßten sie weitgehend ihre frühere ökonomische Grundlage, Fischfang, Jagd und Ackerbau ein, bis ihnen lediglich das nomadische Leben als Rentierzüchter übrig blieb.

Die Sami sind heute nur noch eine kleine Minderheit im einstmals eigenen Land; von insgesamt 45 000 Sami leben 10 000 in Schweden. Auffällig ist das Nord-Süd-Gefälle der Bevölkerungsdichte: Je weiter man nach Norden vordringt, desto zahlreicher werden die Siedlungen der Sami.

Nachdem sie über Jahrhunderte nur als lästige Störenfriede bei der Ausbeutung der Reichtümer des Nordens galten, die man zwangschristianisierte und zu Steuerbürgern machte, setzte erst in jüngerer Zeit eine Neubewertung der samischen Tradition ein; ganz allmählich wurde sie als erhaltenswert eingestuft. So gründete man Museen, Bibliotheken und Schulen, um das Überleben dieser alten Kultur zu ermöglichen. Zudem steht ganz Lappland seit 1996 als Kultur- und Naturerbe unter dem Schutz der UNESCO.

Die samische Lebensweise künstlich zu erhalten ist problematisch, zeigt doch schon die **Rentierzucht**, welche grundlegenden Veränderungen das Leben der Sami in den letzten Jahren erfahren hat: Früher zog der gesamte Familienclan mit den Herden zu den Sommerweiden im Norden und in der kalten Jahreszeit wieder zurück ins Winterlager. Heute werden die Herden nur noch von einigen Spezialisten begleitet, die Geländemotorräder oder gar Hubschrauber benutzen und untereinander über Funktelefon kommunizieren.

Das samische **Kunsthandwerk** nutzt als Materialien die wenigen, die zur Verfügung stehen – Holz, Flechten und alle Teile vom Rentier – und produziert heute zumeist für den Tourismus.

Vorherige Seiten: Der Rapaälv im Sarek-Nationalpark ändert häufig seinen Lauf. Links: Impression in Eis – der spektakuläre Tännfors.

JÄMTLAND

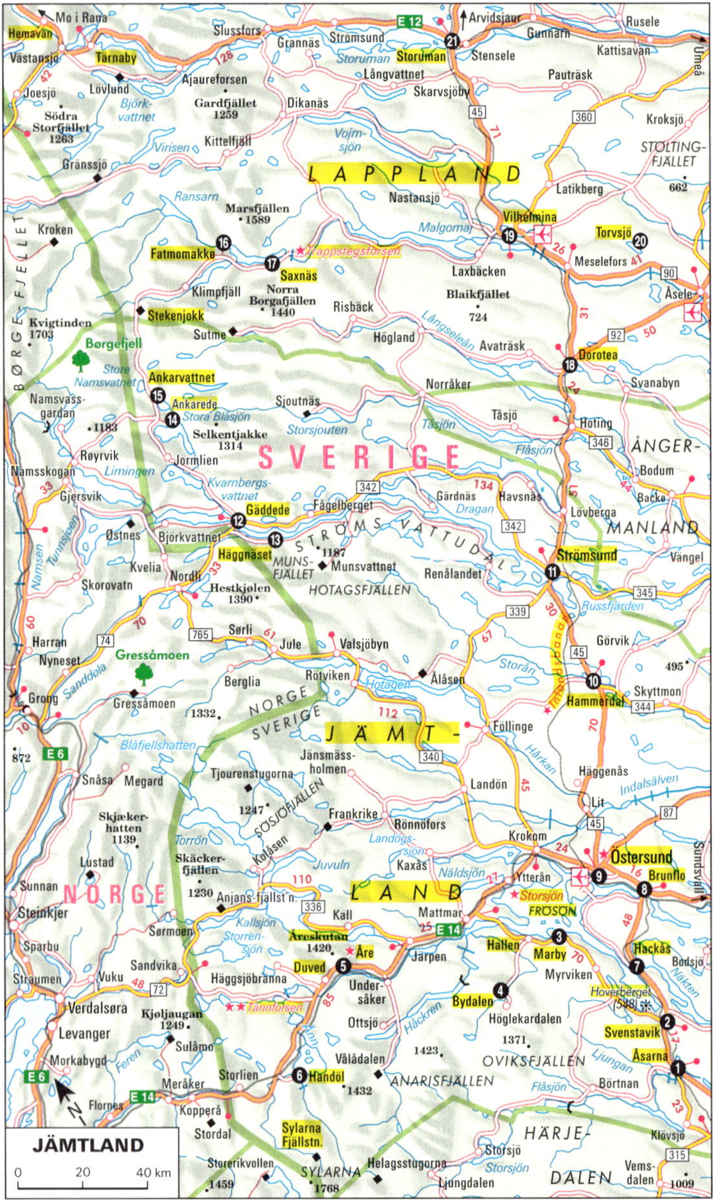

Mo i Rana
Hemavan
Tärnaby
Västansjö
Joesjö
Lövlund
Södra Storfjället 1263
Björkvattnet
Gränssjö
Slussfors
Grannäs
Strömsund
Storuman
Ajaureforsen
Gardfjället 1259
Dikanäs
Kittelfjäll
Virisen
Vojmsjön
Arvidsjaur
Gunnarn
Rusele
Stensele
Kattisavan
Långvattnet
Skarvsjöby
Pauträsk
Umeå
Kroksjö
STÖLTING-FJÄLLET 662
LAPPLAND
Latikberg
Nastansjö
Ransarn
Marsfjällen 1589
Kroken
BØRGEFJELLET
Fatmomakke
Saxnäs
Trappstegsforsen
Malgomaj
Vilhelmina
Torvsjö
Meselefors
Laxbäcken
Åsele
Klimpfjäll
Norra Borgafjällen 1440
Risbäck
Blaikfjället 724
Stekenjokk
Kvigtinden 1703
Børgefjell
Sutme
Högland
Långseleån
Avaträsk
Dorotea
Store Namsvatnet
Ankarvattnet
Norråker
Svanabyn
Namsvassgardan
Ankarede
Stora Blåsjön
Sjoutnäs
Tåsjö
Hoting
Tåsjön
Selkentjakke 1314
Storsjouten
ÅNGER-MANLAND
Røyrvik
Jormlien
SVERIGE
Fläsjön
Bodum
Namsskogan
Limingen
Kvarnbergsvattnet
Gärdnäs
Havsnäs
Backe
Gjersvik
Gäddede
Fågelberget
Dragan
Lövberga
Østnes
Björkvattnet
STRÖMS VATTUDAL
Häggnäset
MUNSFJÄLLET 1187
Munsvattnet
Strömsund
Vängel
Kvelia
Nordli
Renålandet
Namsen
Tunnsjøen
Skorovatn
Hestkjølen 1390
HOTAGSFJÄLLEN
Russfjärden
Sørli
Jule
Valsjöbyn
Görvik
Harran
Nyneset
Gressåmoen
Storån
495
Inlandsbanan
Berglia
Rötviken
Hotagen
Ålåsen
Hammerdal
Skyttmon
Grong
Sanddola
NORGE SVERIGE
1332
JÄMT-
Föllinge
872
Blåfjellshatten
Jänsmässholmen
Hårkan
Häggenås
Snåsa
Megard
Tjourenstugorna
Landön
Indalsälven
Lit
Skjækerhatten 1139
SÖSJÖFJÄLLEN 1247
Frankrike
Rönnöfors
Torrön
Landögssjön
Krokom
Östersund
Sundsvall
Lustad
Skäckerfjällen 1230
Kolåsen
Juvuln
Kaxås
Näldsjön
Ytterån
Brunflo
Sunnan
Steinkjer
NORGE
Anjans-fjällst'n.
LAND
Storsjön
FRÖSÖN
Kall
Mattmar
Sørmoen
Kallsjön
Storrensjön
Åreskutan 1420
Åre
Järpen
Hallen
Marby
Hackås
Sparbu
Sandvika
Duved
Myrviken
Bodsjö
Nåkten
Straumen
Vuku
Häggsjöbränna
Undersåker
Bydalen
Hoverberget (548)
Verdalsøra
Tännforsen
Ottsjö
Håckren
Höglekardalen
Svenstavik
Levanger
Kjøljaugan 1249
Sulåmo
1371
1423
Åsarna
Morkabygd
Feren
Storlien
Vålådalen
OVIKSFJÄLLEN
Ljungan
Handöl
1432
ANARISFJÄLLEN
Fläsjön
Börtnan
Meråker
Flornes
Kopperå
Stordal
Sylarna Fjällstn.
HÄRJEDALEN
Klövsjö
JÄMTLAND
0 20 40 km
Storerikvollen
1459
SYLARNA 1768
Helagsstugorna
Storsjö
Storsjön
Ljungdalen
Vemsdalen 1009

Die samische Sprache, die zur finnisch-ugrischen Sprachfamilie gehört, ist ausgesprochen naturnah und wortreich, allein für den Begriff „Schnee“ existieren gut 100 verschiedene Bezeichnungen. Die unzähligen Dialekte, die manchmal nur von wenigen Familien gesprochen werden, erschweren die Verständigung derart, dass mehr und mehr auf die heutigen nationalen Sprachen zurückgegriffen wird.

JÄMTLAND
Das unberührte Paradies

Die südlichste samische Population Schwedens ist in **Jämtland** zu finden. In dieser letzten europäischen Naturlandschaft südlich des Polarkreises sind nicht einmal 2 % des Bodens kultiviert, der Osten ist von Wäldern bedeckt, im Westen haben die bis 1800 m aufragenden Gebirge fast alpinen Charakter.

Zwei wichtige Verkehrswege durchschneiden Jämtland: die Straße 45, der so genannte **Inlandsvägen**, der von Halmstad in Südschweden bis nach Karesuando an der Grenze zu Finnland führt, und die E 14 zwischen Sundsvall und Trondheim, die mit dem alten Pilgerweg zum heiligen Olav identisch ist (s. S. 195f.).

Die 45 wird auf der 1060 km langen Strecke zwischen Mora und Gällivare von der ***Inlandsbana** begleitet. Diese Eisenbahntrasse wurde in 40 Jahren durch die Wildnis geschlagen und 1936 eingeweiht. Ihren eigentlichen Zweck, das Erz von Kiruna auch im Winter nach Südschweden zu transportieren, hat sie nie erfüllen können: Unterbau und Brücken waren zu schwach und der Transportweg über Narvik an der norwegischen Küste kostengünstiger.

Heute befördert die Inlandsbana von Mittsommer bis Mitte August zumeist Touristen in Triebwagen oder nostalgischen Dampfzügen; individueller Charter des *Wilderness Express* ist auch möglich. Zwei Tage dauert die Tour von Mora bis Gällivare mit sogar außerfahrplanmäßigen Zwischenstopps an den jeweiligen Sehenswürdigkeiten. Während Eisenbahn, Zugführer und Reiseleiter in Östersund Nachtruhe halten, bleibt es den Gästen überlassen, ob sie an einer beliebigen Stelle entlang der Strecke ihr Zelt aufschlagen oder ein richtiges Bett aufsuchen wollen.

Alle Hauptwege von Jämtland kreuzen sich in Östersund am ***Storsjön**, einem 450 km² großen See. Bevor man, auf dem Inlandsvägen von Süden kommend, den See erreicht, quert man bei **Åsarna** ❶ den bei Kanuten und Wanderern beliebten **Ljungan**, der hier einen **Wasserfall** bildet. Skilangläufer schätzen die gut präparierten Loipen.

In **Svenstavik** ❷ führt die 321 an der Westseite des Sees entlang zum Aussichtsberg **Hoverberget** (548 m) mit seiner 170 m langen Grotte.

In **Marby** ❸ lädt das Café im **Gammelgården** zu einer Pause neben einer Kirchenruine aus dem 14. Jh. ein. Vom Kirchdorf **Hallen** steigt eine Nebenstraße nach **Bydalen** ❹ zum **Bydalsfjäll** an. Mehrtägige Wanderungen durch **Oviks-** und **Anarisfjäll**, sogar bis hin zu den Bergen von Sylarna sind von hier möglich.

Der klassische **Wintersportort** Jämtlands ist ***Åre** ❺, an der E 14 auf halber Strecke zwischen dem Westrand des Storsjön und der norwegischen Grenze. Die schönen hölzernen Hotelbauten des 19. Jh. geben dem Ort seinen einzigartigen Charme. Vom Zentrum aus startet seit 1906 eine Bergbahn auf den **Åreskutan**, den 1420 m hohen Hausberg von Åre. Eiligen Besuchern steht eine **Kabinenseilbahn** und der World Cup-Lift zur Verfügung – für Paraglider und Mountainbiker ebenso praktisch. Sehenswert ist die alte **Kirche**, eine Station des Olavs-Pilgerwegs. Sie birgt eine mittelalterliche Olavs-Statue, deren verloren gegangene Krone im 18. Jh. durch einen Dreispitz ersetzt wurde.

10 km weiter westlich stürzt bei **Duved** der ****Tännfors** zu Tal. Der 60 m

breite und 38 m hohe Wasserfall ist schon im Sommer imposant, geradezu atemberaubend wirkt er im Winter, wenn sich die Eiskaskaden übereinandertürmen.

Wanderer, die die Berge von **Sylarna** oder das Anarisfjäll erreichen wollen, beginnen ihren Weg südlich von **Handöl** ❻ an der **Storulvåns Fjällstation**.

*Östersund, die Stadt Gustavs III.

Folgt man von Svenstavik dem Inlandsvägen am östlichen Storsjön-Ufer, gelangt man nach **Hackås** ❼, dem wohl ältesten Ort Jämtlands, der nachweislich vor 2000 Jahren besiedelt und vor 1000 Jahren christianisiert wurde. In der **Kirche** sind zum Teil die frühesten Bauabschnitte aus dem 11. Jh. noch erkennbar. Zwei historische Lehrpfade führen zu eisenzeitlichen **Grabhügeln** und einem **Bauernhof**, der sich seit dem 14. Jh. in Familienbesitz befindet. 5 km weiter nördlich, bei **Brunflo** ❽, sticht ein alter Verteidigungsturm ins Auge, der heute als **Glockenturm** der modernen Kirche dient.

***Östersund** ❾ hat 60 000 Einwohner und ist die einzige Stadt Jämtlands. König Gustav III. ließ sie terrassenförmig am Ufer des Storsjön anlegen. Wegen der Theaterleidenschaft des Gründers wurde das Theater zwei Jahre vor der Kirche fertig. Sehenswert in Östersund ist das ***Jamtli Historieland**, ein Freilichtmuseum mit 60 Häusern und Höfen, darunter eine Pilgerhütte aus dem 16. Jh. Auf demselben Gelände hat auch das **Länsmuseum** seinen Platz, das u. a. eine Sammlung zur samischen Kultur zeigt.

Die Insel **Frösön** war schon in der Bronzezeit besiedelt. Hier steht Schwedens nördlichster **Runenstein**, er berichtet von der Christianisierung der Gegend. Publikumsrenner ganz Jämtlands ist der **Frösö Zoo** mit über 700 Tieren; in **Fröböbergets Abenteuerland** steigt der Adrenalinspiegel bei Kletterpartien und Seilfahrten über den Baumwipfeln.

Rechts: Das Skilanglaufgebiet um das Vemdalsskalet in Jämtland ist sehr beliebt.

Eine beschauliche **Rundfahrt** um die Insel ermöglicht der **Dampfer** *Thomée*, der seit 1875 auf dem Storsjön herumschippert. Besucher mit Fantasie entdecken vielleicht das *Storsjöoduret* (Storsjö-Untier) – wem das nicht gelingt, kann es als Holz- oder Stofftier in den örtlichen Souvenirläden erwerben.

Wald ohne Ende

Von Östersund führt die 45 durch riesige Wälder nach Norden. Aussichtspunkte, Rastplätze und Sehenswürdigkeiten sind rar, so dass nach 70 km die alte Kirche von **Hammerdal** ❿ eine Abwechslung bietet. In **Strömsund** ⓫, 30 km weiter, quert der Inlandsvägen den Übergang zwischen den ausgedehnten Seenketten von **Russfjärden** und **Dragan**. Mehr als eine Woche rechnen geübte Kanuten für eine Tour durch das Gebiet **Ströms Vattudal** von der norwegischen Grenze bis nach Strömsund.

Es lohnt sich, von Strömsund nach Norden auf die Straße 342 abzubiegen, denn dieser Abschnitt des 500 km langen **Vildmarksvägen** führt zu eindrucksvollen Natursehenswürdigkeiten, zum Kahlfjäll und Sami-Orten.

Nur 6 km vor der norwegischen Grenze liegt **Gäddede** ⓬. Von hier sind es 30 km bis zum Wasserfall **Hällingsåfallet** und Nordeuropas längstem Canyon bei **Häggnäset** ⓭. Nördlich von Gäddede, am See **Stora Blåsjön**, stehen die Samikapelle und das Kirchdorf von **Ankarede** ⓮. Erst 1985 wurde Schwedens längste **Tropfsteinhöhle**, die 5 km lange sog. **Korallgrottan** bei **Ankarvattnet** ⓯ entdeckt. Die Straße folgt in ihrem weiteren Verlauf dem **Bjurälven**, der hier zahlreiche Grotten und Höhlen gebildet hat und teilweise auch unterirdisch fließt.

Karte S. 216, Info S. 227

LAPPLAND

Vom Rastplatz bei **Stekenjokk**, an einem stillgelegten Silberbergwerk, gibt es einen 3 km langen **Wanderweg** hinauf zu den **Samihütten** von **Sjärnjokktorna** in einer Höhe von 820 Metern über dem Meer.

Bewusst wählten die Sami die kahle Gipfelregion für ihre Sommerlager, weil dort der Wind die Mücken vertreibt und vom Fjäll herab ein besserer Überblick über die Rentierherden möglich ist.

Falls man es nicht vorzieht, nördlich des Kultsjön einen Abstecher zum Sami-Kirchdorf **Fatmomakke** (16) zu unternehmen, einem wichtigen Treffpunkt am Kreuzweg zweier Rentier-Zugstrecken, geht es talabwärts nach Osten weiter am **Kultsjön** entlang zum Urlaubsort **Saxnäs** (17). Knapp 10 km östlich von Saxnäs ist von der Straßenbrücke der imposante Wasserfall ***Trappstegsforsen** (Treppenfall) zu bewundern.

Bleibt man ab Strömsund auf dem Inlandsvägen nach Norden, gelangt man nach **Dorotea** (18), das im 19. Jahrhundert gegründet wurde. Dorotea und seine Schwesterstadt Vilhelmina tragen die Vornamen der Gemahlin Gustav IV. Adolfs. Die Kirche von Dorotea hat Evert Milles entworfen, ihren Skulpturenschmuck verdankt sie seinem berühmteren Bruder Carl.

In **Vilhelmina** (19) sind die Reste eines Kirchhüttendorfs erhalten geblieben, die heute teils als Läden, teils als Hotel genutzt werden.

Einen Abstecher von Vilhelmina sind die Mühlen von **Torvsjö** (20) wert, die ältesten wassertechnischen Bauten Lapplands. Man benutzt den Sagavägen, der nach ca. 8 km Fahrt in südlicher Richtung von der Straße 90 nach Osten abzweigt. Etwa 10 km vor Stenselkroken, der nächsten Auffahrt zur Straße 90, liegt Torvsjö.

Nordwärts geht es von Vilhelmina auf dem Inlandsvägen weiter: In **Storuman** (21) kreuzt er sich mit dem **Blå Vägen** (Blauer Weg), einer ehemaligen Handelsstraße zwischen dem norwegischen Mo i Rana und Umeå, die heute zur E 12 ausgebaut ist. Leider kann man

im Eisenbahnhotel, einem Prachtbau aus der Zeit der Jahrhundertwende, nicht mehr übernachten, da er zu einer Bibliothek umfunktioniert wurde.

140 km westlich von Storuman erreicht die E 12 **Tärnaby** und **Hemavan** am Naturreservat **Vindelfjällen**, in dem der berühmte *Kungsleden*-Wanderweg beginnt (siehe Seite 221f. und Seite 226).

*Arvidsjaur

***Arvidsjaur** ㉒, 155 km nordöstlich von Storuman auf der Straße 45, war 1605 die erste Christengemeinde im Samiland. Hier nutzen die Samen ***Lappstan**, das einzige samische Kirchhüttendorf mit *Ajtte* (Vorratshäusern). Die Anlage ist alljährlich im August Schauplatz eines großen Kirchenfestes, das durch seinen folkloristischen Charakter zu einem Publikumsmagnet ersten Ranges geworden ist. Arvidsjaur bietet sich an als Ausgangspunkt für erholsamen Aktivurlaub mit Wanderungen, Rafting im **Pite älv** (gut 50 km nördlich) oder Draisinefahrten auf der Bahnstrecke nach **Jörn**.

In Arvidsjaur kreuzen sich Inlandsvägen und *Riksvägen* 94 und 95, eine alte Silberstraße, die vom norwegischen Bodø nach Luleå am Bottnischen Meerbusen führt. Über diese Straße kamen im 17. Jahrhundert schwedische Silberschmiede ins Land der Sami, nahmen deren Edelmetalle in Kommission und verarbeiteten sie zum berühmten „Lappensilber". Die Meisterschaft der Künstler, die die Schmuckstücke gefertigt haben, ist unbestritten. Das von ihnen gewählte Design verrät aber auch das Interesse der Handwerker, möglichst viel des Rohmetalls für sich selbst zu behalten. Dünnes Blech mit großen Löchern gaukelte den Sami aufwändigen Materialbedarf vor.

Sehr schön wird die Geschichte des Lappensilbers in **Arjeplog** ㉓, 80 km nordwestlich von Arvidsjaur, im ****Silbermuseet** dokumentiert. Dieser Ort zwischen den zwei großen Seen **Hornavan** und **Uddjaure** erinnert im Sommer eher an vergangene Zeiten, im Winter dagegen, bei Temperaturen unter -30 °C, wandelt er sich zum Versuchsfeld für die Autos der Zukunft. Auf dem zugefrorenen Hornavan werden die neuesten europäischen Modelle unter härtesten Bedingungen auf ihre Tauglichkeit geprüft.

Über Arjeplog erreicht man auch den rund 60 km entfernten Nationalpark **Pieljekaise**, der zum Schutz der montanen Birkenwälder eingerichtet wurde. Ausgangspunkte für Ausflüge in den Park, der im Sommer in allen Regenbogenfarben blüht, sind **Jäkkvik** ㉔ an der Straße 95 nördlich des Parks, **Hällbacken** ㉕ und **Adolfsström** ㉖ an einer Nebenstraße südlich des Parks. Die Wanderstrecke Jäkkvik-Adolfsström ist Teil des *Kungsleden*.

Oben: Eine Frau in samischer Tracht. Rechts: Samen leben seit jeher von der Rentierzucht (Rentierherde im Padjelanta-Nationalpark).

Karte S. 224-225, Info S. 227

Das Land der hellen Nächte

150 Straßenkilometer nördlich von Arvidsjaur überquert die Straße 45 den **Polarkreis**. Hier steht eine moderne **Polarstation** mit Café und Souvenirshop, wo Andenkenjäger gegen einen kleinen Obolus die unerlässlichen Polarkreisstempel und -urkunden bekommen.

***Jokkmokk** ㉗ liegt nur wenig nördlich des Polarkreises. Die frühesten archäologischen Funde dieser Gegend lassen sich auf das Jahr 4000 v. Chr. datieren. Der heutige Handelsplatz hat seinen Namen von einer Samifamilie, die hier ihr Winterlager unterhielt und Handel trieb. Anfang des 17. Jh. legalisierte Karl IX. den Handelsplatz, natürlich auch um sich die Steuereinnahmen zu sichern.

Eine traurige Rolle in den Handelsbeziehungen zwischen den Sami und den Schweden spielte der Alkohol. Die Einfuhr von Alkohol nach Lappland wurde im 18. und 19. Jh. zur Vermeidung der Übervorteilung der Sami gänzlich verboten. Dies löste das Problem nicht, ließ aber die Schnapspreise so rasant steigen, dass Schmuggler blendende Geschäfte machen konnten.

Seit rund 400 Jahren wird an jedem ersten Februarwochenende in Jokkmokk *der* ***Samenmarkt** abgehalten; Tausende von Schaulustigen reisen dazu an. Im modernen ****Ajtte Svenskt Fjäll- och Samemuseum** wird in einer Multimediashow an samische Tradition erinnert. Die **Gamla Samekyrkan** des 18. Jh. ist 1972 abgebrannt, wurde aber originalgetreu wieder aufgebaut. Man restaurierte auch die Kirchhofumzäunung, in der mannsgroße Nischen auffallen: Sie dienten zur Lagerung der Särge, wenn im Winter das Ausheben von Gräbern nicht möglich war.

Das Outdoor-Eldorado

Von Jokkmokk führt eine kleine Straße ins 100 km westlich gelegene **Kvikkjokk** ㉘. Sie ist Teil des Carl-Linné-Wegs, den man zwischen Luleå und der Grenze zu Norwegen angelegt hat. In Kvikkjokk trifft man auf den ***Kungsleden** (Königspfad), Schwedens berühmtesten Wanderweg, der gut 200 km in Richtung Norden nach Abisko und knapp 300 km in Richtung Süden nach Hemavan führt. Er ist gut markiert und von Schutzhütten und Fjällstationen gesäumt, aber kein Spazierweg. Wanderer sollten gute Kondition haben und vielseitig ausgerüstet sein, denn auch im Hochsommer muss man sich hier auf Schneefall einstellen; mehrere Furten mit eiskaltem Wasser sind zu durchqueren und der Umgang mit Karte und Kompass ist lebensnotwendig. In der Regel haben die jährlich mehr als 30 000 Wanderer auf dem berühmten *Kungsleden* Wildniserfahrung. Am beliebtesten ist seine nördliche Hälfte. Auf dieser Route lässt sich zwar ein 2- bis 3-tägiger Abstecher zum ⋆**Kebnekaise** (39), dem mit 2111 m höchsten Berg Schwedens, unternehmen, leichter hat man es jedoch von der **Kebnekaise-Fjällstation** aus (13 km zu Fuß ab **Nikkaluokta** (38) nahe Kiruna, siehe S. 226).

Man kann den *Kungsleden* sommers wie winters begehen. Er ist mit anderen Wanderrouten verbunden, z. B. dem **Padjelantaleden** durch den Nationalpark Padjelanta oder dem **Nordkalottleden** – der 800 km lange Weg überschreitet 14-mal die Grenzen zwischen Schweden, Norwegen und Finnland.

Die Nationalparks **Sarek**, **Padjelanta** und **Stora Sjöfallet** grenzen aneinander und bedecken zusammen eine Fläche von 5300 km^2. Der letztere ist durch eine Straße gut erschlossen und entehrt die Bezeichnung „Nationalpark“ insofern, als der Bau eines Wasserkraftwerks schwere Eingriffe in die Natur nötig machte (der See **Akkajaure** dient als Stausee), aber Gipfel und Gletscher des Akka-Massivs sind von großer Schönheit. Der Sarek-Park ist eine riesige, weglose Wildnis, die wahre Naturfreunde wohl eher in Ruhe lassen sollten. Bekannt und schwer zugänglich ist darin das ehemalige Gletschertal **Rapadalen** mit vielen verwilderten Flussarmen. Eine Etappe des *Kungsleden* passiert den See **Laitaure**, in den sich der **Rapaälven** ergießt.

Rechts: Auf dem Kungsleden, Schwedens berühmtestem Wanderweg.

⋆Gällivare

25 km nördlich von Jokkmokk führt der Inlandsvägen zur Zufahrt des **Muddus-Nationalparks**: 430 km^2 urwüchsige Taiga mit überwiegend Kiefern, darunter mehrhundertjährige Individuen, sowie Trockenföhren (abgestorbenes, durch sehr lange natürliche Konservierung spannungsfreies Kiefernholz; als Bauholz gesucht, aber schwer zu bearbeiten). Auf dem wasserundurchlässigen Granitgestein bildeten sich Moore, im Zentrum liegt der See **Muddusjaure** (Vogelschutzgebiet). Hier leben Kodiakbären, Luchse, Elche und Rentiere.

In **Porjus** (29) an der Straße 45 hat man 1915 ein gewaltiges **Kraftwerk** in den Berg geschlagen, um die Energie der Stromschnellen des Lule älv zu nutzen. Da die Inlandsbana als Transportweg damals noch nicht zur Verfügung stand, schleppten Hunderte von Tagelöhnern das Baumaterial von ⋆**Gällivare** (30) nach Porjus. Die besten Träger sollen die 50 km lange Strecke mit 100 kg Last an einem Tag bewältigt haben. Eine kleine Ausstellung dokumentiert diese schier übermenschliche Kraftanstrengung.

⋆**Dundret**, der 823 m hohe Hausberg von Gällivare, grüßt schon 13 km südlich der Stadt. Dort ist ein modernes **Skizentrum** entstanden. Die gesamte dazugehörige Hotelanlage wurde von finnischen Zimmerleuten aus Trockenföhren gebaut, kein schwedischer Handwerker konnte mehr mit diesem Material umgehen.

Gällivare war ein kleines, überwiegend von Samen geprägtes Zentrum, bevor die Stadt völlig vom Erzbergbau abhängig wurde. Die „**Ein-Öre-Kir-**

che" von 1751 konnte errichtet werden, nachdem der König von jedem Schweden die Spende dieses kleinen Betrags verlangt hatte.

Die Bergung des hochwertigen Eisenerzes im 6 km entfernten Stadtteil **Malmberget** begann 1888 mit der Errichtung der Eisenbahnverbindung und wurde unter Tage betrieben. Man hielt das Land über der Grube wegen der Einsturzgefahr unbebaut, sichtbar als große Freifläche zwischen beiden Stadtteilen. In Malmberget fällt die planlose Bebauung auf. Hier hat man in der **Kåkstan**, der Barackenstadt, in jüngster Zeit nostalgisch an den baulichen Wildwuchs der Gründerjahre angeknüpft. Selbst ein originalgetreues „Nüchternheitscafé", Erinnerung an die Jahre der Prohibition in Lappland, wurde hier eröffnet.

13 km östlich von Gällivare verlaufen Inlandsvägen und E 10 (*Nordkalottvägen* Luleå-Narvik) bis nach Svappavaara 66 km lang auf gemeinsamer Strecke. Unterwegs kann man in **Muorjevaara** ㉛ sein Glück als **Goldwäscher** versuchen.

Zur Finnischen Grenze

Der **Inlandsvägen** führt ab **Svappavaara** ㉜ 128 km nordostwärts durch die Wald- und Mooreinsamkeit Lapplands nach Karesuando. In der Samisiedlung **Idivuoma** ㉝ befindet sich der größte Rentierschlachtplatz des Nordens.

Karesuando ㉞, direkt an der finnischen Grenze gelegen, ist das nördliche Ende des Inlandsvägen. Jenseits des Grenzflusses **Muonio** lässt sich die Reise in Finnland auf der E 8 fortsetzen. Die örtliche Kirche kann die doppelte Zahl der heute 300 Einwohner fassen.

Hier herrscht Dauerfrostboden, der im Sommer oberflächlich taut. Die aggressiven Mücken stechen sogar durch die Kleidung.

*Kiruna
Der Berg aus Eisen

Bevor man auf der E 10 westlich von Svappavaara nach 48 km Kiruna erreicht, sollte man der Samisiedlung **Jukkasjärvi** ㉟ einen Besuch abstatten.

Der 400 Jahre alte Handelsplatz 10 km nördlich der Hauptstraße hat eine interessante **Holzkirche** aus dem 18. Jh., die seit 1958 mit farbigen Holzreliefs von Bror Hjorth geschmückt ist, Erinnerung an Predigten des Lars Levi Laestadius (1800-1861). Als Gründer der Erweckungsbewegung predigte er vehement gegen Trunksucht und Unzucht. Diese Laster gibt es in Schweden zwar immer noch, aber Laestadius' Bewegung blieb ein wichtiger religiöser und politischer Faktor im Lande. Kurios sind die Tafeln mit Schilderungen von Reisenden des 18. Jh. über ihre Erfahrungen im „wilden Norden“. Warm Angezogene schauen sich im Winter das ***Icehotel** an. Wagemutige probieren in Jukkasjärvi eine 80 km lange Schlauchbootfahrt auf den Stromschnellen des **Torne älv**. Technisch Interessierte lassen sich im 10 000 km² großen internationalen **Raketenversuchsgelände** (*raketskjutfält*) von **Esrange** ㊱, 30 km nordöstlich von Jukkasjärvi, in die Geheimnisse der zivilen Raumfahrt einweihen.

***Kiruna** ㊲ ist eine Stadt mit 26 000 Einwohnern und Verwaltungssitz der riesigen, 20 000 km² großen Kommune Kiruna, in der außerhalb des Orts nur 3000 Menschen leben.

Obwohl die Erzlagerstätten des Berges ***Kirunavaara** bereits seit dem 18. Jh. bekannt waren, lohnte ein Abbau wegen fehlender Transportmöglichkeiten lange Zeit nicht. Erst nach dem Bau der Eisenbahnlinie von Kiruna ins 100 km entfernte Narvik 1902 konnte man mit der Förderung des reichsten Eisenerzvorkommens der Welt – der Eisengehalt beträgt 70 % – beginnen. Die Terrassen des Kirunavaara zeigen den anfänglichen Tagebau. Heute wird das Erz nur noch unter Tage gefördert – im größten **Untertage-Bergwerk** der Welt. 775 bis 1045 m tief unter die Erdoberfläche reichen die Schächte und Stollen in den Berg, 365 Tage im Jahr wird gearbeitet. Im ausgezeichneten Besucherbergwerk **LKAB InfoMine** kann man alte und moderne Abbaume-

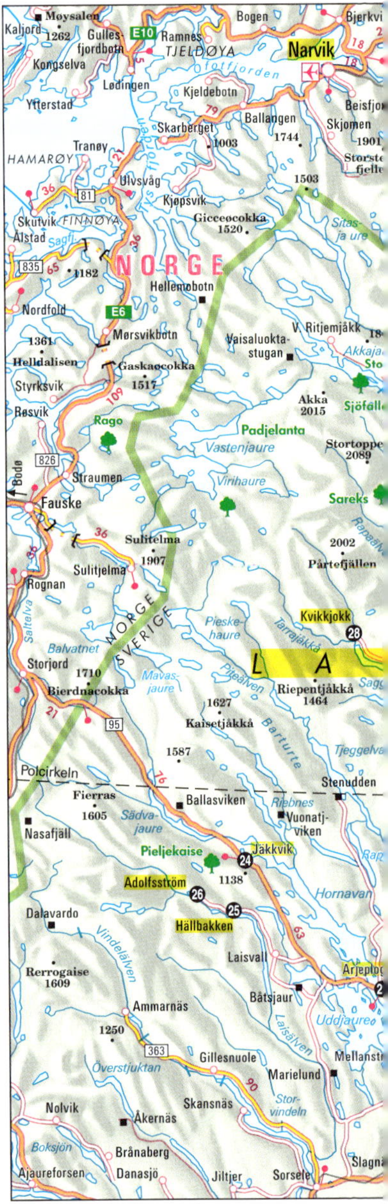

 Info S. 227

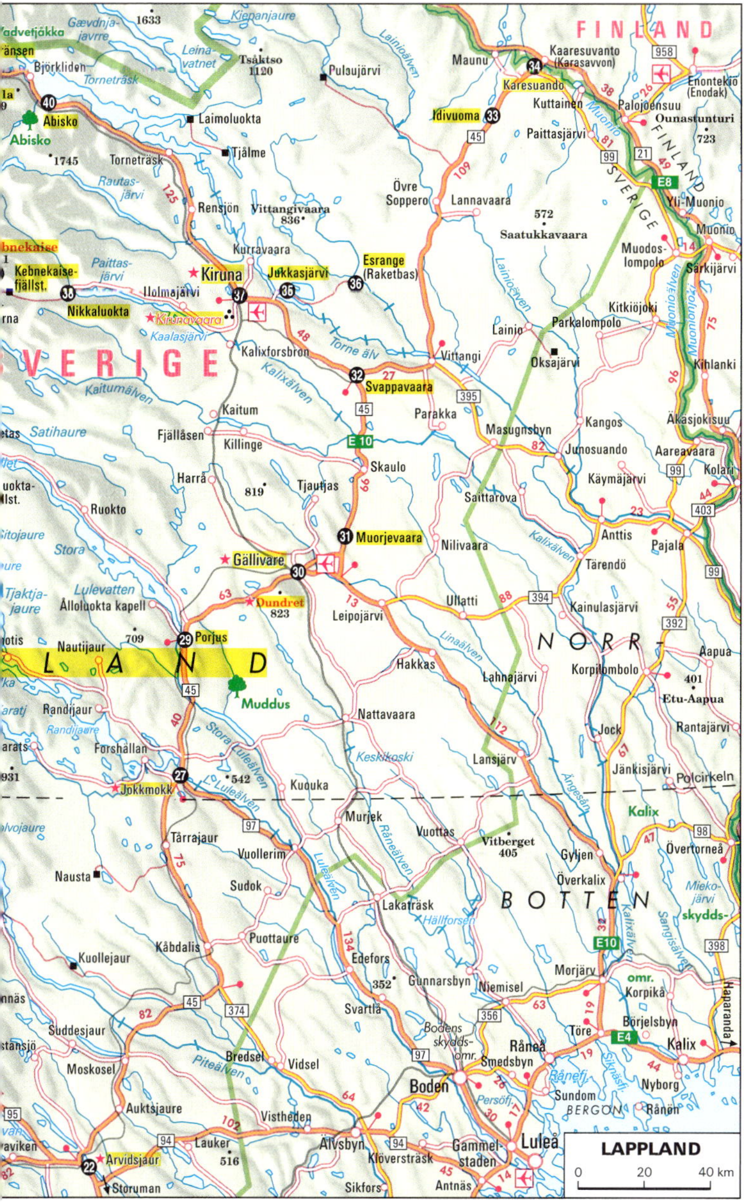

11 Das schwedische Lappland

thoden kennen lernen. Die Spitze des Eisenbergs bietet einen Eindruck von der kahlen, unbewohnten Landschaft.

In Kiruna sticht der rostige Turm des **Stadshuset** ins Auge. Er soll die Zusammengehörigkeit von Stadt und Eisen symbolisieren. Die **Kirche** der auf dem Reißbrett geplanten, etwas konturlos wirkenden Stadt (1912) hat die Form einer Samihütte. Viele Künstler, darunter auch Prinz Eugen, haben an ihrer Ausschmückung mitgewirkt.

Schwedens höchster Berg **Kebnekaise** ㊴ (2111 m) liegt Luftlinie 70 km westlich von Kiruna (s. S. 224). Mehrmals täglich fahren Busse in seine Nähe, 68 km bis **Nikkaluokta** ㊳. Eiligen steht ein Hubschrauber zur Verfügung.

Zur Norwegischen Grenze

Bis 1984 gab es zwischen Kiruna und **Narvik** keine Straße. Ein Weiterkommen war nur mit der Erzbahn möglich.

Oben: Im Kirunavaara lagert das reichste Eisenerzvorkommen der Welt.

Die neue E 10 erreicht nach 150 km Narvik und berührt **Abisko** ㊵, den Ausgangs- bzw. Endpunkt des *Kungsleden*; die Wanderroute des *Nordkalottleden* verläuft in Ortsnähe auf einem Teil des *rallarvägen*, der Bahnarbeiterstrecke der Eisenbahn Kiruna-Narvik. Ein Sessellift führt zum **Njulla**, dem 1169 m hohen Berg, von dem aus man theoretisch vom 27. Mai bis zum 14. Juli die Mitternachtssonne sehen kann. Eindrucksvoll ist dort oben auch der Blick auf *Lapporten*, den markanten u-förmigen Einschnitt zwischen zwei über 1500 m hohen Bergen.

Das **Abiskodalen** im **Nationalpark Abisko** ist mit nur 300 mm Niederschlag pro Jahr die trockenste Gegend Schwedens, weil sie ganz im Regenschatten der **Skanden** liegt – gute Chancen für den sonnigen Beginn eines Wandertags auf dem *Kungsleden*!

Riksgränsen ㊶, 35 km weiter, vor der dem Atlantik zugekehrten Bergkette gelegen, ist der Ort mit der höchsten Niederschlagsmenge in Schweden. Daher ist hier ein schneesicheres **Ganzjahresskigebiet** entstanden.

INTERNET: www.lappland.se; www.inlandsbanan.se; www.harjedalen.info; www.reenorrut.nu; www.polcirkcln.nu; www.jamtland.info.

ÅRE (☎ 0647)

S:t Olavsväg 35 (Bahnhof), 83013 Åre, Tel. 17720; www.visitare.se, www.skistar.com.

REITEN: **Åre Ridcenter**, Tel. 34012.
HUNDESCHLITTEN, DRACHENFLIEGEN: Åreguidarna, Tel. 50700.
SKITOUREN: Ausrüstung: Skidåkarna, Tel. 50405.

ÖSTERSUND (☎ 063)

Rådhusgatan 44, 83182 Östersund, Tel. 144001; www.turist.ostersund.se.

Das Restaurant im **Jamtli Museum** hat So ein hervorragendes Smörgåsbord. **Loftet**, Kyrkgatan 49, Tel. 129022, schöner Blick auf den Storsjön. **Gustav III.** im Hotel Östersund, Kyrkgatan 70, Tel. 575700.

Jamtli Historieland, Mitte Juni-Ende Aug. tägl. 11-17 Uhr. **Frösö Zoo**, Zoo, Zirkus und Vergnügungspark auf der Insel Frösö; in der Saison tägl. 11-17 Uhr, www.frosozoo.se. **Fröśöbergets Abenteuerbahn**, Gustavsbergsbacken, Tel. 128230, Juni-Aug.

Fahrzeiten des **Dampfers Thomée**: Touristenbüro.

ZUG: **Inlandsbana**, ca. Mitte Juni-Mitte Sept., Tel. 0771-535353; www.inlandsbanan.se; auch Rundreisen, kombiniert mit den norweg. Hurtigrouten-Schiffen, möglich.

2. Juniwoche: **Traberwochenende**, Großer Preis v. Jämtland.

DOROTEA (☎ 0942)

Storgatan 46, 91732 Dorothea, Tel. 14063; www.dorotea.se.

VILHELMINA (☎ 0940)

Postgatan 10, 91232 Vilhelmina, Tel. 15270; www.vilhelmina.se.

ARVIDSJAUR (☎ 0960)
ARJEPLOG (☎ 0961)

Östra Skolgatan 18 c, 93332 **Arvidsjaur**, Tel. 17500; **Arjeplog**: Torget 1, Tel. 22230. Gebietsübergreifend: **Polcirkeln Turistbyrå**, Tel. 0771-664433; www.polcirkeln.nu.

Lappstaden, Samisches Kirchhüttendorf Arvidsjaur, im Sommer immer geöffnet. **Silbermuseum Arjeplog**, Mitte Juni-Mitte August tägl. 9-18 Uhr, sonst Mo-Sa.

KANU- und ***DRAISINETOUREN***: Information: Touristenbüro. 2. Augustwochein Arvidsjaur: **Kirchhüttenfest**.

JOKKMOKK (☎ 0971)

Stortorget 4, 96223 Jokkmokk, Tel. 22250; www.turism.jokkmokk.se.

Ájtte Sami Museum, 15.06.-15.08. tägl. 11-17, sonst Di-So 12-15 Uhr. **Porjus**, Wasserkraftwerk, Juni-Mitte August tägl. 10-12, 13.30-16 Uhr, www.porjus.se.

Fjällwanderungen ab Kvikkjokk, Tel. 21022.

GÄLLIVARE (☎ 0970)

Centralplan 3, 98221 Gällivare, Tel. 16660; www.gellivare.se/turism.

KIRUNA (☎ 0980)

Folkets Hus, Lars Janssonsgata 17, 98122 Kiruna, Tel. 18880; www.lappland.se; www.kiruna.se.

Besucherbergwerk **LKAB InfoMine**, ganzj. geöffnet. **Esrange**, Ende Juni-Mitte Aug. Mo-Fr; Reserv. im Touristenbüro.

Wennbergs Samislöjd, Tel. 10079, samisches Kunsthandwerk.

JUKKASJÄRVI (☎ 0980)

Sámi siida, Freiluftmuseum, Mitte Juni-Mitte August, tägl. 10-18 Uhr. **Icehotel**, Sommer: tägl. Tourenprogramm, Nov.-April 10-18 Uhr Besichtig. d. Hotels aus Eis möglich; Tel. 66800, www.icehotel.com.

DER GÖTAKANAL

Schon seit Gustav II. Adolfs Zeiten träumten die Schweden von einem Wasserweg, der Stockholm mit dem Atlantik verbinden und den weiten und gefährlichen Umweg um die Südspitze Schonens überflüssig machen sollte. Damals bereits entwickelte man den Plan, die Seen und Flüsse Mittelschwedens in den Kanal einzubeziehen. Einer Realisierung dieses Projekts standen die Wasserfälle und Stromschellen der Flüsse und die unterschiedlichen Höhenniveaus der Seen entgegen, die sich mit den technischen Mitteln des 17. Jh. nicht ausgleichen ließen.

Erst im 19. Jh. gelang es, den ehrgeizigen Plan zu realisieren: Nach dem Verlust Finnlands an Russland 1809 war der schwedische Reichstag bereit, die Mittel für die Verbesserung der Infrastruktur des Mutterlands bereitzustellen. Da man dem Kanal auch militärische Bedeutung zumaß, wurden überwiegend Soldaten zum Bau herangezogen, der zeitweise nahezu 60 000 Arbeiter beschäftigte. Die Bauleitung übernahm General Baltzar von Platen, der auch die Kanalpläne ausgearbeitet hatte.

Von 1810 bis 1832 dauerte der Bau der 87 Kanalkilometer und der 65 Schleusen, die notwendig waren, um die vorhandenen Gewässer zu nutzen und ihre unterschiedlichen Wasserstände auszugleichen, so dass schließlich ein insgesamt 385 km langer Wasserweg in Betrieb genommen werden konnte. Dabei führten unvorhersehbare technische Schwierigkeiten nicht nur zu Bauzeitüberschreitungen, auch der Kostenvoranschlag wurde um ein Vielfaches überschritten. Um die Bausoldaten zu Höchstleistungen während ihrer 15-Stunden-Schichten anzuspornen, wurden die Verpflegungsrationen um einen Liter Branntwein pro Woche aufgestockt. Der Kanal sei auf Schnaps gebaut, sagt man noch heute in Schweden.

Vorherige Seiten: Mysterienspiel um Liebe, Verrat und Tod zur Erinnerung an die Eroberung Visbys durch Valdemar Atterdag 1361 (am Strand von Visby, Gotland, Mittelalterwoche). Rechts: Schweden mit dem Kanaldampfer erkunden – auf dem Götakanal.

Die Wasserstraße nutzt von Göteborg bis Trollhättan den Göta älv, dann über 100 km den Vänersee, klettert bis zum Vättersee auf 91 m Höhe, um danach langsam wieder auf das Niveau der Ostsee herabzusinken, die sie bei Mem in der Nähe von Söderköping erreicht. Die folgenden 215 km nach Stockholm führen zwischen den Schären durch die Ostsee, sie werden daher nicht mehr zum Götakanal gezählt. Spektakulär sind die Streckenabschnitte zwischen Vänern und Vättern sowie zwischen Boren- und Roxensee, wo bis zu sieben Schleusen die Schiffe jeweils 20 m heben oder senken.

Leider hat das technische Meisterwerk des 19. Jh. seinen Zweck nie ganz erfüllen können. Bereits 30 Jahre nach der Eröffnung des Kanals wurde die Eisenbahnlinie zwischen Stockholm und Göteborg fertig gestellt. Binnen kürzester Frist übernahm sie den größten Teil des Waren- und Personentransports, den sie auch in harten Wintern, wenn der Kanal zufror, reibungslos abwickelte. Heute hat der Warentransport auf dem Götakanal keinerlei Bedeutung mehr, sieht man von dem Teilstück zwischen Göteborg und Vänersee, dem *Trollhätte kanal*, einmal ab. Bereits in den 1920er-Jahren hatte man erwogen, den Schiffsverkehr einzustellen, doch mit den ersten Touristen wurde die Trendwende eingeleitet, und die Passagierzahlen stiegen wieder.

Immerhin feierte die Göta-Dampfschifffahrtsgesellschaft 1999 ihr 130-jähriges Bestehen und von den drei Kanalschiffen *Diana*, *Wilhelm Tham* und *Juno*, die heute ausschließlich Touristen befördern, ist *Juno* mit 125 Jahren das älteste Kabinenschiff der Welt.

Die Passagierdampfer verkehren zwischen Mitte Mai und Anfang September nach einem festen Fahrplan. Die Schiffe sind modernisiert, vermitteln aber noch immer einen Hauch von Nostalgie. Bei einer Größe von 300 BRT bieten die Kanaldampfer 60 bis 70 Kabinenpassagieren Platz. Bedingt durch die Schleusenkammern, sind sie lang und schmal konstruiert, was auch für die Kabinen gilt, von denen es heißt, man müsse sich entscheiden, ob das Gepäck oder man selbst in die Kabine solle. Entschädigt wird jeder Gast mit einem Fensterplatz im Schiffsrestaurant, in dem auf Damast mit Silberbestecken gespeist wird und die Menüs keine Wünsche offen lassen.

Die Passagen dauern wahlweise vier oder sechs Tage, dabei sind alle Besichtigungen im Fahrpreis inbegriffen. Zu den interessantesten Stationen, die auf fast jeder Tour ab Göteborg oder Stockholm angelaufen werden, gehören: Lödöse, Trollhättan (Kanalmuseum), Schloss Läckö, Lyrestad, Forsvik, Vadstena, Vreta-Kloster, Söderköping, Trosa und auch das Wikingerzentrum Birka auf der Mälarinsel Björkö (Reiseveranstalter siehe S. 243).

Es ist verständlich, dass die Fahrten auf dem „Blauen Band durch Schweden“, wie der Götakanal auch genannt wird, während der Hochsaison hoffnungslos ausgebucht sind. Frühzeitige Reservierung ist daher unumgänglich. Eine Ausnahme bilden nur die Deckpassagen, bei denen man tagsüber ein Stück mitfahren kann, wenn die zulässige Kapazität des Schiffes nicht erschöpft ist. Wer über ein eigenes Boot verfügt, dem steht gegen eine Gebühr der Kanal jederzeit offen.

Der Götakanal ist auch für Radler und Wanderer attraktiv geworden, seit man seine alten Treidelwege wiederentdeckt hat. So folgt man der Wasserstraße; stellenweise gibt es Fahrradfähren. Die Fahrt auf dem Götakanal ist sicherlich einer der Höhepunkte einer Schwedenreise. Selbst Krimiautoren wie Maj Sjöwall und Per Wahlöö konnten dem Reiz des Kanals nicht widerstehen und haben ihn in „Die Tote aus dem Götakanal“ zum Schauplatz eines spektakulären Mordes gemacht.

ASTRID LINDGREN

Führte man in Schweden zur Jahrtausendwende Beliebtheitsumfragen durch, ließ die 1907 geborene Schriftstellerin sogar die Mitglieder der Königsfamilie weit hinter sich. Ihre Fans, wozu nicht nur Kinder gehören, sind auf der ganzen Welt zu finden. Die Werke von Astrid Lindgren, einer der berühmtesten Kinder- und Jugendbuchautoren, erreichen Millionenauflagen und sind in 57 Ländern erscheinen. Zu den vielen Preisen und Ehrungen, mit denen die Autorin ausgezeichnet wurde, gehört die Hans-Christian-Andersen-Medaille (1958), die als der „kleine Nobelpreis für Kinderliteratur" bezeichnet wird.

Der aus dem südschwedischen Småland stammenden Bauerntochter gelang 1944 gleich mit ihrem ersten Buch *Pippi Langstrumpf* der Durchbruch in der schwedischen Kinderbuchszene. Pippi, das rothaarige Mädchen, das mit einem Affen und einem Pferd in der Villa Kunterbunt wohnt, hat unglaubliche Körperkräfte und keinerlei Sinn für Autorität. Sie setzt Polizisten aufs Dach, schläft verkehrt herum im Bett und hält nichts von der Schule. Kein Wunder, dass viele Erwachsene mit Empörung auf das rebellische Superkind reagierten und es für ein schlechtes Beispiel für ihre Kinder hielten. Übrigens lehnten fünf deutsche Verlage das Buch ab, bevor es 1948 bei Oetinger herauskam. Doch in Pippi steckt mehr: Ihr gelingt es, dem etwas langweiligen Leben der Nachbarskinder einen völlig neuen Inhalt zu geben; sie ist immer zur Stelle, wenn es darum geht, Schwächeren und Benachteiligten zu helfen. Wenn sie mit *Pippi Langstrumpf* irgend etwas zeigen wollte, schrieb Astrid Lindgren 1959, dann „dass man Macht haben kann, ohne sie zu missbrauchen". *Pippi Langstrumpf* ist nach wie vor ihr größter internationaler Erfolg.

Rechts: Astrid Lindgren (1907-2002) – Kinder aus aller Welt lieben ihre Bücher.

Astrid Lindgrens Werk deckt ein breites Spektrum ab: Neben realistischen Kinderromanen stehen Kinderkrimis, fantastische Geschichten, Märchen und Filmdrehbücher.

Einige Bücher sind ein Spiegel ihrer Kindheit, die sie auf dem Hof Näs in der Nähe des Städtchen Vimmerby verbrachte. In *Die Kinder von Bullerbü*, erschienen 1947, hat sie dieser glücklichen Zeit im „Land, das es nicht mehr gibt" ein Denkmal gesetzt. Auch *Madita* und *Emil i Lönneberga* (1963), der aus Rücksicht auf Erich Kästners Buch *Emil und die Detektive* in Deutschland in *Michel* umgetauft wurde, gehören in diese Gruppe. Diese Geschichten vermitteln ein Lebensgefühl, das anscheinend weder nationale noch kulturelle Schranken kennt. Bullerbü ist die Heimat aller Kinder.

Die Literaturkritik allerdings hat ihre Probleme mit Astrid Lindgren. Machte man ihr bei *Pippi Langstrumpf* den Vorwurf, antiautoritär zu sein, wurden andererseits viele ihrer Bücher als idealisierend kritisiert. Doch verlässt sie das Heile-Welt-Schema, wird ihr das ebenfalls angelastet: *Die Brüder Löwenherz* (1973) – von Astrid Lindgren als „Trostbuch" bezeichnet – wurde als nicht kindgemäß verurteilt. Die Behandlung von Themen wie Tod, Wiedergeburt und Freiheitskampf wurde der Kinderbuchautorin nicht zugestanden.

Astrid Lindgren kümmerte sich jedoch nie um Kritik. Entschieden trat sie gegen Verharmlosung und Verniedlichung in Kindergeschichten ein. Sie sah es als ihre Aufgabe, den Kindern, die in der modernen Welt oft orientierungslos und überfordert sind, Wertmaßstäbe zu vermitteln. Und allen Kritikern zum Trotz zeigte sie ein unfehlbares Gespür für die Wünsche und Erwartungen ihrer jungen Leser.

Auch in ihrem letzten großen Kinderroman, *Ronja Räubertochter* (1981), schlug sie neue Saiten an: Von ungezügeltem Räuberleben, einer Kinderliebe nach dem Romeo-und-Julia-Schema,

Naturerleben und vor allem Gewaltlosigkeit als Mittel gegen Gewalt ist da die Rede. Ihrer Maxime, „Ich stehe immer auf der Seite der Kinder", ist die Autorin stets treu geblieben.

Häufig sorgte sie auch für Verwirrung, indem sie ihre Domäne verließ und sich überraschend in die schwedische Politik einmischte. So schrieb sie 1976 ein äußerst kritisches Politmärchen über ein altes Trollweib: *Pomperipossa in Monismanien* erschien in der Tageszeitung *Expressen*. Mit aller Schlichtheit und Klarheit deckte die Autorin darin ungeheure Missstände der Steuer- und Finanzpolitik auf, brachte den Finanzminister arg in die Klemme und trug letztendlich dazu bei, dass die Sozialdemokraten zum ersten Mal seit Jahrzehnten nicht wieder gewählt wurden.

Im Alter von fast 80 Jahren schloss sich Astrid Lindgren der schwedischen Anti-Atomkraft-Bewegung an und begann, für eine Verbesserung des Tierschutzes zu kämpfen. Mit der Geschichte *Meine Kuh will auch ihren Spaß haben* und zahlreichen Artikeln im *Expressen* deckte sie die katastrophalen Folgen der Massentierhaltung auf; sie stritt jahrelang gegen Minister und Agrarbosse und erregte abermals Aufsehen. Anlässlich des 80. Geburtstags der Autorin widmete ihr der schwedische Ministerpräsident ein neues Tierschutzgesetz, das ihren Namen trägt: „Lex Lindgren". Seitdem war Astrid Lindgren endgültig zur „nationalen Institution" geworden, und 1994 erhielt sie den Alternativen Nobelpreis. Der Ruhm stieg ihr nie zu Kopf; wie ihre geistige Tochter Pippi machte sie bis zu ihrem Tod am 28. Januar 2002 in Stockholm ihren Einfluss geltend, um denjenigen beizustehen, die ihre Hilfe nötig hatten. Und in Schweden hörte man auf sie. Sämtliche Fernsehsender begingen am 14.11.1997 ihren 90. Geburtstag, während die Jubilarin, die die Öffentlichkeit und die immer gleichen Fragen der Journalisten längst leid war, sich vor dem Medienansturm in ihr Landhaus auf der Insel Furnusund zurück gezogen hatte. „Ich finde mich selber ganz uninteressant", meinte sie dazu.

DIE VASA – DIE TITANIC DES 17. JAHRHUNDERTS

„Nächst Gott beruht das Wohlergehen des Reichs auf seiner Flotte“, soll Gustav II. Adolf gesagt haben; er gab 1625 den Bau eines Kriegsschiffs in Auftrag, das alle bisherigen in den Schatten stellen sollte: die *Vasa*.

400 Mann begannen in der Stockholmer Marinewerft mit dem Bau, über 1000 Eichen waren gefällt worden, 64 schwere Bronzekanonen gegossen. Hunderte von geschnitzten Bildwerken entstanden, das Wappen des alten Herrschergeschlechts der Vasa und des „nordischen Löwen“, wie Gustav II. Adolf genannt wurde, nebst 20 römischen Kaisern als Verzierungen kündeten vom Selbstbewusstsein und Repräsentationsbedürfnis des Auftraggebers. Die Vasa wurde das teuerste und prächtigste Kriegsschiff Schwedens im 17. Jh. und mit einer Länge von 69 m und über 50 m Masthöhe auch das größte. Das Batteriedeck bot Platz für 400 Mann Besatzung, die luxuriösen Kajüten der höheren Offiziere strotzten vor einer Fülle vergoldeter Skulpturen.

Oben: Nach vielen erfolglosen Bergungsversuchen kann man die Vasa heute im Vasa Museet bewundern.

Nach zwei Jahren Bauzeit fand der Stapellauf statt. Die Vasa wurde zunächst gegenüber dem königlichen Schloss vertäut, wo man Kanonen, Ausrüstung und Ballast an Bord nahm.

Am 10. August 1628 war es soweit: Eine Menschenmenge hatte sich versammelt, um die Vasa zur Jungfernfahrt zu verabschieden – sie wurden Augenzeugen einer Katastrophe: Die ersten 100 m musste man das Schiff umständlich verholen, auf der Höhe des heutigen Slussen wurden vier von zehn Segeln gesetzt, die Kanonen schossen Salut, und die Vasa ging auf ihre erste und einzige Fahrt. Nach kaum einer Seemeile traf eine schwache Windbö das Schiff, es kippte auf die Seite, Wasser drang in die Kanonenluken ein, der Stolz der schwedischen Marine kenterte und sank noch im Hafen. An Bord befanden sich ca. 100 Mann Besatzung, außerdem Frauen und Kinder, die nach dem festlichen Ereignis das Schiff wieder verlassen sollten. Nur etwa die Hälfte der Schiffbrüchigen überlebte.

Die Suche nach dem Verantwortlichen für das Unglück setzte unverzüglich ein, verlief jedoch ergebnislos. Der Kapitän wurde verhaftet, Fehler konnten ihm allerdings nicht nachgewiesen werden, er selbst gab dem Schiffbaumeister die Schuld. Es stellte sich heraus, dass man die Vasa zuvor einem Belastungstest unterzogen hatte, um ihre Stabilität zu prüfen. 30 Männer mussten über Deck hin und her laufen, doch bereits nach dem dritten Mal wäre das Schiff beinahe gekentert. Dieses alarmierende Ergebnis hatte der anwesende Admiral vertuscht.

Die weitere Untersuchung erwies sich als kompliziert, da der Schiffbaumeister seit einem Jahr verstorben und von einem zweiten abgelöst worden war. Auch dieser beteuerte seine Unschuld und berief sich auf die Tatsache, dass der König persönlich die Maße der Vasa bestimmt und vermutlich sogar in die Pläne eingegriffen hatte. Die Ermittlungen verliefen daraufhin im Sand.

Die Ursache des Untergangs ist tatsächlich in den unzulänglichen theoretischen Kenntnissen des 17. Jh. zu suchen. Nach den heute möglichen statischen Berechnungen war das Schiff alles andere als seetüchtig. Im Verhältnis zur Größe des Rumpfs (19,3 m Höhe), zur Takelage und zur schweren Ausrüstung war der Tiefgang von nur 4,8 m viel zu gering. Die Baumeister jener Zeit stützten sich weitgehend auf Erfahrungswerte; der Versuch, die herkömmlichen Proportionen auf ein derart großes Schiff zu übertragen, musste fehlschlagen.

Die Bergungsversuche setzten gleich nach dem Untergang der Vasa ein, doch erst 1664 gelang es, mit Hilfe einer Taucherglocke wenigstens den Großteil der wertvollen Kanonen zu bergen. Danach geriet die Vasa langsam in Vergessenheit, bis sich in den 50er-Jahren des 20. Jh. Anders Franzén, Experte für schwedische Seekriegsgeschichte, im Stockholmer Hafen auf die Suche nach dem legendären Schiff machte und fündig wurde. 1957 startete man eine „Aktion zur Rettung der Vasa". Noch nie zuvor war ein so großes Schiff gehoben worden. Zwei Jahre lang spülten Taucher mit Spezialdüsen Tunnel unter dem Wrack aus – bei völliger Finsternis und in 32 m Tiefe. Dicke Stahltrossen wurden unter dem Kiel durchgezogen und trotz der Gefahr, dass das ganze Schiff auseinanderbrach, wagte man 1959 eine erste Hebung. Die verlief erfolgreich, und in 16 Etappen wurde die Vasa in seichteres Wasser transportiert. Weitere zwei Jahre brauchte man zum Abdichten und Verstärken des Schiffsrumpfes. Schließlich konnte die Vasa im April 1961, nach 333 Jahren auf dem Hafengrund, endgültig gehoben werden. Knapp 40 große Anker, Überreste erfolgloser Bergungsversuche vergangener Zeiten, steckten im zerbrochenen Heck.

Die Konservierung stellte einen langwierigen Prozess dar. Aus dem vollgesogenen Eichenholz des Rumpfes wurden durch 17 Jahre lange ständige Besprühung mit Polyäthylenglykol 580 t Wasser entfernt und durch diese Lösung ersetzt, die nach dem Erkalten eine wachsartige Konsistenz erhält. Über 13 500 lose Teile mussten zusammengesetzt werden; der Meeresboden am Fundort wurde abgesucht, und zum Vorschein kamen sechs von zehn Segeln, außerdem Waffen, Möbel, Geschirr, Kisten mit Proviant, Kleidern und persönlicher Habe, prachtvolle Schnitzarbeiten und über 20 Skelette, darunter sogar das der Schiffskatze.

Nur 100 m von der Stelle des tragischen Untergangs entfernt entstand das „Vasamuseet" für das weltweit einzige vollständig erhaltene Schiff aus dem 17. Jh. 1990 von Carl XVI. Gustaf eingeweiht, gehört es heute zu den interessantesten Sehenswürdigkeiten Stockholms.

DIE „SCHWEDEN AG“: EIN VOLKSHEIM ?

Das schwedische Gesellschaftssystem galt lange Zeit als Vorbild in Europa. Nicht nur Sozialdemokraten schwärmten von einem Modell, das die Schweden selbst als eine gelungene Mischung aus wirtschaftlicher Effizienz, der „Aktiebolaget Sverige“ (Aktiengesellschaft Schweden), und sozialer Rundumversicherung der Gesellschaft, dem „folkhem“ (Volksheim) beschrieben.

Bis in die 1970er-Jahre hinein schien das schwedische Modell seinen Verfechtern Recht zu geben. Knapp hinter der Schweiz erreichte Schweden beim Bruttosozialprodukt pro Kopf der Bevölkerung eine Spitzenposition in Europa. Arbeitslosigkeit war bis weit in die 1980er-Jahre ebenso wenig ein Thema wie Armut oder gar Obdachlosigkeit. Niedrige Inflationsraten und eine geringe Staatsverschuldung vervollständigten das günstige wirtschaftliche Bild.

Oben: Schwedens flächendeckende Versorgung mit Kindergärten und -krippen gilt als vorbildlich.

Grundlage dieser Entwicklung waren zwei Schlagworte, die der schwedische Nobelpreisträger, Gunnar Myrdal, 1944 geprägt hatte: „Höga skatter – låga räntor“ (Hohe Steuern – niedrige Zinsen). „Niedrige Zinsen“ stehen dabei nicht etwa für eine laxe Geldpolitik, sondern für alles, was das Wohlergehen der Unternehmen fördert. Dazu zählen vor allem niedrige Steuern auf die einbehaltenen Gewinne, die auch heute selten mehr als 30 % betragen, großzügige Regelungen für Abschreibungen und eine sich an den Unternehmen mit der höchsten Produktivität orientierenden Lohnpolitik der Gewerkschaften. Letzteres führte zu einem radikalen Strukturwandel des vor 100 Jahren noch reinen Agrarstaates: Über 90 % der Bevölkerung lebt heute in Städten oder größeren Siedlungen, und ganze Landstriche sind entvölkert. Der Staat griff in den Wirtschaftsprozess nicht ein, vor allem nicht mit Subventionen, auch entfaltete der Staat mit weniger als

10 % Anteil an der Produktion keine nennenswerten wirtschaftlichen Aktivitäten: nur Erzgruben und einige Stahlwerke im Norden, Waldbesitz und die Elektrizitätsgewinnung sind hier zu nennen. Gewerkschaften und Arbeitgeber, beide gut organisiert, arbeiteten im so genannten „Geist von Saltsjöbaden" (vgl. S. 201) zu beiderseitigem Nutzen zusammen. Es war also ein Bündnis für Arbeit *und* Kapital, nicht bloß für Arbeit, was zeigt, warum ähnliche Versuche in anderen europäischen Ländern immer wieder im Sande verlaufen sind.

So viel zur erfolgreichen Aktiengesellschaft Schweden. Was aber passierte mit seinem Gegengewicht, dem Volksheim? Auch dies war lange Zeit beeindruckend erfolgreich. Als Begriff von dem sozialdemokratischen Ministerpräsidenten Albin Hansson 1932 in der Weltwirtschaftskrise geprägt, hatten die bürgerlichen Parteien ihm lange nichts entgegenzusetzen. Es hat dazu beigetragen, dass sie bis auf zwei kurze Zwischenspiele auch heute nicht die Regierung bilden können. Zunächst bedeutete das Volksheim allerdings nur eine bescheidene Grundsicherung gegen Arbeitslosigkeit, Krankheit und Erwerbsunfähigkeit im Alter. Über seine Steuern, und nicht durch gesonderte Beiträge, erhielt jeder Bürger im Alter eine Volksrente. Also keine Privilegien für Selbstständige und Beamte (die es in Schweden nur als öffentliche Angestellte gibt). Zwei weitere Besonderheiten: Die Arbeitslosenversicherung wird von den Gewerkschaften verwaltet, die Lohnfortzahlung von der staatlichen Krankenversicherung. Ersteres trägt zu dem hohen Organisationsgrad der Gewerkschaften bei, letzteres zu einer Entlastung der Unternehmen.

Seit den 1950er-Jahren wurden die Sozialleistungen zu einer Rundumversicherung ausgebaut, die Sozialhilfe auf eigentliche Notfälle beschränkte. Ein um ein Vielfaches höheres Kindergeld als in Resteuropa für alle, flächendeckender Ausbau von Kindergärten und Krippen mit Betreuungsrelationen, 1:5 bzw. 1:3, die nirgendwo sonst erreicht wurden. Weiterhin ein Grundzuschuss in Höhe des doppelten Kindergeldes für alle Studenten sowie die Restfinanzierung über ein zinsfreies, allerdings inflationsindexiertes Darlehen, das später nur ab einem bestimmten Mindesteinkommen über einen Zeitraum von bis zu 30 Jahren zurückgezahlt werden muss. Letzteres hat ungemein zur Entspannung zwischen den Generationen beigetragen, da im Prinzip Jugendliche ihren Eltern nicht mehr auf der Tasche liegen müssen.

Aber auch die Älteren kamen nicht zu kurz: Zur Volksrente kam eine so genannte Dienstpension, die sich aus dem Verdienst der besten 15 Einkommensjahre errechnete und selbstverständlich inflationsgeschützt war. Dazu gab es Wohngeld und Beihilfen für dieses und jenes. In den 1970er-Jahren gab es sogar Wohngeld für den Fall, dass ein Eigenheimbesitzer seine Raten bei der Bank nicht mehr bezahlen konnte.

Dies alles wurde, während die Wirtschaft florierte, durch die bereits angesprochenen extrem hohen Steuern finanziert. Neben einer proportionalen Kommunalsteuer von durchschnittlich 30 % des Einkommens musste eine Staatssteuer von 5-85 % auf die restlichen 70 % entrichtet werden. Da es keine nennenswerten Freibeträge gibt, bedeutet dies eine Belastung selbst bei Kleinverdienern von mindestens 33,5 %. Mittlere Einkommen von ca. 2000 € waren in den 1970er-Jahren mit über 50 % Steuern belastet.

Bei einigen Selbstständigen, wie der Schriftstellerin Astrid Lindgren, führte das Steuersystem zu einer Belastung von über 100 %, da sie zu den normalen 90 % Abgaben auf ihre Einkünfte auch noch 15 % Arbeitgeberbeiträge zahlen musste. In ihrem dem damaligen Finanzminister Gunnar Sträng gewidmeten Märchen *Pomperipossa* lässt sich dies schön nachlesen. Die hohen Steuern führten dazu, dass ein Prozess beschleunigt wurde, der gemeinhin als große schwedische Errungenschaft gilt: die mit 80 % größte Erwerbsquote der arbeitsfähigen weiblichen Bevölkerung in der westlichen Welt. Da bereits in den 1970er-Jahren kaum ein Arbeitnehmer mit seinem Nettoeinkommen eine Familie ernähren konnte, waren die Frauen – Emanzipation hin, Emanzipation her – zur Erwerbsfähigkeit einfach gezwungen. Diese verwirklichten sie aber nicht in den hoch produktiven Sektoren der Wirtschaft, sondern vor allem beim Staat und zumeist als Halbtagskraft. Im Prinzip wurde unbezahlte Familienarbeit transformiert in staatlich organisierte Beschäftigung für die gleichen Zielgruppen: Betreuung und Erziehung von Kindern, Pflege von Kranken und Alten – alles zu bescheidenen Bruttolöhnen, von denen mindestens ein Drittel wieder an den Staat zurückfließt.

Die niedrigen Löhne im Staatssektor, über den trotzdem 70 % des Bruttosozialprodukts ausgegeben werden, haben inzwischen auch auf den Privatsektor abgefärbt. So verdienen Journalisten selbst bei renommierten Zeitungen kaum mehr als die Hälfte dessen, was sie in vergleichbaren Ländern verdienen würden, und das bei höheren Steuern. Daher ist das Bruttosozialprodukt pro Kopf inzwischen auf einen Mittelplatz in Europa gefallen, es liegt bis zu 25 % unter dem anderer EU-Länder.

Gegen die hohen Steuern entwickelte sich ein gewaltiger Widerstand: Verringerung des besteuerbaren Einkommens durch alle legalen Tricks und durch Schwarzarbeit. Da aber in Schweden das „Öffentlichkeitsprinzip“ für alle staatlichen Dokumente gilt, und dazu gehört eben auch die Steuererklärung, weiß jeder über die Steuerverhältnisse seines Nachbarn Bescheid. Er muss sich nur den jährlichen „Skattekalendar“ (Steuerkalender) seiner Kommune kaufen, um festzustellen, dass ein großspurig lebender Nachbar keine Steuern zahlt. „Nolltaxerare“ (Nullsteuerzahler) ist dann auch ein beliebtes, von den Medien gern hochgespieltes Schimpfwort für Reiche oder die, die man dafür hält, geworden. Im Volksheim herrscht also Zwietracht.

So wie es kein Steuergeheimnis gibt, existiert auch kein Bankgeheimnis. Banken müssen alles, was das Finanzamt interessieren könnte, diesem unaufgefordert mitteilen. Zwar versucht jeder, seine Steuerlast zu drücken, passt aber gleichzeitig auf, dass kein anderer damit Erfolg hat. Der „Kungliga svenska avundsjukan“ (der königliche schwedische Neid), wie man selbstkritisch eingesteht, setzt hier für einen Nicht-Schweden schwer verständliche Grenzen. Dabei sind die schwedischen Finanzämter, bei allem Verfolgungseifer, durchaus rationalen Argumenten zugänglich. Gesetze werden nicht buchstabengetreu ausgelegt, aber auch nicht durch Bestechung umgangen. Was herrscht, könnte man eher als Pragmatismus bezeichnen – Entscheidungen also, bei denen alle Umstände der jeweiligen Fälle berücksichtigt werden.

Die eigentlichen Schwierigkeiten mit dem schwedischen System aber begannen, als die vielen Wohltaten auch durch noch so hohe Steuern – so beträgt etwa die Mehrwertsteuer 25 % – nicht mehr zu finanzieren waren. Der Staat machte Schulden, die er per Zwangsverordnung den Geschäftsbanken aufoktroyierte. Die Folge waren seit den 1970er-Jahren zweistellige Inflationsraten, entsprechend hohe Zinsen und Staatsverschuldung sowie eine ständig abgewertete Krone, die seit den 1960er-Jahren 75 % ihres Wertes verloren hat.

Bis zur Krise 1991/92 konnte die Arbeitslosigkeit mit maximal 3 % noch im Zaum gehalten werden. Jetzt aber stieg sie auf über 10 %. Da zugleich die Staatsschulden über 75 % und das

Rechts: Vorbildlich ist die Kinderbetreuung in Schweden – aber kaum noch finanzierbar.

Haushaltsdefizit auf über 12 % des Bruttosozialprodukts gestiegen waren, kam es 1994 zum zweiten Mal nach 1932 zu einem Machtwechsel von den Sozialdemokraten zu den bürgerlichen Parteien. Deren verzweifelte Sparanstrengungen verbunden mit einer Reduzierung des staatlichen Spitzensteuersatzes auf 60 % bewirkten aber zunächst keine wesentliche Verbesserung der ungünstigen ökonomischen Daten, so dass die Macht wieder an die Sozialdemokratie fiel. Ihr gelang tatsächlich eine Wende: Das öffentliche Defizit wurde in einen kleinen Überschuss verwandelt, die Schulden auf 70 % und die Arbeitslosigkeit auf 8 % zurückgeführt. Das gleiche galt für die Inflationsrate und die Zinsen, die heute nur noch geringfügig über dem niedrigen europäischen Niveau liegen.

Das alles wurde durch eine radikale Sparkur erzielt, die bei anderen europäischen Sozialdemokraten undenkbar gewesen wäre: Kürzungen bei Kindergeld und Renten, erhebliche Zuzahlungen im Gesundheitsdienst und bei der Kinderbetreuung, vor allem aber die Einführung von drei Karenztagen im Krankheitsfall mit Reduktion der Lohnfortzahlung auf 75 %.

Mit dieser Zerstörung des Volksheims aber hatten die Sozialdemokraten ihren Anhängern zu viel zugemutet: Bei den Wahlen im September 1998 erzielten sie mit nur noch gut 36 % ihr schlechtestes Ergebnis seit den 20er Jahren. Auch nach den Wahlen von 2002 bilden sie eine Minderheitsregierung, mit Billigung der Grünen und Sozialisten. Zu wenig attraktiv waren den Wählern die Vorschläge der bürgerlichen Opposition, die es gewagt hatte, bei niedrigeren staatlichen Leistungen niedrigere Steuern zu versprechen. Die Sozialdemokraten brandmarkten die Pläne der bürgerlichen Opposition als unsozial, statt dessen sollten sich die Einkommensunterschiede verringern. Wie die 2006 zu wählende Regierung den Teufelskreis lösen und auch die krankheitsbedingten Fehlzeiten der Arbeitnehmer verringern will, bleibt abzuwarten. Dass das einstige Volksheim wiederhergestellt werden kann, darf bezweifelt werden.

REISEVORBEREITUNGEN

Einreise

Schweden führt als Unterzeichner des Schengen-Abkommens bei Bürgern anderer Schengen-Staaten zar keine obligatorische Passkontrolle mehr durch, aber dennoch ist es nötig, Personalausweis oder Reisepass für mögliche Zoll- oder Polizeikontrollen dabei zu haben. Schweizer benötigen eine gültige Identitätskarte bzw. einen Reisepass.

Die Mitnahme von Haustieren ist zwar möglich, aber mit einer strikten Einfuhrprozedur verbunden. (Information, auch auf Deutsch, beim schwedischen Zentralamt für Landwirtschaft, Statens Jordbruksverk, Smittskyddsenheten, 55182 Jönköbing, Tel. 0046-36-155000; www.sjv.se; jordbruksverket@sjv.se.

Die nationalen Kraftfahrzeugdokumente sind in Schweden gültig und müssen ständig mitgeführt werden.

Geld

Die schwedische Währung ist die Krone (SEK), die sich in 100 Öre unterteilt. Kleinste im Umlauf befindliche Münze ist das Fünförestück, daher wird an den Kassen der Geschäfte auf- und abgerundet. Die Ein- und Ausfuhr von Bargeld ist ohne Begrenzung möglich. Kunden der Postbank können mit der SparCard Bargeld an allen Automaten mit Visa-Plus-Zeichen abheben (Info in Deutschland unter Postbank Direktservice, Tel. 0180/3040500). Barabhebung mit der EC-Karte ist mit PIN-Nummer an vielen Geldautomaten möglich. Dies gilt ebenso für die weit verbreiteten Kreditkarten (Visa, Eurocard), die auch in den meisten Geschäften, Hotels, Tankstellen und Restaurants akzeptiert werden. Beim Wechsel von Bargeld in schwedische Valuta erheben die Banken und Wechselstuben eine Bearbeitungsgebühr von 25 SEK unabhängig vom gewechselten Betrag. Günstiger sind die Forex-Wechselstuben an Bahnhöfen und Flughäfen.

Gesundheitsvorsorge

Das schwedische Gesundheitssystem ist effizient und gut ausgebaut. Mit allen EU-Ländern bestehen Vereinbarungen, die erkrankte pflichtversicherte Ausländer, welche im Besitz eines Anspruchsnachweises (Europ. Krankenversicherungskarte oder Ersatzbescheinigung) sind, bei der Behandlung schwedischen Bürgern gleichsetzen. Man wendet sich in Städten an die *Akutmottagningen* in Krankenhäusern, auf dem Land an *Vårdcentralen*, am besten über die Notrufzentrale (Tel. 112), die im Notfall auch den Transport veranlasst. Die Aufnahmezentralen sorgen für die weitere Behandlung. Zuzahlungen müssen bar entrichtet werden. Nicht alle heimatlichen Krankenversicherungen erstatten, falls volle Barzahlung für die ganze Behandlung verlangt wurde, den vorgestreckten Betrag in voller Höhe. Eine Auslandskrankenversicherung ist ratsam.

Klima und Reisezeit

Schweden verdankt sein gemäßigtes Klima dem Westwind und der Nähe zum Atlantik, dessen Einfluss aber nach Osten und Norden hin geringer wird. Hier können die Sommer sehr trocken und heiß und die Winter sehr kalt sein. Die durchschnittlichen Niederschlagsmengen liegen deutlich unter denen Mitteleuropas, jedoch sorgt der vorherrschende Westwind für recht wechselhaftes Wetter. So ist morgendlicher Sonnenschein noch kein Garant für einen schönen Tag wie auch Morgenregen keinen Regentag bedeuten muss.

Wegen der längeren Tage im Sommer ist die mittlere Sonnenscheindauer deutlich höher als in Mitteleuropa, allerdings sind Temperaturunterschiede von 15 °C von einem Tag auf den anderen keine Seltenheit. Die Wassertemperaturen erreichen im Sommer im Süden durchaus 20 °C, so weit können sich auch flache Buchten am Bottnischen Meerbusen erwärmen.

Die Hauptreisezeit beginnt in Südschweden im Mai, dem sonnenreichsten Monat, und endet im September. In Nordschweden kann man eigentlich nur von zwei Jahreszeiten sprechen, dem hellen Sommer, in dem die Sonne nicht untergeht, und dem dunklen Winter, in dem sie nicht aufgeht; Sommersaison ist im Juni, Juli und August. Schneesicherer Winterurlaub ist ab Dalarna nordwärts von November bis März möglich. Dort bildet die Weihnachtszeit den Höhepunkt der Saison.

Kleidung

Das wechselhafte Wetter verlangt vom Reisenden, sich auf alle Eventualitäten einzurichten. Dabei hat sich das „Zwiebelprinzip“ mit mehreren Kleidungsschichten übereinander bewährt. Festes Schuhwerk sollte nicht fehlen, da die Wildnis häufig direkt neben der Straße beginnt. Pullover und Regenjacke sind auch im Sommer nötig. Die Kleiderordnung in Schweden ist ausgesprochen leger: Eigentlich trägt man nur bei offiziellen Einladungen förmliche Kleidung.

Touristeninformation

Schon bei der Reisevorbereitung wie auch vor Ort sind die in den Infoboxen am Ende jedes Kapitels genannten Touristenbüros extrem hilfreich.

REISEWEGE NACH SCHWEDEN

Flug

SAS, Lufthansa und Austrian Airlines bieten Linienflüge von allen größeren Flughäfen nach Stockholm und Göteborg an, zunehmend auch Billigflieger, u. a nach Skavsta (www.skavsta.se) bei Nyköbing, 100 km südlich von Stockholm. Auch Visby und Malmö sind per Linie direkt aus dem Ausland erreichbar. Außerdem fahren mehrmals pro Stunde Busse und Züge vom Flughafen Kopenhagen über den Öresund nach Malmö. Charter- und Last-Minute-Veranstalter bieten eine Fülle von Verbindungen, auch im Winter zu den Skizentren.

Bahn

Alle direkten Bahnverbindungen von Mitteleuropa nach Schweden berühren Deutschland; sie führen im Osten über die Fährstrecke Saßnitz – Trelleborg und im Westen über die „Vogelfluglinie“ mit zwei Fährpassagen: Puttgarden/Rødby und Helsingør/Helsingborg. Dabei fahren die Eisenbahnwagen auf die Fähren, so dass man wahrend der Überfahrt die Abteile nicht verlassen muss. Zunehmend gibt es Züge ab Kopenhagen mit Anschluss an das innerschwedische Hochgeschwindigkeitsnetz.

Fähre / Schiff

Die oben genannten Eisenbahnfähren befördern auch Kraftfahrzeuge und Passagiere, die keine Zugfahrt gebucht haben. Daneben gibt es weitere Fährverbindungen für Autos und Passagiere, wobei Nachtfähren Passagen mit und ohne Kabinenbenutzung anbieten.

Fähren Deutschland – Schweden (Auswahl; Circa-Angaben für die Sommersaison): Saßnitz – Trelleborg (Scandlines, 4 Std., 5 x tägl.); Rostock – Trelleborg (Scandlines, 6 Std., 3 x tägl.); TT-Line Combicarrier (6 Std., 2-3 x tägl.); Travemünde – Trelleborg (TT-Line, 7-9 Std., 3-4 x tägl.); Kiel – Göteborg (Stena Line, 13-14 Std., 1 x tägl.).

Fähren Dänemark – Schweden (Auswahl): Helsingør – Helsingborg (ca. 20 Min., alle 20-30 Min.); Rønne – (Bornholm, mit Anschluss von Saßnitz) Ystad (ca. 3 Std., 3 x tägl.); Grenå – Varberg (ca. 4 Std., 2 x tägl.); Frederikshavn – Göteborg (3 Std., 6-8 x tägl.).

Vorausbuchung und frühzeitige Ankunft am Fährterminal ist während der Hauptreisezeit dringend zu empfehlen. Alle Fähren bieten Sondertarife an – ein Vergleich lohnt, denn die kürzeste Verbindung muss nicht die billigste sein. In der Hauptsaison Mitte Juni-Ende August sind die Fähren in der Regel teurer.

Auto

Auch ohne Fähren kommt man von Mitteleuropa zur Skandinavischen Halbinsel: über die dänische Store-Belt-Brücke und die 16 km lange Öresundquerung; beide sind mautpflichtig und bedeuten gegenüber den Fähren keine Kostenersparnis. Ein PKW incl. fünf Insassen kostet jeweils ca. 29 €.

Bus

Von mehr als 30 Städten Europas existieren Busverbindungen nach Schweden. Auskünfte erteilen u. a. Deutsche Touring, Frankfurt/Main, Tel. 069/79030, oder Eurolines, Hamburg, Tel 040/247106.

REISEN IM LAND

Auto und Wohnmobil

Die schwedischen Straßen sind gut ausgebaut, es gibt wenige extreme Steigungen, so dass fast alle Straßen ganzjährig befahrbar sind. Die schwedischen Verkehrsregeln entsprechen weitgehend denen Mitteleuropas. Die Höchstgeschwindigkeit beträgt in Wohngebieten 30 km/h, in Ortschaften 50 km/h, auf Landstraßen 70-90 km/h und auf Autobahnen 90-110 km/h. Mit angehängtem Wohnwagen darf nie schneller als 80 km/h gefahren werden.

Die Überschreitung der Höchstgeschwindigkeit um 20 km/h ist mit bis zu 130 € fast ebenso teuer wie die Missachtung des Überholverbots. Auch die Missachtung des Halte- oder Parkverbots ist mit ca. 80 € nicht gerade billig.

Richtig teuer wird die Überschreitung der Alkoholgrenze von 0,2 Promille, wobei auch Haftstrafen drohen. Das Abblendlicht ist auch am Tag einzuschalten – bei einem Verstoß können 45 € Geldstrafe fällig werden. Bei Pannen hilft der *Larmtjänst* (Pannenhilfe), der landesweit unter Tel. 020-910040 erreichbar ist.

Weil das wilde Übernachten in Wohnmobilen und Campingwagen auf Rastplätzen in den letzten Jahren überhand genommen hat, ist die Übernachtung nur noch auf Campingplätzen (ratsam auch wegen Überfallgefahr) oder speziell gekennzeichneten Rastplätzen gestattet. Dort kann man auch den Inhalt von Abwassertank und Chemietoilette entsorgen.

Bahn

Entsprechend der Bevölkerungsdichte ist auch das Eisenbahnnetz Schwedens im Süden dichter als im Norden. Alle großen Städte des Landes und Kopenhagen sind mit den „X2000"-Schnellzügen verbunden, die 200 km/h Spitzengeschwindigkeit erreichen. Sie benötigen für die 480 km lange Strecke zwischen Göteborg und Stockholm drei Stunden. Die private *Tågkompaniet* betreibt einige Strecken zwischen Narvik, Stockholm und Göteborg (www.tagkompaniet.se), u. a. den Luxuszug „Polarexpress". Privat ist auch die *Inlandsbana*, die Ende Juni-September als Schienenbus zwischen Mora und Gällivare und als Dampfzug auf Teilstrecken fährt. Es gibt Rail-Cards, mit denen man im Netz oder auf ausgewählten Strecken für einen Festpreis innerhalb der Gültigkeitsdauer beliebig oft fahren kann. Informationen über die schwedischen Eisenbahnen (SJ): www.sj.se; Buchung u.a. über Deutsche Bahn oder: info@swedenbooking.se.

Bus

Die schwedische Busgesellschaft Swebus bietet gute Verbindungen im ganzen Land an, die sogar bis nach Norwegen reichen. Informationen Swebus: Solna Strandväg 78, SE-17154 Solna, Tel. 0046-8-54630000; E-Mail: adm@swebus.se; www.swebus.se.

Boote

Die schwedischen Küsten, Seen und Kanäle bieten eine Fülle von Möglichkeiten für Sportbootfahrer. Deutsche, Schweizer und Österreicher sind nicht einmal verpflichtet, sich anzumelden, wenn sie per Boot nach Schweden einreisen, es dürfen nur keine anmeldepflichtigen Waren an Bord sein (siehe Zoll); es genügt der Internationale Bootsschein. In fast allen Binnen- und Seehäfen kann man Boote mieten. Für Boote unter 12 m Länge und 4 m Breite wird kein Bootsführerschein verlangt. Verzeichnis der 480 Gästehäfen gegen 60 SEK (6,60 €) bei Gästhamnsguiden AB, Box 20, 36071 Norrhult oder: gasthamnsguiden@sxk.se; www.gasthamnsguiden.se.

Manche schwedischen Kanuverbände bieten für ihre Region gute Infos, z. B. Sörmland: www.kanotguiden.se.

Fähren

Innerhalb Schwedens gibt es nur auf dem Weg nach Gotland längere Fährstrecken. Die Verbindungen Nynäshamn-Visby und Oskarshamn-Visby werden von „Destination Gotland" bereedert. Günstige Durchtarife nach Gotland bei den großen Ostseefährlinien erfragen!

Kleinere Fähren zwischen Inseln ohne Brücken sind oft kostenlos.

Flugzeug

Vor allem SAS und die Tochtergesellschaft Linjeflyg bedienen das innerschwedische Flugnetz, das alle Orte mit mehr als 10 000 Einwohner erreicht. Daneben gibt es noch einige Regionalgesellschaften wie Transwede, die zwischen Stockholm und Halland verkehrt, und Nordic, die Östersund mit Malmö, Göteborg und Stockholm verbindet. Alle Inlandsflüge sind landesweit unter Tel. 020/727727 buchbar. Über Rundflüge und Helikopterflüge informieren die örtlichen Touristenbüros.

Mietwagen

Wagen können an allen größeren Flughäfen gemietet werden. Voraussetzung ist ein Mindestalter von 21 Jahren, Führerschein und eine Kreditkarte. Bei den internationalen Leihwagenfirmen kann man den Wagen bereits von zu Hause aus mieten und bezahlen und so die hohe schwedische Mehrwertsteuer umgehen. Trotzdem sind manchmal lokale Vermieter, die mit den innerschwedischen Fluggesellschaften zusammenarbeiten, billiger. Dies gilt im besonderen Maß für die Anmietung eines Wohnmobils. Hier sollte man unbedingt mit dem Touristenbüro des Ankunftsorts Kontakt aufnehmen, sofern man nicht zu Hause ein Pauschalarrangement, das Wohnmobil oder Wohnwagen einschließt, gebucht hat.

Schiffstouren

Für Fahrten auf dem Göta- und dem Dalslandskanal sollte man frühzeitig mit einer der Reedereien Kontakt aufnehmen (Rederi AB Göta Canal, Göteborg, Tel. 031/806315, Fax 031/158311; www.gotacanal.se. Dalslandskanal: www.dalslandskanal.se. Buchungen auch über größere Reisebüros.

PRAKTISCHE TIPPS VON A - Z

Alkohol

Nur Lättöl (Leichtbier) mit weniger als 3,5 % Alkohol und alkoholfreier Wein dürfen in Schweden in Supermärkten und Tankstellen verkauft werden. Sie werden auch in Restaurants ausgeschenkt, die sich selbst als *alkoholfri* (alkoholfrei) bezeichnen oder die keine Ausschanklizenz besitzen. Ansonsten werden alkoholische Getränke nur in den staatlichen Läden des *Systembolaget* verkauft. Man findet sie in allen Orten, die auch Sitz einer Gemeindeverwaltung sind, im Norden also höchst selten. Sie sind landesweit Mo-Fr 9.30-18 Uhr geöffnet, Do bis 19 Uhr. Sa/So und an Feiertagen sind die Systemläden geschlossen. Die Preise sind hoch und Kunden müssen mindestens 20 Jahre alt sein.

Schwedisches *Starköl* (Bier mit 4,5 %) ist europäischem Bier vergleichbar, Wein wird ausschließlich importiert, und der klassische schwedische Kartoffelschnaps *Skåne*, der mit Kräutern gewürzt wird, hat dem Absolut

Vodka Platz gemacht. Schwedischen Glühwein, der *Glögg* genannt wird und aus Rotwein, Schnaps und Zucker besteht, sollte man am besten zusammen mit Aspirin zu sich nehmen!

Seit Schwedens Beitritt zur EU haben sich die Einfuhrbestimmungen für alkoholische Getränke gelockert (siehe Zoll), doch sollte dies nicht dazu verführen, überschüssige Kontingente zu verkaufen. Dies kann nicht nur eine Beschlagnahme, sondern auch saftige Geldstrafen nach sich ziehen. Geschenke hingegen sind erlaubt.

Angeln

In allen Küstengewässern sowie den fünf großen Seen (Vänern, Vättern, Mälaren, Hjälmaren, Storsjön) ist das Angeln mit Handgerät kostenlos. Für alle weiteren Gewässer ist ein Angelschein (*Fiskekort*) notwendig, der in Touristenbüros, Sportgeschäften und Tankstellen verkauft wird. Es gibt Tages-, Wochen- und Monatskarten.

Information über einige wichtige Angelurlaubsziele: www.top10fishing.com – aber es gibt noch viel mehr!

Banken

Öffnungszeiten Mo-Fr 9.30-15 Uhr, vor Feiertagen bis 13 Uhr. Forex-Wechselstuben sind täglich 8-21 Uhr geöffnet. Praktisch jeder Ort hat einen Geldautomaten, der gängige Kreditkarten akzeptiert, häufig auch EC-Karten.

Camping

Rund 90 % der 750 schwedischen Campingplätze sind vom Campingverband (SCR) mit bis zu drei Sternen klassifiziert worden. Dort ist eine Mitgliedskarte, die *Campingkort*, notwendig, die beim Sveriges Camping- & Stugföretagares Riksförbund (SCR, siehe „Adressen") bestellt werden kann, mit www.camping.se auch übers Internet. Neu ist die *Camping Card Scandinavia*, die in Schweden, Dänemark, Norwegen, Finnland und z. T. in 14 weiteren europäischen Ländern akzeptiert wird. Sie ermöglicht Ein- und Auschecken mittels Datenlesegerät. Eine Jahresmarke ist erforderlich; man kauft sie auf dem ersten angeschlossenen Campingplatz, den man erreicht. Campingschecks wurden abgeschafft.

Seit wildes Campen in Schweden nicht mehr erlaubt ist, bieten viele Campingplätze preisgünstige so genannte Quick-Stops für eine Nacht, die zum Aufenthalt von 21 bis 9 Uhr berechtigen.

Einkaufen

Es gibt keine festgelegten Ladenschlusszeiten in Schweden. Die Geschäfte sind in der Regel Mo-Fr 9.30-18 Uhr geöffnet, Sa bis 14 oder 16 Uhr. Lebensmittelgeschäfte haben oft bis 22 Uhr geöffnet. Lebensmittel werden auch an Tankstellen angeboten, die rund um die Uhr geöffnet haben.

Als Reiseandenken beliebt sind kunsthandwerkliche Arbeiten aus Holz, Stroh, Glas oder Stoff, die häufig sehr eigenwillig gestaltet sind – kein Wunder, wurde die erste Design-Schule Schwedens doch bereits 1845 gegründet.

Alle großen Einkaufszentren und viele Tankstellen haben heute Souvenirabteilungen, in denen aber auch viel Kitsch verkauft wird. Verbreitet sind die *Hemslöjd*-Läden, die ausschließlich Handarbeiten verkaufen. Sie bieten viel Originelles, sind aber auch ziemlich teuer. Relativ günstig kauft man in Schweden Sport-, Angel- und Trekkingzubehör. Beliebt sind Delikatessen wie Räucherlachs, Moltebeermarmelade (*Hjortronsylt*) und Zuckerstangen (*Polkagrisar*). Der steuerfreie Einkauf (Tax Free) ist für EU-Bürger in Schweden nicht mehr möglich, so dass schwedische Produkte außerhalb des Landes – wegen der niedrigeren Mehrwertsteuer – oft billiger sind.

Elektrizität

Die elektrische Spannung beträgt landesweit 220 Volt.

Essen und Trinken

Glücklicherweise ist die schwedische Küche besser als ihr Ruf, doch leider ist sie gegenüber so genannten internationalen Spezialitäten und Fast Food mehr und mehr auf dem Rückzug. Manche Hotelküchen gehen hier mit schlechtem Beispiel voran. Statt *strömming med potatis* (Ostseehering mit Pellkartoffeln) oder *sill i kapprock* (in Folie gebratener Hering) gibt es so „exotische" Spezialitäten, wie Wiener Schnitzel mit Pommes frites, chinesische Frühlingsrollen und Sauerbraten auf Rheinische Art. Dies ist sicher auch jenen Touristen geschuldet, die sich lange Zeit schwedischer Küche konsequent verweigert haben.

Dabei werden in Schweden überwiegend Gerichte gekocht, die drei Voraussetzungen erfüllen: Die Zutaten stammen aus dem eigenen Land und sind preiswert, die Gerichte sind einfach herzustellen und sie sind ausgesprochen sättigend. So dominieren in der schwedischen Küche Gerichte, die sich entweder gut aufwärmen oder deren Reste sich gut weiterverarbeiten lassen. Als Beispiel möge der *Jul skinka* (Weihnachtsschinken) dienen, der am Heiligen Abend gekocht wird, am Ersten Feiertag paniert gebraten und am Zweiten Feiertag zu einer Art Gulasch verarbeitet wird, immer serviert mit Erbspüree.

Da schwedische Fleischsoßen häufig süß und pappig sind, lohnt es sich, Gerichte zu bestellen bei denen Fisch – gekocht, gebraten oder geräuchert – angeboten wird. Empfehlenswert sind Pfannkuchen (*plättar*), besonders lecker mit Beerenmarmelade. Die schwedischen Kuchensorten lassen nichts zu wünschen übrig. Brot ist in der Regel süß und sehr weich. Man kann auf Knäckebrot ausweichen oder das Brot mit gesalzener Butter essen.

Lohnend sind in jedem Fall die Frühstücksbüffets, bei denen eine Vielzahl von warmen und kalten Speisen, Cornflakes, Müsli und Obst aufgetragen werden. Die Steigerung des Frühstücksbüffets ist das *Smörgåsbord* (wörtlich Butter-Gans-Tisch), bei dem nicht nur belegte Brote, sondern auch Unmengen von warmen und kalten Speisen zu einem Festpreis angeboten werden. Viele Hotels offerieren zumindest einmal in der Woche ein solches Büfett.

Feste und Feiertage

Die großen christlichen Feste werden in Schweden mit jeweils zwei Feiertagen begangen. Daneben sind Neujahrstag, Heilige Drei Könige (6.1.), Karfreitag, Tag der Arbeit (1.5.) und Allerheiligen gesetzliche Feiertage. Christi Himmelfahrt hat in Schweden doppelte Bedeutung, das Fest ist gleichzeitig der Tag der Abstinenzler. Höchstes weltliches Fest ist der Mittsommertag, der am letzen Wochenende im Juni ab Freitag gefeiert wird. Der Nationalfeiertag, der am 6.6. in Erinnerung an die Thronbesteigung Gustav Vasas begangen wird, ist Arbeitstag, wie auch das Lucia-Fest am 13.12., wenn die Lichterkönigin die langen Winternächte erhellt. Die alkoholreichsten Feste sind neben dem Mittsommer am 30.4. die Walpurgisnacht, wenn der Frühling begossen, und das Krebsfest Mitte August, wenn das Ende der Schonzeit der Schalentiere gefeiert wird (regionale Feste siehe Infoboxen der Reisekapitel).

Jedermannsrecht

Das Jedermannsrecht regelt in Skandinavien das Recht des Einzelnen, sich ungestört in der freien Natur zu bewegen; es entstand, als man noch überwiegend zu Fuß unterwegs war. Es verlangt jedoch Respekt vor der Natur und Absprachen mit den Feld- oder Waldbesitzern: Auf einem fremden Grundstück hat sich jeder so zu verhalten, dass niemand gestört oder gar geschädigt wird. Das Jedermannsrecht ist allerdings in den letzten Jahren so häufig missbraucht worden, dass ernsthaft über seine Abschaffung – zumindest für Ausländer – diskutiert wird. Es ist daher zu empfehlen, dieses Recht ausgesprochen behutsam in Anspruch zu nehmen; es gilt nicht für Autofahrer, Gruppen, Camper und Wohnmobilisten!

Mücken

Wasser, Wärme und Windstille sind herrliche Voraussetzungen für die Erholung in freier Natur, aber auch günstig für das massenhafte Auftreten von Mücken. Wer empfindlich ist, sollte für einen Mückenschutz sorgen: Moskitonetz, Imkerhut oder die Behandlung der Haut mit sog. Kontaktgiften haben sich bewährt.

Wenn die Nächte kalt sind bzw. werden, ist es in der Regel mit der Mückenplage vorbei.

Notfall

Notruf: Tel. 112 (gebührenfrei).

Nummernautomaten

Überall dort, wo man der Reihe nach bedient wird, steht in Schweden ein Automat, an dem man sich eine Nummer ziehen muss. Leuchtet diese an der Anzeigetafel auf, ist man dran. Ausnahmen werden nicht gemacht: Wer sich ohne eine Nummer angestellt hat, wird gnadenlos zurückgeschickt.

Post

Öffnungszeiten: Mo-Fr 9-18 Uhr, Sa 9-12 Uhr. Kioske und Andenkenläden verkaufen kleinere Mengen an Briefmarken. In den Postämtern kann man nicht telefonieren.

Rauchen

Außer in Bars und an den Rauchertischen von Restaurants ist das Rauchen in Schweden in allen Gebäuden verboten. Dazu zählen auch Sportstadien. Zigaretten werden an Kiosken verkauft, 20 Zigaretten kosten ca. 6 €.

Telefon

Öffentliche Telefone werden immer seltener in Schweden, denn Handys sind weit verbreitet. Zum Telefonieren von öffentlichen Fernsprechern benötigt man eine Telefonkarte, die es an jedem Zeitungskiosk (*Pressbyrå*) zu kaufen gibt.

Die Vorwahl von Schweden nach Deutschland lautet 00949, nach Österreich 00943 und in die Schweiz 00941. Die Vorwahl für Schweden ist 0046.

Zoll

Für Reisende aus EU-Ländern entfallen die Beschränkungen für die private Einfuhr von Waren.

Für Reisende aus Nicht-EU-Ländern gilt: Personen bei Vollendung des 20 Lebensjahrs dürfen 1 l Spirituosen oder 2 l Starkwein (15-22 % Alk.) sowie 2 l Wein und 32 l Bier einführen.

Personen ab 18 Jahren dürfen 200 Zigaretten oder 250 g anderer Tabakwaren einführen. Von außerhalb der EU dürfen nicht mehr als 2 kg Kartoffeln, Wurzelgemüse, Bohnen, Erbsen, Milch, Sahne, Frischkäse, Eier, Frischfleisch und dergleichen eingeführt werden.

Die Einfuhr von Jagdwaffen ist für alle genehmigungspflichtig.

Zollbehörde: Tullverket, Box 12854 Stockholm, Tel. 0046-771/520520; www.tullverket.se.

ADRESSEN

Botschaften

Deutschland: Skarpögatan 9, 11527 Stockholm, Tel. 08/6701500.
Schweiz: Birger Jarlsgatan 64, 11041 Stockholm, Tel. 08/6767900.
Österreich: Kommendörsgatan 35, 11458 Stockholm, Tel. 08/6651770.

Botschaften des Königreichs Schweden

Deutschland: Rauchstr. 1, 10787 Berlin, Tel. 030/50506-0, Fax 50506789
Österreich: Ob. Donaustr. 49-51, 1020 Wien, Tel. 01/21753, Fax 21753370.
Schweiz: Bundesgasse 26, 3001 Bern, Tel. 031/3287000, Fax 3287001.

Camping

Campingkarten erhältlich bei SCR (Sveriges Camping & Stugföretagares Riksförbund), P.O. Box 255, 45117 Uddevalla, Fax 0046-522/642430, E-Mail adm@scr.se; auch übers Internet www.camping.se oder www.stuga.nu, oder ADAC (Stichwort: Campingführer Nordeuropa), 24-Std.-Service: Tel. 0180/5101112

Fluggesellschaften

SAS: Reservierungsbüro für nationale und internationale Flüge, Stockholm, Stureplan 8, Tel. 020/727727.

Lufthansa: Flughafen Arlanda, Tel. 08/6112288.

Austrian Airlines: Stockholm, Strandvägen 1, Tel. 08/6656480.

Touristeninformationen und Internetadressen

Touristische Broschüren und Auskünfte über Schweden erhält man direkt aus Schweden von: **Visit Sweden**, Box 90, SE-88122 Sollefteå. Fax 0046-620-15011; Tel. -15010.

Außerdem gibt es folgende telefonische und E-Mail-Auskunft in Deutschland, Österreich und der Schweiz:

A: Tel. 0192-86702, E-Mail: austria @visitsweden.com.

CH: Tel. 044-5806294, E-Mail: switzerland@visitsweden.com.

D: Tel. 069-2223496, E-Mail: germany@visitsweden.com.

Unter dem schwedischen Tourismusportal www.visitsweden.com erhält man einen Überblick über die verschiedenen Landesteile Schwedens und direkte Links zu den überregionalen Tourismusämtern (im Nelles Guide stehen deren Webadressen am Anfang der regionalen Info-Boxen).

Die Adressen aller ca. 360 schwedischen Touristenbüros kann man unter www.turism.se erfahren.

Es gibt lokale (mit grünem Zeichen) und überregionale (blau-gelbes Zeichen) Büros; letztere informieren über ganz Schweden.

SPRACHFÜHRER

Danke, Vielen Dank . . *Tack, Tack så mycket*
Bitte . . . . *Varsågod*
Guten Morgen . . . . . . *God morgon*
Guten Tag. . . . . *Goddag*
Auf Wiedersehen. . . . . *Adjö*
Hallo. . . . . *Hej*
Tschüss . . . . *Hej då*
Entschuldigung . . . . *Förlåt*
ja. . . . . *ja, jo*
nein; nicht . . . . *nej; ej, inte*
alt . . . . *gammla*
neu . . . . *ny*
rechts . . . . *till höger*
links . . . . *till vänster*
Was kostet ...? . . . . . *Vad kostar ...?*

Im Restaurant

Speisekarte . . . . *matsedeln*
Die Rechnung bitte . . . . *Notan, tack*
gebraten . . . . *stekt*
gekocht . . . . *kokt*
Brot. . . . . *bröd*
Butter . . . . *smör*
Käse . . . . *ost*
Schinken . . . . *skinka*
Wurst . . . . *korv*
Rindfleisch . . . . *oxkött*
Schweinefleisch . . . . *fläsk*
Gulasch. . . . . *kalops*
Hähnchen. . . . . *kyckling*
Fisch . . . . *fisk*
Barsch . . . . *abborre*
Dorsch . . . . *torsk*
Hecht . . . . *gädda*
Hering (Ostsee) . . . . *strömming*
Lachs. . . . . *lax*
Garnelen. . . . . *räkor*
Fischklößchen. . . . . *fiskbullar*
Gemüse. . . . . *grönsaker*
Karotten . . . . *morötter*
Kohl . . . . *kål*
Birne . . . . *päron*
Brombeere . . . . *björnbär*
Erdbeere . . . . *jordgubbe*
Himbeere . . . . *hallon*
Kirsche . . . . *körsbär*
Milch . . . . *mjölk*
Kaffee . . . . *kaffe*

Tee . . . . *te*
Wasser . . . . *vatten*
Limonade . . . . *läsk*
Eis . . . . *glass*
Bier, vom Fass . . . . *fatöl*

Verkehr, Auto
Halt . . . . *Stopp*
Vorsicht . . . . *Se upp, giv akt*
Baustelle . . . . *vägarbete*
Einbahnstraße . . . . *enkelriktad*
Durchfahrt verboten . *infart förbjuden*
Straße gesperrt . . . . *gatan avstängt*
Abschleppen . . . . *ta på släp*
Auto . . . . *bil*
Anlasser . . . . *självstart*
Batterie . . . . *batteri*
Panne . . . . *sönder*
Reifenpanne . . . . *punktering*
Tankstelle . . . . *(bensin)mack*
Reparaturwerkstatt . . . . *bilverkstad*
Ölwechsel . . . . *oljebyte*

Sonstiges
Arzt . . . . *läkare*
Zahnarzt . . . . *tandläkare*
Durchfall . . . . *diarré*
Erbrechen . . . . *kräkning*
Bahnhof . . . . *järnvägsstation*
Postamt . . . . *postkontor*
Briefmarke . . . . *frimärke*
Einzelzimmer . . . . *enkelrum*
Doppelzimmer . . . . *dubbelrum*
Schlüssel . . . . *nyckel*

Zahlen
0 . . . . *noll*
1 . . . . *ett*
2 . . . . *två*
3, 30 . . . . *tre, trettio*
4, 40 . . . . *fyra, fyrtio*
5, 50 . . . . *fem, femtio*
6, 60 . . . . *sex, sextio*
7, 70 . . . . *sju, sjuttio*
8, 80 . . . . *åtta, åttio*
9, 90 . . . . *nio, nittio*
10 . . . . *tio*
11 . . . . *elva*
12 . . . . *tolv*
13 . . . . *tretton*
14 . . . . *fjorton*
15 . . . . *femton*
16 . . . . *sexton*
17 . . . . *sjutton*
18 . . . . *arton*
19 . . . . *nitton*
20 . . . . *tjugo*
25 . . . . *tjugofem*
100 . . . . *hundra*
150 . . . . *hundrafemtio*
200 . . . . *tvåhundra*
1000 . . . . *tusen*

Im schwedischen Alphabet stehen å, ä und ö am Ende!

Aussprache (regional unterschiedlich): Ein o wird häufig wie ein „u", ein u wie ein „ü" ausgesprochen; g vor den Vokalen e, i, y, ä, und ö sowie dj, hj und lj, außerdem lg und rg am Silbenende werden wie „j" ausgesprochen; k vor e, i, y, ä und ö sowie kj, sj, stj und tj klingen wie ein mehr oder weniger scharfes „sch".

AUTOREN

Gerhard Lemmer, Projekteditor und Hauptautor dieses Buches, ist Studienreiseleiter. Während und nach seinen Studien der Soziologie, Politik, Geschichte und Kunstgeschichte führten ihn zahlreiche Reisen um die Welt, bis er 1983 sein Hobby zum Beruf machte. Mehrmals im Jahr bereist er die schwedischen Kultur- und Naturlandschaften.

Birgit Krämer studierte Romanistik und Kunstgeschichte. Die vielfältigen Verbindungen der Wikinger mit dem romanischen Raum weckten ihr Interesse an Skandinavien, wo sie seit einigen Jahren Studienreisen leitet. Sie verfasste die Kapitel „Vasa" und „Astrid Lindgren" sowie zusammen mit Gerhard Lemmer das Kapitel „Stockholm". Zu allen anderen Kapiteln gab sie wertvolle Anregungen.

Otto Steiger ist seit 1973 Ordinarius für Ökonomie an der Universität Bremen. Nach seinen Studien der Wirtschaftswissenschaften und -geschichte in Berlin und Uppsala lehrte er als Dozent an den Universitäten Uppsala, Stockholm und Umeå. 1989-92 war er bei der Schwedischen Akademie der Wissenschaften Vorschlagsberechtigter für den Nobelpreis für Ökonomie. Er erläutert in diesem Buch die Theorie des „Volksheims".

Elke Frey, Studienreiseleiterin und Autorin mehrerer Reiseführer, hat diese Auflage des *Nelles Guide Schweden* aktualisiert.

FOTOGRAFEN

Amberg, Gunda 165
Archiv für Kunst und Geschichte, Berlin 12, 14, 15, 18/19, 20, 22, 25, 27, 130, 131, 133, 159, 178, 189, 233
Bärmann, Prof. Dr. Fritz 82
Buckmann, Tina (Schweden-Werbung für Reisen und Touristik GmbH) 104
Credner, Barbara 166, 183
Drölle, Frank (Photo-Press) 93
Eckenroth, Paul 198, 202
Fischer, Berndt (Silvestris) 84
Haafke, Udo 60, 83, 136, 140, 177, 186, 226, 231
Hausmann, Frank (Photo-Press) 234
Hecker, Frank (Silvestris) 185, 203
Janicke, Volkmar E. 209
Jung, Roland E. 8/9, 17, 51, 56, 91
Kliem, Thomas 40, 96, 97, 156, 160, 236, 239
Krämer, Birgit 200, 207
Lenk, Sigrun 184, 194
Meyers, Stefan (Silvestris) 192/193
Mosler, Axel M. 214, 219
Nowak, Dr. Christian (Silvestris) 99, 155
Reinhard, Hans (Archiv Toni Angermayer) 32, 33, 187
Schaefer, Albrecht G. 205, 208
Schlierbach, Karl-Heinz (Photo-Press) 74, 88, 115, 128, 129, 179
Schwirtz, Norbert (Silvestris) 31
Sprank, Andreas (Silvestris) 29, 221, 223
Stadler, Hubert cover, 10/11, 34/35, 36/37, 38, 44, 46, 48, 49, 54/55, 61, 63, 64, 65, 70/71, 72, 77, 79, 81, 86/87, 102/103, 109, 112, 113, 117, 120/121, 122, 126, 144/145, 146, 150, 151, 153, 158, 161, 170/171, 172, 180, 181, 199, 212/213, 220, 228/229
Stadler, Otto (Silvestris) 98
Stankiewitz, Thomas 127, 135, 137
Wisniewski, Winfried (Silvestris) 111.

I

J

K

L

M

LIEFERBARE TITEL

Ägypten
Australien - Tasmanien
Bali - Lombok
Baltische Staaten: *Estland, Lettland, Litauen, Kaliningrad*
Burma → Myanmar
Brasilien
China - Hongkong - Tibet
Griechenland: *Nord- und Zentralgriechenland, Peloponnes*
Griechische Inseln - *Ägäis*
Indien: *Der Norden*
Indien: *Der Süden*
Indonesien: *Sumatra, Java, Bali, Lombok, Sulawesi*
Irland
Israel - Jordanien
Kambodscha - Laos
Kanada: *Der Osten - Ontario, Québec, Atlantikprovinzen*
Kanada: *Der Westen - Pazifikküste, Rockies, Prärieprovinzen*
Kanarische Inseln
Karibik: *Große Antillen, Bermudas, Bahamas*
Karibik: *Kleine Antillen*
Kenia
Korsika
Kreta
Kroatische Adriaküste
Kuba
Malaysia - Singapur - Brunei
Malediven
Mallorca
Marokko
Mexiko
Moskau - St. Petersburg
Myanmar *(Burma)*
Nepal
Neuseeland
Norwegen
Peru
Polen
Portugal
Provence - Côte d'Azur
Schweden
Spanien: *Der Norden - Pyrenäen, Atlantikküste, Zentralspanien*
Spanien: *Der Süden - Mittelmeerküste, Andalusien, Balearen*
Sri Lanka
Südafrika
Südsee
Syrien - Libanon
Tansania
Thailand
Toskana
Tschechien
Türkei
Ungarn
USA: *Der Osten, Mittlerer Westen, Südstaaten*
USA: *Der Westen, Rocky Mountains, Kalifornien, Der Südwesten*
Vereinigte Arabische Emirate
Vietnam
Zypern

Nelles Guides – anspruchsvoll, aktuell und informativ.
Immer auf dem neuesten Stand, reich bebildert und mit erstklassigen Reliefkarten ausgestattet.
224 bis 256 Seiten, ca. 150 Farbbilder, ca. 25 Karten

Nelles Verlag

Schweden

Unterkunft

HOTELVERZEICHNIS

Für die vielen Hotels gibt es weder ein einheitliches Qualifizierungssystem noch ein komplettes Hotelverzeichnis – der vom Schwedischen Hotel- und Restaurantverband (SHR) herausgegebene Führer berücksichtigt nur etwa 60 % der Hotels (www.shr.se und erhältlich bei Visit Sweden, Box 90, SE-81122 Sollefteå, www.visitsweden.com). Er informiert auch über die unterschiedlichen Rabattsysteme der einzelnen Hotelketten. So gibt es durchaus Möglichkeiten, die offiziellen Übernachtungspreise über Kartensysteme, Hotelscheckhefte oder einfach durch die Buchung von Sonderangeboten, die auch in den Sommermonaten offeriert werden, zu halbieren. Ebenso wird rechtzeitiges Buchen belohnt, denn in der Regel gilt: Je früher, desto billiger.
Eine zusätzliche Hilfe bei der Wahl der Unterkunft bieten die Kategorien der Infoboxen im Reiseteil; sie stützen sich auf die regulären Preise und bedeuten: $$$ (*Luxus*) = über 1400 Kronen, $$ (*Mittel*) = 750-1400 Kronen, $ (*Einfach*) = 350-750 Kronen.
Hotelschecks gibt es für einzelne Hotelketten oder Organisationen wie „Swedenhotels", wo über 200 skandinavische Hotels zusammengefasst sind (www.swedenhotels.se, Tel. 0046-8-7017900). Diese bietet auch günstige Nachlässe für Personen über 60 Jahre (SCAN 60Plus).
Ferienhäuser in Schweden bieten u. a. *Novasol* (www.novasol.de) oder *Dansommer* (www.dansommer.de) in allen Preislagen an. Einfache Hütten vermieten fast alle Campingplätze. Auch Bauernhöfe an den Straßen bieten diese Übernachtungsmöglichkeit (*Stuga*) zu moderaten Preisen. Angebot auch über *bo på lantgård* (Wohnen auf dem Bauernhof): Box 8, S-66821 Ed, Tel. 0046-534-12075, Fax 61011; bopalantgard@lrf.se, www.bopalantgard.org. Unterwegs kann man auf das Schild *Rum* (Zimmer) achten, das auf Bed & Breakfast hinweist.
Die über 300 schwedischen Jugendherbergen, die z. T. originell auf Schiffen, Leuchttürmen und in Gefängnissen untergebracht sind, bieten auch Zimmer für Familien mit Kindern. Sie gehören meist der SVIF (www.svif.se, *Sveriges Vandrarhem Förening*) oder STF (*Svenska Turistföreningen*, die dem Internationalen Jugendherbergsverband angeschlossen ist. Informationen unter STF, P.O. Box 25, 10120 Stockholm, Tel. 08-4632100, info@stfturist.se, www.merasverige.nu.

2 SCHONEN

Helsingborg (☎ 042)

$$$ **Elite Hotel Marina Plaza**, Kungstorget 6, Tel. 192100, an Fähranleger und Bahnhof.
$$ **Hotell Linnéa**, Prästgatan 4, Tel. 372400, www.hotell-linnea.se, kleines gemütliches Hotel mit 16 Zimmern.
$ **Villa Thalassa Vandrarhem**, Dag Hammarskjölds Väg, Tel. 380660, www.villathalassa.com, nette *JUGENDHERBERGE* mit *HÜTTEN* für 2-6 Personen. **KFUM Nickelbo**, Scoutstigen, 25284 Helsingborg, Tel. 92005.

Kullenhalbinsel (☎ 042)

$$$ **Grand Hotel Mölle**, Bökebolsvägen 11, Mölle, Tel. 347280, www.grand-molle.se. **Rusthållargården**, Utsikten 1, Arild, Tel. 346530, beide Hotels mit hervorragenden Restaurants, bes. Fisch.
$$ **Mölle Touristhotell**, Kullabergsvägen 32, Mölle, Tel. 347084.
HÜTTEN: **Mölle Swecamp**, Str.111, 2 km südl. von Mölle, Tel. 347384.

Landskrona (☎ 0418)

$$ **Hotel Chaplin**, Östergatan 108, Tel. 16335, 70-Betten-Haus im Zentrum.

Insel Ven (☎ 0418)

⛺ **Hvens Camping**, auch *JUGENDHERBERGE*, mit Fahrradverleih, Tel. 72550.

Malmö (☎ 040)

$$$ **Scandic Hotel Kramer**, Stortorget 7, Tel. 6935400, klassisches Luxushotel mitten in der Stadt. **Radisson SAS Hotel**, Östergatan 10, Tel. 6984000, Fax 6984001, großes Haus.
$$ **Rica Hotel Malmö**, Stortorget 15, Tel. 6609550, Fax 6609559. **Ramada Maifair Hotel**, Adelgatan 4, Tel. 6609550, www.mayfairtunneln.com. **Garden Hotel**, Baltzarsgatan 20, Tel. 6656200, Fax 6656260.
$ **Prinze Hotel**, Carlsgatan 10 C, Tel. 6112511, Fax 6112310.

Lund (☎ 046)

$$$ **Grand Hotel**, Bantorget 1, Tel. 2806100, www.grandilund.se.
$$ **Best Western Hotel Djingis Khan**, Margaretavägen 7, Tel. 333600, www.djingiskhan.se.
$ **Hotell Ahlström**, Skomakaregatan 3, Tel. 2110174; www.hotellahlstrohm.se.

Trelleborg (☎ 0410)

$$ **Dannegården Hotell & Rest.**, Strandgatan 32, Tel. 48180, www.dannegarden.se.
$ **Pensionat & Café Dalköpinge**, Dalköpinge Strandväg 7, 23162 Trelleborg, Tel. 42100, Fax 43580.

Ystad (☎ 0411)

$$$ **Ystads Saltsjöbad**, Saltsjöbadsvägen 6, Tel. 13630, www.ystadssaltsjobad.se.
$$ **Continental**, Hamngatan 13, Tel. 13700, www.hotelcontinental-ystad.se, populäre Bar.
$ **Tornväktaren**, Stora Östergatan 33, Tel. 78480, Fax 72927.

Kristianstad (☎ 044)

$$-$$$ **First Hotel Christian IV**, Västra Boulevarden 15, Tel. 203850, Fax 124140.
$$ **Hotel Turisten, Sweden Hotels**, Västra Storgatan 17, Tel. 126150, Fax 103099.
$ **Charlottsborgs Vandrarhem**, Jacobsväg 34, Tel. 210767, auch *CAMPING.*

Karlskrona (☎ 0455)

$$ **Park Inn Karlskrona**, Skeppsbrokajen, Tel. 361500. **First Hotel Statt Karlskrona**, Ronnebygatan 37-39, Tel. 19250, Fax 16909.
$ **Dragsö Bad & Camping**, Strand Karlskrona, Tel. 15354, vermietet *HÜTTEN*, auch *FAHRRAD-* und *BOOTSVERLEIH.*

3 SMÅLAND

Ljungby (☎ 0372)

$$ **Hotel Terraza**, Stora Torget 1, Tel. 13560, www.terraza.com.

Jönköping (☎ 036)

$$$ **Scandic Hotel Elmia**, Elmiavägen 8, Tel. 5854600.
$$ **Elite Stora Hotellet**, Hotellplan, Tel. 100000, Fax 2155025. **Grand Hotel**, Hovrättstorget, Tel. 719600, www.grandhotel-jonkobing.se. **Best Western John Bauer Hotel**, Södra Strandgatan 15, Tel. 349000, www.johnbauer.se.
$ **Sjöåkra Gården**, Sjöåkravägen, Bankeryd, Tel. 378035, Fax 378422, direkt am Vättern.
⛺ **Rosenlunds Camping**, Tel. 122863, Fax 126687.

Gränna (☎ 0390)

$$ **Gyllene Uttern**, Tel. 10800, www.gyllenuttern.se, Zimmer im alten Herrenhaus, mit Hochzeitskapelle. **Hotel Västanå Slott**, Västanå, Tel. 10700, ww.vastanaslott.se.
$ **Smålandsgården**, Örserum, Tel. 30014, www.smalandsgarden.nu.
⛺ **Getingaryds Familjecamping**, Tel. 21015. **Grännastrandens Familjecamping**, Tel. 10706, www.grannacamping.se.

Visingsö (☎ 0390)

$ **Pensionat**, Tel. 40191. Die Touristeninformationen von Gränna und Visingsö vermitteln **Privatquartiere.**

Vadstena (☎ 0143)

$$ **Vadstena Klosterhotel**, Klosterområdet, Tel. 31530, www.klosterhotel.se, gelegentlich Opernmusik im Hof. **Starby Kungsgård**, Ödenshögsvägen, Tel. 75100, Fax 75170.
⛺ **Vadstena Camping Vätterviksbadet**, Tel. 12730, Fax 14148, 2 km nördl., *HÜTTEN.*

Motala (☎ 0141)

$$ **First Hotell Statt Motala**, Stora Torget, Tel. 216400, Fax 214605.
$ **Hotell Urban Hjärne**, Bispmotalagatan 11, Tel. 235200, Fax 217545.
⛺ **Z-Parkens Camping Varamon**, Tel. 211142, Fax 217042, mit wundervollem Strand direkt am See, mit *HÜTTEN.*

Linköping (☎ 013)

$$$ **Quality Hotel Ekoxen**, Klostergatan 68, Tel. 252600, www.ekoxen.se, günstige Wochenendtarife, viel Luxus für wenig Geld.
$$ **First Hotel Linköping**, Storgatan 70-76, Tel. 130200, Fax 132785.
$ **Good Evening Hotel**, Hantverkargatan 1 und Stora Torget 9, Tel. 129000, Fax 138850.

Norrköping (☎ 011)

$$$ Elite Grand Hotel, Tyska Torget 2, Tel. 364100, www.elite.se.

$$ Alosa Hotel, Norra Grytsgatan 10, Tel. 182211, Fax 239895. **Hotel Centric**, Rådhusgatan 18-20, Tel. 129030, Fax 180728. **Hotel Kneippen**, Kneippgatan 7, Tel. 133060, www.kneippen.se.

$ Södra Hotellet, Södra Promenaden 142, Tel. 253500, Fax 124696.

Swecamp Kolmårdens Camping, Tel. 398250, Fax 397081, 22 km nordöstlich von Norrköping am Bråviken.

Växjö (☎ 0470)

$$$ First Cardinal Hotel, Bäckgatan 10, Tel. 722800.

$$ Elite Stadshotellet Växjö, Kungsgatan 6, Tel. 13400, Fax 44837.

$ Hotell Esplanad, Norra Esplanaden 21 A, Tel. 22580, www.hotell-esplanad.com, ideal für längeren Aufenthalt. **Toftastrand Hotell & Konditori**, Lenhovdavägen 72, Tel. 65290, www.toftastrand.nu, kl. preisw. Hotel a. See m. empfehlenswerter Bäckerei, auch *HÜTTEN*. *JUGENDHERBERGE:* **STF Vandrarhem Växjö**, Evedals Brunn, Tel. 63070, Fax 63216, am Helgasjön.

Evedals Camping, Tel. 63034, am Helgasjön, mit *KANUVERLEIH*.

Glasriket (☎ 0481)

$ Stora Hotellet, Mellangatan 11, 38230 Nybro, Tel. 51935, Fax 10835. **SFT Vandrarhem**, Vasagatan 22, Nybro, Tel. 10932.

Kalmar (☎ 0480)

$$$ Slottshotellet, Romantikhotel, Slottsvägen 7, Tel. 88260, www.slottshotellet.se.

$$ Frimurarehotellet, Larmtorget 2, Tel. 15230, www.frimurarehotellet.com.

$ Kalmar Lågprishotell Svanen, Rappegatan 1, Tel. 25560, www.hotellsvanen.se.

4 DIE GROSSEN INSELN

ÖLAND (☎ 0485)

$$ Strand Hotell, Villagatan 4, Borgholm, Tel. 88888, www.strand.borgholm.se, modernes Haus am Hafen. **Ekerum**, Borgholm, Tel. 80000, www.ekerum.com, mit Golfplatz. **Halltorps Gästgiveri**, Borgholm, Tel. 85000, Fax 85001, www.halltorpsgastgiveri.se.

$$ Guntorps Herrgård, Guntorpsgatan, Borgholm, Tel. 13000, www.guntorpsherrgard.se; typisch öländischer Herrenhof.

$ Skansen Hotel, Tingshusgatan 1, Färjestaden, Tel. 30530, in Park nahe Ölandbrücke.

Neptuni Camping, Byxelkrog, Tel. 28495. **Krono Camping Saxnäs**, Färjestaden, Tel. 35700, Fax 35664. Auch *HÜTTEN*: **Bödagårdens Camping**, Löttorp, Tel. 22059, www.bodagarden.nu. **Ekerums Camping**, Borgholm, Tel. 564700, www.ekerum.nu.

GOTLAND (☎ 0498)

$ Björklunda Värdshus, Burgsvik, Tel. 497190. **Pensionat Holmhällar**, Vamlingbo, Burgsvik, Tel. 498030.

JUGENDHERBERGEN: Ganzj. geöffnet: **STF Vandrarhem Garda**, Ljugarn, Tel. 491391; **STF Vandrarhem Klintehamn**, **Pensionat Warfsholm**, Klintehamn, Tel. 240010. Nur im Sommer geöffnet: **Ljugarn**, Tel. 493184; **Lärbro**, Tel. 225033; **Sproge** (Klintehamn), Tel. 241097; **Insel Stora Karlsö**, Tel. 240500.

Visby und Umgebung

$$$ Best Western Strand Hotel, Strandgatan 34, Tel. 258800, www.strandhotel.net, modernes Haus im alten Zentrum. **Wisby Hotell**, Strandgatan 6, Tel. 257500, www.wisbyhotell.se, stilvoll renoviert, im Zentrum.

$$ Fridhem, Västerhejde, Tel. 296018, Prinzessin Eugenias Sommersitz, kein Alkoholausschank. **Suderbys Herrgård**, Västerhejde, Tel. 296030, gotländ. Herrenhofhotel, 10 km südlich von Visby. **Toftagården Hotell**, Tofta Strand, Tel. 297000, ruhige Ferienanlage im Waldgebiet 18 km südl. von Visby.

$ Hamn Hotellet, Färjeleden 3, Tel. 201250, zweckmäß. Hotel a. Fährhafen. **Hotel Gute**, Mellangatan 29, Tel. 202260. *JUGENDHERBERGE:* Tel. 269842, Ende Juni- Anf. Aug.

5 WESTKÜSTE

Båstad (☎ 0431)

$$ Hemmeslövs Herrgård, Tel. 74265, www.hemmeslovsherrgard.com

Ⓢ **Hallandsås Rasta**, Östra Karup (E 6), Tel. 74270.

⛺ **Krono Camping Båstad/Torekov**, Tel. 364525, 1 km nördl. Torekov, Wald, meernah.

Halmstad (☎ 035)

ⓈⓈⓈ **Hotel Tylösand**, Tylöhusvägen, 8 km westl., Tel. 30500; exklusives Strandhotel mit umfangreicher Kunstgalerie.

ⓈⓈ **Hotel Continental**, Kungsgatan 5, Tel. 176300, www.continental-halmstad.se.

Ⓢ **Sommergården**, Junivägen 26, 2,5 km südw. Halmstad, Tel. 212118.

Falkenberg (☎ 0346)

ⓈⓈ **Elite Hotel Strandbaden**, Havsbadallén, Tel. 714900, schönes altes Haus direkt am Strand, im Sommer Strandpub.

Varberg (☎ 0340)

ⓈⓈ **Varbergs Kurort Hotell och Spa**, Nils Kreugers väg, Tel. 629800, altes Kurhotel direkt am Strand.

Ⓢ **Strandgården**, Getterön, Tel. 16855.

JUGENDHERBERGE: **Fästningens Vandrarhem**, Tel. 88788, Übernachtung im ehemaligen Gefängnis.

Göteborg (☎ 031)

ⓈⓈⓈ **Radisson SAS Scandinavia**, Södra Hamngatan 59-65, Tel. 7585000, 6 Stockwerke hohes Atrium mit Wasserfall, zwei Restaurants, Kasino, Diskothek und Bar. **Hotel Gothia Towers**, Mässans gata 24, Tel. 7508800, www.gothiatowers.com, Hochhaus nahe der Messe und Kungsportsavenyen.

ⓈⓈ **Eggers Hotell**, Drottningtorget, Tel. 806070, Fax 154243, gediegenes Haus mit hervorragendem Restaurant, speziell Sonntagsbrunch. **Hotel Lorensberg**, Berzeliigatan 15, Tel. 810600, www.hotel-lorensberg.se, schönes, zentral gelegenes Haus mit Wandmalereien. **Quality Hotel 11**, Maskingatan 11, Tel. 7791111, www.hotel11.se, am Hafen, Bar mit Hafenblick.

Ⓢ **Hotel Robinson i Palacehuset**, Södra Hamngatan 2, Tel. 802521, www.hotelrobinson.se. **Hotel Vasa**, Victoriagatan 6, Tel. 173630, www.hotelvasa.se. **Sankt Jörgens Hotell & Pensionat**, Gamla Lillhagsvägen 127, Tel. 553981, www.st-jorgen.nu, ländliche alte Villa, aber zentrumsnah. **Barken Viking**, Gullbergskojen, Tel. 635800, altes Segelschiff. *JUGENDHERBERGEN:* **Göteborgs Mini-Hotel SVIF**, Tredje Långgatan 31, Tel. 241023, www.minihotel.se; ganzjährig.

⛺ **Delsjö Camping**, Liseberg, Brudaremossen, Tel. 252909. **Kärralund**, Liseberg, Olbersgatan, Tel. 840200.

Marstrand (☎ 0303)

ⓈⓈ **Villa Maritime**, Hamngatan 35, Tel. 61025, www.villa-maritime.se, mit Restaurant.

Ⓢ **Båtellet**, Badhusplan, Tel. 60010, einfache Mehrbettzimmer.

⛺ **Marstrands Familjecamping**, 1 km nördl. des Hafens, Tel. 60584, im Sommer reservieren!

Tanum / Grebbestad (☎ 0525)

ⓈⓈ **Tanum Strand**, 45795 Grebbestad, Tel. 19000, www.tanumstrand.se, direkt am Meer.

Uddevalla (☎ 0522)

ⓈⓈ **Hotel Gyldenlöwe**, Lagerbergsgatan 8, Tel. 14610, www.hotelgyldenlowe.se.

6 DIE GROSSEN SEEN

Trollhättan (☎ 0520)

ⓈⓈ **Kung Oscar**, Drottninggatan 17, Tel. 470470, www.kungoscar.se. **Hotell Trollhättan**, Polhemsgatan 6, Tel. 12565.

Ⓢ **STF Vandrarhem Gula Villan**, Tingvallavägen 12, Tel. 12960, Hotel und *JUGENDHERBERGE*.

⛺ **Stenrösets Camping**, Tel. 70710, 10 km südlich an der Straße 45, in schöner Lage.

Mellerud (☎ 0530)

⛺ **Mellerud Swecamp Vita Sandar**, Sunnanå, Tel. 12260, a. schönsten Strand Dalslands.

Håverud (☎ 0530)

Ⓢ **Håveruds Herrgård**, Tel. 30490, am Dalslandskanal, mit Restaurant. **STF Vandrarhem Håverud**, Museivägen, Tel. 30275.

Åmål (☎ 0532)
Bengtsfors (☎ 0531)

Ⓢ **Dalhall Hotell & Restaurang**, Riksväg 45,

Åmål, Tel. 16690, www.dalhall.se, Hotel im Wikingerstil. **Furnäs Stugby**, Furnäsvägen 2, Bengtsfors, Tel. 12090. **Kanalvillan**, Dals Långed, Bengtsfors, Tel. 41116, Kanuverleih.
⛺ **Örnäs Camping**, Tel. 0532-17097, direkt am Vänersee, 26 *HÜTTEN*.

Karlstad (☎ 054)

ⓈⓈ **Elite Stadshotellet Karlstad**, Kungsgatan 22, Tel. 293000.
Ⓢ **Hotel Freden**, Fredsg. 1 A, Tel. 216582, www.fredenhotel.com.

Sunne (☎ 0565)/Torsby (☎ 0560)

ⓈⓈⓈ **Quality & Spa Hotel Selma Lagerlöf**, Sunne, Tel. 688810, www.selmaspa.se.
Ⓢ **Broby Gästgivaregård**, Långgatan 25, Sunne, Tel. 13370. **Hotel Björnidet**, Kyrkogatan 2, Torsby, Tel. 13820.

Kristinehamn (☎ 0550)

ⓈⓈⓈ **Hennickehammars herrgård**, 2 km vor Filipstad, Tel. 0590-608500, Sporthotel.
Ⓢ **Hotel Fröding**, Kungsgatan 44, Tel. 15180.

Karlskoga (☎ 0586)

ⓈⓈ **Ramada Hotel Alfred Nobel**, Torget 1, Tel. 36440, www.hotelalfrednobel.com. **Svårtå Herrgård**, Svårtå, Tel. 0585-50003, www.svartaherrgard.se, Herrenhaus aus dem 18. Jh. mit Park und See. **Grythyttans Gästgivaregård**, Prästg. 2, Grythyttan, Tel. 0591-14700, www.grythyttan.com, morbider Charme, berühmtes Michelin-Stern-Lokal.

Mariestad (☎ 0501)

Ⓢ **Rattugglan**, Muggebo, Tel. 70035.

Lidköping (☎ 0510)

ⓈⓈ **Stadt Lidköping**, Gamla Stadens Torg 1, Tel. 22085, www.stadtlidkoping.se.
Ⓢ **Hotell Läckö**, Gamla Stadens Torg 5, Tel. 23000, www.hotellacko.se. **SFT Vandrarhem Hällekis**, Tel. 540653, 3 km zum Kinnekulle.

Skara (☎ 0511)

ⓈⓈ **Skara Stadshotell**, Järnvägsgatan 5, Tel. 24050, www.rosers.se.
Ⓢ **Hotell och Restaurang Stadskällaren i Skara**, Skaraborgsgatan 15, Tel. 13410, www.hotelliskara.nu, originelles Restaurant.

Alingsås (☎ 0322)

ⓈⓈ **Grand Hotel Alingsås**, Bankgatan 1, Tel. 67100, im **Restaurant** gute Kartoffelgerichte.

Karlsborg (☎ 0505)

Ⓢ **Kanalhotellet**, Storgatan 94, Tel. 12130.

Örebro (☎ 019)

ⓈⓈⓈ **Scandic Grand Hotel Örebro**, Fabriksgatan 23, Tel. 7674300.
ⓈⓈ **Elite Stora Hotellet**, Drottninggatan 1, Tel. 156900.
Ⓢ **Ritz City Hotel**, Kungsgatan 24, Tel. 6014200, www.ritzcityhotel.se.
⛺ **Gustavsvik Camping**, Tel. 196950, Fax 196961, 1 km südlich des Zentrums. Badesee, Spaßbad, Hütten.

7 RUND UM DEN MÄLARSEE

Nyköping (☎ 0155)

ⓈⓈⓈ **Blommenhof Hotell**, Blommenhovsvägen, Tel. 202060, www.blommenhof.se.
ⓈⓈ **Park Inn Nyköping**, Brunnsgatan 33, Tel. 293500, www.parkinn.se. **First Express Hotel Nyköping**, Gumsbacken, Tel. 289000.
Ⓢ **Stiftsgården Stjärnholm**, Tel. 222700. **Hotell Wiktoria**, Fruängsgatan 21, Tel. 217580, www.hotelwiktoria.com. **Vandrarhem Nyköpinghus**, Tel. 211810, unmittelbar an der Burg.
⛺ **Strandstuvikens**, 9 km südlich der Stadt, Tel. 97810, mit Sandstrand, 8 *HÜTTEN*.

Trosa (☎ 0156)

ⓈⓈ **Bomans Hotel & Restaurant**, Östra Hamnplan, Tel. 52500, Fax 52510, www.bomans.se, malerisch am Hafen gelegen. **Trosa Stadshotell**, Västra Långgatan/Torget, Tel. 17070, www.trosastadshotell.se.
⛺ **Havsbads Camping**, 3 km südlich auf einer Insel, Tel. 12494.

Södertälje (☎ 08)

ⓈⓈ **Quality Hotel Park**, Saltsjötorget, Tel. 55026500, www.parkhotell.com. **Scandic Hotel Södertälje**, Verkstadvägen 7, Tel. 51735600. **Hotell Torpa Pensionat**, Torpavägen, Tel. 55012111, www.torpapensionat.se.

\$ **Glashyttans Värdshus**, Torpavägen, Tel. / Fax 55013310. **Vandrarhem Tvetagården**, Tvetavägen 35, Tel. 55098025, erreichbar mit Bus 784 ab Bahnhof.

⛺ **Farstanäs Camping**, Järna, 8 km südlich am Meer, Tel. 55150215.

Mariefred (☎ 0159)

\$\$ **Gripsholms Värdshus & Hotel**, Kyrkogatan 1, Tel. 34750, www.gripsholms-vardshus.se, traditionsreiches altes Haus.

⛺ **Mariefreds Camping**, am Mälarsee, Tel. 13530.

Strängnäs (☎ 0152)

\$\$ **Ulvhälls Herrgård**, Ulvhälla Allé, Tel. 18680, 2 km vor Strängnäs.

\$ **Hotell Laurentius**, Östra Strandvägen 12, Tel. 10444, Fax 10443, www.hotellaurentius.com. **Hotel Rogge AB**, Gyllenhjelmsgatan 20, Tel. 13450, Fax 18969.

⛺ **Löt Camping**, an der E 20, Tel. 25237.

Eskilstuna (☎ 016)

\$\$ **Hotell Smeden**, Drottninggatan 9, Tel. 150000. **Stadshotellet**, Hamngatan 9-11, Tel. 177800, www.statt.nu.

\$ **Vilsta Sporthotell & STF Vandrarhem**, Tel. 513080.

⛺ **Parken Zoo Vilsta Camp.**, Tel. 100180.

Hallstahammar (☎ 0220)

\$ **Kolbäcks Gästgivaregård**, südl. Hallstahammar, Tel. 40360, auch gutes Restaurant, herrliches Smörgåsbord, schöne Aussicht.

Surahammar (☎ 0220)

\$\$ **Surahammars Herrgård**, Tel. 39500, Fax 39505; 1856-58 erbautes Herrenhaus.

Sala (☎ 0224)

\$\$ **Sala Stadtshotell**, Bråstagatan 4, Tel. 13030, www.salastatt.se, mit Restaurant.

\$ **Vandrarhem Sala**, Sofielund, Mellandammen, Tel. 12730.

Västerås (☎ 021)

\$\$ **Hotell Arkad**, Östermalmsgatan 25, Tel. 120480, www.hotellarkad.se. **First Hotel Plaza**, Karlsgatan 9, Tel. 101010. **Elite Stadshotellet**, Stora Torget, Tel. 102800, Fax 102810.

\$ **Klipper**, Kungsgatan 4, Tel. 410000, Fax 142670, www.klipper.se. **Raka Vägen**, Hallsta Gårdsgatan, Tel. 300400. *FERIENHÄUSER:* Anlage **Björnögården**, Björnö, Tel. 26200, Fax 26100. *JUGENDHERBERGE:* **Vandrarhem Lövudden**, Tel. 185230, Fax 123036, 5 km südwestl. von Västerås am Mälarsee, mit Sauna, Tennisplatz.

⛺ **Johanisbergs Camping**, Tel. 140279, 5 km südl. Västerås, am See.

Köping (☎ 0221)

\$\$\$ **Kohlswa Herrgård**, Kolsva, Tel. 50900, www.kohlswa-herrgard.se, ehem. Herrenhaus, herrlicher Park, 12 km nordwestl.

\$ **Scheele Hotel**, Hultgrensgatan 10, Tel. 18120, Fax 10703. *JUGENDHERBERGE:* **Vandrarhem**, Ågärdsg. 2 D, Tel. 24495.

⛺ **Malmöns Camping**, 6 km südöstlich der Stadt, Tel. 24419, mit *HÜTTEN* und Golfplatz.

Uppsala (☎ 018)

\$\$\$ **Radisson SAS Hotel Gillet**, Dragarbrunnsgatan 23, Tel. 6818-00, Fax -18. **Krusenberg Herrgård**, Krusenberg, Tel. 180300, www.krusenbergherrgard.se.

\$\$ **Scandic Hotel Uppsala Nord**, Gamla Uppsalagatan 50, Tel. 4952300. **Ramada Hotel Svava**, Bangårdsgatan 24, Tel. 130030. **Scandic Hotel Uplandia**, Dragarbrunnsgatan 32, Tel. 4952600. **Sunnersta Herrgård**, Sunnerstavägen 24, Tel. 324220.

\$ **Basic Hotel**, Kungsgatan 27, Tel. 4805000. **Grand Hotel Hörnan**, Bangårdsgatan 1, Tel. 139380, www.eklundshof.se.

⛺ **Fyrishov Stugby & Camping**, Idrottsgatan 2,Tel. 274960, auch *HÜTTEN.* **Sunnersta Camping**, Tel. 276084, familiärer kleiner Platz.

Sigtuna (☎ 08)

\$\$\$ **1909 Sigtuna Stadshotell**, Stora Nygatan 3, Tel. 59250100, www.sigtunastadshotell.se, kleines Luxushotel.

\$\$ **Kristina Konferens & Hotell**, Rektor Cullbergs Väg 1, Tel. 59258000, www.hotellkristina.se.

\$ **Stora Brännbo**, Stora Brännbovägen 2, Tel. 59257500, Fax 59257599.

⛺ **Skokloster Camping**, Tel. 018-386035, www.camping.se/c16.

8 STOCKHOLM

Stockholm (☎ 08)

Hotelvermittlung **Hotellcentralen** im Hauptbahnhof, Tel. 50828508, Fax 7918666, hotels@svb.stockholm.se. **Bed & Breakfast-Vermittlungen**: **B & B Center Scandinavia**, Tel. 020-730000, www.bed-and-breakfast.se; E-Mail für Stockholm: stockholm@bed-and-breakfast.se. **B & B Service Stockholm**, Tel. 6605565, www.breakfast.se, info@breakfast.se: Unterkünfte **(Z)** im Zentrum, **(ZN)** in Zentrumsnähe, **(A)** in den Außenbezirken:

$$$ **Berns Hotel**, Näckströmsgatan 8, Tel. 56632200, www.berns.se, edles, kleines Hotel neben dem berühmten Berns salonger. **Hotell Diplomat (Z)**, Strandvägen 7 C, Tel. 4596800, www.diplomathotel.com. **Hotel Esplanade (Z)**, Strandvägen 7 A, Tel. 6630740, www.hotelesplanade.se, beides schöne Hotels an Stockholms Prachtstraße. **Grand Hôtel (Z)**, Södra Blasieholmshamn 8, Tel. 6793500, www.grandhotel.se, erstes Haus am Platz. **Radisson SAS Grand Hotel Saltsjöbaden (A)**, Tel. 50617000, herrliches Hotel in den Schären. **Scandic Hotel Hasselbacken (ZN)**, Hazeliusbacken 20, Tel. 517343-00, Fax -11, ruhiges Hotel auf der Insel Djurgården. **Lady Hamilton Hotel (Z)**, Storkyrkobrinken 5, Tel. 50640100, www.lady-hamilton.se. **Sheraton Stockholm Hotel & Towers (Z)**, Tegelbacken 6, Tel. 41234-00, Fax -09, neues Luxushotel. **Hilton Stockholm Slussen (Z)**, Guldgränd 8, Tel. 51735300, oberhalb der Schleuse gelegen.

$$ **Adlon Hotell (ZN)**, Vasagatan 42, Tel. 4026500, www.it-hotel.com, großes Haus in der Vasastadt. **Aldoria Hotel (ZN)**, Sankt Eriks Gatan 38, Tel. 69363-00, www.hotelaldoria.com. **First Hotel Amaranten (Z)**, Kungsholmsgatan 31, Tel. 6925200, unweit des Stadthauses. **Scandic Hotel Ariadne (ZN)**, Positionen 117, Tel. 517386-00, Fax -11, am Finnlandterminal mit Blick über den Hafen. **Hotel Birger Jarl (Z)**, Tulegatan 8, Tel. 6741800, www.birgerjarl.se, ruhiges Haus in Östermalm. **Rica City Hotel Gamla Stan (Z)**, Lilla Nygatan 25, Tel. 7237250, in der Altstadt. **Rica Hotel Kungsgatan (Z)**, Kungsgatan 47, Tel. 7237220, in der Nähe des Hötorgets. **Rica Hotel Stockholm (Z)**, Slöjdgatan 7, Tel. 7237220, www.rica.se, in der Nähe der Fußgängerzone Drottninggatan. **Freys Hotel (Z)**, Bryggargatan 12, Tel. 50621300, www.freyshotels.com, kleineres Haus nahe dem Hötorget. **Quality Hotel Globe (ZN)**, Arenaslingen 7, Tel. 6866300, www.globehotel.se, in der Nähe der Globen-Halle. **Gustav Vasa Hotel (ZN)**, Västmannagatan 61, Tel. 343801, kleineres Haus in der Nähe der Vasastadt. **First Hotel Reisen (Z)**, Skeppsbron 12, Tel. 223260, Fax 201559, in der Altstadt mit Blick auf die Strömmen-Bucht. **Radisson SAS Strand Hotel (Z)**, Nybrokajen 9, Tel. 50664000, modernes Hotel mit Blick auf den Nybroviken. **Scandic Hotel Continental (Z)**, Klara Vattugränd 4, Tel. 51734200, in Bahnhofsnähe. **Victory Hotel (Z)**, Lilla Nygatan 5, Tel. 50640000, www.victory-hotel.se, in der Altstadt.

$ **Alexandra Hotel (ZN)**, Magnus Ladulåsgatan 42, Tel. 4551300, www.alexandrahotel.se, kleines Hotel, zentral in Södermalm. **Hotel Bema (ZN)**, Upplandsgatan 13, Tel. 232675, nettes Familienhotel in der Vasastadt. **Columbus Hotell (ZN)**, Tjärhovsgatan 11, Tel. 5031120, www.columbus.se, zentral in Södermalm gelegen. **Djuröbaden (A)**, Gamla Prästgården, 13040 Djurhamn, Tel. 57151800, www.djurobaden.se, kleine ruhige Pension in den Außenschären. **Mälardrottningen Hotel och Restaurang (Z)**, Riddarholmen, Tel. 54518780, www.malardronningen.se, Schiff mit wenigen Kajüten, sehr schöner Liegeplatz. **Hotell Pilgrimshem (A)**, Bällstavägen 100, Tel. 6275555, www.pilgrimshem.se, in Bromma unweit von Drottningholm, T-bana- und Busanschluss. **Rosinge Hotel (ZN)**, Sigtunagatan 6, Tel. 336770, nettes Hotel in der Vasastadt. **Hotell Tre Små Rum (ZN)**, Högbergsgatan 81, Tel. 6412371, www.tresmarum.se, in Södermalm. **Bed and Breakfast Bromma Kyrka (A)**, Bellstavägen 173 A, Tel. 6871166, in Bromma, gute Verbindungen zur Stadt.

JUGENDHERBERGEN: **af Chapman (Z)**, Skeppsholmen, Flaggmannsvägen 8, Tel. 4632266, www.stfchapman.com, altes Segelschulschiff und Unterkünfte an Land, ganzjährig geöffnet. **Mälaren, Den Röda Båten (Z)**, Södar Mälarstrand, Kajplats 6, Tel. 6444385, www.rodabaten.nu, altes Mälarenboot, ganzjährig geöffnet. **M/S Rygerfjord (Z)**, Söder Mälarstrand, Kajplats 14, Tel. 840830, www.rygerfjord.se, wie Röda Båten. **Långholmens Vandrarhem (ZN)**, Kronohäktet, Tel. 6680510, www.langholmen.com, Herberge in einem ehemaligen Gefängnis auf einer Insel im Mälarsee, ganzj. geöffnet. **Back Packers Inn**, Banérgatan, T-Bana Karlaplan, Tel. 7707515.

⛺ **Ängby Camping**, Blackebergsvägen 24, Bromma, Tel. 370420, mit T-bana-Anschluss. **Långholmens Husbycamping**, in Långholmen, Tel. 070-7526335, nur für Wohnmobile, stadtnah.

Askrike Camping, Tel. 54135013, in Vaxholm mitten in den Schären.

9 MITTELSCHWEDEN

Österbybruk (☎ 0295)

Ⓢ **Värdshuset Gammel Tammen**, Tel. 21200. **Österbybruks Vandrarhem STF**, Tel. 21570.

⛺ **Simbadets Camping**, Tel. 20630, Mitte Mai-August.

Gävle (☎ 026)

ⓈⓈ **Scandic Grand Central Hotel**, Nygatan 45, Tel. 4958400. **Hotell Gävle**, Staketgatan 44, Tel. 6651-00, Fax -50.

Ⓢ **STF Vandrarhem/Gamla Gefle**, Södra Rådmansg. 1, Tel. 621745, gemütl. alte Villa.

Falun (☎ 023)

ⓈⓈ **First Hotel Grand**, Trotzgatan 9-11, Tel. 794880. **Scandic Hotel Lugnet**, Svärdsjögatan 51, Tel. 6692200.

Ⓢ **Hotel Falun**, Trotzgatan 16, Tel. 29180, www.hotelfalun.nu.

JUGENDHERBERGE: **STF Vandrarhem**, Vandrarvägen 3, Tel. 10560, Fax 14102.

⛺ **Lugnets Camping**, Lugnetsleden, Tel. 83563, mit Schwimmbad. **Bjursås Stugby & Camping**, Tel. 774177, 20 km nordwestl.

Borlänge (☎ 0243)

ⓈⓈ **Quality Hotel Galaxen**, Jussi Björlings Väg 25, Tel. 216000, www.galaxen.to. **First Hotel Brage**, Stationsgatan 1, Tel. 217660, mit Diskothek. **Ulfshyttans Herrgård**, Ulfshyttan, Tel. 251300, www.ulfshyttan.se, schön gelegenes, kleines Haus.

⛺ **Mellstaparken**, ganzjährig, Tel. 238255, 5 km nördlich der Straße 70 am Dalälven.

Leksand (☎ 0247)

ⓈⓈⓈ **Hotell Dalecarlia**, Tällberg, Tel. 89100, www.dalecarlia.se.

ⓈⓈ **Green Hotel**, Tällberg, Tel. 50250, www.greenhotel.se. **Hotell Klockargården**, Siljansvägen 6, Tällberg, Tel. 50260, www.klockargarden.com, 20 unterschiedliche Häuser, teils mit Kamin oder Himmelbett. **Tällbergsgården Pensionat**, Holgattu 1, Tällberg, Tel. 50850, www.tallbergsgarden.se, fantastischer Blick und empfehlenswertes Smörgåsbord. **Masesgårdens hälsohem**, Gryntnäs 61, Leksand, Tel. 12231.

⛺ **Västanviksbadet**, Tel. 34201, April-Sept., mit 10 *HÜTTEN*.

Rättvik (☎ 0248)

ⓈⓈ **Gärdebyhotellen; Vidablick & Gärdebygården,** Hantverksbyn, Hol Daniels Väg 6, Tel. 30250, Fax 30660, www.hantverksbyn.se, herrliche Lage.

Ⓢ **Stiftsgården Rättvik**, Tel. 51020, Fax 12754. **STF Vandrarhem**, Centralgatan, Tel. 10566, Fax 56113.

⛺ **Siljanbadets Camping**, Tel. 51691, Fax 51689, direkt am See gelegen, auch *FAHRRAD-* und *BOOTSVERLEIH.* **Rättviksparkens**, Tel. 56111, mit 80 *HÜTTEN*.

Mora / Orsa (☎ 0250)

ⓈⓈ **First Hotel Mora**, Strandgatan 12, Tel. 592650, Fax 18981, www.firsthotelmora.com. **Hotel St Mikael**, Tel. 15900, Fax 38070.

Ⓢ **Hotell Moraparken**, Parkvägen 1, Tel. 27600, Fax 27615, www.moraparken.se. **Hotel Vandrarhem Grönklitt**, Orsa, Tel. 552300, dazu gehören *HÜTTEN* im **Björnpark Grönklitt**, Park: 01.06-31.08. 10-18 Uhr.

⛺ **Mora Parkens Camping**, Hantverksgatan, Tel. 27600, hat auch 35 *HÜTTEN*.

Älvdalen (☎ 0251)

Ⓢ **Hotell Älvdalen**, Dalgatan 77, Tel. 10500.

Idre (☎ 0253)

Ⓢ **Idre Fjäll**, Hotel, Hüttendorf, Tel. 41000, Fax 40158, Anlage mit 100 Zimmern und 600 *HÜTTEN* .

Sveg (☎ 0680)

$ **Hotel Härjedalen**, Vallervägen 11, Tel. 10338.

⛺ **Svegs Camping**, Tel. 13025, Fax 10337, zentral am Ljungan, ganzjährig geöffnet.

Söderhamn (☎ 0270)

$$ **First Hotel Statt**, Oxtorsgatan 17, Tel. 73570, www.stattsoderhamn.se. **Scandic Söderhamn**, Montörsbacken 4, Tel. 265200. **Hotel Linblomman**, Västra Tullgatan 17, Tel. 41970, www.linblomman.se.

Hudiksvall (☎ 0650)

$$ **Hotell Hudik**, Norra Kyrkogatan 11, Tel. 541000, Fax 541010, www.hkchotels.se.

$ **First Hotel Statt**, Storgatan 36, Tel. 15060, Fax 96095.

10 NÖRDLICHE PROVINZEN

Sundsvall (☎ 060)

$$$ **Elite Hotel Knaust**, Storgatan 13, Tel. 6080000, in historischem Bauwerk. **Scandic Hotel Sundsvall City**, Esplanaden 29, Tel. 7856200.

$$ **Ramada Hotell Baltic**, Sjögatan 5, Tel. 140440, www.baltichotell.com. **Hotel Södra Berget**, Södra Stadsberget, Tel. 671000, www.sodraberget.com. **Grand Hotel**, Nybrogatan 13, Tel. 646560, www.grandsundsvall.se.

⛺ **Fläsians Camping**, 4 km südl. Sundsvall, Terrassen m. Meerblick. Tel. 554475.

Härnösand (☎ 0611)

$$ **Hotell Royal**, Strandgatan 12, Tel. 20455, www.hotelroyal.se. **Highway Hotel**, Industrigatan 14, Tel. 19560, Fax 18780.

⛺ **Sälstens Camping**, Tel. 18150, 2 km nördlich des Zentrums auf Härnön.

Kramfors (☎ 0612)

$$ **First Hotel Kramm**, Torgatan 4, Tel. 771330.

$ **Frånö Hotell**, Riksvägen 25, Tel. 30520, www.franohotell.se.

Sollefteå (☎ 0620)

$$ **Hallstaberget Sport & Konferenshotell**, Tel. 12320, 4 km südlich der Stadt. **Österås Hälsohem**,Tel. 23090, Österås, schöne Anlage, in der besonders auf naturnahe Lebensführung geachtet wird.

⛺ **Sollefteå Camping**, am Angermanälv, Tel. 682542, Sauna, Ruderboote, Tennisplatz.

Hohe Küste

$ **STF Vandrarhem Högbondens Fyr**, Tel. 0613-23005. **Freizeitanlage Norrfällsviken** Tel. 0631-21255. **Höga Kusten Hüttenvermittlung**, Tel. 0613-10855. **STF Vandrarhem Trysunda**, Tel. 0660-43038.

Örnsköldsvik (☎ 0660)

$$ **Scandic Hotel Örnsköldsvik**, Hästmarksvägen 4, Tel. 272200. **Hotell Focus**, Lasarettsgatan 9, Tel. 82100, www.hotell-focus.se. **First Hotell Statt**, Lasarettsgatan 2, Tel. 265590.

$ **Strand City Hotell**, Nygatan 2, Tel. 10610, Fax 211305.

⛺ **Mosjöns Camping**, 18 km nördlich an der E 4, Tel. 0663-20089, Angelgelegenheit.

Umeå (☎ 090)

$$ **Comfort Hotel Uman**, Storgatan 52, Tel. 127220, Fax 127420. **Royal Hotel**, Skolgatan 62, Tel. 100730, www.royalhotelumea.se. **Scandic Hotel Umeå Syd**, Yrkesvägen 8, Tel. 20560-00, Fax -11. **Hotel Björken**, Lasarettsbacken 10, Tel. 108700, www.hotellbjorken.se.

$ **Tegs Hotell**, Verkstadsgatan 5, Tel. 122700. *JUGENDHERBERGE*: **STF Vandrarhem**, Västra Esplanaden 10, Tel. 771650.

⛺ **Umeåcamping**,Tel. 7026-00, Fax -10, nördlich der Stadt an der E 4, am Meer, 56 *HÜTTEN*.

Lövånger (☎ 0913)

$-$$ *KIRCHHÜTTEN, HOTELS:* Kungsvägen, Tel. 10395.

Skellefteå (☎ 0910)

$$ **Scandic Hotel Skellefteå**, Kanalgatan 75, Tel. 752400, Fax 752411. **First Hotell Statt**, Stationsgatan 8, Tel. 14140, Fax 711065.

$ **Stiftsgården**, Tel. 725700, Fax 56863.

⛺ **Skellefteå Camping**, Tel. 735500, 1 km nördlich der Stadt an der E 4, 78 *HÜTTEN*.

Piteå (☎ 0911)

Ⓢ **Furunäset Hotell & Konferens**, Belonasvängen 28, Tel. 77950, www.furunaset.se/.
Pite Havsbad, Tel. 32300, 10 km südlich von Piteå, mit 700 Plätzen, 150 *HÜTTEN*.

Luleå (☎ 0920)

ⓈⓈ **Nordkalotten Hotel & Konferens**, Lulviksvägen, Tel. 200000, www.nordkalotten.com, schönes Haus im nordischen Stil. **Scandic Hotel Luleå**, Banvägen 3, Tel. 276400.
Ⓢ **Furufjärdens Gästgård**, Gussövägen, Tel. 274700, Fax 274710.

Haparanda (☎ 0922)

ⓈⓈ **Haparanda Stadshotell**, Torget 7, Tel. 61490, www.haparandastadshotell.se.
Ⓢ **Kukkolaforsen Turist & Konferens**, Kukkolaforsen, Tel. 31000, www.kukkolaforsen.se.

11 DAS SCHWEDISCHE LAPPLAND

Åre (☎ 0647)

ⓈⓈ **Sunwing Åre**, Tottvägen, Tel. 15000, Fax 15270, Hotel mit ausgiebigem Nachtleben. **First Hotel Trillevallen**, Vällisterfjället, Undersåker, Tel. 36090.
Ⓢ **Hotell Årevidden**, Björnänge, Tel. 17170, www.arevidden.se.

Östersund (☎ 063)

ⓈⓈⓈ **SAS Radisson Hotel Östersund**, Prästgatan 16, Tel. 556000.
ⓈⓈ **Best Western Hotel Gamla Teatern**, Thoméegränd 20, Tel. 511600, www.gamlateatern.se. **First Hotel Ett**, Korfältets Centrum, Tel. 127660, www.hotelett.com. **Scandic Hotel Östersund**, Krondikesvägen 97, Tel. 68586-00, Fax -11.
Ⓢ **Hotel Aston**, Köpmangatan 40, Tel. 510851, Fax 105027. **Hotel Zäta**, Prästgatan 32, Tel. 517860.
Östersunds Camping, Tel. 144615, 3 km südlich der Stadt, neben dem Storsjöbad.

Dorotea (☎ 0942)

Ⓢ **Hotell Dorotea**, Bergsvägen 2, Tel. 47780, www.hotelldorotea.se.

Vilhelmina (☎ 0940)

Ⓢ **Hotell Vilhelmina**, Tel. 55420, vermietet auch Hütten in der historischen Vilhelmina Kyrkstad.

Arvidsjaur (☎ 0960)

ⓈⓈ **Hotell Laponia**, Storgatan 45, Tel. 55500, www.hotell-laponia.se.

Jokkmokk (☎ 0971)

ⓈⓈ **Hotel Jokkmokk**, Solgatan 45, Tel. 77700, www.hoteljokkmokk.se.

Gällivare (☎ 0970)

ⓈⓈ **Dundret Resort**, Tel. 14560, www.dundret.se, das Hotel mit der besten Aussicht.
Ⓢ **Gällivare Värdshus**, Vid Badhuset, Tel. 16200, Fax 15545.

Kiruna (☎ 0980)

ⓈⓈ **Vinterpalatset**, Järnvägsgatan 18, Tel. 67770. **Kiruna Samegård**, Brytargatan 14, Tel. 17029, mit Museum, Restaurant (Rentier- u. Schneehuhngerichte).
Ⓢ **Gullriset Lägenhetshotell**, Bromsgatan 12, Tel. 10937. **Kebnekaise Fjellstation – STF**, Tel. 55000.

Jukkasjärvi (☎ 0980)

ⓈⓈⓈ **Icehotel**, Tel. 66800, www.icehotel.com, Hotel aus Eis, Nov.-Apr., 14 DZ, 2 Suiten, Raumtemperatur -9 °C; außerdem weitere Hotelgebäude, auch im Sommer geöffnet.

LIEFERBARE TITEL

– EUROPE –
Canary Islands *1:150,000 / 1:180,000*
Crete *1:200,000*
Croatian Coast *1:225,000 / 1:525,000*
Greece *1:750,000*
Greek Islands *1:750,000*
(Rhódos *1:250,000*)
Ibiza - Formentera *1:80,000*
Madeira *1:60,000*
Portugal - Algarve *1:200,000 / 1:1,250,000*
Spain:
Andalusia - Costa del Sol *1:650,000 / 1:1,250,000*
Costa Brava - Costa Dorada *1:400,000 / 1:1,250,000*
Tuscany *1:250,000*

– ASIA –
Afghanistan *1:1,500,000*
Burma → Myanmar
Bangkok and Greater Bangkok *1:15,000 / 1:75,000*
Cambodia - Angkor *1:500,000*
Central Asia *1:1,750,000*
China:
North East *1:1,500,000*
North *1:1,500,000*
Central *1:1,500,000*
South *1:1,500,000*
Hong Kong *1:22,500*
Himalaya *1:1,500,000*
India:
Indian Subcontinent *1:4,500,000*
North *1:1,500,000*
North East — Bangladesh *1:1,500,000*
East *1:1,500,000*
West *1:1,500,000*
South *1:1,500,000*
Indonesia:
Indonesia *1:4,500,000*
Bali - Lombok *1:180,000*
Java - Bali *1:650,000*
Kalimantan *1:1,500,000*
Papua - Maluku *1:1,500,000*
Sulawesi *1:1,500,000*
Sumatra *1:1,500,000*
Jakarta *1:22,500*
Japan *1:1,500,000*
Korea *1:1,500,000*
Malaysia *1:1,500,000*
West Malaysia *1:650,000*
Manila *1:17,500*
Myanmar (Burma) *1:1,500,000*
Nepal *1:480,000 / 1:1,500,000*
Pakistan *1:1,500,000*
Philippines *1:1,500,000*
Singapore *1:22,500*
Southeast Asia *1:4,500,000*
Sri Lanka *1:450,000*
Taiwan *1:400,000*
Thailand *1:1,500,000*
Vietnam - Laos - Cambodia *1:1,500,000*

– AFRICA –
Egypt *1:2,500,000 / 1:750,000*
Kenya *1:1,100,000*
Tanzania - Rwanda - Burundi *1:1,500,000*
Tunisia *1:750,000*
Uganda *1:700,000*

– AMERICAS –
Argentina:
North — Uruguay *1:2,500,000*
South — Uruguay *1:2,500,000*
Bolivia - Paraguay *1:2,500,000*
Brazil:
South *1:2,500,000*
Caribbean:
Bermuda - Bahamas - Greater Antilles *1:2,500,000*
Lesser Antilles *1:2,500,000*
Central America *1:1,750,000*
(Costa Rica *1:900,000*)
Chile - Patagonia *1:2,500,000*
Colombia - Ecuador *1:2,500,000*
Cuba *1:775,000*
Dominican Republic - Haiti *1:600,000*
Mexico *1:2,500,000*
Peru - Ecuador *1:2,500,000*
South America - The Andes *1:4,500,000*
Venezuela - Guyana - Suriname - French Guiana *1:2,500,000*

– AUSTRALIA / PACIFIC –
Australia *1:4,500,000*
Hawaiian Islands:
Hawaiian Islands *1:330,000 / 1:125,000*
Hawai'i, The Big Island *1:330,000 / 1:125,000*
Honolulu - O'ahu *1:35,000 / 1:150,000*
Kaua'i *1:150,000 / 1:35,000*
Maui - Moloka'i - Lana'i *1:150,000 / 1:35,000*
New Zealand *1:1,250,000*
South Pacific Islands *1:13,000,000*

Nelles Maps in europäischer Spitzenqualität!
Reliefdarstellung, Kilometrierung, Sehenswürdigkeiten.
Immer aktuell!